制胜新赛道

WINNING NEW TRACKS

STRATEGY　PATH　POLICY

战略、路径和政策

王金照　陈斌开 等

— 著 —

中国发展出版社
CHINA DEVELOPMENT PRESS

图书在版编目（CIP）数据

制胜新赛道：战略、路径和政策 / 王金照等著. —北京：中国发展出版社，2022.12

ISBN 978-7-5177-1331-9

Ⅰ. ①制… Ⅱ. ①王… Ⅲ. ①中国经济—经济增长—研究 Ⅳ. ①F124

中国版本图书馆CIP数据核字（2022）第220153号

书　　名：制胜新赛道：战略、路径和政策
著作责任者：王金照　陈斌开 等
责 任 编 辑：吴　佳　耿瑞蝶
出 版 发 行：中国发展出版社
联 系 地 址：北京经济技术开发区荣华中路22号亦城财富中心1号楼8层（100176）
标 准 书 号：ISBN 978-7-5177-1331-9
经　销　者：各地新华书店
印　刷　者：北京市密东印刷有限公司
开　　本：787mm×1092mm　1/16
印　　张：20.75
字　　数：400千字
版　　次：2022年12月第1版
印　　次：2022年12月第1次印刷
定　　价：88.00元
联 系 电 话：（010）68990625　82097226
购 书 热 线：（010）68990682　68990686
网 络 订 购：http://zgfzcbs.tmall.com
网 购 电 话：（010）68990639　88333349
本 社 网 址：http://www.develpress.com
电 子 邮 件：15210957065@163.com

序

PREFACE

从国家战略高度重视新赛道

党的二十大报告指出，开辟发展新领域新赛道，不断塑造发展新动能新优势。这是把握新一轮产业技术革命战略机遇、实现中华民族伟大复兴历史使命的重大部署。我们要充分认识开辟新赛道的战略意义，准确把握新赛道的时代特征与国际竞争大势，加快研究开辟新赛道的发展思路，谋划好推进途径和政策举措，抢抓历史性机遇。

一、开辟新赛道具有重大战略意义

新赛道是在新技术带动下形成的新兴产业。新赛道之新，不是指别国早已经有之而在本国属于新产业，而是在各国都属于新兴产业。新赛道将决定各国在未来国际格局中的地位。

开辟新赛道是顺应时代潮流的战略举措。孙中山先生曾说，天下大势，浩浩汤汤，顺之者昌，逆之者亡。数字化与低碳化是当今世界技术创新两大潮流。数字化与低碳化齐头并进，相互交融、相互促进，不断催生新赛道。高端芯片、人工智能、大数据、物联网等新一代信息技术正在催生出众多产业发展新赛道。绿色低碳技术革命不断深化，推动可再生能源、大规模储能、动力电池、新能源汽车等绿色新赛道层出不穷。智慧电网、智能网联新能源汽车等，是数字化、低碳化融合发展催生的新赛道。未来经济增长的主导性力量将由数字化和低碳化新赛道决定。我国提出开辟新赛道，是对数字化、低碳化两大时代潮流的主动回应，是抢抓技术革命与产业变革历史性机遇的战略举措。

开辟新赛道将引领高质量发展。伴随着新一轮科技革命和产业变革的持续推进，具有高技术附加值的新赛道将成为新的经济增长点。从 2022 年上半年的数据来看，高技术制造业增加值同比增长 9.6%，比规模以上工业整体增长率高约 6.2 个百分点；代表性的新赛道产品保持高速增长，新能源汽车、太阳能电池、移动通信基站设备产量上半年同比分别增长 111.2%、31.8%、19.8%。新赛道为中国向产业价值链上游攀升提供机遇。在新赛道上，中国产业可以依据对技术方向和商业模式的判断，定义新产品和新生态，创建自主品牌，建立差异化优势，提高竞争位势，推动中国产业向高技术、高附加值的方向攀升。新赛道也是颠覆性创新的载体，新兴产业会突破传统工艺的限制，甚至对现有技术实现降维打击，是中国突破“卡脖子”技术的一个途径。

开辟新赛道将赋能传统产业的优化升级。新赛道的发展不仅催生新经济，而且通过对传统产业的辐射和渗透，加速传统产业的转型升级，促进经济结构优化和效率提升。比如新能源技术日益广泛的应用将推动解决经济增长带来的能源环境约束，打开经济增长的空间。数字技术和智能技术的应用推动传统产业的生产、消费、流通及流通方式转变，大幅提升传统产业的效率和竞争力。

开辟新赛道将决胜大国博弈。新赛道是国际格局演变的决定性因素，因而成为国际战略博弈的主要战场。历史经验表明，每一次技术革命都带来了技术经济范式的转变，改变了世界的竞争格局。英国在第一次工业革命中开辟了新赛道，一跃成为“日不落帝国”。美国在第二次和第三次技术革命的浪潮中，把握住新的技术经济范式开创出新的赛道，实现了对英国的超越。我国虽然在现有路径的“追赶”中积累了超大规模的国内市场和完整的工业体系，但仍面临着难以逾越的技术差距，在传统赛道中长期处于“跟跑”位置。只有在新技术革命带来的新赛道上取得决定性胜利，才能够“换道超车”，实现跨越式发展，完成从“跟跑者”到“领跑者”的转变。

二、新赛道是国际竞争的前沿

新赛道是国运之道，将决定未来国际分工的格局，围绕新赛道的国际竞争十分激烈。不同国家在新赛道中的地位有明显差别。总体而言，发达经济体处于技术创新与产业变革的前沿，因此，在新赛道中居于领先地位，发展中国家总体上处于落后地位。在发达经济体中，美国毫无疑问居于“领跑者”地位，是很多前沿技术的策源地，在前沿技术商业化方面也是独执牛耳。德法英等欧洲国家、日本等发达经济体在传统技术上与美国相比各有千秋，但在当前以信息技术为代表的新赛道中，整体上落后于美国。中国作为一个发展中国家，在大部分传统技术和产业领域处于追赶者地位，整体规模已经超越发达经济体，但技术水平、质量等方面与发达经济体尚有差距，在很多新技术领域也处于落后地位。但是，中国具有国内市场规模大、产业体系完整、人力资源丰富、创新投入较大等优势，加之适当的产业政策引导，中国在一些新赛道走到了世界前列，处于“领跑者”的地位。如新能源汽车产销量和风电光伏的装机量，均位列世界第一。中国 5G 领域的专利数占全球总数的 40%，建成的 5G 基站数量占全球的 60% 以上。相应地，中国在新赛道培养出了一批具有国际竞争力的企业，形成了较为完备的供应链体系。当然，各国在新赛道上的竞争十分激烈，从技术与产业全生命周期看，新赛道只是产业竞争这场“马拉松比赛”的前一段，跑在前面的国家或企业要想一直保持领先地位，一刻也不能放松；稍微落后的国家也完全有机会追赶上去。

产业政策在新赛道的发展与国际竞争中发挥着重要的作用。一方面，不少新技术在产业化前期面临着成本过高、市场接受度不高的问题，许多国家通过财政政策的支持，帮助新产品开拓市场，并通过技术迭代和规模经济，持续降低成本，增强市场竞争力，真正开辟出产业发展的新赛道。例如，很多国家在新能源发电、新能源汽车产业化早期都提供了财政补贴等多种支持，如果没有早期的政策支持，就不会有新能源发电、新能源汽车今天的进展。另一方面，着眼于在新赛道中抢占优势地位，一些主要国家大力发展产业政策。例如，为了在数字经济新赛道上抢占优势地位，美国签署《芯片和科学法案》，计划拨款 2800 亿美元促进本土芯片制造业发展，吸引全球芯片龙头企业到美国投资。欧盟委员会公布欧洲《芯片法案》，将投入超过 430 亿欧元公共和私有资金，用于支持芯片生产、试点项目和初创企业。德国一直力推“工业 4.0”战略。日本政府制定了《综合数据战略》《科学技术创新基本计划 2021—2025》和《综合创新战略 2021》三大数字战略，还发布《半导体数字产业战略》，力图重振半导体产业。为了抢占绿色经济新赛道，美国出台了《通胀削减法案》，宣布投资 3700 亿美元支持清洁能源和新能源汽车。德国修订了《可再生能源法》，日本通过了《全球变暖对策推进法》。产业政策在新赛道的大力度回归，是这一轮国际产业竞争的新特点，必须给予高度重视。尤其是美国这样一个领先经济体，如此大力度应用产业政策来抢占新赛道，对世界各国都有着很强的示范作用，让新赛道的“内卷”达到一个新高度。一些国家的产业政策不符合现行国际经贸规则，究竟会对国际经贸规则产生什么样的影响，同样值得高度重视。

新赛道是一些发达国家打压我国的重点领域。需要清醒看到的是，发达国家在运用产业政策支持本国抢占新赛道的同时，极力防范打压我国在新赛道的发展。在供给侧，通过出口管制、投资审查、人员限制、科技交流限制等多种手段，削弱我国企业技术创新和产业升级的能力。对于我国技术领先的龙头企业，则通过关键设备、核心部件的断供和市场打压等各种手段，在供需两端进行“双向挤压”。在谋划我国开辟新赛道工作时，既要看到全球新技术革命和产业变革、数字化转型和绿色转型带来的战略机遇，也要看到一些不友好国家对我国恶意围堵打压的风险；既要有强烈的机遇意识，也要有充分的风险意识，在尽力把握机遇的同时，做好应对各种挑战的准备。

要在新赛道激烈的国际竞争中赢得主动，关键在于做好自己的事。发达国家的技术封锁和打压固然会给我国企业带来一定的冲击，我们要把国际上对我国开辟新赛道的打压转化为自立自强的决心和动力，坏事就可能变为好事。我们一方面要应对好外部打压，不断提高开放水平，尽可能抓住国际合作的机遇；另一方面，要充分发挥产业基础、超大规模市场、创新能力和新型举国体制等多种优势，制定科学的战略，采取得力的举措，形成官产学研合力，打造国际竞争新优势，开创新赛道国际竞争新局面。

三、开辟新赛道的战略思路和政策体系

开辟新赛道必须制定系统的战略，构造有力的政策体系。正确认识和处理一

些重大问题，明确发展思路，是制定科学战略的基础。

以旧育新，以新带旧。开辟新赛道要处理好新旧赛道之间的关系。新赛道是由新一轮技术革命催生的，但不是凭空产生的，是在“旧赛道”中孕育出来的。新赛道出现后，有着“创造性破坏”的特征，将会凭借技术先进性和商业可行性打败一些直接竞争的“旧赛道”。这种持续不断的“创造性破坏”过程带来了新旧赛道的兴衰与更替。新赛道与“旧赛道”也有共存共荣的关系。例如，太阳能、风电等新能源并没有取代传统的发电，一些水电站（“旧赛道”）转化为抽水储能电站，与新能源这个新赛道共同发展。电子商务这个新赛道带火了快递这个“旧赛道”。特别要重视的是，新赛道还可能改造提升“旧赛道”，让“旧赛道”华丽转身成为新赛道。例如，服装制造这个“旧赛道”经过信息技术改造，转变成为个性化定制服装这样一个新赛道。因此，在重视发展新赛道的同时，不能轻视“旧赛道”。“旧赛道”是孕育新赛道的沃土，没有“旧赛道”的支撑难有新赛道的发展。另外，也要看到，“旧赛道”中的既得利益集团如果过于强大，可能会通过政策游说等多种方式阻碍新赛道的发展。一定要处理好新旧赛道之间的关系，以“旧赛道”培育和支持新赛道的发展，以新赛道赋能推动“旧赛道”转型升级。

因“道”制宜，分类施策。开辟新赛道要处理好新赛道中不同赛道之间的关系。对不同类型的新赛道要有不同的战略。一是在我国具备了技术领先优势的新赛道上，应以培育壮大市场主体为主要目标，努力创造一个公平竞争、规范便利的市场环境，确保企业可以充分利用资源进行创新活动，筑牢已有的国际竞争优势。二是在技术方向尚不明确的潜在新赛道中，主要采取由市场主体试错的战略。完善创新创业的体制、政策和市场环境，充分发挥创新型企业、风险投资、创业板资本市场的作用，政府重点支持基础研究，关注颠覆性技术路线的出现，为企业研究开发和投资提供公共的知识基础。应尽快实现创新技术的产业化。政策上可为技术研发与应用提供支持，通过政府采购、早期使用者补贴、示范项目等方法拉动需求，引导相关行业进入市场化商业化阶段。政府对这类新赛道的支持仍要以市场化的方式运作，并在技术应用进入规模化阶段时转变为市场主导。三是在技术方向明确、我国处于追赶地位的新赛道中，以国家战略需求为导向，有针对性地构建新型举国体制，集聚力量进行引领性科技攻关。对这类新赛道的支持也应尊重市场规律，通过“揭榜挂帅”提高科技资源的配置效率。

有效市场，有为政府。开辟新赛道要处理好政府与市场的关系。充分发挥政府和市场的各自优势，关键在于协同二者的功能。市场在发现和处理信息上比政府先行一步，市场机制应发挥决定性作用。在市场的激励下，大量的企业在新兴技术路线上试错、竞争与合作，进而开发出新技术、新产品、新业态。而政府在组织协调方面拥有独特的优势。新赛道上重大技术创新面临着很大的风险或不确定性，该政府投入的领域，如基础研究、应用基础研究和人才培养，政府要加大力度投入，并且要集中稳定地投入，以产生积累效果。与此同时，通过规划引领、政策引导、财税支持等方式将产业链上下游的企业协同起来，从而释放全社会的创新效率。

自主创新，开放合作。开辟新赛道要处理好国内与国外的关系。着眼于参与全球竞争将自立自强和高水平对外开放有机结合，提高内循环的效率并营造良好的外部环境。在新赛道上建立起“人无我有，人有我优”的领先优势，这与深度参与国际产业链供应链的竞争与合作不仅不冲突，反而相辅相成。要以我为主，充分利用“两个市场、两种资源”，推进开放创新，掌控核心技术与关键环节，但无须追求全产业链自给自足，要通过深化国际分工合作，增强我国在新赛道的综合竞争力，通过相互制约提高产业链安全性。在我国掌握了关键技术后仍要开放竞争，通过差异化的产品和服务来开展国际贸易，利用我国不断提升的市场、人才和科技优势来促进我国新赛道产业的快速发展，参与全球市场竞争。

新赛道的核心是创新，其发展战略和政策体系也应围绕技术创新和产业创新来展开。就具体政策而言，要在产业政策、创新体系、金融支持、人才政策、企业发展机制和国际合作上加快建设，培养完善的产业生态和创新生态。

一是要构建精准完备的产业政策体系。要加强产业规划引导，统筹制定产业发展规划。产业政策既要支持技术研发、人才、配套产业等供给侧，也要重视新赛道的需求侧，为新技术产品创造市场。

二是建设基础雄厚、开放协同的创新体系。在基础研究、应用研究、试验开发 3 个环节同步发力，在战略性、关键性、前瞻性领域建立开放协同的国家实验室和国家科研机构，保持政府持续稳定的投入。组织实施重大科技攻关，聚焦关键瓶颈，牵引科技能力的提升。推动公共科研机构开放共享和组织创新。

三是进一步提升对市场主体进行创新的激励。增强国有企业科技创新的动力，在考核机制上将科技投入和产出作为创新型国有企业的重要考核内容。充分激发并保护民营企业家的创新精神。加强知识产权保护。政府在市场准入、研发支持、政府采购、人才培养等方面，要对国有企业和民营市场主体真正做到一视同仁，助力两类主体发挥各自优势、高效协同。

四是建立健全培养和激励科技人才政策。加快引进海外人才，以包容和多元化的方式引进领军人才。加快高等教育相关学科改革创新的步伐，加快高素质人才培养和创新型人才培养，畅通高校、科研机构和企业间人才流动渠道。加大人才激励，完善知识产权收益分配制度，推动国有科技企业实施股权激励，明确国家资助的知识产权归属。

五是完善高效协同的现代金融体系。大力发展风险基金、产业基金，改革完善创业板等资本市场，加快内地资本市场与香港资本市场对接合作，加大资本市场对新赛道企业的支持。在新赛道领域可根据需要成立政府主导的相关基金，支持企业发展。

六是加强国际产业链、供应链和科技合作，主动参与国际竞争。对于我国有优势、有长板的领域，鼓励企业“走出去”，抢占全球向绿色低碳和数字化转型带来的市场机会。加强国际科技合作，包括开放我国的基础研究，吸引国际研究人员加入，加强与其他国家的科技双边合作。

本书深入分析了新赛道发展的时代背景与国际环境，阐释了新赛道的动力机制，总结了发达国家开辟新赛道的经验，提出了我国开辟新赛道的战略与政策建议。同时，也是系统论述新赛道这一全新领域的有益尝试，作者提出了很多新见解、新想法、新建议，但也难免会有其局限性。我相信，各界关于新赛道的研究将迅速展开，本书也是通向更加深入研究的“梯子”。因此，谨向读者朋友推荐此书，望读者朋友不吝指正。

是为序。

隆国强

国务院发展研究中心副主任、党组成员

目录

CONTENTS

001　总　论　制胜新赛道：
百年大变局下中国经济发展之路

◇ 战略篇　新时代寻找新动力

017　第一章　中国经济增长的新动力

第一节　中国经济增长动力转变 …… 019
第二节　产业升级与中国经济增长 …… 024
第三节　从要素驱动到创新驱动 …… 030
第四节　把握新技术革命的历史机遇 …… 040

045　第二章　从“旧赛道”到新赛道

第一节　新旧赛道的内涵及其基础理论 …… 047
第二节　从模仿到创新：中国经济追赶之路 …… 054
第三节　从“旧赛道”到新赛道 …… 058
第四节　新赛道发展序曲：
中国战略性新兴产业发展 …… 067

◇ 路径篇　数字化与低碳化

073　第三章　在数字化、低碳化中开辟新赛道

第一节　中国经济发展的新赛道 …… 074
第二节　数字化与新赛道 …… 081
第三节　低碳化与新赛道 …… 089

097 第四章 夯实数字化底座

第一节 集成电路产业发展历程 098
第二节 集成电路产业链全球竞争力 106
第三节 集成电路新赛道 116

125 第五章 锻造智能化长板

第一节 新技术革命与智能化 126
第二节 在人工智能新赛道上锻长板 128
第三节 在智能汽车新赛道上锻长板 141

153 第六章 发挥网络化优势

第一节 市场规模、网络化与新赛道 155
第二节 在 5G 产业新赛道上锻长板 158
第三节 操作系统“换道超车”之路 166
第四节 工业互联网“换道超车”之路 175

185 第七章 引领低碳化产业

第一节 “双碳”目标与产业发展 187
第二节 电动汽车引领低碳新赛道 191
第三节 电池技术与低碳发展 201
第四节 传统工业低碳化转型 209

217 第八章 开发绿色化能源

第一节 加快能源结构调整 218
第二节 加快光伏产业发展 220
第三节 加快风电产业发展 228
第四节 多线布局氢能产业发展 234

◇ 政策篇　他山之石与我之方略

243　第九章　美国如何利用新赛道成为超级大国

第一节　在新赛道上崛起：美国的科技强国之路 ···· 244

第二节　有效市场、有为政府：

美国政府如何引领新产业的创新发展 ···· 260

第三节　新赛道的基石：完善的国家创新体系 ···· 278

296　第十章　新赛道产业发展的政策框架和推进实施

第一节　新赛道上的政府和市场：

一个理论框架 ···· 297

第二节　引领新赛道的政策框架 ···· 304

第三节　产业政策的实施 ···· 311

317　后　记

总 论

制胜新赛道：百年大变局下中国经济发展之路

当今世界正在经历百年未有之大变局。从国内看，经济发展进入新常态，以往支撑我国经济高速增长的要素条件和供需结构发生较大变化，经济增速换挡，经济增长模式亟须从要素驱动向创新驱动转换。从国际看，中美博弈加剧，美国不断出台各种措施限制我国高科技企业发展，意图通过科技“脱钩”阻滞我国的现代化进程，国际局面愈加复杂严峻。

内部经济增速换挡，外部遏制压力加大，中国经济如何突围破局？这个问题的答案正是大变局之“大”、之“变”的重点内容——新赛道。新赛道可定义为新技术革命中产生的一系列新技术、新产业，以及在已有产业中产生的新的技术范式。随着新一轮科技革命和产业变革加速演进，一些具有全局性、长远性重大影响的产业竞争新赛道已经浮现，为我国打开了进入国际科技前沿地带的机会窗口。区别于在原有技术路径上遭遇重要外部封锁，我国在新赛道上与发达国家处在同一起跑线上，更有可能在新的竞争中抢占先机、赢得主动。

把握好新赛道提供的新机遇，补短板的同时锻好长板，在重要战略性新兴产业发展中引领全球，是我国赢得中美战略竞争、实现中华民族伟大复兴的重中之重。为此，我们选取了重点产业新赛道，梳理了我国各行业发展的基本现状，展望行业发展前景，分析实现“换道超车”的困难和障碍，在对各产业提出有针对性方案的基础上，提出促进新赛道发展的总体思路和政策举措。

1. 新技术革命正孕育出一批战略性新赛道产业

1.1　新技术革命孕育新赛道技术革命是产业变革的先导与源泉

历史上，每一轮技术革命都会创造出该时代下主导性的新兴产业。第一次技术革命以蒸汽机大规模使用为标志，人类社会从农业社会步入工业化时代。第二次技术革命以电力技术和内燃机为标志，人类社会步入电气化时代。第三次技术革命以电子计算机和互联网为标志，极大地提高了信息处理能力，推动人类社会进入信息化时代。

当下，新一轮科技革命加速演进，重要的新赛道日益清晰明朗。新一代信息技术、生命科学、新能源、新材料等众多领域都孕育革命性的重大突破。能源领域正在向绿色、低碳、安全、高效的方向转型，可再生能源发电、动力电池、大规模储能等正出现重大的技术革命；信息科技领域，以芯片和元器件、计算能力、通信技术为核心的新一代信息技术正处于重要突破关口，人工智能、大数据、物联网等新型技术成为数字化转型的重要驱动力；生命科学领域和新材料领域的重大技术创新也层出不穷。

1.2　新赛道将改变世界政治经济格局，决定国家兴衰成败

美国对英国的超越证明了在新赛道上的竞争会直接决定国家的兴衰成败。19世纪末的美国正是凭借着第二次技术革命和20世纪四五十年代第三次技术革命的浪潮超越了英国。美国在第一次技术革命中属于“跟跑”角色，主要是在纺织和钢铁行业上不断追赶欧洲。但是，在第二次技术革命中美国抓住了电力技术带来的机会窗口，大力发展电力电气产业和重化工业；而英国却因在第一次工业革命时的领先地位，锁定在了旧技术经济范式之中，导致了其工业力量的衰落。

20世纪中叶，美国成为了第三次技术革命的起源地。通过对信息技术、原子能技术以及生物技术的运用，加上国内良好的创新体系，迅速推进了其计算机、半导体等新兴产业的崛起，从而获得国际产业竞争优势。

1.3　新赛道正从萌芽期、导入期进入拓展期，最终“赢者通吃”

新赛道发展呈现出特定的周期性特征，大致会经历萌芽期、导入期和拓展期3个阶段。在萌芽期，新的知识和发现停留在实验室阶段，其蕴含的颠覆性得到人

们的关注。在导入期，技术的创新主要基于基础研究的积累和发展，不同类型的创新主体开始积极进行多元化的技术路线和商业模式探索。在拓展期，新技术以及与之相匹配的商业模式逐渐成熟，技术的应用将催生新产业，并加速向国民经济其他部门扩散。

新一轮技术革命下的新赛道正处于从萌芽期、导入期进入拓展期的关键阶段。当前，智能化、网络化和数字化技术逐渐成熟，并不断与信息通信、新材料和生物医药等通用技术融合，一批掌握前沿技术并创造了有效商业模式的平台型企业开始从众多创业企业中涌现出来，产业组织开始由导入期的高度动态性转向更加稳定的市场结构。

新赛道进入拓展期后，国家间产业竞争格局将逐渐演变成“赢者通吃”的局面。那些率先推动主导技术在战略性新兴产业扩散应用的国家，其技术能力、生产效率、经济增长、就业水平和国家综合实力提升，将成为新技术革命最大的受益者。目前，美国、中国、日本、德国等国家是主导技术成熟和应用的主要推动者，未来只有在新赛道的技术和产业上形成了领先优势的国家，才能成为这场竞争的最终赢家。

2. 新赛道提供了历史性机遇

2.1 新赛道将是未来拉动中国经济增长的核心力量

第一，新赛道为中国经济从模仿走向创新创造条件。过去，我国沿着发达国家的技术路径进行创新，尽管在这些基础之上实现了追赶，但无法真正实现超越。美国等发达国家对中国的贸易限制和技术限制越来越严重，其目的是为了在其领先的赛道上牢牢锁定对我国的领先优势，“卡脖子”问题由此而生。新赛道是颠覆性创新的载体，也是中国突破“卡脖子”的关键。新兴产业会破坏掉那些旧的产业，突破传统工艺的限制，甚至对现有技术实现降维打击。

第二，新赛道为中国产业向价值链上游攀升提供机遇。新赛道上还未有国家形成绝对的技术壁垒，为中国经济走向自主创新创造了机会。在新赛道上，中国产业可以依据对技术方向和商业模式的判断，定义新产品和新生态，创建自主品牌，建立差异化优势，提高竞争位势，推动中国产业向高技术、高附加值的方向攀升。

第三，新赛道将培育新的经济增长点，并培育出来一批高增长的产业。不仅如此，新赛道还会赋能传统产业，比如低碳技术将解决经济增长带来的能源环境约束，打开经济增长的空间。数字技术将赋能传统产业，提升经济效率和增长率。综合考虑这两个方面的影响，我们初步测算，到2030年，数字经济规模平均每年增长9.9%，拉动经济增长1.3个百分点；低碳产业平均每年增长8.6%，拉动经济增长0.96个百分点。仅数字化、低碳化两个领域，可以拉动经济增长约2.3个百分点，占未来我国经济增量的40%以上。

2.2 新赛道是实现中美力量反转的战略支点

第一，中美竞争的关键是战略性产业竞争。战略性产业的竞争力及其支撑的科技创新能力是一个国家竞争力和影响力的基础。区别于在原有技术路径上的差距和外部封锁，我国在新赛道上与发达国家处在同一起跑线上，在战略性产业发展和赶超上给了我们一个难得的历史机遇。美国也看到新赛道对未来发展的战略性作用，先后出台《2022芯片与科学法案》《通胀削减法案》，从资助研究开发、培育市场、增强国内供应链等多方面促进新赛道产业的发展。美国不仅让自己跑得更快，而且还要“绊倒对方”。通过科技“脱钩”、关键零部件断供、市场排斥来打压我国领军科技企业和优势产业，排斥的重点领域就是新赛道领域。比如2022年9月15日，美国总统拜登签署了一项行政命令，以确保美国外国投资委员会（CFIUS）对不断演变的国家安全风险进行强有力的审查，这是CFIUS自1975年成立以来的第一个总统行政令，重点限制的领域包括微电子、人工智能、生物技术和生物制造、量子计算、先进的清洁能源和气候适应技术等新赛道领域，拜登政府认为这些领域对美国经济增长至关重要。

第二，从发展基础和条件来看，中美各有优劣。从换道机遇来看，中国在新赛道的竞争中具有后发优势。对于传统领域，美国利用技术、市场、生态等先发优势锁定了我国对其技术差距，使我国的赶超极为艰难。但对于那些具有革命性的技术，美国因成本、技术路径锁定和巨大资产存量的拖累而换道缓慢，中国这样的后进国家则可以轻装上阵，更能适应新的技术经济范式。

从创新市场生态来看，美国市场发育更为完善，中国国内的市场潜力仍需大力挖掘。完整的市场体系对于新赛道产业的拓展期至关重要。美国已经形成了一个良性运转的创新型市场生态，美国企业始终是创新活动实施的主体，大企业、小企业、科研机构之间既有竞争也有合作。中国具有庞大的市场规模，但市场规模未能完全转换为市场优势。在我国，商品要素资源的市场化配置和自由流动仍面临体制机制的阻碍，如果能够加快建立全国统一的市场制度规则，可以形成规模更大、层次更多、应用场景更丰富的市场，为新赛道产业发展提供源源不断的动力。

从人才与资金层面来看，美国优势比较明显，中国有数量上的潜在优势。中国拥有庞大工程师群体，人数超过 7000 万，并且在研发人员的数量上处于领先。但美国的人才储备和培养，在保证一定数量的前提下，具有相当程度的质量优势。中国高端人才紧缺，进而造成了核心技术受制于人的现状。此外，美国拥有完整的资本体系，民间资本、风投资本、政府资助参与了新赛道企业从科技创新到商业化和产业化的全过程。中国需要加快人才领域和资本市场的改革发展，促进新赛道产业可持续发展。

从政府组织协调能力来看，中国政府组织效率更高，需加快从追赶体制向创新体制转变。党的统一领导，是我国经济社会发展的最大优势。国家意志可以最大限度地整合社会资源、集中力量解决在技术领域遇到的问题。我国基于战略安全的考虑，培养和保留了世界上规模最大、门类最全、配套最完备的制造业体系，为新赛道的发展奠定了坚实基础。由于新赛道产业的发展核心是技术的原始创新和实现商业化的应用创新，政府的功能定位正在发生转变，由过去主导项目投资转变为组织协调各主体的创新行为，激发创新活力，塑造创新生态，关键是要加快政府职能和组织协调方式的转型。

总的来看，借助历史机遇带来的机会窗口，发挥好我国市场规模、产业基础和政府组织优势，在新赛道上成为“并跑者”和“领跑者”，可以实现新赛道上的超车。

3. 紧紧抓住低碳化和数字化两大战略性方向

低碳化改变了能源和动力，数字化改变了信息的获取、汇聚和应用，具有广泛的渗透性和穿透性，全面深刻地改变了生产方式、组织方式和生活方式。未来经济增长的主导性力量将由数字化和低碳化决定，新赛道培育应以数字化技术塑造新业态、新模式，以低碳化推动可持续发展。我国在低碳化和数字化领域的一些新赛道上已经占据先发优势，应乘势而上。

3.1 加快巩固和扩大我国在低碳化上的领先优势

我国新能源汽车已具备市场规模优势，要保持好持续领先地位。截至2021年，中国已连续7年位列世界新能源汽车产销量第一大国，保有量占全球总量的50%以上。我们初步测算，国内新车销量中新能源汽车占比有望在2025年达到30%左右，在2030年达到50%左右。未来应充分释放国内消费潜力，提升全产业链创新能力，继续厚植我国产业发展综合优势；抓住机会扩大出口和对外投资，在竞争合作中形成产业国际化新优势。要以全产业链思维建设车规级芯片、车用操作系统关键和基础共性技术攻关联盟，尽早突破关键芯片和操作系统技术受制于人的问题，继续跑赢汽车革命的下半场。

我国动力蓄电池产业整体上已稳居世界第一梯队，需乘势而上，再锻长板。在市场体量上，中国动力电池总装机量占世界的比重为52%，已连续5年位居全球第一。从全球来看，中国引领、日韩紧跟的产业发展格局初步形成，欧美国家正谋求重塑本土产业链供应链。我们初步测算，2030年中国动力电池总装机量可达到目前的10倍左右。为了在此赛道上筑牢优势，应持续提高产业基础能力，瞄准固态电池、锂硫电池等前沿领域，继续加大材料科学等基础研究的投入力度。

我国风电与光伏产业技术水平进入“无人区”，要加强前瞻性技术的研发能力。我国风电和光伏产业培养了一批具有国际竞争力的企业，且供应链体系完备。2021年风电、光伏发电量占全社会用电量的比重达到11.7%，新增和累计装机量均为全球第一。我们初步测算，2030年全国风光发电量占比将达到26.5%，实现总装机容量达到12亿千瓦以上的规划目标。下一步，应加快新型电力系统的建设，加快建立可再生能源消纳的体制机制，继续引领全球风电和光伏产业的发展，扩大风电和光伏出口。政府可围绕促进创新发力，加强前瞻性技术的研究，为风电与光伏的新技术、新材料和新产品提供验证平台，形成产业创新的集群优势。

我国氢能产业应审时度势，多线谋划。美国和日本对氢能产业进行战略布局的时间较早，前者占据了氢能产业技术全球领先地位，后者在材料和设备环节打造出了一批“隐形冠军”。我国是世界第一产氢大国，但氢能产业整体处于初级发展阶段。在政策支持和规划引导作用之下，我们初步测算，2030年我国氢气市场规模有望接近 6000 亿元，形成较为完备的氢能产业技术创新体系。未来 10 年，结合我国实际，氢能产业可多线谋划：在燃料汽车领域“跟跑”，缩小差距；在工业、电力领域“领跑”，加大技术研发；在建筑领域“并跑”，拓展氢能应用场景。

3.2 在数字化领域实现总体“并跑”局部“领跑”

我国在 5G 产业能力和网络建设等方面已居全球前列，要加快实现规模化发展和全产业链的可控国产化。我国已经建成 5G 基站 115.9 万个，占全球 70% 以上；5G 套餐渗透率也从 2021 年初的 20% 上升到年末的 46%。根据测算，到 2030 年，5G 将带来 6.3 万亿元的直接经济产出和 10.6 万亿元的间接经济产出。目前 5G 技术标准还没有完全固化，面向不同场景的增强技术标准有望在 2~4 年内冻结。未来要以 5G 大规模应用拓展为重要牵引，加快推进 5G 增强技术、标准研发和产业化应用，同时通过应用牵引来加快全产业链可控国产化的实现。

我国人工智能产业应用已经走到世界前列，应加快核心高端芯片和算法的自主可控。2020 年，我国人工智能企业共 1454 家，居全球第二，仅次于美国的 2257 家，人工智能产业规模为 3031 亿元。按照规划，核心产业规模有望在 2030 年达到 1 万亿元。目前中国在计算机视觉、语音识别和自然语言处理等应用领域拥有世界领先的企业。利用好场景、数据和应用技术优势，中国人工智能未来应继续突破重大基础理论，加快解决核心高端芯片的自主可控供给，力争成为全球最主要的人工智能创新中心。

我国工业互联网与主要发达国家处于同一起跑线，应加快工业软件的科技攻关。2020 年，中国工业互联网增加值规模为 3.9 万亿元，仅次于美国。在稳步增长的背景下，预测到 2025 年，我国工业互联网产业增加值将达到 6.6 万亿元，占 GDP 比重为 4.66%。目前我国在软件领域自主性较差，国产研发设计类工业软件的市场占比仍不足 5%。未来工业互联网可与 5G 技术相结合，衍生出“5G+ 工业互联网”的多样化工业应用。工业软件的短板可在供应来源多样化的基础上加大投入，实现自主可控。

我国在芯片 3D 封装领域有较好的基础，为增强我国重要领域芯片自主发展能力提供了新的途径。传统的芯片封装技术已无法满足日益增长的高性能芯片需求，3D 封装提供了新的技术解决方案，我国在集成电路封装领域有较好的基础，有一批具备国际竞争力的龙头企业，应抓住 3D 封装技术进步的重要机会窗口，加快推动全产业链系统性升级，增强集成电路产业自主可控能力。

我国类脑计算技术已具备局部优势，有望成为未来集成电路和人工智能领域的关键长板。我国类脑计算研究成果数量、质量均已接近美国，并在部分细分领域形成了领先优势。类脑计算为解决高端芯片“卡脖子”问题提供了新路径。相对于传统半导体技术，类脑计算还未形成由单一国家把持的技术壁垒。我国应争取率先取得关键技术突破，在未来 5~10 年达到技术成熟期并实现大规模商用。

我国在量子科技多个领域取得国际先进的成果，但与美国的领先水平仍存差距。量子科技的应用研究取得了重大进展，演化出了量子计算、量子通信和量子传感测量 3 个主要应用领域，预计将在 10 年内实现产业化。中国在量子通信领域处于绝对领先地位，并在量子计算和量子传感测量领域快速追赶，其中超导量子计算和光量子计算已与美国接近。要制定明确的国家发展战略，坚持对量子科技产业的重点支持。在国家投资策略上，加强对同一应用领域多个技术路径的组合投资。构建量子科技产业联盟，将科研院所、政府机构和企业紧密联系在一起形成产业化合力。坚持以我为主，加强关键材料、零部件、器材设备的生产能力建设，努力嵌入全球量子科技产业链的高端。

4. 制胜新赛道的战略和政策

4.1　制胜新赛道的战略思路

新赛道为实现中华民族伟大复兴提供了重要战略机遇。新赛道是国家竞争优势的主要抓手，中国只有在新赛道产业中取得主导性优势，才能推动经济高质量发展，才能在大国竞争中占据有利地位。

中国有能力，也有信心制胜新赛道。我国拥有 14 亿多总人口和 4 亿左右的中等收入群体，国内消费市场规模已居全球第二。以超大规模的国内市场作为基础，完全可以建立起以我为主的新赛道体系和生态。我国还拥有全世界最完整的工业体系和最强的产业配套能力，是全球产业链上不可或缺的重要一环，在新赛道上具备独特竞争优势。

制胜新赛道需要将政府的组织效率优势和市场的信息效率优势协同互补。市场可以通过价格体系将经济活动中分散的信息直接反映出来，在发现和处理信息上比政府先行一步。相比之下，政府在组织效率上拥有不可比拟的优势，它可以利用自身权威性和资源配置权，在市场和不同企业之间进行协调。政府和市场是一个协同互补的关系，新赛道的发展要充分发挥市场在资源配置中的决定性作用，在面临基础设施提供不足、协同失灵、创新激励不足、市场机制失灵等问题时，政府应有所作为。

制胜新赛道需要将自主创新和开放合作有机结合，提高内循环的效率并营造良好的外部环境。新赛道要靠创新，在美国加快推动科技“脱钩”的情况下，必须加快构建自主创新的科技体系和产业体系，形成知识和技术供给的源头活水。同时，也要避免出现国内一套体系、国际另一套体系的两套体系并存的局面，这样无论是在经济效率还是国际关系上，均对我国不利。要在现有全球体系内加强合作，利用市场规模、人才和科技优势来提升我国的影响力和控制力。

4.2 借鉴“他山之石”——美国科技和产业政策

政府的培育与支持对新赛道不可或缺。从美国经验来看，由于新赛道蕴含着企业等私人部门无法承担的风险与成本，产业很难自发形成市场体系，政府在培育新赛道时的功能是积极地创造出新的需求与市场。美国现阶段主导的技术路径，在发展初期很大程度上是由政府来创造需求的。苹果公司涉及的产品包括中央处理器、全球定位系统和智能语音助手在内的 12 项核心技术都是起源于美国军方需求和政府资助。

市场力量和竞争机制对新赛道至关重要。美国政府的创新政策通常有效融合了市场力量。美国国防部高级研究计划局（DARPA）实现诸多颠覆性创新的成功经验之一是其资助模式融入了竞争机制。DARPA 会将种子资金分散给多个企业或科研机构，允许这些团体从多样的技术路线进行探索，由此营造的竞争环境有助于提升资金使用效率和降低风险。我国在制定发展新赛道产业时，也应灵活引入竞争机制，慎用准入类政策限制竞争。

人才竞争是在新赛道上赛跑的核心内容。“二战”使得大批欧洲科技人才涌入美国，造就其科技高地和人才强国的地位。美国战后的人才引进政策保持开放，高技能移民人才推动了创新是公认的研究结论。美国移民拥有的高质量专利占比是移民数量占比的 1.5 倍。在新赛道上，中国缺乏基础研究人才和顶级人才，这需要我国比以前更积极地寻求人才资源，为引进人才提供丰厚的资金和优越的工作条件。

任务导向与基础研究两手都要抓，两手都要硬。由政府主导创新方向，设定具体的研发目标，调动资源加以实现的任务导向型研究是美国实现新赛道关键突破的常用手段，国家实验室和其他国立科技机构是任务导向研究的关键承担者。同时美国将基础研究视为技术进步的“心脏起搏器”，划拨给大学和科研机构充足的经费，并保证科学发展的自由性。任务导向与基础研究并行的收益巨大，任务导向为基础研究提供了应用化的明确方向，提升了基础研究的效率；基础研究则确保了科学的长期发展不会受制于人。

中小企业更有进行创造性破坏的积极性。企业是创新主体，而中小企业的创新形式更契合新赛道的发展需要。小企业由于在规模优势、市场抗风险能力等方面落后于大企业，只能通过突破性创新从大企业手中抢占市场。美国的创新生态在融资支持、政府采购和研发资助上都为中小企业提供了良好的生存环境，这显著提升了整个社会的创新量级。在新赛道上，我国的产业组织政策应改变对市场集中和大企业的偏好，为科技型中小企业提供施展的机会。

4.3 加快完善中国的科技和产业政策体系

我国应充分发挥政府的组织优势，并将政府的组织优势和市场的竞争机制有机结合起来，加快培养完善创新生态和产业生态。关键是要在加快投建提供知识技术源头的创新体系、启动市场和组织产业链上下游的产业政策体系、实现加速创新和发展的金融体系、培养人激发人的教育科技体系和企业制度以及国内外循环相互促进的国际合作体系等方面取得突破。

一是建设基础雄厚、开放协同的创新体系。在中美战略竞争加剧、美国加快推动科技“脱钩”的背景下，中国不可能再依托美国的创新底座来实现新赛道领域的持续发展，必须建立自主的源头技术供给能力。第一，合理布局创新体系。在研发方向上，基础研究、应用研究、试验验证 3 个环节同步发力，针对现在的短板要重视增加基础研究的投入。第二，加快战略性科技力量的建设。在战略性、关键性、前瞻性领域，建立开放协同的国家实验室和国家科研机构，保持政府持续稳定的投入。第三，组织实施重大科技攻关。在人工智能、机器人、新一代移动通信（5.5G 和 6G）、量子计算、新能源和智能网联汽车等新赛道领域要有重点布局，集中攻克底层和前沿关键技术。第四，推动公共科研机构开放共享和组织创新，加强国家实验室、公共技术平台、大学和企业的协作，形成基础研究、应用研究和试验验证3个环节紧密衔接、汇聚合力的有效机制。支持和鼓励龙头企业在关键核心技术开发上发挥主导作用，提升创新效率，加快新技术产业化应用速度。

二是构建精准的产业政策体系。第一，加强产业规划引导。政府应明确各产业部门责任，坚持目标导向和问题导向相结合，统筹产业发展规划。第二，为新技术产品创造市场。基础技术和产品原型形成以后，需要在市场应用中迭代创新，早期市场的培育极为关键。在美国排斥我国进入其市场的情况下，我国可率先启动市场，发挥我国超大市场规模的优势，尽早形成技术创新和市场扩大的良性循环。为此，一方面要为新技术新产品应用迭代创造市场空间。政府采购和财政资金支持的新型基础设施建设对符合安全可控、绿色低碳和数字化发展方向的国产技术、产品和装备给予优先支持。另一方面要发挥创新应用示范作用，在人工智能、智能网联汽车、工业互联网等领域支持一批结合典型场景的、自主可控的产业链应用示范落地。此外要组织产业和技术联盟，将产业链上下游有效地组织衔接起来。

三是进一步提升市场主体进行创新的激励。企业是创新主体，为此，第一，要增强国有企业的科技创新动力。在考核机制上将科技投入和产出作为创新型国有企业的重要考核内容。第二，要充分激发并保护民营企业家的创新精神。政府在市场准入、研发支持、政府采购、人才培养等方面，要对国有企业和新兴市场主体真正做到一视同仁，助力两类主体发挥各自优势、高效协同。第三，要壮大市场主体，为企业开展创新活动夯实基础。要特别重视中小企业在创新中的作用，加大对中小企业研发开放、市场采购和人才培养上的支持。

四是建立健全培养和激励科技人才政策。人才竞争是在新赛道上赛跑的核心内容。第一，加快引进海外人才。抓住人才回流的历史机遇，以包容和多元化的方式引进领军人才，并给予完善的配套支持。第二，加快国内人才培养。加快高等教育相关学科改革调整的步伐，加快高素质人才培养和创新型人才培养。同时畅通高校、科研机构、企业和公共部门间人才流动渠道。第三，加大对人才的激励。可进一步借鉴美国《拜杜法案》，完善知识产权收益分配制度，通过推动国有科技企业实施股权激励和明确国家资助的知识产权归属等方式激励创新。

五是完善高效协同的现代金融体系，发挥好金融体系对新赛道的支持和加速作用。第一，加大资本市场支持。发挥科创板、创业板等多层次资本市场作用，支持优质企业上市融资，加快科技创新企业成长速度。第二，为创新链的前端注入长期资本，将现有的5~10年的产业投资基金改造为较长期的政府引导基金，引导早期天使、风险投资和私募股权等机构长期投资，允许社保基金以适当的比例投资风险投资基金和私募股权基金，并拉长考核期，为风险投资机构提供长期资金支持。第三，在战略性领域进行特殊的金融安排。在新赛道领域可根据需要成立相关基金，支持企业发展。同时，政府引导基金要把为完善产业链、为“卡脖子”技术攻关和商业化应用提供支持作为重要的考核指标。

六是加强国际产业链、供应链和科技合作。新赛道的发展离不开统筹好国际国内两个市场、两种资源。第一，主动参与国际竞争。对于我国有优势、有长板的领域，比如5G、新能源装备、动力电池等领域，鼓励企业“走出去”，抢占全球向绿色低碳和数字化转型带来的市场机会。第二，加强国际科技合作。在美国“小院高墙”乃至“科技铁幕”的政策下，要加强国际科技合作，包括开放我国的基础研究，吸引国际研究人员加入，加强与非美国家的科技双边合作。第三，要加强参与全球的规则制定，在国际电信联盟（ITU）、第三代合作伙伴计划（3GPP）等多边层面加强国际合作。要探索与欧日韩形成机制性合作联盟，深化中国与欧日韩数字治理合作，在新能源和新能源汽车、6G、人工智能以及跨境数据流动等问题上与欧日韩开展合作。

4.4 有效推动科技和产业政策的实施

制定科技和产业政策要提前考虑到政策实施过程中各主体的行为，这其中要抓住3个主要矛盾。

一是加强跨部门协调。中央各部委的行政权力按照部门边界进行分割，根据各自职能履行相应的监督和管理责任。但新赛道产业政策往往需要多部门配合和协调，这与各部门分割的执行能力不相兼容，否则将导致政策效果大打折扣。针对跨部门后的行动问题，中央可成立新赛道发展领导小组，领导小组的任务主要是在新赛道的产业政策中减少各部门的重复性工作，并寻找潜在的跨部门合作和联合供资机会，并对跨部门冲突进行协调。

二是规范地方政府行为。地方政府是产业政策推行和实施的主体，但面对地区竞争，其在政策实施中会产生自发行为。目前，在新赛道领域，地方政府仍存在盲目跟风和地方保护等问题。因此，需要对地方政府的目标和行为方式作调整，把经济发展的质量和效率作为地方政府考核体系的重点，同时中央可在全国一体化市场的框架下，通过纵向治理促进各地区的分工和有序竞争。

三是引导企业的行为。由于政府在政策实施中很难对企业进行完全的监督，企业行为经常偏离产业政策引导的初衷。因此，为了保证政策能够真正激励企业的技术创新活动，产业政策体系应当围绕技术创新和新产品的首次商业化进行搭建。通过“揭榜挂帅”设定明确目标，政府可分阶段地对企业的技术成果进行考核，并依据成果决定是否继续资助，对创新失败保持宽容，但要严惩虚假创新行为。

战略篇

新时代
寻找
新动力

第一章

中国经济增长的新动力

经历了40余年的快速发展，中国经济与社会建设取得了举世瞩目的伟大成就。2020年，中国实现全面脱贫，全面建成小康社会，实现了第一个百年奋斗目标，向第二个百年奋斗目标奋进。党的二十大指出，中国共产党的中心任务就是团结带领全国各族人民全面建成社会主义现代化强国、实现第二个百年奋斗目标，以中国式现代化全面推进中华民族伟大复兴。在“两个一百年”的交汇点，我们饱含信心和斗志，同时也应正视困难和挑战。从宏观层面来看，中国经济增长进入换挡期，增长中枢明显下移，传统的要素驱动模式面临空间有限、动力不足的情况。从产业层面来看，中国正处在产业升级转型的关键节点，从要素密集型产业向技术密集型产业的跃迁难度明显加大，多个维度的技术发展与革新都面临“卡脖子”问题。在这一背景下，亟须研判和寻找中国经济增长的未来动力，推动主导产业升级，实现全要素生产率的提升。

本章第一节首先从宏观经济视角，分析了改革开放以来中国经济增长动力的演变。测算结果显示：中国经济增长呈现出明显的资本和劳动力驱动的特征，而近年来有效劳动供给增速明显下降，尽管资本仍保持较高积累速度，但对经济的拉动作用却明显趋弱；中国经济增长对全要素生产率和人力资本的依赖度偏低，且近年来全要素生产率增速整体呈现下降趋势。随后，对比了中美人均收入水平的增长空间，发现中国的劳动力投入和资本投入均已超过美国，但在人力资本水平和全要素生产率上仍明显落后于美国，而导致人均收入差距的最主要因素是全要素生产率的巨大差异。

本章第二节以发展经济学的基本理论为支撑，梳理了产业升级的国际经验和基本规律，并讨论了其对中国的启示。每个发展阶段都存在具有较高增长动能的主导产业，产业结构是动态演进的，总体演进规律表现为高加工化、高附加值化、技术化和服务化等。从三次产业来看，中国第二产业占比从顶峰下降，并被第三产业超越，标志着中国迈入了工业化后期的现代产业结构阶段。从制造业来看，中国主导行业经历了纺织服装、塑料制品和白色家电、钢铁煤炭和金属制品、重型装备和运输设备、电子及通信设备、信息技术行业等依次更替的过程。现有理论和规律的确印证并指导了中国过去经济发展的起步阶段，但当前中国正处在发展阶段前半程和后半程的交汇点，对于如何进一步实现产业跃迁，仍缺乏放之四海而皆准的国际经验和理论指导。

本章第三节基于最近几年的数据和事实，分析了不同经济驱动力的发展空间。由于人口自然增长率的快速下跌和农业人口转移空间的逐步压缩，劳动力增长的驱动作用将逐步减弱甚至出现逆转；由于供给侧边际收益递减的特征和需求侧拉动因素逐步收窄，物质资本的积累速度将明显放缓，对整体经济增长的贡献率也将不断下降；由于青壮年劳动力的受教育程度已处于较高水平，人力资本的提升空间受限，同时各领域的错配现象进一步制约了人力资本效能的释放。2008 年国际金融危机后，中国的全要素生产率增速呈现出持续的下降趋势，对经济高速高质量增长提出了严峻挑战。保证宏观生产率需要主导产业的持续升级，中国正处在从要素密集型产业向技术密集型产业跃迁的阶段，相比以往，对知识技术和发展环境的要求更高。但在当前国际环境下，依靠学习模仿和技术引进推动知识技术的快速积累将越来越难。因此，依靠自主研发显得尤为迫切。

本章第四节通过对颠覆式创新和世界历次技术革命的分析，进一步论证，在根本性、突破性的领域发力，把握住当今技术革命的宝贵机遇，将为中国经济发展带来更大的可能：不仅可以全领域、多维度赋能经济，更有助于中国绕过领先国家的技术垄断和技术封锁，在“新赛道”中建立话语权和新优势。

第一节　中国经济增长动力转变

1. 中国的经济发展奇迹

改革开放 40 多年来，中国从贫困落后走向繁荣富强，创造了举世瞩目的经济增长奇迹。1978—2019 年，中国的实际 GDP 平均增速高达 9.45%，一跃成为全球第二大经济体，不仅使国内居民生活水平和整体国力大幅提高，更成为全球经济增长的发动机。如图 1–1 所示，1990—2020 年，中国 GDP 占全球比重从不足 2% 提升至 17% 以上，中国对全球经济增长的贡献率从不足 3% 提升至 2019 年的 25% 以上，中国贸易总额占全球比重从约 2% 提升至 12% 以上。2020 年，中国打赢了脱贫攻坚战，实现了全面脱贫，为全球减贫事业作出了突出贡献。

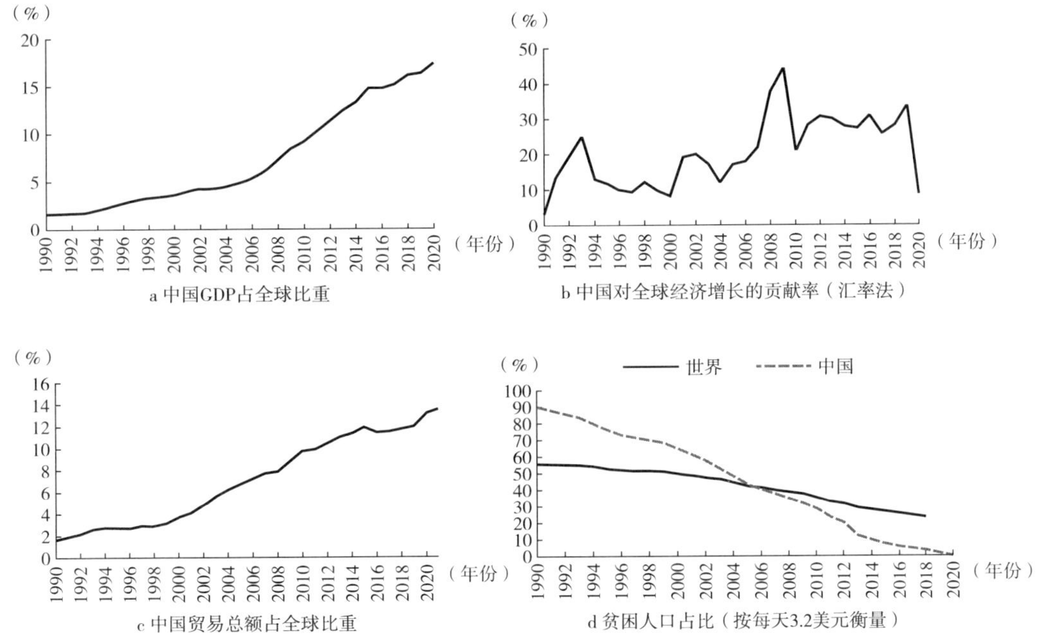

图 1–1　中国的经济发展成就与对世界经济的贡献

资料来源：世界银行、Wind 数据库

2020 年中国实现了第一个百年奋斗目标。站在“两个一百年”奋斗目标的交汇点，我们应该认识到，中国是一个处在转型期的发展中经济体，面对波谲云诡的国际形势，中国内部也存在经济增长中枢下移的严峻挑战。如何寻找并切换新的增长动力，实现可持续的高质量增长，是当前亟待研究的重要课题。

2. 经济增长动力的贡献率测算

认识经济增长驱动力的变化过程，基于生产函数法进行测算和解构是一种常用的方法。生产函数法以新古典增长理论为基础，将宏观总产出在供给端表示为各类要素投入的函数。由于生产函数法能够较为准确地衡量各投入要素充分利用时的产出水平，该方法已成为国际货币基金组织（IMF）、经济合作与发展组织（OECD）和各国央行常用的估算潜在产出的基础，同时也是国内学术研究的常用范式[①②]。

具体来讲，我们可以将宏观总产出 Y_t 表示为劳动力 L_t、物质资本 K_t 和人力资本 E_t 的 Cobb-Douglas 函数形式：

$$Y_t = A_t K_t^{\alpha_t} H_t^{1-\alpha_t} = A_t K_t^{\alpha_t} \, (L_t E_t)^{1-\alpha_t}$$

其中 $H_t = L_t E_t$ 表示附加人力资本的有效劳动力数量，A_t 表示全要素生产率（TFP），α_t 表示资本的产出弹性。

本书对上述生产函数进行了估计和测算[③]。通过计算劳动者报酬与实际GDP的比值，得到了有效劳动的产出弹性（即 $1-\alpha_t$），并将结果代入下式得到全要素生产率的增长率：

$$\frac{\Delta A_t}{A_t} \approx \Delta \ln A_t = \Delta \ln Y_t - \alpha_t \Delta \ln K_t - (1-\alpha_t)(\Delta \ln L_t + \Delta \ln E_t)$$

接着，劳动力投入的增加对经济增长的贡献率可表示为 $(1-\alpha_t)\,\Delta \ln L_t / \Delta \ln Y_t$，

① 郭庆旺、贾俊雪:《中国全要素生产率的估算：1979—2004》,《经济研究》2005 年第 6 期。

② 郭豫媚、陈彦斌:《中国潜在经济增长率的估算及其政策含义：1979—2020》,《经济学动态》2015 年第 2 期。

③ 资本存量基于永续盘存法得出，参考刘伟和陈彦斌（2020）、刘哲希和陈彦斌（2020），折旧率取 6%；劳动力数量参考刘伟和陈彦斌（2020）的“有效劳动”概念构造，数据取自《中国劳动统计年鉴》；1978—1994 年人力资本水平（劳动力平均受教育年限）来自王小鲁（2000）的估算，1985—2019 年人力资本数据来自《中国人力资本指数报告 2021》；劳动报酬份额来自《中国国内生产总值核算历史资料（1952—1995）》《中国国内生产总值核算历史资料（1996—2002）》和亚特兰大联储的数据库。

物质资本的积累对经济增长的贡献率可表示为 $\alpha_t \Delta \ln K_t / \Delta \ln Y_t$，人力资本提升对经济增长的贡献率可表示为 $(1-\alpha_t) \Delta \ln E_t / \Delta \ln Y_t$，全要素生产率提升对经济增长的贡献率可表示为 $\Delta \ln A_t / \Delta \ln Y_t$。

表 1–1 展示了改革开放后 40 年中，4 类经济增长驱动力的增长率及其对 GDP 的拉动作用，并将 1979—2019 年的总时间段分成了 5 个子时间段，进行分时段测算。1979—2019 年这 40 年间，中国实际 GDP 增速的平均增速高达 9.40%。其中，1979—2007 年间，中国实际 GDP 增长率高达 10.56%；国际金融危机以后，实际 GDP 增长率开始下滑，2008—2013 年间，中国实际 GDP 增速下降为 9.14%，2014—2019 年间，实际 GDP 增长率进一步下降为 6.84%。从 4 个经济驱动力对经济增长的贡献来看，劳动力的释放和物质资本的积累占据了主导地位。中国经济增长的供给侧因素呈现出资本和劳动力驱动的特征，对全要素生产率和人力资本的依赖度偏低。

表 1–1　1979—2019 年中国经济增长动力变化情况

	总时间段	子时间段				
	1979—2019 年	1979—1989 年	1990—1999 年	2000—2007 年	2008—2013 年	2014—2019 年
不同因素的年均增长率（%）						
劳动力	3.27	5.30	3.70	1.97	2.58	1.24
物质资本	10.39	8.49	10.32	11.50	13.18	9.61
人力资本	1.75	2.59	1.86	1.21	1.46	1.03
全要素生产率	1.71	1.34	2.15	3.25	0.30	1.01
实际 GDP	9.40	9.54	9.99	10.56	9.14	6.84
不同因素对经济增长的贡献率（%）						
劳动力	20.81	29.39	32.41	8.43	13.75	9.28
物质资本	57.87	48.76	53.28	54.90	76.13	67.92
人力资本	11.12	17.76	12.32	5.66	7.56	7.78
全要素生产率	10.20	4.08	1.99	31.01	2.56	15.02
合计	100	100	100	100	100	100

资料来源：作者整理

进一步聚焦于2008年以来的数据和测算结果，可以发现中国经济增长呈现出以下特征。一是中国经济增长中枢下移，经济增速呈现出明显的放缓现象。二是劳动力数量增速下滑明显，同时人力资本对经济增长的贡献率仍未显著提高，导致有效劳动供给增速下降，人口红利不断衰减。三是资本积累仍是中国经济增长的核心驱动力，但无法扭转经济增速整体下降的趋势。四是全要素生产率的增长率整体呈现下降趋势，无法支撑整体经济的增长。

3. 经济发展空间的中美对比

针对上一节引入的总体生产函数，我们还可以通过形式变换进行发展核算，并通过国际比较讨论中国经济的发展空间。具体来讲，将总体生产函数表示为：

$$Y_t = A_t K_t^{\alpha_t} (L_t E_t)^{1-\alpha_t} = A_t K_t^{\alpha_t} (l_t h_t E_t)^{1-\alpha_t}$$

其中l_t和h_t分别表示劳动人口数和每个劳动力的平均工作小时数。对上式进行整理并除以总人口数N_t，可以得到：

$$\frac{Y_t}{N_t} = (A_t)^{1/(1-\alpha_t)} \times \left(\frac{K_t}{Y_t}\right)^{\alpha_t/(1-\alpha_t)} \times \frac{l_t}{N_t} \times h_t \times E_t$$

上述表达式是发展核算文献[①②③④]的常用形式，即一国的人均收入Y_t / N_t，可以表达为全要素生产率A_t、资本产出比K_t / Y_t、劳动参与率l_t / N_t、劳动时间h_t和人力资本水平E_t这5个方面的Cobb-Douglas复合形式。

换一个角度来说，衡量中国人均收入水平的增长空间，可以通过对全要素生产率A_t、资本产出比K_t / Y_t、劳动参与率l_t / N_t、劳动时间h_t和人力资本水平E_t这5个方面的发展空间进行研判来得到。如图1–2所示，以美国作为对比基准，考察2019年中国上述各方面的发展空间。为了方便国际比较，图1–2中所用的数据

① Mankiw N.G. Romer D. Weil D.N., “A contribution to the Empirics of Economic Growth,” Q. J. Econ. 107 (1992): 407–437.

② Klenow P. J., and Rodriguez, C. A. “Economic Growth: A Review Esay, ” Journal of Monetary Economics 40 (1997): 597–617.

③ Hall R.E. Jones CI., “Why Do Some Countries Produce So Much More Output Per Worker Than Others?” Q. J. Econ. 114 (1999): 83–116.

④ Hsieh, C.T., Klenow, P.J., “Misallocation and Manufacturing TFP in China and India,” Q. J. Econ. (2009): 1403–1448.

均来自于 Penn-World Table 数据库[①]。

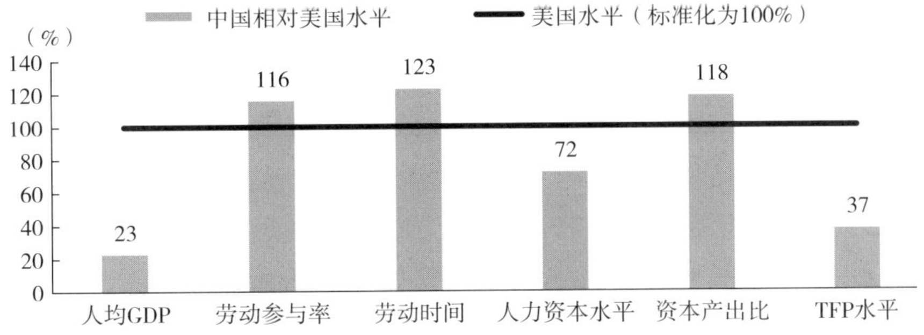

图1-2　经济发展空间的中美对比（2019年）

资料来源：Penn-World Table，作者测算[②]

从图 1-2 中可以看到，2019 年中国的人均 GDP 水平仍远远低于美国，仅为美国的 23% 左右。然而从发展核算的 5 个方面来看，中国并非在所有方面均低于美国。2019 年中国的劳动力投入和资本产出已经超过美国水平：无论是劳动参与率、单位劳动力工作时间，还是资本产出比，均明显高于美国 16%~23%。事实上，真正造成中美经济差距的是人力资本水平和 TFP 水平两个方面，分别仅为美国的 72% 和 37%。

图 1-2 从发展核算的角度呼应了表 1-1 的结论。具体而言，中国正处于一个增长动力转换的关键节点，亟须从要素驱动和投资驱动转换至技术驱动和创新驱动。然而，当前中国的经济发展主要依靠劳动力的释放和物质资本的积累，但劳动力和物质资本未来的支撑空间可能不足；人力资本水平和 TFP 水平对中国经济发展的贡献较低，未来还存在一定的发展空间。

① TFP 水平由发展核算表达式反推得到，其余数据，包括劳动收入份额 $1-\alpha_t$，均来自 Penn-World Table。

② 从图 1-2 展示的结果来看，2019 年中国的人均 GDP 仅为美国的 23%，而 TFP 水平、资本产出比、劳动参与率、劳动时间和人力资本这 5 个复合因素的相对水平却均高于 23%。但需要注意的是，在增长核算的公式中，人均 GDP 并不是 5 个因素的“对数平均”，尤其是 TFP 水平在公式中存在一个 $1/(1-\alpha_t)$ 次幂的运算，会将 TFP 水平的差距进一步放大。

第二节　产业升级与中国经济增长

宏观视角下的经济增长分析主要基于新古典增长理论，主要关注要素积累对经济增长的作用。基于上一节的标准新古典的分析范式，我们知道中国经济发展急需的新动力是提高全要素生产率。然而，全要素生产率在新古典理论中是一个总体而宽泛的概念，至于全要素生产率的具体体现以及如何提高全要素生产率，新古典理论却没有提供行之有效的抓手。

事实上，发展经济学的结构主义观点认为，经济结构变化是经济发展的一个重要结果和特征，而且也会反过来影响经济总量的增长。因此，从发展经济学的中观视角来看，对发展阶段和产业转型的研究，更有助于为我们寻找新动力提供启示。

1. 产业升级的基本规律

发展经济学强调多个维度的经济结构，其中，产业结构升级无疑是最为重要的方面之一。不同产业附着不同生产技术，产业结构的升级过程也体现着生产技术的更迭，从总体宏观来看则体现为全要素生产率的提高。此外，劳动和资本等要素从生产率较低的部门向生产率较高的部门转移能够改善资源配置效率，同样是结构效应推动全要素生产率提高的一个动力源泉。

一国的产业发展往往存在如下规律。一是在每个发展阶段，都存在一个或少数几个主导产业，这些主导产业在一段时期内具有较高的增长能力，规模扩张剧烈的同时技术进步飞速，此外还具有很强的带动其他产业的能力。二是产业结构并非一成不变，而是动态演进的。总体的产业结构演进方向是产业结构高级化，具体表现为高加工化、高附加值化、技术集约化、知识化和服务化等特征。三是产业结构升级受到供给侧、需求侧和国际分工格局的驱动，同时政府的主导部门发展战略对产业结构升级也具有关键影响。

经济学家库兹涅茨通过研究三次产业所实现的国民收入的比例关系及其变化来研究产业结构演变规律。基于 20 多个国家的数据，对随着经济发展的产业结构变化进行分析后得出结论：一是农业部门创造的国民收入占全部国民收入的比重与农业劳动力占全部劳动力比重均处于不断下降中，大多数国家呈现农业劳动力减少的趋势。二是工业部门国民收入的相对比重总体趋势是上升的，但工业部门劳动力的相对比重大体不变，有的略有上升。它反映出工业化达到一定水平后，第二产业不可能大量吸收劳动力；也反映出一个国家在经济发展过程中，第二产业起到了重要作用[①]。三是服务部门的劳动力相对比重在几乎所有国家都呈现出上升趋势，这说明第三产业具有很强的吸纳劳动力的特性。

综观世界主导产业部门的变迁史可以发现，主导产业的转换与发展经历了5个不同的历史阶段，分别是以棉纺工业为主导产业的第一阶段，以钢铁工业、铁路修建业为主导产业的第二阶段，以电力、汽车、化工以及钢铁工业为主导产业的第三阶段，以汽车、石油、钢铁和耐用消费品为主导产业的第四阶段和以信息产业为主导的第五阶段[②]。罗斯托的经济发展阶段论将一国发展划分为6个不同阶段，并强调不同阶段存在不同的经济主导部门，这些主导部门是各个阶段经济增长的推动力，发展阶段的更替表现为主导部门的序列变化。发轫于日本并广泛应用于东亚发展奇迹的雁行理论，从跨国产业转移的维度阐述了一国产业跃迁的过程。林毅夫的新结构经济学认为一国的要素禀赋会随着发展阶段而不断升级，因此不同发展阶段要素的相对价格就决定了经济体有不同的最优产业结构，经济发展是从低收入农业经济一直到高收入后工业化经济的连续变化谱。

国际经验表明，随着经济发展，重工业比例呈现出逐步上升最后趋于稳定的形态，其稳定值在60%左右。从行业的层面，则可以更清晰地看出产业升级的阶段性变化。如前文所述，一国主导产业的循序变换往往会经历6个阶段，如图1–3所示，将经济发展水平（人均收入）和主要行业增加值比重相对应，以展示其中的重要阶段变化。可以看到，以纺织业为代表的轻工业占制造业的比重不断下降，对应第二到第三阶段的变化；以基本金属工业为代表的基础重工业占比在人均收入1万美元前持续上升，随后开始逐步下降，对应第三到第四阶段的变化；以交通制造业为代表的高加工度重工业占比在人均收入达到2万美元前持续上升，随后保持基本稳定，对应第四个阶段的变化。除制造业内部的行业之外，我们还可

①② 芮明杰：《产业经济学（第三版）》，上海财经大学出版社，2016。

以看到横跨高端制造业和现代服务业的信息技术产业占 GDP 的比重持续上升，且在大多数国家中的占比增速并没有减缓的迹象，对应第五到第六个阶段的变化。

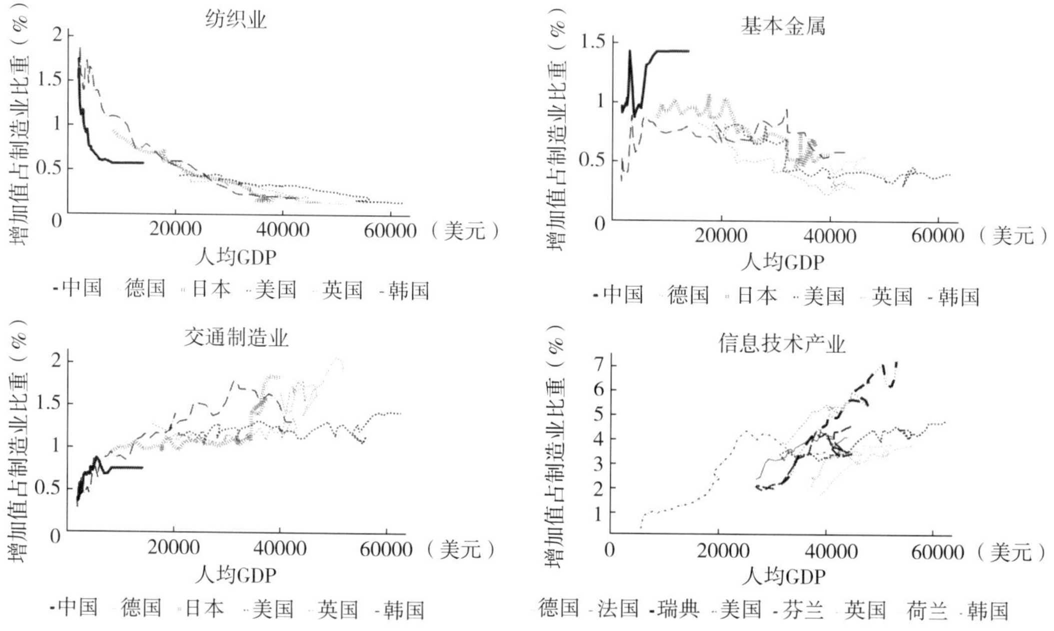

图 1-3　主要国家主要行业相对比重随经济发展水平的变化（2017 年）

资料来源：UNIDO，PWT10.0，经作者整理计算

2. 中国的三次产业结构演变

中国的三次产业结构演变过程，也基本符合发展经济学中产业变迁的路径规律。

中华人民共和国成立之初，产业结构以农业为主。1952 年，三次产业增加值占比分别为 51%、20.9% 和 28.2%。随着重工业优先发展战略的实施，中国的工业占比特别是重工业占比迅速提高。1958 年，三次产业增加值占比分别为 34.4%、37% 和 28.7%。改革开放后，中国的第二产业活力得到进一步释放，同时，第三产业比重超过第一产业成为国民经济第二大产业。1985 年，三次产业增加值占比分别为 27.9%、42.7% 和 29.4%。中国加入世界贸易组织（WTO）后，中国日益成为“世界工厂”和制造大国，第二产业占比达到顶峰，同时第三产业占比快速上升，第一产业占比快速下降。2006 年，三次产业增加值占比分别为 10.6%、47.6% 和 41.8%。

2013 年，中国的第三产业占比首次超过第二产业，开始成为国民经济第一大产业。2019 年，三次产业增加值占比分别为 7.1%、38.6% 和 54.3%（见图 1–4）。

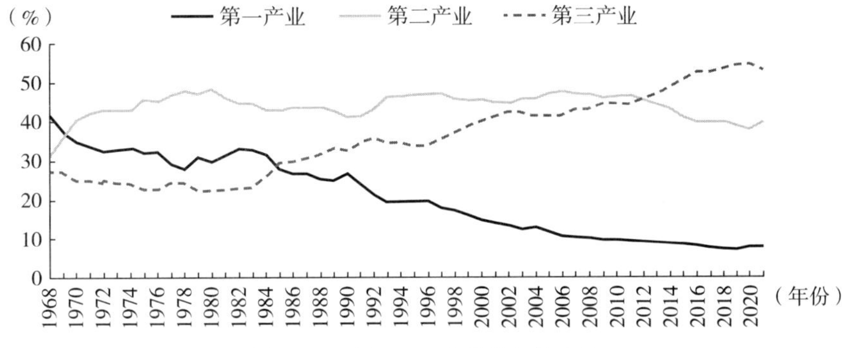

图 1–4　中国三大产业增加值占比

资料来源：国家统计局

简而言之，中国的产业结构经历了“一二三”“二一三”“二三一”“三二一”4 个阶段。根据学术界比较认可的关于工业化完成的判断，即当第一产业的比重降低到 10% 左右、第二产业的比重上升到最高水平时，工业化就到了结束阶段。根据这一判断，中国产业结构正式迈入了工业化后期的现代产业结构阶段。

需要注意的是，这一阶段产业结构的变迁往往伴随着经济增速的下降。这是由于制造业本身具有较高的 TFP 水平和 TFP 增长能力，而第三产业的早期阶段以劳动密集型行业为主，TFP 增长能力较弱，同时知识密集型的现代服务业的产业升级难度又远远大于要素密集型行业。正是基于这样的判断，自 2013 年第三产业占比超过第二产业时，社会各界普遍认同中国经济将进入“新常态”，总体经济的全要素生产率增速将逐步下降。反过来看，这一基本判断也启示我们，制造业是一国经济实力和经济增长的核心，只有保持制造业比重稳定、持续推动制造业产业升级才能保证全要素生产率的持续提升。总结来看，当前中国第二产业的发展仍不够成熟，而第三产业的发展有待进一步高端化，中国产业结构的优化升级仍然任重道远。

3. 中国工业主导部门的演变

第二产业，尤其是制造业，是一国综合实力的核心体现。在中国经济发展中，制造业不仅在过去，还将在未来发挥重要的驱动作用。改革开放至今，中国第二产业内部的主导行业经历了由轻到重，由低端向高端的跃迁过程。具体来看，中国工业主导行业经历了纺织服装、塑料制品和白色家电、钢铁煤炭和金属制品、重型装备和运输设备、电子及通信设备、信息技术行业等依次更替的过程。

图 1–5 基于企业注册数据，初步呈现了上述过程。可以看到，无论是从注册企业数目还是从注册资本，以轻纺工业为代表的初级制造业占比呈现明显下降趋势，化工、橡胶等初级重工业占比呈现下降趋势，以机器设备为代表的深加工制造业占比则呈现明显上升趋势。

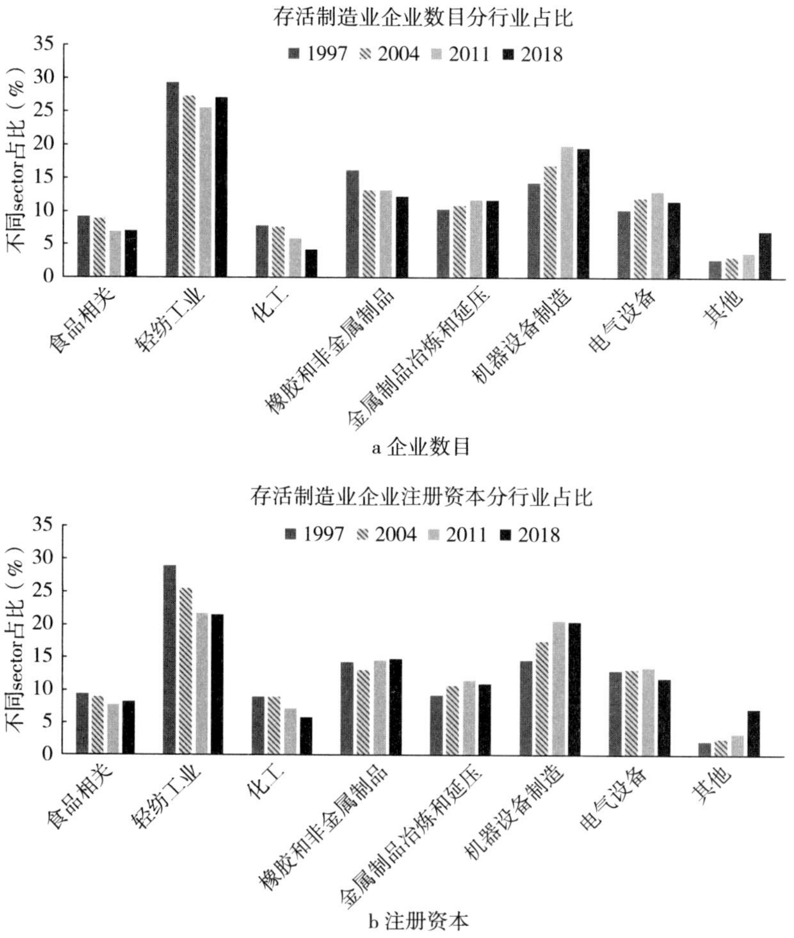

图1–5 中国不同制造业行业的注册结构

资料来源：工商企业注册数据库

进一步地，对外出口是中国经济的重要方面。在某种程度上，中国的出口产品结构体现了中国的产业结构。图 1-6 从出口产品占比的角度展示了与图 1-5 相似且更丰富的中国产业升级故事。可以看到，20 世纪 90 年代初，纺织业是中国的主要出口产业，但占比持续下降，凸显了轻工业在中国工业化初期的巨大贡献；自 20 世纪 90 年代末期，机电、音像设备出口占比出现了快速上升，凸显了白色家电产业在中国的快速发展；进入 21 世纪，中国的金属制品出口占比达到顶峰，凸显了基础重工业在中国的快速发展；车辆、航空器、船舶等运输装备出口占比也在 2005 年后快速攀升，并于 2011 年左右达到顶峰，凸显了中国深加工重型装备的快速发展；集成电路出口占比在 2010 年前出现快速上升，且至今仍保持快速增长的趋势，凸显了电子通信设备和信息技术行业在中国的快速发展。

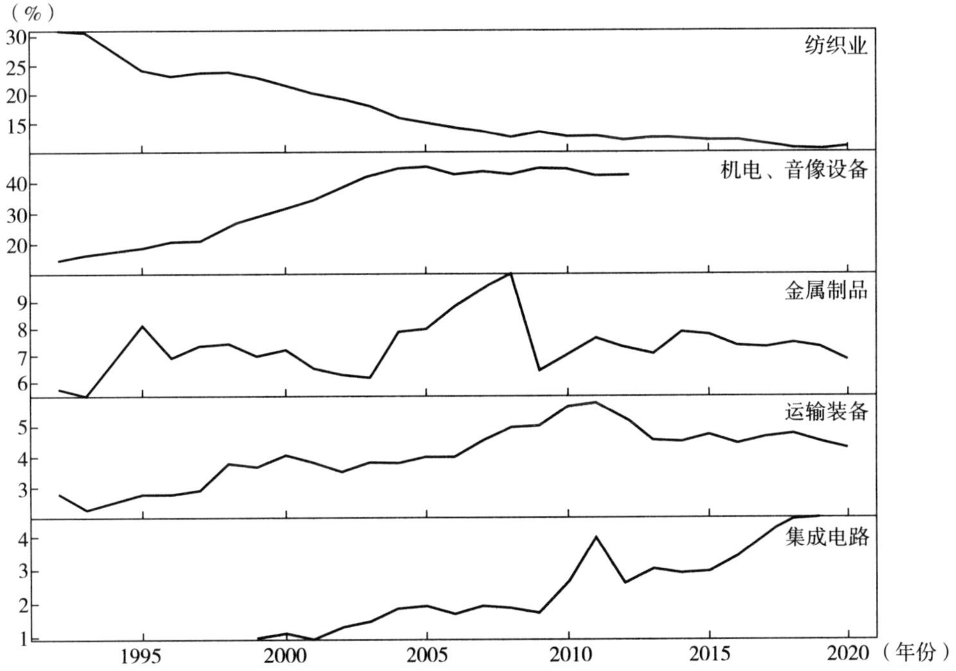

图1-6　1992—2020年中国主要行业出口额占比

注：除集成电路外，其余行业均为HS分类。

资料来源：海关总署、经作者整理计算

当前，中国仍处在制造业产业升级的关键节点，正在奋力向以信息技术为主导的高端产业发起冲击。那么，如何实现主导产业的不断升级？

诚然，主导产业受到诸多供给侧、需求侧的内在动力推动，但政府的发展战略同样发挥了重要作用。发展型政府主要由发展中国家经济学家提出，关注发展中国家的政府和市场关系。结构主义学派认为，后发国家在产业升级、经济转型过程中，主要面临协调失灵、信息外部性、学习能力缺失等一系列问题，需要政府直接干预经济活动。罗斯托的经济发展阶段论同样认为，一国经济进入起飞阶段需要大规模投资以形成主导产业。日本、韩国等后发国家的成功被认为是发展型政府的成功案例，但拉丁美洲国家发展型政府存在普遍的失败。其主要缺陷是忽视了对市场机制的深入研究。

林毅夫的新结构经济学强调“有效市场、有为政府”，认为结构主义学派忽略了要素禀赋对产业升级的决定性作用，单纯基于政府力量推动经济发展将造成市场扭曲，资源配置效率低下。

总体来说，尽管发展经济学的主要规律和理论较好地印证并指导了中国经济发展的起步阶段，但传统的发展经济学过度关注发展阶段的前半程。例如罗斯托的经济发展阶段论的重点，是论述传统社会、起飞准备和起飞这 3 个阶段。对于大多数发展中国家来说，“起飞”固然不易，但起飞后实现平稳“着陆”的经济体少之又少，大多数国家会落入中等收入陷阱。当前，中国正处在发展阶段前半程和后半程的交汇点，如何顺利实现产业跃迁，仍缺乏放之四海而皆准的国际经验和理论指导。

第三节　从要素驱动到创新驱动

综合前面的分析，中国经济增速逐步下行，宏观层面的增长动力处在切换的节点，原先依靠要素投入拉动经济增长的模式已难以为继，中观层面的主导产业也面临转型升级的迫切需要，劳动密集型和资本密集型产业无法带动中国产业层次持续攀升。那么，未来中国经济发展的核心动力何在？本节将从劳动力、物质资本、人力资本、全要素生产率和产业转型 5 个方面展开分析，最终指出基于新兴产业的自主创新是未来推动产业升级和提升全要素生产率的主要途径。

1. 劳动力增长的贡献逐步减弱甚至出现逆转

表 1-1 显示，劳动力增长对中国 1979—1999 年的经济增长带来了巨大贡献，1979—1989 年和 1990—1999 年两个子时间段内的增速分别为 5.30% 和 3.70%，贡献率分别达到了 29.39% 和 32.41%。进入 21 世纪后，劳动力增长对中国经济的贡献率出现了下滑。中国劳动力的增长主要源于早期的人口年龄结构变化和城镇化的推进。从人口结构来看，改革开放后的一段时间，中国人口年龄结构形成了“中间大、两头小”的人口红利，人口抚养比下降，劳动年龄人口数量增长较快，15~64 岁人口从 1982 年的 6.25 亿人上升至 2013 年的 10.10 亿人，增长率高达 61.6%。从城镇化来看，改革开放以来中国城镇化率逐渐提高，并于 1995 年前后进入加速期，于 2021 年达到了 64.72%。在城镇化过程中，农村的闲置或低效劳动力进入第二、第三产业，推动了有效劳动投入的快速上升，形成了“新人口红利”。

然而在未来，依赖劳动年龄人数和城镇人数提高劳动力总供给的逻辑将逐步缺乏可行性。

一方面，早期人口年龄结构的红利随着时间的推移必将存在逆转趋势，中国人口老龄化已是社会各界的共识。首先，从图 1-7a 展示的人口年龄结构来看，15~64 岁劳动年龄人口的占比在 2010 年达到 74.5% 的顶峰后开始一路下降，而劳动年龄人口绝对数量也在 2013 年达到 10.10 亿人后开始一路下降。与此同时，非劳动年龄人口占比的上升也提高了社会抚养比，增加劳动年龄人口的抚养负担并抑制有效的劳动投入。其次，如图 1-7b 所示，中国的人口自然增长率自 2016 年以来一路下滑，并于 2021 年骤降到 0.34‰的水平。联合国发布的《2019 年世界人口展望》预测在 2027 年中国人口数量将被印度超越，而 OECD 预测中国人口增长将在未来 10 年由正转负。人口增速的持续下滑必将对未来劳动年龄的储备人口带来巨大挑战。尽管延迟退休可以在短时间内起到缓解作用，但仅会将劳动力数量下降的问题推迟几年，无法从根本上解决问题。

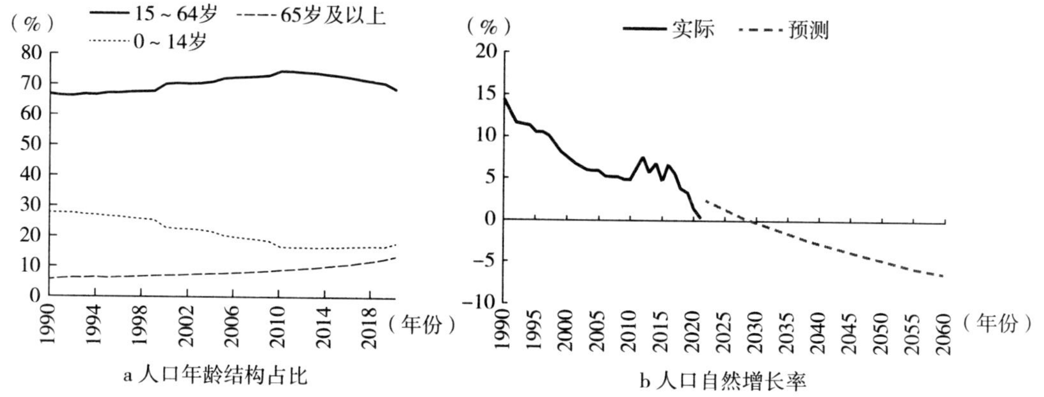

图 1-7　中国的人口变迁趋势

资料来源：国家统计局、OECD、IMF

另一方面，依靠农业人口转移的城镇化进程同样存在明显减速趋势。尽管中国城镇化率仍在持续提高，但从图 1-8a 可以看出，中国城镇化率的增量自 2015 年开始明显下滑。相比 1996—2017 年 1.42% 的年均增长量，2018—2021 年的年均增量仅为 1.12%，2021 年更是只有 0.83%。事实上，城镇农民工数量的增长是非户籍城镇化人口的重要支撑，而图 1-8a 显示这部分群体的增速自 2010 年开始持续下降。从绝对人数来看，2021 年中国还有 4.98 亿乡村人口，农业部门劳动力储备并不低。但依据 2010 年人口普查的数据，如图 1-8b 所示，留在农村的劳动年龄人口占比明显低于城镇。如果进一步聚焦于 20~44 岁的青壮年劳动力，这类群体在农村的占比相对城镇则更低。这说明，有能力有意愿转移至非农业部门的农村劳动力已经在一定程度上完成了转移。总体来看，尽管与城镇化相伴的“新人口红利”仍是未来有效劳动力增长的重要途径，但其空间正逐步收窄，同时由于户籍制度和收入分配等因素的存在，“新人口红利”的充分释放仍面临较多限制。

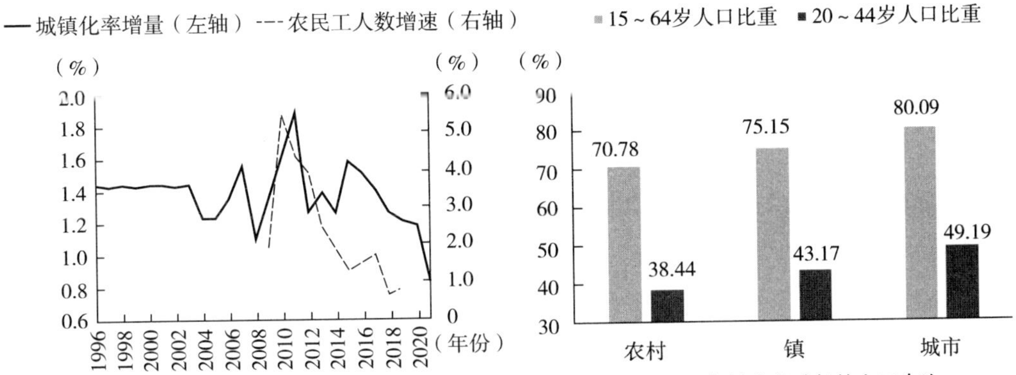

a 城镇化趋势　　b 2010年城乡劳动年龄人口占比

图1-8　中国农村人口城镇化潜力

资料来源：国家统计局、2010年人口普查

2. 物质资本积累的贡献越来越小

资本积累是工业革命后近现代社会经济增长的重要源泉，世界各国在从传统农业社会向现代化社会发展的过程中也都以快速的资本积累为核心。改革开放后，中国基于其高储蓄率，动员大量资源并推动了快速的物质资本积累和经济建设。基于表1-1所展示的测算结果，可以发现物质资本积累占据着中国经济增长的核心地位。从物质资本的积累速度来看，改革开放40年间该要素的年均增速高达10.39%，对经济增长的贡献率高达57.87%。分子时间段来看，物质资本积累增速逐步上升，并于2008—2013年时间段达到了年均13.18%的顶峰，其对经济增长的贡献率也逐步攀升，并于2008年后达到了76.13%的贡献率。

但需要警惕的是，2014—2019年物质资本积累增速下降明显。同时，随着中国经济进入深度调整的新常态时期，经济增长对物质资本积累的依赖度非但没有降低，反而进一步增加。然而，纵然物质资本积累相对其他要素投入保持着较高的增速，却仍然无法扭转整体经济增速显著下滑的趋势。可以预见的是，在其他条件不变的情况下，未来的资本积累速度将进一步下降，同时相同的资本增量对总产出的拉动作用相对以往也将进一步降低，这一判断主要基于供给端和需求端两方面因素得出。

从供给端因素来看，基于经济增长理论，劳动力和物质资本等传统生产要素均具有规模收益递减和边际收益递减的性质。相对于劳动力，物质资本的规模更容易实现快速增长，其收益递减的性质也更加明显，这一理论预测在世界各国的经济增长事实中均得到了印证。图 1–9 基于 Penn-World Table 的数据展示了中国单位资本产出率（GDP 和物质资本之比）和宏观内部收益率，可以看到自 20 世纪 90 年代以来，两个指标均存在明显的下降趋势。在这一趋势下，即便物质资本积累增速保持恒定，新增资本带来的新增产出也将下降，对整体经济增长的作用也将走低。反过来看，当新增资本带来的新增产出下降，投资回报率持续下调，各类经济主体的投资意愿也将逐步走低，物质资本积累增速必将下降，进一步减缓经济增长速度。

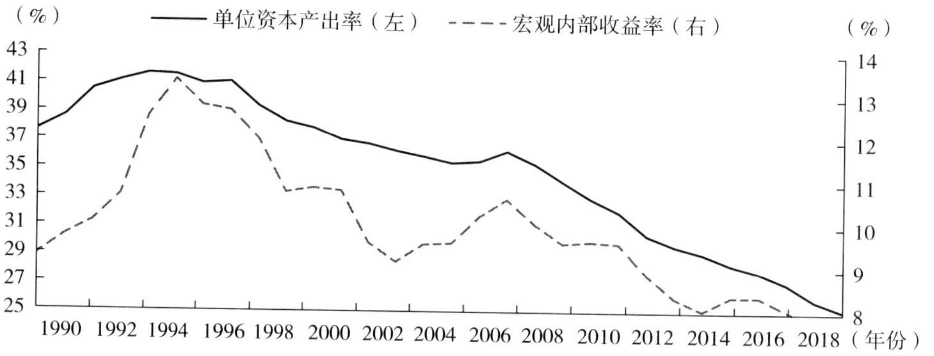

图 1–9　中国单位资本产出率和宏观内部收益率变动

资料来源：Penn-World Table

从需求端因素来看，投资是连接供给和需求的桥梁，基于经济周期理论，投资很容易受到短期需求侧因素的影响。自中国加入 WTO 到 2008 年国际金融危机期间，巨大的出口需求拉动了制造业投资的快速增长；21 世纪以来的城镇化和房地产制度改革，推动了房地产市场的火热，拉动了房地产开发投资及其上下游投资；2008 年国际金融危机后中国执行的“四万亿刺激计划”强力拉动了基础设施建设投资。当前，国际贸易和投资低迷抑制了中国的出口需求，人口年龄结构的变化对中国的消费需求产生负向影响，同时，传统制造业进入平台期、房地产需求趋于饱和、大型基础设施投资空间收窄都将抑制中国的各类投资需求（见图 1–10）。

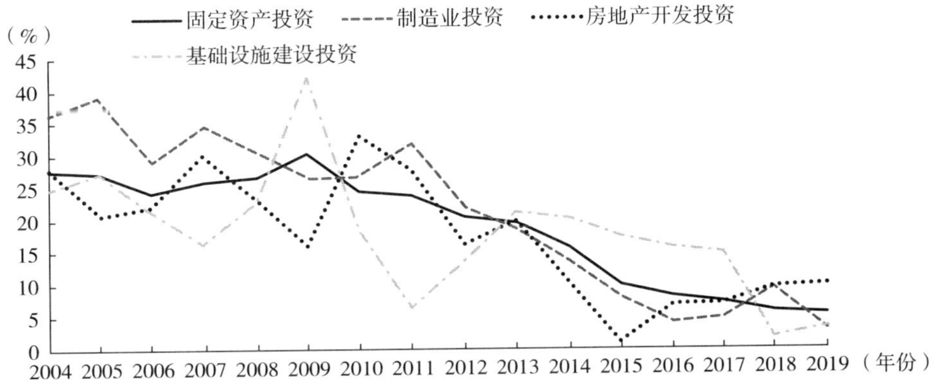

图1-10　中国各类投资同比增速

资料来源：国家统计局

综上所述，随着供给侧边际收益递减和需求侧拉动因素收窄，中国的物质资本积累将逐步减速，对整体经济增长的贡献率也将不断下降。纵然优化投资结构，提高资源配置效率，可以在一定程度上释放有效资本供给并提高资本使用效率，但在互补要素（劳动力）总量受限、整体生产率无法提高的前提下，投资空间仍然难以持续有效地拓展。

3. 人力资本的效能有待释放

人力资本是内生增长理论中用于解释跨国人均产出差异的重要方面[①②]。人力资本与传统的技术和知识不同，依据 OECD 提出的概念，“人力资本是由具体个人来体现，能够增进个人、社会及经济这三方面福利的知识、技能、能力、禀赋”[③]。虽然具体来看，人力资本的指标度量仍然是一个较具争议的研究议题，但不可否认的是，受教育程度是人力资本的重要体现。1982—2020 年，中国每十万人中接受高等教育的人口从 615 人增长到 15467 人，增长 24.15 倍。Penn-World Table 基于受教育程度和教育回报率测算了中国的人力资本水平，结果显示 1979—2017 年中国人力资本水平提升了 57.5%。表 1-1 展示了基于受教育程度测算的人力资本对

① Lucas R. E., 1988, “On the Mechanics of Economic Development,” Journal of Monetary Economics 22 (1988): 3–42.

② 刘伟、张立元：《经济发展潜能与人力资本质量》，《管理世界》2020 年第 1 期。

③ OECD, The Well-being of Nations: The Role of Human Capital and Social Capital, 2001.

中国经济增长的贡献率，结果显示 1979—2019 年人力资本提升对经济增长贡献率高达 11.12%。

那么在未来，提升人力资本是否能够成为中国经济增长的持续动力？不可否认的是，当前中国人力资本水平相比于发达经济体还存在一定的差距。联合国发布的 2019 年《人类发展报告》数据显示，2018 年美国、英国、加拿大等发达经济体劳动力的平均受教育年限均在 13 年左右，明显高于中国 10.6 年的水平。此外，基于 Penn-World Table 测算的人力资本水平，2019 年美国、英国、加拿大等发达经济体普遍处于 3.7 左右，明显高于中国 2.7 的水平。从上述两项数据来看，中国的人力资本至少还存在 30% 左右的提升空间。

然而需要客观看待的是，中国人力资本的提升在未来将面临不少挑战。从人力资本积累的国际经验来看，人力资本也存在边际增速递减的性质，同样基于 Penn-World Table 的测算结果，美国、英国、日本、加拿大在 1979—2019 年人力资本分别仅提升了 12.9%、27.7%、20.4% 和 22.0%。更重要的是，中国劳动力受教育程度的未来提升空间有限。以受教育程度衡量的人力资本提升重点在于提高青年劳动力的受教育水平，然而，尽管中国平均受教育水平明显低于发达国家，但青壮年群体的受教育水平却已经处于国际较高水平，提升空间有限。图 1–11 展示了 2019 年中国和其他主要经济体 25~34 岁、35~44 岁两类劳动力群体接受高等教育的占比，可以看到，中国青壮年群体接受高等教育比例显著高于巴西、印度尼西亚、印度、南非等发展中国家。同时，中国 25~34 岁劳动力群体接受高等教育比例与高收入国家水平几乎相当，高于G20国家的平均水平，接近OECD国家和欧盟国家的平均水平。

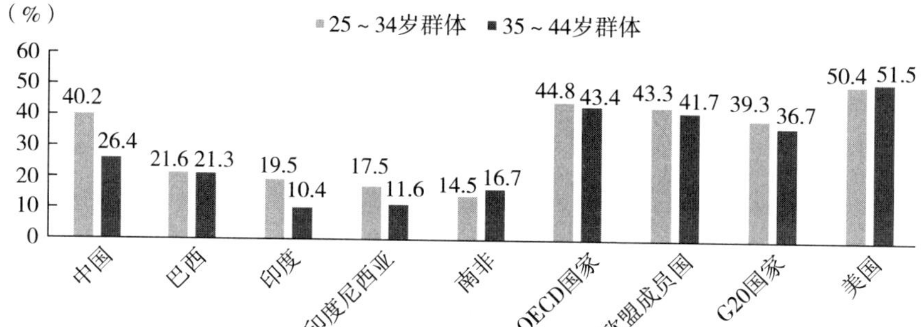

图1–11　2019年各国青壮年劳动力接受高等教育人口占比

资料来源：《中国劳动统计年鉴》、OECD

综上所述，中国青壮年群体人力资本存量已经处于较高水平，仅依靠提升受教育程度来增加人力资本对未来中国经济增长的贡献可能较为有限。事实上，当前国内较多行业和领域都存在着一定的教育供给过度和人力资本错配现象，这制约了中国高水平的人力资本，使其未能释放出应有的效能。本书认为，释放人力资本潜能，提高人力资本配置效率，需要在创新和研发阶段增加对高端人力资本的使用，在产业升级中创造更多的中高端人力资本岗位需求，同时推动人力资本存量与产业核心技术产生良性互动和内生积累。为此，中国迫切需要一个以创新为导向的经济体系，这也是本章乃至本书的核心落脚点。

4. 全要素生产率面临的挑战

事实上，中国的经济增长放缓并非完全出乎意料。无论是参照世界各国的发展经验，还是依据经济增长的经典理论，当经济体的人均收入达到世界中等收入水平时，增长速度通常会有所放缓。在中国经济发展的前半程，人口红利的释放和物质资本的快速积累使中国实现了经济腾飞，并进入了中高收入国家行列。但过去三四十年的发展路径并不能带来持续的经济高速、高质量增长，这是一种趋势性、不可逆的发展规律。因此，在经济发展的后半程寻找新的增长动力，从要素投入和规模扩张切换至提升全要素生产率的新动力，是高质量可持续发展的核心要义。

然而，当前中国经济增长的现状是，虽然近年来中国对要素投入和规模扩张的依赖程度并未下降，但全要素生产率作为新动力还远远不足。图 1–12 展示了 Penn-World Table 测算的中国 1979—2019 年间 TFP 增长率的变化。1992 年，党的十四大报告把社会主义市场经济体制确立为中国经济体制的改革目标，开启了全面改革的步伐，此后，中国 TFP 出现了持续的增长；2001 年加入 WTO 以后，中国 TFP 开启了新一轮的快速增长；2008 年的国际金融危机对中国产生了深远的影响，自此之后，TFP 增速呈现出持续的下降趋势。

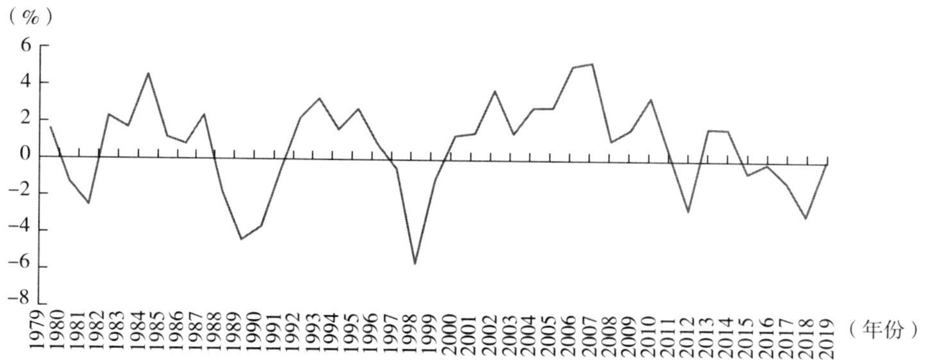

图1-12　1979—2019年中国全要素生产率增长率

资料来源：Penn-World Table (10.0)

图 1-12 中 PWT 的测算结果与表 1-1 中的测算结果基本一致，均印证了 TFP 增速自 2008 年以来呈现整体下降的趋势。进一步地，许宪春等（2020）、刘伟和陈彦斌（2020）等的研究同样发现中国 TFP 增速存在明显的下滑趋势，同时他们发现 TFP 对中国经济增长的驱动力也明显减弱。许宪春等（2020）在未考虑人力资本的情况下，算得 2008—2015 年总体 TFP 年均增长率仅为 0.12%，远低于 1985—2015 年年均 2.3% 的水平。此外，许宪春等（2020）分别基于生产函数法和生产可能性边界法测算了 2008—2015 年间 TFP 对经济增长的拉动作用，发现 TFP 分别仅拉动了年均 1.13% 和 0.12% 的总产出增长，远低于 1985—2015 年年均 2.71% 和 2.30% 的水平①。刘伟和陈彦斌（2020）和本文表 1-1 一样考虑了人力资本，其基于状态空间模型测算出的 2008—2017 年 TFP 增速远低于 2008 年之前 3 个时间段的水平，2008—2013 年和 2014—2017 年对整体经济增长的贡献率分别为 –19.41% 和 –16.74%②。据此而言，中国经济增长远未脱离对“旧动力”的依赖，而基于提升全要素生产率的“新动力”明显不足。因此，未来提升全要素生产率将是中国经济发展的重中之重。

① 许宪春、张钟文、常子豪、雷泽坤:《中国分行业全要素生产率估计与经济增长动能分析》,《世界经济》2020 年第 2 期。

② 刘伟、陈彦斌:《2020—2035 年中国经济增长与基本实现社会主义现代化》,《中国人民大学学报》2020 年第 4 期。

5. 产业升级与创新驱动发展战略

在经历了由轻到重、由低端到高端、由要素密集型到资本密集型的转变后，当前中国的主导产业正处于向技术密集型的电子通信设备和信息技术行业跃迁的过程中。在特定行业的内部分工之中，中国的产业“升级故事”也得以体现。以集成电路产业为例，其内部按分工顺序可分为设计、制造、封装测试 3 个过程，其中设计是最为核心、技术水平最高的环节，其次是制造，最后是封装测试。从各环节的销售额来看，中国集成电路设计业的销售额于 2011 年超越了集成电路封装测试业销售额，又于 2016 年超越了集成电路制造业销售额。然而众所周知的是，以集成电路为代表的“高精尖”产业严重依赖于上游的技术和设备，例如光刻机等。但中国尚未掌握这些核心技术和装备，很容易出现“卡脖子”的现象，集成电路领域的产业升级仍面临巨大挑战。

事实上，集成电路领域面临的产业升级难题并不是孤例。任何领域，在从要素密集型向技术密集型跃迁的过程中都面临动力不足的情况。这是因为在产业结构变迁过程中，从资本密集型向知识密集型产业升级难度要远远大于劳动密集产业转向资本密集产业的难度。劳动密集和资本密集都属于外延式增长，对知识、技术和制度环境要求较低，只要有较高的储蓄率和投资率、稳定的政治局面以及较为顺畅的生产消费转化体系就可以顺利升级。然而在后工业化阶段，人力资本和知识是经济增长最关键的决定因素，一国人力资本水平和知识创造能力难以在短期内改变，企业难以通过短期努力有效实现转型并提高生产能力，政府也难以通过短期政策有效促进产业升级和经济增长。这一分析警示我们，当前中国所处的产业升级阶段与以往并不相同，知识和技术在此过程中扮演的角色异常重要，而知识和技术的积累过程也异常艰难。

此外，在当前国际环境下，知识和技术的快速积累将面临更大的挑战。受到中美博弈和世界格局的影响，中国许多维度的技术进步都被“卡脖子”，这些外部的技术封锁使得半导体等高新技术产业链面临着断链风险，供应链的稳定与安全受到威胁。高新技术自主创新能力不足，高端芯片、基础软件、基础材料等关键核心技术存在短板等问题，在美国对中国技术封锁的背景下成为了对未来中国技术发展最为不利的因素。

综合各方面因素，要实现技术的持续进步和产业的持续升级，创新驱动发展具有重要的战略意义。

第四节　把握新技术革命的历史机遇

1. 颠覆式创新与技术革命

技术的创新可划分为两种基本类型，一类是渐进性的增量创新，另一类则是根本性、突破性的创新。过去，中国直接使用国外的技术范式和技术轨迹，沿着发达国家的技术路径进行创新，尽管在这些基础之上实现了追赶，但无法真正实现超越。随着世界政治经济格局的不断演变以及科学知识复杂程度的不断增加，发达国家为了限制中国的发展，保持其在技术水平上的领先优势，对中国的贸易限制和技术限制越来越严重，中国与发达国家的技术差距面临被牢牢锁定的风险。因此，在现有技术路径上进行的增量创新无法获得技术主宰权，更无法实现从追赶者到引领者的转变。

美籍奥地利经济学家熊彼特提出了创造性破坏的理论，分析了技术革新的本质，他认为创新就是建立一种新的生产函数，即把一种从来没有过的关于生产要素和生产条件的新组合引入到生产体系中去。这种创新的特点是常常伴随产品创新、过程创新和组织创新的连锁反应，可在一国之内创造出新产品平台，并形成新的技术轨道、产业架构和产业标准，甚至引发技术体系与范式的变革。根本性、突破性的创新将搭建技术发展的新赛道，有助于中国的技术发展绕过发达国家技术垄断的壁垒，走出被动局面，在技术的“无人区”中建立新的优势。

当颠覆式创新集中爆发时，便出现了技术革命（工业革命）。当前，全球技术前沿处在信息技术飞速发展的阶段，一系列技术组合与关联应用场景正日益凸显其颠覆性特征。信息化发展通过大数据、云计算、人工智能等技术赋能，实现了对人类体力和脑力的革命性替代和提升，大幅提高了资源配置效率，实现了全域赋能和快速创新。信息化正逐步成为新一轮产业革命的原动力和经济增长的主引擎，也必将成为中国实现技术突破的主战场。

2. 历次技术革命带来的巨大变革

人类社会已历经了三次技术革命，当前正在经历信息技术革命（见表 1–2）。一次次颠覆性的科技革新，带来社会生产力的大解放和生活水平的大跃升，深度改变经济结构、社会结构、国家竞争力和国际格局，从根本上改变了人类历史的发展轨迹。

表 1–2 历次技术革命的发展矩阵

阶段	代表技术	信息传播方式	主要产业	代表性生产形式	代表国家	发展速度量级
第一次技术革命（蒸汽时代）	蒸汽机	纸媒	第二产业	大机器工业	英国	功率 50~60 年翻番
第二次技术革命（电气时代）	发电机、内燃机	广播收音	第二产业	流水线	德国、美国	能效 10~20 年翻番
第三次技术革命（电子时代）	集成电路、电子计算机、互联网	电视、互联网	第三产业	自动化生产	美国	集成电路晶体管数目 24 个月翻番
第四次技术革命（信息化时代）	物联网、大数据、人工智能	Web2.0、Web3.0 即时信息传输和交互人工智能	信息化的影响贯穿第一、第二和第三产业	智能化、个性化、定制化生产；平台化、网络化、生态化	欧美主要发达国家和以中国为代表的新兴市场	全球数据总量每两年翻番

资料来源：作者整理

从推动经济高速发展的角度来看，前三次技术革命先后创造了“蒸汽时代”“电气时代”和“电子时代”，每一次革命都带来了产业的深刻变革和经济长周期的增长。1750—1850 年，第一次技术革命使全球人均 GDP 在 100 年内增长了 1.6 倍；1850—1950 年，第二次技术革命推动全球人均 GDP 增长 10 倍以上；

而第三次技术革命在短短50年间就将这一数值再次提高9倍以上。

从促进生产组织形式升级的角度来看，生产力的快速发展决定了资源配置效率的不断变化，从根本上改变了市场与企业的边界。第一次技术革命中大机器工厂替代传统手工工厂，大型工业企业涌现，确立了公司制在市场经济中的主体地位。大规模流水线在第二次工业革命中成为主要生产形式，企业规模进一步扩大，对应的企业组织形式也演变为以标准化和部门制为核心的公司治理模式，典型的代表是福特模式。在电子时代，超大规模跨国企业不断出现，追求精细流程和以人为核心的公司治理模式成为主流，典型的代表是丰田模式。随着互联网技术和自动化技术的不断发展，公司治理结构进一步出现扁平化趋势，市场与企业的边界也更加模糊。

从经济社会结构变化的角度来看，技术革命引发了经济结构和社会结构的调整。大机器工厂、流水线和社会化生产推进了城镇化进程，并带来了经济结构和社会结构的变化。生产力的发展和生产形式的变化为中心城市的产生与发展提供了必要条件和主要动力。产业结构中的技术密集企业发展速度大大超过传统劳动密集企业。

从世界政治经济格局演变的角度来看，技术革命还直接决定国家竞争力的此消彼长与国际关系格局的剧烈变化。国家竞争力与先进科技在本国的发展与应用息息相关，也直接决定了该国的国际地位和全球影响力。事实证明，若要在科技革命中占领先机，使生产力和经济水平得到快速发展，一个经济体必须做到两点：第一是抓住新技术革命的机会窗口，第二要充分利用国内、国际两个市场。第一次工业革命中的英国，第二次工业革命中的德国和美国，第三次工业革命中的美国都是如此。

3. 新技术革命带来的宝贵机遇

新技术革命带来了生产力又一次质的飞跃。如今，信息技术发展已迈入以数字化、网络化、智能化为主要特征的3.0时代。信息技术的集中爆发和扩散，引领了信息产业以“头雁”全面推动传统技术（能源、航天、生物、材料）在关键领域突破“一主多翼”的技术革命。

信息化已经成为推动中国经济增长和产业升级的关键动能之一。据国务院发展研究中心测算，2010—2018年信息化产业发展对中国GDP的平均贡献高达17.60%[①]。以机器人、工业互联网、大数据、人工智能等为代表的智能制造技术加快发展、深化运用，成为推动制造业升级的主流方向和新旧动能转换的重要力量。以平台生态为代表的信息化融合创新成为积聚新动能的重要组成部分，各类平台的规模迅速壮大，不仅成为消费的重要引擎，而且融入经济社会发展的各个层面，全面参与国民经济和社会发展的资源配置。以区块链为代表的新型信息化技术及应用积极探索、蓄势待发，正逐步成为互联网时代解决信任问题的全新模式，推动信息互联网向价值互联网跨越。

信息革命的经济意义体现在宏观、中观、微观各个层面，将带来超越前三次工业革命的历史性变革。一是革命性扩展人类的能力，通过智能化大大扩展了人类的能力，甚至在一定意义上讲，对人类能力的替代极大拓展了人类的能力边界。二是大幅提高资源配置效率，新一代信息技术实现了需求与供给、资源和生产要素的全面对接，有效解决了广泛存在于经济、社会中的信息不对称问题，直接降低了经济运行的摩擦损耗。三是全面提升供给侧能力，基于大数据、人工智能、物联网等技术将生产和需求方紧密连接起来，在成本可控的前提下针对具体微观个体的需求进行柔性生产，同时通过平台化、生态化模式进一步扩大了规模经济。四是实现全域赋能和快速创新，实现对社会生产生活的各个环节、各个行业、各个要素进行广泛赋能，也使得科技成果转化为生产力的过程大大缩短。

如今，中国信息产业在核心技术、产业生态和开源技术生态等方面仍有不少短板，技术和产业发展存在明显“卡脖子”问题。当前中美贸易摩擦进入战略博弈阶段，美国试图通过对头部企业打压、阻断技术交流等方式，将中国技术和产业压制在中低端水平，这进一步增大了中国信息技术和产业发展的难度。在此背景下，充分发挥中国的超大市场和体制机制优势，充分发挥市场的资源配置作用，对推进中国信息化深度转型至关重要，同时也深刻影响中国的国际竞争力，甚至是国际关系格局。

---

① 国务院发展研究中心课题组:《以信息化培育经济增长新动能》，中国发展出版社，2021。

新一轮科技革命和产业变革的时代已然来临，这为中国利用“新赛道”超车提供了绝佳的历史机遇。中国经济的转型需要依靠自主创新，开拓并掌握新的技术范式，以新技术打造新产业，建立新优势，创造新市场，推动产业持续升级，夯实经济增长的新动力。

第二章

从“旧赛道”到新赛道

作为一个后发国家，中国依靠着后发优势获得了飞速的发展。一方面，中国经济增长已经进入换挡期，全要素生产率增速呈现下降态势，亟须寻找新的发展动力；另一方面，面对欧美等发达国家在政治、经济、科技等方面的打压，中国在多维度产业和技术创新上面临“卡脖子”问题。因此仅仅依靠原有的追赶战略，中国无法实现超越。伴随着人类在信息、生物、新材料以及新能源等领域上技术的不断突破，新一轮科技革命和产业变革正孕育兴起，新的技术和新的产业正不断涌现，全球科技创新呈现出新的发展态势和特征。习近平总书记指出，进入21世纪以来，全球科技创新进入空前密集活跃的时期，新一轮科技革命和产业变革正在重构全球创新版图、重塑全球经济结构①。中国应牢牢抓住历史交汇期下的机会窗口，强化国家创新能力，推动产业结构优化升级，开辟经济增长新赛道，夯实经济增长新动力，实现新赛道上的“换道超车”，从原先的“跟跑者”向“并跑者”和“领跑者”转变。

本章第一节以熊彼特的创造性破坏理论、格申克龙的后发优势理论以及克鲁格曼的蛙跳理论为支撑，对新赛道的内涵进行了阐述，认为新赛道是在新技术革命中产生的一系列新技术、新产业，以及在已有产业中产生了新的技术范式。新技术经济范式下的技术革新与产业更替创造出引领新时代经济增长与发展的新赛

① 习近平：《努力成为世界主要科学中心和创新高地》，《求是》2021年第6期。

道，并导致原有部分“旧赛道”的衰退或消亡，这本质上是一个创造性破坏的过程。后发国家通过技术革命带来的创造性破坏，将有机会实现跨越式发展，甚至超越发达国家。

本章第二节分析了中国从模仿创新走向自主创新的演进过程。改革开放至今，中国的总体创新能力不断增强，研发支出和研发人员的规模也在极速扩大。此外，以专利申请量衡量的创新数量已位居世界第一，但以三方专利族[①]衡量的创新质量不高和以知识产权收支额衡量的创新价值较低的问题仍然存在。中国想要在新一轮技术革命中超越发达国家，就需要加快提升创新质量。

本章第三节从产业案例分析出发，回顾了中国“旧赛道”上汽车、钢铁产业，新赛道上新能源汽车、光伏产业的发展历程以及市场和技术创新现状，并简要剖析了中国在“旧赛道”追赶和新赛道“超车”上的成功经验。历史事实证明，充分发挥后发优势是中国“旧赛道”成功追赶的经验法宝，但随着世界政治经济格局的不断变化，新一轮技术革命的到来以及中国自身创新能力的不断增强，后发优势提供的动能和机会越来越小，而新一轮技术革命带来的技术经济范式的转变将创造出大量新赛道，后发国家通过先发优势，将创造出一个实现超越的机会窗口。

本章第四节介绍了世界历史上兴起的三次技术革命，并以 21 世纪开始的第四次技术革命为背景，分析其带来的各种机遇与挑战。在这样一个千载难逢的历史交汇期，战略性新兴产业作为培育发展新动能、获取未来新优势的关键领域，是当前中国抓住第四次技术革命新机遇并超越发达国家的重要抓手，也是新时代下推动中国经济增长动能转变的新赛道之一。虽然目前中国的战略性新兴产业整体增加值仍只占 GDP 的 1/10 左右，但在政府多年的政策引领和规划指导下，战略性新兴产业的发展已经步入“快车道”。随着第四次技术革命的不断深化演进以及中国政府的政策推动，战略性新兴产业将进一步推动中国现代产业新体系的构建，助力经济高质量发展。

① 三方专利族（Tradic Patent Families）是指在欧洲专利局（EPO）、日本专利局（JPO）以及美国专利商标局（USPTO）同时提出申请，保护同一项发明的一组专利。同时在这 3 个机构申请专利保护的费用远高于 PCT 专利申请费用，且申请难度更高、申请时间更长、对专利质量的要求高于 PCT 专利。

第一节　新旧赛道的内涵及其基础理论

1. 新旧赛道的内涵

赛道原本指专门为赛车比赛设计的跑道，由弯道、直道和一些上下坡道组成，后又被广泛应用于互联网和风投领域，成为描述新兴行业的术语。随着新一轮科技革命和产业变革朝纵深演化，世界正处于百年未有之大变局，新经济时代下产业发展逻辑和企业成长路径都发生了巨大的变化，产业朝着生态化方向不断发展，企业的成长路径则转为爆发式，众多独角兽企业迅速成长起来，各种具有跨界属性和海量市场前景的新业态如雨后春笋般涌现，给世界各国的经济增长增添新的动能。

本书在 Schumpeter（1934、1942）[①②]、Gerschenkron（1962）[③]、Perez 和 Soete（1988）[④]、Abramovitz（1986）[⑤]、Brezis et al（1993）[⑥]、Lee 和 Lim（2001）[⑦]、吴晓波和张好雨（2018）[⑧] 以及吴晓波和李思涵（2020）[⑨] 的研究基础上，将新赛道定义为，在新技术革命中产生的一系列新技术、新产业，以及在已有产业中产生的新的技术范式。新赛道的核心是对“旧赛道”的创造性破坏，新赛道与“旧赛道”之间的兴衰与更替是一个推动经济增长的创造性破坏过程。

例如，在 19 世纪 70 年代，第二次技术革命发生，电力技术和内燃机技术取

① Schumpeter J. A., The Theory of Economic Development: An Inquiry into Profits, Capital, Credit, Interest and the Business Cycle（Harvard University Press,1934）.

② Schumpeter,J. A., Capitalism,Socialism,and Democracy,1942.

③ Gerschenkron, A., Economic Backwardness in Historical Perspective:A Book of Essays. (Cambridge:Harvard University Press,1962).

④ Perez C., Soete L., “Catching up in Technology:Entry Barriers and Windows of Opportunity, ” Technical Change and Economic Theory(1988).

⑤ Abramovitz M., “Catching Up, Forging Ahead, and Falling Behind, ” Journal of Economic History, 46 (1986) :385 - 406.

⑥ Brezis Krugman P., and Stridden, “Leap-frogging in International Competition: A Theory of Cycles in National Technological Leadership,” American Economic Review, 83(1993).

⑦ Lee K., and Lim C., “Technological Regimes, Catching-up and Leapfrogging: Findings from the Korean Industries,” Research Policy30(2001): 459-483.

⑧ 吴晓波、张好雨：《从二次创新到超越追赶：中国高技术企业创新能力的跃迁》,《社会科学战线》2018 年第 10 期。

⑨ 吴晓波、李思涵：《中国企业从“二次创新”到“原始创新”的超越追赶之路》,《清华管理评论》2020 年第 7-8 期。

代蒸汽动力技术成为新的技术经济范式，电力产业、通信产业、汽车产业、石油产业等开始迅速发展，成为经济新赛道，而纺织、钢铁产业成为了“旧赛道”。到了20世纪下半叶，信息技术的普及推动了半导体产业、计算机产业这些新赛道的兴起，汽车、造船等产业又变成了“旧赛道”。因此，新旧赛道的新与旧，取决于是否有新一轮技术革命下颠覆式创新技术的出现。只有当新技术革命发生时，新技术经济范式的转变、各种次级创新引发的各产业部门内新技术的普及，将以创造性破坏的形式赋予经济新的动能，推动经济朝更高质量的道路上发展。这些新技术范式通过破坏旧的增长要素并创造新的增长要素，破坏旧的生产组织方式并创造新的组织方式，推动生产要素重配和产业结构重塑，改变原有产业内生产效率的同时创造出大量的新兴产业。

当前，新一代信息技术、新材料、新能源引领的新一轮科技革命正不断构建出新的技术经济范式，各个领域的新兴技术突破不断涌现，相伴而生，相互促进，交叉融合。此轮科技革命和产业变革中交叉融合的特性，使得第四次科技革命中催生出的新赛道将不同于历史上前三次技术革命所产生的新赛道，其将具有更高科技性、融合性和动态性，以及有着更为强劲的增长潜力和更加广阔的市场。

2. 新旧赛道的基础理论

经济增长与经济发展是经济学永恒的话题，早期的经济增长及发展理论强调资本和劳动要素的扩张，但事实证明，资本和劳动要素的扩张是短期的，并不会带来长期的经济发展，而创新或技术进步才是推动经济高质量发展的核心驱动力。早在20世纪30年代，熊彼特就指出，各种形式的循环流转并不会带来真正的增长，只有不断推出新的技术与知识的创新才有增长机会，并将这种不断创新的行为称为创造性破坏，它是经济增长的根本动力[①]。

以技术革命形式产生的通用技术（GPT）就有着创造性破坏的特征，它同时具备了创造与破坏两重效应。新一轮科技革命下有着广泛渗透性的新通用技术将创造出新的机会、新的市场和新的产业，应用新技术经济范式的新兴产业有着更

① 约瑟夫·阿洛伊斯·熊彼特:《经济发展理论》，中国商业出版社，2009。

高的生产效率，将会通过创新竞争效应打败那些旧的产业，使那些缺乏效率的产业衰退或消亡，从而实现不断地从内部使这个经济结构革命化，不断地破坏旧结构，不断地创造新结构。这种持续不断的创造性破坏过程形成的经济增长新动力，就是“熊彼特动力”。正是在“熊彼特动力”下生产要素的重组和产业结构的重塑，带来了新旧赛道的兴衰与更替，成为了促进经济增长的不竭动力。

需要指出的是，对一个欠发达国家而言，在“旧赛道”上的追赶和学习是必不可少的。后发国家通过借鉴发达国家的发展经验、吸收引进发达国家的现有成熟技术或沿用当前的技术范式和技术轨迹，能够跨越一定的技术发展阶段，从而实现在“旧赛道”上对发达国家的追赶。后发优势理论和追赶假说对欠发达国家的追赶路径进行了深刻的理论阐述。事实上，自工业革命以来，所有实现经济赶超的国家，包括早期的美国、“二战”以后的日本和韩国以及改革开放以来的中国等，无一例外都是在“旧赛道”上向发达国家学习，充分发挥后发优势，实现对发达国家的不断追赶。

后发优势可以帮助发展中国家在“旧赛道”上实现追赶，但很难帮助其超越发达国家。随着世界政治经济格局的不断演变，以及科学知识复杂程度的不断增加，发达国家为了限制后发国家的追赶，对后发国家的贸易限制和技术限制越来越严重。后发国家仅仅依靠引进发达国家成熟技术的“旧赛道”追赶模式只能亦步亦趋，难以实现赶超，因为旧的技术范式一直被发达国家主导，技术间的差距能够追赶，却无法根除。但新的技术革命将给予后发国家一个不同于“旧赛道弯道超车”的路径，它通过改变原有的技术经济范式，创造出了一个基于新赛道的“换道超车”机会。

如何进行新旧赛道切换，利用新赛道实现超越？伯利兹、保罗·克鲁格曼、齐东于 1993 年提出了基于后发优势的技术发展的蛙跳理论。蛙跳理论认为，后发国家能通过后发优势，在一定的条件和机遇下直接利用技术突破带来的新技术进入高科技领域，抢占经济发展的制高点，并在某些领域和某些产业上超过发达国家。而这样的机遇来自卡洛塔·佩雷斯提出的机会窗口理论中的第二种机会窗口：由于新技术革命的出现，几乎所有国家都被拉回到同一起跑线上，那些像一张白纸一样的新兴发展中国家，可能相较于那些因成本、技术路径锁定而固守旧技术的发达国家，更适应新的技术经济范式，并有机会依托其国内广阔的市场实现跨越式发展。不同于沿用或引进发达国家成熟技术在“旧赛道”上进行追赶的老路，基于机会窗口的蛙跳理论开辟出一条新的路径，那就是在新一轮技术革命来临之际，基于技术经济范式转变创造出新的机会窗口，以新兴技术为起点进行投资和研发，从而在新赛道上实现赶超。

历史上的经验告诉我们，先进与后进、发达与不发达并不是一成不变的，历史既有连续性、累积性，又有跳跃性和更替性，先发国家与后发国家会兴衰交替。但是，后发国家在“旧赛道”上的追赶始终无法实现超越，甚至还有被掐断技术命脉、经济命脉的风险。由此，以中国为代表的后发国家要牢牢抓住新一轮技术革命带来的机遇与挑战，在创造性破坏过程中坚持创新发展，深化体制改革，打造先发优势，以布局新赛道塑造未来竞争优势，以战略眼光和前瞻思维加快新赛道培育，全面提高企业竞争力、产业竞争力和国家竞争力。

3. 历次技术革命的系统冲击

技术革命是指在科学的推动下，某一时期技术体系中的主导技术群发生根本变革①，这是一种全社会范围内的根本变革②。这种变革提供了一种由通用技术、基础设施和经济组织原则所构成的新技术经济范式，这种新的技术经济范式能够逐渐地使整个经济实现现代化并逐步提高其生产率。

自18世纪中叶以来，近代史上曾发生过3次较大的技术革命③，分别是以蒸汽机为代表的蒸汽动力技术及相关机械制造技术革命，以电动机、内燃机为代表的电力技术和电磁通信技术革命，以互联网为代表的信息技术革命④。每一次技术革命都带来了技术经济范式的转变，都带来了产业结构的重大变化。最后，技术革命还提供给了后发国家超越发达国家的机会窗口，深刻影响了世界政治经济的格局。回顾世界经济发展的历程，我们可以发现，每一次技术革命总是带来技术经济范式的巨大变革，对新旧赛道产生了系统性的冲击，也为后发国家提供了“换

① 王晓东：《技术进步对产业结构和再生产比例的影响——兼论两大部类变化的历史趋势》，《中国社会科学》1985年第1期。
② 查汝强：《试论产业革命》，《中国社会科学》1984年第6期。
③ 罗元铮：《新的技术革命对世界经济及中国经济发展的巨大影响》，《经济科学》1984年第4期。
④ 富金鑫、李北伟：《新工业革命背景下技术经济范式与管理理论体系协同演进研究》，《中国软科学》2018年第5期。

道超车”的重要机遇。

第一次技术革命开创了人类操作机械的时代，即蒸汽时代（工业 1.0 时代）。蒸汽机、珍妮纺纱机的改良和广泛运用使得工人的劳动更加简单，新兴的产业例如机器纺织业、机械制造业、冶铁业、采煤业等得以建立，国民经济部门结构开始变革，工业化得以初步实现。英国作为第一次技术（工业）革命的始发地，成功成为第一个工业化国家并称霸世界，号称“日不落帝国”。

到了 19 世纪末，电力技术引发了第二次技术革命。电力技术的广泛应用引起了工业中的动力装置、传动装置和工作装置的全面变革，使蒸汽时代为电力时代所接替。Duboff（1979）研究了 1869—1954 年美国制造业采用的主要能源类型占全部动力的比例，发现自 20 世纪初开始，美国的蒸汽动力机器便让位于电力机器。电力的应用起初较为缓慢，然后加速推进，最终到达平台期，随之而来的产业结构也发生了一系列的变化，作为新技术经济范式下的新赛道得以繁荣[①]。首先建立起来的是电力电气工业，并带动了机器制造业的发展。另外，以石油产业为代表的新化工产业也建立起来，随之成长起来的是电力通信、电话、电报等产业。

从 20 世纪 40 年代末起，美国在原子能（1942 年建立了第一座原子反应堆）和微电子技术（1946 年建造第一台电子计算机）领域的突破，标志着又一次科技革命即第三次技术革命的到来。第三次技术革命以电子计算机为代表，以信息控制技术为核心，并与航天技术、分子生物技术、原子能技术和激光技术相串联组成新的技术群。这场科技革命更加鲜明地显示出科学革命与技术革命的相互融合、相互促进，并提高了从科学到技术的转化和科技转化为生产力的速度。它催生出又一批新兴产业，如高分子合成产业、核能产业、电子产业、半导体产业、航天产业、激光产业等，而这些新兴产业又成为新一轮经济增长的动力来源，助力美国经济的腾飞。美国正是在第二次技术革命和第三次技术革命的浪潮中，凭借新的技术经济范式开创出新的赛道，在新产业发展中超过英国，从而实现了对英国的超越。

① DuBoff,R. B., Electric Power in American Manufacturing, 1889-1958 (Ph.D. Dissertation, University of Pennsylvania,1964).

4. 第四次技术革命的机遇与挑战

世界经济的发展历史，可以被描绘成一部后发国家追赶发达国家的发展史。在历史发展的进程中，后发国家新赛道超车的例子只有历史上的美国。但随着第四次技术革命的展开，新一代信息技术、生物医药技术、新能源技术、新材料技术等交叉融合正在引发新的产业变革。以物联网、人工智能、大数据、云计算等为代表的新一代信息技术正不断重塑着人类社会的方方面面，将渗透到生产生活的诸多领域，生产和消费的数字化、网络化、智能化趋势加快。其中，智能制造技术作为重大的通用性技术，将深刻改变生产制造方式，有望成为新工业革命的主导，而5G作为智能制造技术的重要基础，有可能成为第四次工业（技术）革命的标志性事件①。

新技术革命带来的新技术经济范式将后发国家与发达国家又拉回了同一起跑线，同时打开了“换道超车”的机会窗口，为后发国家提供了重要的超越追赶契机②。后发国家或发展中国家凭借其资源禀赋，能够较发达国家更加适应新的技术经济范式并实现跨越式发展。Ferraz等（2019）也指出，在工业4.0时代，一个后发国家的产业可以从刚性生产或精益生产直接跳到最后一代的智能生产（见图2–1），因此像中国这样的后发国家拥有在新技术革命背景下的“换道超车”优势，在很多方面有条件和发达国家齐头并进③。周观平和易宇（2021）在对中国集成电路产业的研究中指出，随着碳基芯片、光子芯片等全球半导体产业新技术方向的出现，如果中国抓住机遇实现技术突破并将其广泛运用于自动驾驶汽车、智能电网、人工智能领域，中国的集成电路产业或许就能跳出现有“卡脖子”的“旧赛道”，直接引领新赛道，实现自主可控④。为此，像中国这样的后发国家需要从引进利用为主转向开放探索为主，需要运用“超越追赶”的战略新思维发现并抓住新范式兴起的重大机会，转变只关注建立并维系平衡的传统战略思维，切换到把握变革动态性和范式转变的非线性创新战略新思维，完成新赛道上的超车。

---

① 陈长缨：《“十四五”时期新一轮科技工业革命变化趋势、影响和应对》，《经济研究参考》2019年第23期。

② 吴晓波、李思涵、吴东：《我国企业研究院的三大特征》，《企业管理》2021年第1期。

③ 林毅夫、何德旭、范从来、田国强、郭庆旺、万广华：《奋进新时代 开启新征程——学习贯彻党的十九届五中全会精神笔谈（下）》，《经济研究》2021年第1期。

④ 周观平、易宇：《新发展格局下提升中国集成电路产业链安全可控水平研究》，《宏观经济研究》2021年第11期。

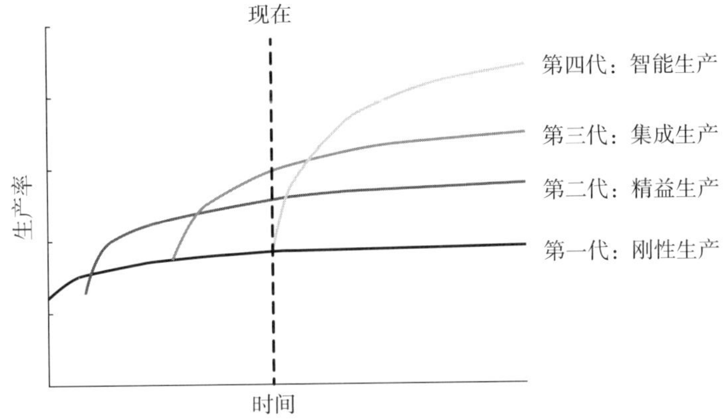

图2-1　第四次工业革命（4IR）下的蛙跳

资料来源：The Adoption of Digital Technologies in Developing Countries: Insights from Firm-level Surveys in Brazil and Argentina[①]

然而，我们也需要注意到，鉴于第四次技术革命的范围非常广泛，目前很多新兴技术仍由美国等高科技发达国家所主导，新技术的机会和能力对于后发国家和发达国家而言并非均等，这也是由于技术革命正不断朝复杂化方向发展，技术的系统性和自增强效应越来越明显，单一领域或环节的技术追赶在缺乏其他相关部门技术支持的情况下很难完成。发达国家由于具有更为广泛的先进技术基础，在第二种机会窗口中实现新技术的突破更为容易，普遍的技术领先不仅更容易造成新技术的涌现，而且反过来也会强化原有的技术基础，使其更加领先；另外，以美国为首的欧美发达国家也正通过各种手段对中国等后发国家进行技术封锁和贸易限制，新冠肺炎疫情所带来的全球价值链重构的影响也将越来越深远。习近平总书记指出，现在，我们迎来了世界新一轮科技革命和产业变革同我国转变发展方式的历史性交汇期，既面临着千载难逢的历史机遇，又面临着差距拉大的严峻挑战。我们必须清醒认识到，有的历史性交汇期可能产生同频共振，有的历史性交汇期也可能擦肩而过。[②]

因此，不论是从提升国家经济实力的角度，还是从国家经济社会安全角度进

① Ferraz J., et al., "The Adoption of Digital Technologies in Developing Countries: Insights from Firm-level Surveys in Brazil and Argentina," Background Paper for IDR 2020（2019）.

② 习近平：《努力成为世界主要科学中心和创新高地》，《求是》2021 年第 6 期。

行考量，像中国这样的后发国家不仅需要依靠以技术引进为主的后发优势战略，更需要强调以自主创新为主的先发优势战略，在新赛道上成为“并跑者”和“领跑者”。在拥抱新一轮技术革命和产业变革的同时，要积极应对其带来的挑战，强化国家科技创新战略力量，完善国家创新体系，以最好的状态应对新一轮技术革命，并借助历史机遇带来的机会窗口实现新赛道上的超车。

第二节　从模仿到创新：中国经济追赶之路

历史的经验表明，充分利用“旧赛道”的后发优势，在“旧赛道”上进行学习和追赶是后发国家经济发展的必由之路。当“旧赛道”上的后发优势越来越不明显，甚至“旧赛道”追赶面临发达国家打压时，如何利用新赛道实现赶超，是一个国家实现后来者居上必须跨过的一道坎。19 世纪的美国、20 世纪的韩国和日本均是通过引进、学习和模仿发达国家的先进技术，实现了跨越式的发展，而中国在取得当前创新硕果的道路上也并非一蹴而就，也存在着一个从模仿到创新的演进过程。

改革开放后，中国通过引进吸收国外发达技术并加以模仿，以开放、动态的“二次创新”[①] 模式形成了独特的竞争优势，并获得了高速的经济增长。但随着中国经济发展进入新阶段，模仿创新已不能够适应当前科技创新多元化、复杂化与国际化的趋势，其与自主创新的交叉点已然来临。党的十八大报告中明确指出，要实施创新驱动战略，以创新作为经济发展新的动力。40 多年来，中国对先进技术的消化吸收和模仿创新、对自主创新的不懈追求，使中国在整体创新能力上有了

① 二次创新是指在技术引进的基础上进行的，基于已有技术范式，并沿既定技术轨道而发展的技术创新，是一个渐进积累的进化过程，是一个量变与质变并存的过程，是一个从原有技术体系向新技术体系学习到新旧技术体系相互竞争和理解的非线性过程，亦是一个打破原有技术平衡态到形成新的技术平衡态的非均衡过程。二次创新是建立在技术引进或技术模仿基础上的再创新，但其是一种动态升级的过程，是一种“干中学”，是一种在吸收的同时开展创新的过程。中国改革开放后的经济腾飞离不开以吸收引进模仿为主的二次创新。

较大的提升，创新模式也逐渐从模仿创新转向自主创新。根据世界知识产权组织（WIPO）最新发布的《2021 年全球创新指数报告》，中国已从 2010 年的第 43 位上升至 2021 年的第 12 位，虽然与美国（第 3 位）、英国（第 4 位）、韩国（第 5 位）以及德国（第 10 位）等发达国家还存在一定差距，但中国创新能力国际排名的迅速上升，反映出中国在创新驱动战略下从模仿创新到自主创新的巨大转变（见图 2–2）。此外，国家统计局的数据显示，中国在推动国家创新能力不断提升的同时，经济增速虽有放缓，却仍维持在较高水平，表明自主创新模式对 GDP 贡献的不断增强。

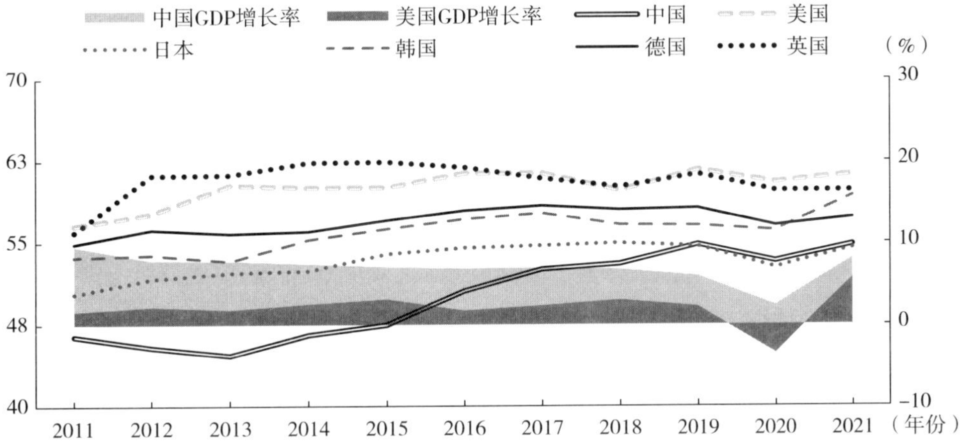

图2-2　2011—2021 年部分国家全球创新指数得分（GII Score）及中美 GDP 增长率（右轴）

资料来源：2011—2021 年 GII 年度报告整合 、国家统计局

研发支出和研发人员的大量投入是由模仿走向自主创新的第一步。中国由于整体人口基数大，研发投入总量的上升十分迅速，但人均占比的上升幅度不大。从总量方面来看，1995 年中国研发支出经费[①]总额达 348.69 亿元，研发人员全时当量[②]达 75.17 万人，到 2020 年，中国的研发支出经费总额已超 2.4 万亿元，是仅次于美国的第二大研发支出国家，研发人员全时当量则位列世界第一，达 523.25

① 研发（R&D）支出经费合计指调查单位用于内部开展 R&D 活动（基础研究、应用研究和试验发展）的实际支出。包括用于 R&D 项目（课题）活动的直接支出，以及间接用于 R&D 活动的管理费、服务费，与 R&D 有关的基本建设支出以及外协加工费等。不包括生产性活动支出、归还贷款支出以及与外单位合作或委托外单位进行 R&D 活动而转拨给对方的经费支出。

② 研发（R&D）人员全时当量指全时人员数加非全时人员按工作量折算为全时人员数的总和。

万人（见图 2-3）。从人均占比方面来看，根据 OECD[①] 提供的数据，2010 年中国研发总支出占比[②]为1.71%，每千人研究人员[③]不到2人。到2019年，中国研发总支出占比达到 2.23%，但仍低于美国（3.07%）、德国（3.19%）、日本（3.20%）、韩国（4.64%）；每千人研究人员仅为 2.72 人，与美国（9.84 人）、英国（9.68 人）、德国（9.96 人）、日本（9.85 人）、韩国（15.88 人）有较大差距。

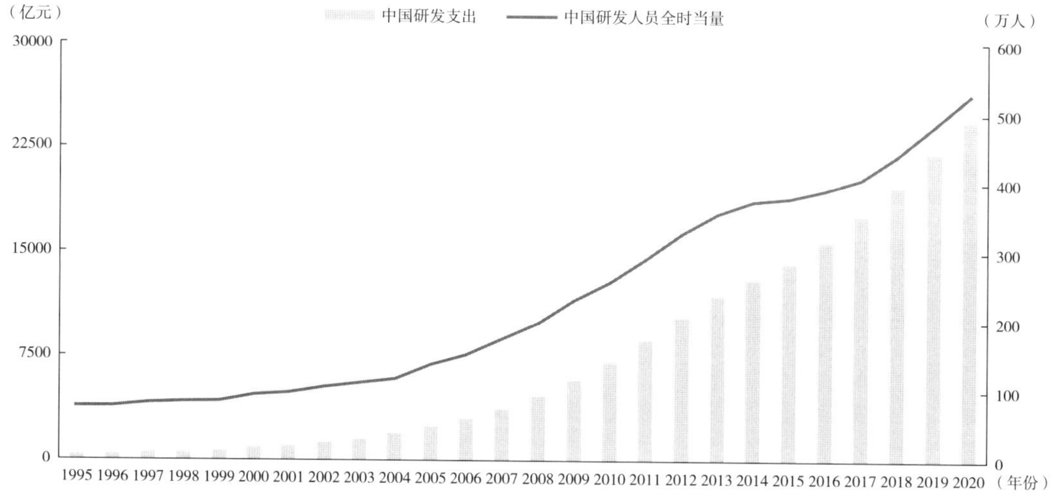

图2-3　1995—2020年中国研发支出经费及研发人员全时当量

资料来源：国家统计局

以高技术产品净出口和专利衡量的创新产出是实现从模仿到创新的关键飞跃。近年来中国创新产出数量增长十分迅速，但在创新产出质量上还有进一步提升的空间。国家统计局的数据显示，2004 年，中国的高技术产品净出口实现正值并开始迅速增长，体现出中国以自主创新为代表的高技术产品的不断增加，但知识产权收支差额[④]却一直处于逆差状态，且不断扩大（见图 2-4）。另一方面，根据 WIPO 的数据，中国的专利申请总量呈现井喷式的增长，从 2010 年的 39.11 万件

① OECD (2021), Gross domestic spending on R&D (indicator). doi: 10.1787/d8b068b4-en (Accessed on 04 November 2021); OECD (2021), Researchers (indicator). doi: 10.1787/20ddfb0f-en (Accessed on 04 November 2021).

② 中国研发总支出占比指研发支出总额占 GDP 的百分比。

③ 每千人研究人员以每 1000 名就业人员中研究人员的人数来衡量。

④ 知识产权收支差额指知识产权的收入减去知识产权支出的费用。

增长至2020年的149.7万件，远高于美国（59.7万件）、日本（28.8万件）等发达国家。但在专利质量方面，虽然中国PCT专利申请量于2019年以5.92万件超越美国（5.75万件）和日本（5.27万件），成为世界PCT专利申请第一大国，但在三方专利族上仍与美国、日本有较大差距（见图2-5）。

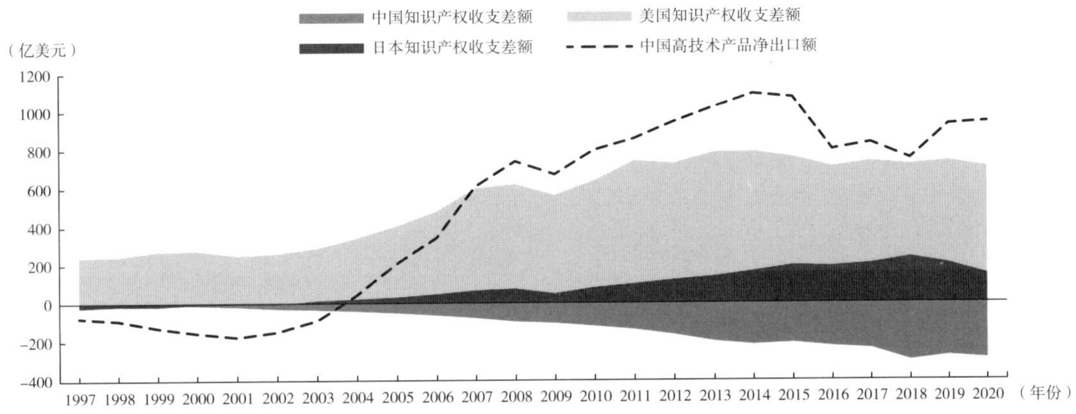

图2-4　1997—2020年中国高技术产品净出口额及知识产权收支差额

资料来源：国家统计局、World Bank

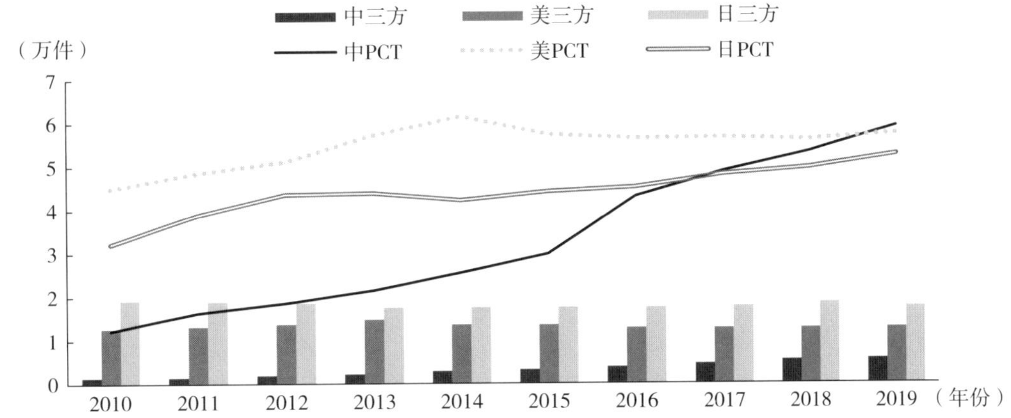

图2-5　2010—2019年中国、美国、日本PCT专利申请量及三方专利族数量

资料来源：WIPO、OECD①

① OECD (2021), Triadic patent families (indicator). doi: 10.1787/6a8d10f4-en (Accessed on 05 November 2021).

总体而言，中国的经济在过去的 40 多年间得到了充分的发展，人均 GDP 从 1978 年的 0.02 万美元增长至 2021 年的 1.25 万美元，中国的创新模式也从最开始以市场换技术的模仿创新转向以创新驱动为主的自主创新。但我们看到可喜成就的同时也应清醒地认识到，中国的人均 GDP、创新质量和创新价值仍与发达国家存在着一定差距，中国的经济增长和创新能力提升之路还很长。

伴随着新一轮科技革命和产业变革的来临，习近平总书记指出，中国要强盛、要复兴，就一定要大力发展科学技术，努力成为世界主要科学中心和创新高地。我们比历史上任何时期都更需要建设世界科技强国！① 为此，我们需要牢牢把握此轮技术革命与中国加快转变经济发展方式形成的历史交汇期，加快提升原始创新能力，强化国家战略科技力量，以新技术创造新赛道，并将战略竞争目标从“旧赛道”向新赛道转移，努力实现对发达国家在新赛道上的赶超，并助力国家经济高质量发展。

第三节　从“旧赛道”到新赛道

1.“旧赛道”上的追赶

自格申克龙的后发优势理论提出并被不断扩展和延伸以来，学者们在理论发展演化的基础上进行实证检验，对后发国家的产业追赶模式进行了大量的研究。日本、韩国、新加坡、中国等国家均通过引进发达国家的成熟技术范式、技术轨迹，或在原有技术范式、技术轨迹上进行技术模仿或“二次创新”，进而跨越部分不必要的技术发展阶段实现路径跳跃，以此追赶上发达国家的脚步，实现了产业层面或者国家层面跨越式的发展。下面我们以中国汽车产业和钢铁产业作为“旧

① 习近平：《努力成为世界主要科学中心和创新高地》，《求是》2021 年第 6 期。

赛道”的代表，分析中国在“旧赛道”上的追赶模式。

1.1 汽车产业[①]

汽车产业作为工业中的工业，与冶金、石油、机械、化工、电子、电器、仪表仪器、塑料、橡胶等产业呈现出极强的关联性。汽车涉及机械制造、能源动力、材料、空气动力等多个方面，是一个国家制造业发展水平和自主创新能力的重要体现。

中国的汽车产业属于典型的后发追赶型产业。1953 年第一汽车制造厂的筹建是中国汽车产业的起点，然而汽车产业的发展在计划经济时期被搁置，使得改革开放后中国轿车的技术创新能力薄弱。为了在短时间内寻求突破口，进口国外技术更先进的轿车成为发展中国汽车产业的不二选择。到了 1985 年，轿车进口数量已有十多万辆，进口量与国内的产量之比达到了惊人的百分之两千[②]。

中国政府很快意识到，不加以创新的一味引进和模仿无法改变中国汽车产业落后的局面。1994 年颁布的《汽车工业产业政策》明确指出："国家鼓励并支持汽车工业企业建立自己的产品开发和科研机构，通过消化吸收国外技术，形成独立的产品开发能力……”但是由于大量的技术引进以及强调零部件和进口车型的国产化、本土化，中国汽车产业的自主开发能力仍然很弱。从国产轿车的品牌来看，90% 以上的品牌都来自国外。从零部件来看，中国一些含有高科技的模块或系统（ABS、GPS、自动变速器等）都缺乏国际竞争力。为了打破技术创新停滞的僵局，中国加大力度引进外国汽车厂商与国内车企进行中外合资，例如上汽与美国通用合资成立上海通用、广州汽车与日本本田合资成立广州本田。合资企业促进了中国汽车行业的发展，但汽车企业本身的技术创新能力依旧十分匮乏。

民营企业对中国汽车产业的崛起起到了举足轻重的作用，奇瑞、吉利、比亚迪等自主品牌车企快速发展。2008 年，中国汽车产量超过美国（见图 2–6）；2009 年，中国汽车产销量以 300 多万辆的优势超越美国，成为世界汽车产销量第一大国，并在此之后稳居世界第一。但中国汽车产业在技术层面上仍与发达国家有着较为明显的差距，一汽、上汽等大型国有车企仍以生产合资车型为主。从市场

---

① 本部分汽车产业的分析主要聚焦于传统汽车，即以燃油等传统能源为主要动力的汽车，与下文中的新能源汽车（使用非常规车用燃料）在动力源上有所差别。

② 路风：《走向自主创新》，广西师范大学出版社，2006。

份额来看，中国自主品牌汽车市场份额相对较低，且主要集中于中低端市场。根据 2019 年的《中国汽车工业年鉴》，细分到轿车市场，2018 年自主研发车型销量占比仅为 19.6%。一汽集团轿车销量中大众系列占比高达 74.1%，丰田系列占比 21.5%，完全自主研发的红旗系列占比则较低。上汽集团轿车销量中，44.3% 为大众系列，41.6% 为通用系列，荣威、宝骏等自主品牌仅占 14.1%。北汽集团轿车销量中 34.6% 为北京奔驰，58.5% 为北京现代，而 EU 系列、绅宝智道等自主品牌仅占 6.8%。在自主创新上，吉利表现突出，自主品牌轿车销量中有 1/4 来自吉利。

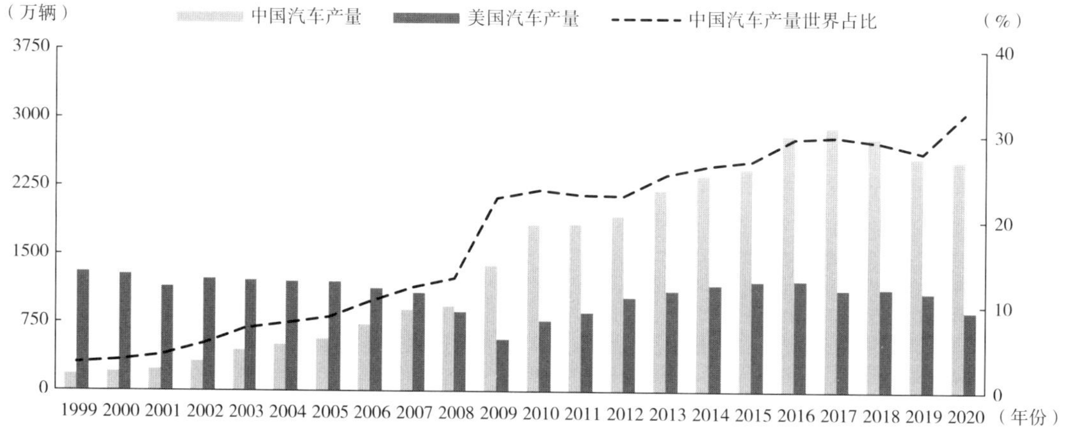

图2-6　1999—2020年中国汽车产量及世界占比

资料来源：作者根据国家统计局资料整理

中国的汽车产业起步较晚、基础薄弱。虽然中国庞大的市场体量以及国家产业政策的干预使汽车产业充分发展起来，以奇瑞、吉利等为代表的民营车企在技术水平上也有了一定的进步，但由于各地方政府以合资方式引进国外先进技术，加上政府部门对汽车产业长期的民营企业准入限制，分割化的市场缺乏竞争，合资企业也因为市场垄断和高额利润缺乏创新动力，部分导致了中国汽车产业技术水平的相对落后。因此，“以市场换技术”的策略并未带来中国汽车产业技术水平的大幅提升，汽车产业“弯道超车”还任重而道远。

1.2　钢铁产业

钢铁行业世界中心的转移可以被视为后发国家在“旧赛道”追赶发达国家的另一个典型案例。钢铁产业作为重工业体系中的基础工业，是一个国家工业化的基础，几乎所有工业化国家的工业进程都是从大炼钢铁开始的。18世纪英国率先开启工业革命并迅速起飞，在平炉炼钢技术的推动下，英国占据了钢铁产业的国际主导地位。随后，“一战”和“二战”的爆发以及第二次技术革命的到来给予了美国实现钢铁产业赶超英国的机会。到了20世纪后半叶，日本通过从欧洲引进先进冶炼技术，建设了大型高炉，并率先采用大型工业氧气炼钢，其钢铁产业迅速发展壮大并超越美国，钢铁产量达到了世界第一，但紧接着又被中国在1996年“弯道超车”。

那么中国的钢铁产业是如何在40年的时间里从只占全球粗钢产量的0.1%到问鼎世界？故事还要从中华人民共和国成立之初说起。1949年成立的中华人民共和国百废待兴，迫切发展重工业的重大历史任务摆在中国面前。在苏联帮助下“一五”计划的实施建设起鞍钢、武钢和包钢三大钢铁基地，但仅仅依靠三大钢铁基地并不足以支撑起中国重工业的发展，因此政府又通过“三大、五中、十八小”和三线建设的战略布局进一步促进了中国钢铁产业的发展。至此，计划经济体制下以政府“有形之手”建立的中国钢铁产业格局基本形成。

随着改革开放的不断深入，市场经济体制得以确立。国家为了改变钢铁产业技术水平落后的局面，开始实行利用外资并引进大量先进技术装备的升级路线。鞍钢、武钢、包钢等老钢铁企业的技术升级，以及改革开放后新成立的一批钢铁企业（如宝钢），给予了中国钢铁产业在提升生产能力上更大的动力。各大钢企通过引入外资、引进技术、进行技术创新等方式，有效地缩小了与发达国家在冶炼钢铁方面的技术差距，在生产规模、生产能力、品种结构和产品质量等方面都有了一定程度的提高和改善。此外，中国工业化、城镇化程度的不断加深带动了房地产业、汽车产业、家电产业的兴起，进而拉动对钢铁的巨额需求。1996年，中国钢铁产量超越日本，达到了历史性的1.01亿吨，跃居世界第一。2003年，中国成为世界上第一个钢铁产量突破2亿吨大关的国家。2005年，钢铁产量首次超过了钢铁消费量，达到3.56亿吨。

然而，由于中国钢铁产业长期强调产能扩大和高端技术引进，很多钢铁企业不仅是低水平的重复建设，在技术创新能力上更是长期处于薄弱水平，同工艺、同装备、同技术下生产出的钢铁产品类型相似，趋于价值链低端。面对国民经济飞速发展下对高附加值钢材需求的增多，国家为了促进钢铁产业的技术创新，启动了国家高技术研究发展计划（863 计划），形成了钢铁战略联盟，并积极推动钢铁产业的并购重组和去产能，大大促进了中国钢铁产业的技术进步。

2020 年，中国粗钢产量突破 10 亿吨（见图 2–7），占世界粗钢产量的 56.7%，中国国内钢材市场占有率达到 97.9%，有效满足了国内需求，支撑了国民经济各行各业的发展。中国出口的钢材无论是在品种还是质量上都得到了有效提升。在钢材品种创新上，中国宝武 QP1500 冷轧淬火延性钢、鞍钢轻质双相钢、本钢 2000 兆帕级超高强韧性热冲压成型钢、兴澄特钢 R6 级极限性能系泊链钢等新产品实现了全球首发。超强海工钢、高端核电钢等也为中国的船舶、海洋工程、核电作出了巨大的贡献。

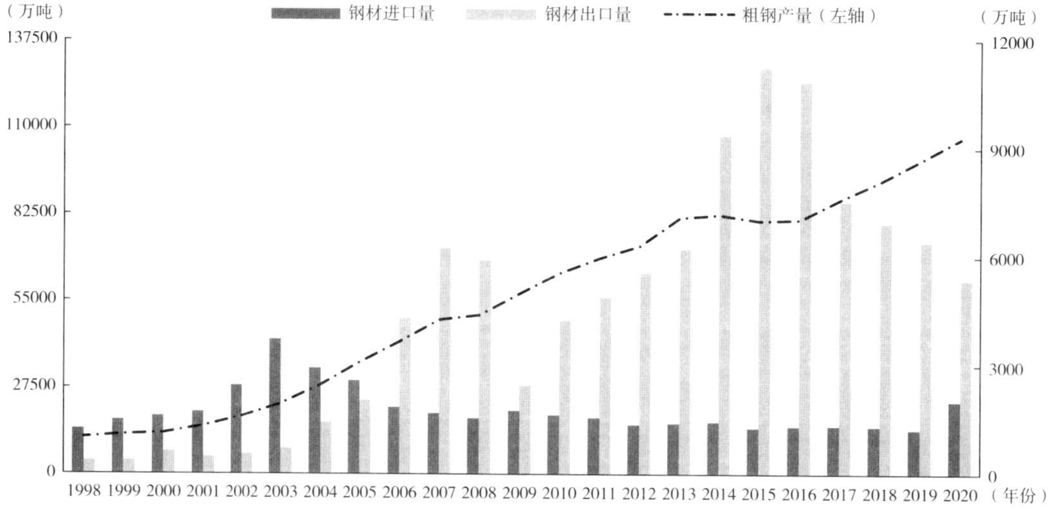

图2–7　1998—2020 年中国粗钢产量及钢材进出口情况

资料来源：国家统计局、中国海关总署

在钢铁产业发展的近 70 年时间里，中国仅用 47 年就实现了从极度落后到钢铁产量世界第一的飞跃，这离不开中国庞大的市场需求。随后，国家冶金工业局被取消带来的政府职能弱化、产业产能过剩和企业数量增加导致的竞争压力增大，均促进了中国钢铁产业技术创新能力的成长，其创新体系也逐渐完善，科学技术水平也不断提升，宝钢等世界级大型钢铁企业成长起来。但随着中国和世界钢铁产能的持续过剩，可持续发展战略、“双碳”目标的提出以及新一轮技术革命下的绿色创新和智能制造给钢铁产业提出了新的发展要求，带来了新的契机，中国钢铁产业将顺势而上，以低碳化、绿色化、智能化发展作为产业转型升级的主要方向，坚持创新引领，与发达国家齐头并进。

2. 新赛道上的超车

虽然从“二次创新”到“后二次创新”的追赶模式在中国经济发展初期起到了至关重要的作用，日本、韩国等也通过技术引进，成功实现了部分产业对发达国家的追赶，但 Lee（2019）指出，如果只是一味地追赶（模仿），那么其就无法实现超越[①]。这是因为，一方面，技术范式和技术轨道由发达国家主导，因此技术差距可以缩小但永远无法被消除；另一方面，追赶者还可能会掉入“追赶者陷阱”，例如在 ICT 领域，系统标准就是追赶模式所无法逾越的最终差距，也是追赶者可能被领先者引入技术陷阱或被再次甩开的威胁来源[②]。

随着世界经济一体化不断向纵深发展，以人工智能、智能制造、新能源、新材料等为主的新一轮技术革命的来临，受囿于原有技术范式并沿既定技术轨道发展的技术创新已经无法适应当前的世界发展态势。由于新技术产生之初相对于旧技术缺乏效率，科技知识大都处于公共领域并停留在实验室阶段，知识的意会性程度很低，发达国家在旧技术中积累的生产经验对新技术用处不大，后发国家在这时如果能够迅速进入新技术体系，就有可能把发达国家在早期新技术和科学基础的领先地位转移到本国，而这恰恰成为后发国家实现跨越式发展，实现“换道超车”的契机。中国通过实施创新驱动发展战略，积极拥抱新一轮技术革命带来的技术范式转变，并在由新技术范式带来的新赛道中努力强化创新能力和国际竞争力，力图实现从“跟跑”向“并跑”和“领跑”的转变。下面我们以新能源汽车产业和光伏产业为例，分析中国在新赛道上的具体表现。

2.1 新能源汽车产业

新能源汽车指采用非常规的车用燃料作为动力来源，综合车辆的动力控制和

---

① Lee K., The Art of Economic Catch-up: Barriers, Detours and Leapfrogging in Innovation Systems(Cambridge University Press,2019).

② 刘志彪:《从后发到先发：关于实施创新驱动战略的理论思考》,《产业经济研究》2011 年第 4 期。

驱动方面的先进技术，技术原理先进，具有新技术、新结构的汽车。21世纪以来，面对日益严峻的环境问题和日渐枯竭的资源情况，新能源汽车成为应对气候变化、推动绿色发展的重要推手。但由于传统燃油车已称霸世界100多年，想要汽车生产企业打破原有的路径依赖，进行绿色转型和绿色创新十分不易。日本、美国以及欧盟国家均开始以产业政策的形式推动着新能源汽车产业的发展，中国也紧跟汽车能源转型大趋势，通过20年的政策扶持使中国的新能源汽车产业得到了充足的发展。

在“三纵三横”① 的顶层设计以及科技部“863计划”② 的资金支持下，中国新能源汽车的整车技术和关键零部件技术日益成熟，初步形成了电动汽车零部件产业链，并实现了整车技术和共性关键技术的攻关以及样车的开发，新能源汽车产业化落地生根的初始条件已然满足。2009年，政府启动“十城千辆”③ 计划，试图通过扩大市场来进一步带动新能源汽车技术的快速创新。然而到2012年底“十城千辆”工程结束，其推广结果并不乐观。但中国政府推广新能源汽车的决心十分坚定，2013年将推广试点城市数由原先的25个扩展到88个，并以税收优惠、财政补贴和产业政策指导作为推进产业发展和技术创新的手段。2015年中国新能源汽车数量呈现出爆炸式的增长，产量达到了惊人的34万辆，位居世界第一。随后政府通过降低补贴金额、抬高技术门槛以及引入国外顶尖新能源车企（特斯拉）参与本土竞争等手段，不断刺激着中国新能源汽车自主品牌企业技术创新能力的提升。

2022年第一季度，中国新能源汽车销量达260万辆（见图2-8），累计推广量突破1000万辆，占全球新能源汽车存量的50%以上。以专利为代表的技术创新上，纯电驱动技术战略布局下的中国纯电动汽车（BEV）专利世界占比达25%，与日本（26%）几乎持平，超过美国（20%）与韩国（18%）。而在核心技术“三电（电池、电机、电控）”上，2020年中国电池企业的动力电池装机量超过了世界总装机量的1/3，技术上与日韩差异不大；电机则凭借中国丰富的稀土资源，能够自给自足并

① 三纵：混合动力汽车、纯电动汽车、燃料电池汽车；三横：电池、电机、电控。

② “十五”863计划“电动汽车重大专项”（8.8亿元）、“十一五”863计划“节能与新能源汽车重大项目”（11.6亿元）、“十二五”863计划“现代交通技术领域电动汽车关键技术与系统集成重大项目”（7.38亿元）和“十三五”国家重点研发计划“新能源汽车重大专项”（28亿元）。

③ 计划用3年左右的时间，每年发展10个城市，每个城市主要选择公交、出租、公务、环卫和邮政等公共服务领域进行试点，推出1000辆新能源汽车开展示范运行，力争使全国新能源汽车的运营规模到2012年占到汽车市场份额的10%。

基本实现国产化；电控方面则由于芯片的依赖性，90% 以上需要依靠进口。

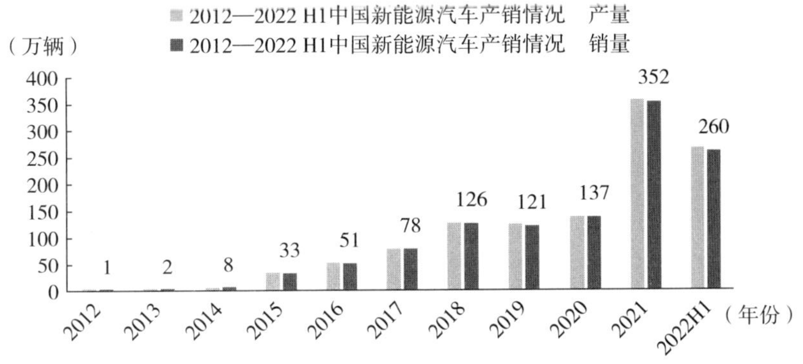

图2-8 2012—2022年中国新能源汽车产销情况

资料来源：作者整理

总而言之，中国新能源汽车产业作为一个新赛道，在经历了顶层设计规划、科技计划支持、产业政策扶持后，其市场规模得以充分发展，技术水平也不断进步，在一些核心技术上能够与美国、日本、德国等发达国家“并跑”甚至实现“领跑”。究其原因，这依赖于政府作为与市场力量的协同。中国政府以科技计划为手段，促使汽车企业摆脱内燃机技术的路径依赖并向绿色创新技术转型，又以产业补贴推动市场力量的形成，随后通过补贴退坡和引入国外企业强化市场竞争，带动产业创新和发展。可见，在新赛道培育上，政府和市场的力量缺一不可。

2.2 光伏产业

光伏指一种能够利用半导体材料的光生伏特效应，从而将太阳能直接转化成电能的新型发电系统。光伏产业是半导体技术与新能源需求相结合而衍生出的新产业。由于 20 世纪 70 年代两次石油危机的爆发，欧美国家开始关注太阳能及其他可再生能源技术。但随着石油危机后石油价格的快速回落，加上太阳能技术开发难度较大，短时间内无法实现规模效应并降低使用成本，全球太阳能产业发展进入缓慢期。21 世纪初，新一轮技术革命的到来以及全球低碳生活理念的不断普及，全球太阳能产业开始迈入快速发展阶段，这给予了中国在光伏产业上一个与发达国家齐头并进，实现新赛道超车的绝佳机遇。

2001 年推出的“光明工程计划”标志着中国光伏产业的正式启动。但 2008 年国际金融危机的到来导致了光伏产品的滞销，使大量光伏企业遭受了严重的冲击，随后中国出台了包括光伏产业在内的抑制产能过剩的政策，并推出“太阳能屋顶计划”和“金太阳工程”，以财政补贴的形式推动光伏产业的健康发展。2011 年末，光伏发电上网电价统一为 1.15 元 /kWh。各种补贴计划、标杆上网电价、光伏扶贫以及领跑者项目等政策的实施使中国的光伏产业快速发展，2013 年中国光伏新增装机（1292 万 kW）及累计装机（1942 万 kW）均超过美国，成为世界第一。到 2018 年，国家发展改革委、财政部、国家能源局联合发布了一份《关于 2018 年光伏发电有关事项的通知》（简称“531 光伏新政”）开启了全面缩减补贴的时代，补贴范围的收拢和补贴力度的降低给依赖补贴的光伏产业带来了巨大冲击。2019 年以来，随着中国光伏竞价政策的推出以及首批平价项目的推出，为产业链上下游企业加快技术创新、降本增效提供巨大驱动力。

中国政府对光伏产业的大力扶持使得光伏产业在市场和技术上都有了十分卓越的成长。从光伏装机量来看，国家能源局的数据显示，截至 2021 年，中国当年新增装机约 5300 万 kW，累计装机 3.06 亿 kW（见图 2–9），超过世界累计装机量（约 8 亿 kW）的 1/3，并自 2013 年起连续 9 年保持世界第一。从光伏技术创新来看，中国是全球光伏发电第一大技术来源国，自 2017 年起连续 4 年专利申请量超过 2 万件，中国光伏发电专利累计申请量占全球光伏发电专利总申请量的 75.88%，远超美国（7.82%）、日本（4.53%）和韩国（4.24%）。

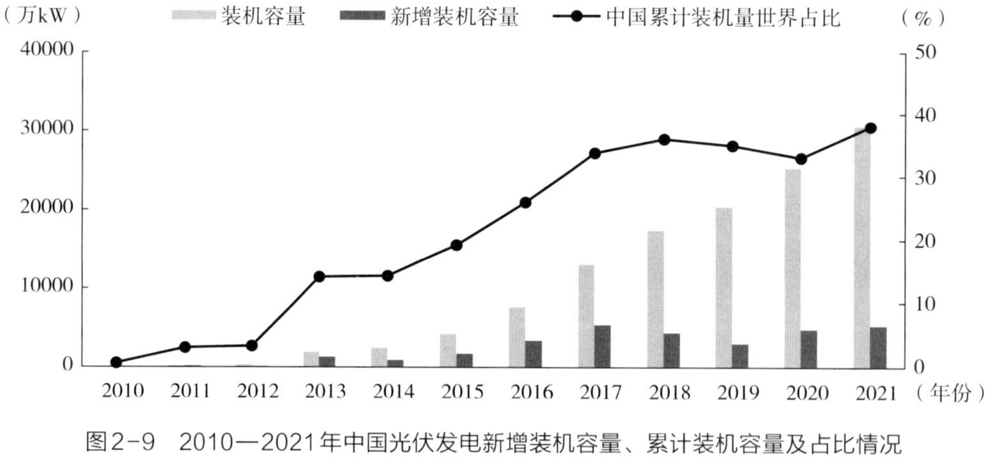

图2–9　2010—2021年中国光伏发电新增装机容量、累计装机容量及占比情况

资料来源：作者整理

中国光伏产业的成功离不开政府强大的政策支持。20 年来光伏产业在政策引导和市场需求的双轮驱动下，已处于世界领先地位，其在制造业规模、产业化技术水平、应用市场拓展、产业体系建设等方面均位居全球前列，并正进一步强化对前沿技术的布局和投入。随着中国对实现“双碳”目标努力程度的不断加强以及新一轮科技革命下能源的绿色转型，中国光伏产业这条新赛道将迎来新的发展机遇。

第四节　新赛道发展序曲：中国战略性新兴产业发展

从企业方面来看，2018 年末，全国从事战略性新兴产业生产的规模以上工业企业法人单位 66214 个，占规模以上工业企业法人单位的 17.7%。其中，新材料产业 14068 个，占工业战略性新兴产业企业法人单位的 21.3%；生物产业 12223 个，占工业战略性新兴产业企业法人单位的 18.5%；节能环保产业 11987 个，占工业战略性新兴产业企业法人单位的 18.1%[①]。截至 2019 年底，A 股上市公司中共有 1634 家战略性新兴产业企业，占上市公司总体的 43.4%，营收规模超过百亿元的上市企业有 151 家，占所有上市战略性新兴产业企业总数的 11.1%。此外，2019 年世界 500 强企业中，中国战略性新兴产业企业有 29 家，占比 5.8%，可见中国战略性新兴产业内的龙头企业正不断涌现。

从创新投入来看，2015—2018 年战略性新兴产业上市公司研发强度均超过 6%，且与上市公司整体相比高出 2 个百分点左右。2019 年，战略性新兴产业上市公司平均研发支出达到 2.4 亿元，研发强度达 7.66%，较 2015 年提升 1.22 个百分点（见图 2–10）。在战略性新兴产业各领域，新一代信息技术产业、新能源汽车产业以

① 国家统计局：《第四次全国经济普查公报（第六号）——部分新兴产业基本情况》。

及高端装备产业的上市公司研发强度在 2017—2019 年都保持相对最高水平，2019 年研发强度分别达 10.18%、9.31% 和 8.02%，而节能环保产业上市公司研发强度只有 4.31%，低于 A 股上市公司整体研发强度（5.58%）（见图 2-11）。

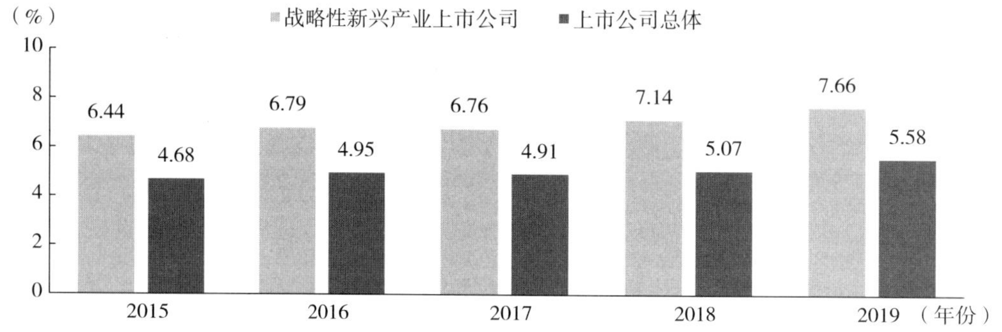

图2-10　2015—2019年战略性新兴产业上市公司与A股上市公司总体研发强度对比

资料来源：国家信息中心

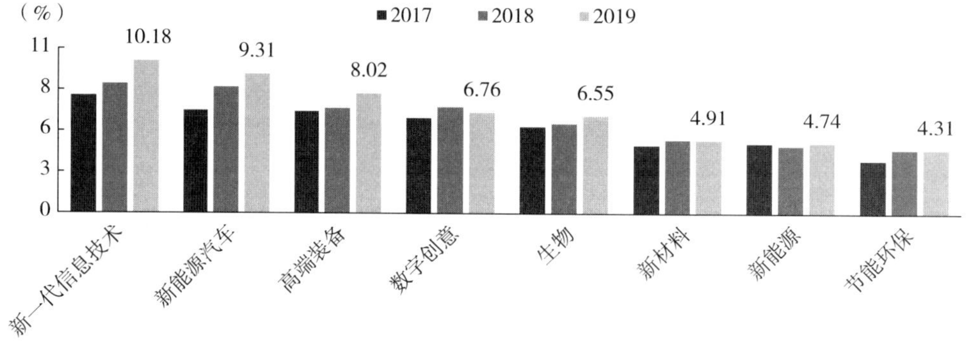

图2-11　2017—2019年战略性新兴产业各领域上市公司研发强度对比

资料来源：国家信息中心

中国战略性新兴产业的快速发展，业内龙头企业引领作用的不断增强，研发和创新水平的进一步提升，彰显出中国在战略性新兴产业培育和发展上取得的优异成果，但中国战略性新兴产业占整体产业的比重仍然较小，对 GDP 的贡献有待进一步提高。伴随着新一轮科技革命的出现，当今世界正处于百年未有之大变局，产业发展呈现出重点领域发展壮大、新增长点涌现、创新能级跃升、竞争实力增强等诸多特点。国家发展改革委于 2020 年 9 月颁布了《关于扩大战略性新兴产业投资培育壮大新增长点增长极的指导意见》，提出要更好发挥战略性新兴产业重要引擎作用，加快构建现代化产业体系，推动经济高质量发展。由此，战略性新兴产业将在时代机遇和政策支持下获得更加充足的发展动力，成为新时代推动中国经济高质量发展的有力抓手。

路径篇

数字化与低碳化

第三章

在数字化、低碳化中开辟新赛道

历史经验表明，技术革命带来的技术经济范式转变能够创造出大量新赛道，后发国家通过先发优势，在新赛道上参与国际竞争，将有机会实现对发达国家的超越。随着信息技术的高速发展，数字化、低碳化技术作为新一轮技术革命背景下迅速崛起的新技术，正加速渗透进各行各业，引领产业与不同领域技术的深刻变革，推动着各类新赛道的迅速崛起。在这一过程中，数字化和低碳化发展为中国开辟新赛道提供了前所未有的机遇，也为中国当前经济增长动能的转换和产业跃迁的实现带来了新的可能。

本章第一节从新赛道出发，分析了新赛道的重要作用以及数字化、低碳化与新赛道的关系。首先，本节阐释了新赛道的重要作用：第一，新赛道创造了新的增长要素及组织方式，推动生产要素重配和产业结构重塑，创造出大量新兴产业；第二，新赛道提高了生产效率，打造全新业态，为经济高质量发展提供强力引擎。随后，本节探讨了数字化与低碳化在新赛道中的作用：随着数字经济规模的日趋扩大，数字化已逐步成为支撑新赛道发展的重要载体；同时，随着低碳经济的不断发展，低碳化已成为促进新赛道发展的催化剂。

本章第二节以数字化为支撑，梳理了数字经济发展的典型事实，并分别讨论了数字产业化和产业数字化对新赛道的重要意义。首先，数字经济作为一种全新的发展模式，呈现出百花齐放的特点，并已逐渐成为经济社会高质量发展的重要引擎、实现经济增长的全新内生动力以及新赛道发展的重要支撑载体；其次，数字化技术应用广泛、深度融合创新，催生了多种新业态、新模式，新赛道呈现出多点开花、全方位发展态势。本书认为，在中国数字化技术加速发展的同时，数字产业化是数字经济发展的基础和动力源泉，是新赛道发展的内在动力；产业数字化则通过不断驱动智能转型升级，引发产业组织在管理、形态、流程、机制等方面的深刻变化。同时，企业数字化转型通过推动生产过程数字化、模块化，以及销售管理系统的数据化，对企业生产、销售等产生深远影响。

本章第三节基于低碳化视角，阐述了中国低碳经济发展的典型事实，分析了低碳产业化和产业低碳化对新赛道的重要作用。第一，中国作为世界上二氧化碳排放量最大的国家，亟须发展低碳经济，建立新的能源结构，以促进可持续发展。第二，低碳产业化不断创新经济结构和经济形态，是贯彻新发展理念的重要抓手；低碳产业化不断调整传统产业结构和转变原有发展模式，是经济快速增长的关键引擎；低碳产业化提供给光伏、风电、氢能等新兴产业全新的发展机会，是新赛道快速崛起的不竭动力。第三，中国已明确提出“双碳”目标，“双碳”目标成为重塑中国产业竞争力的重要机遇。要实现经济高质量发展和新赛道崛起，关键抓手在产业低碳化，加快推进产业低碳化是中国低碳经济发展的主要路径。

第一节　中国经济发展的新赛道

1. 新赛道与数字化、低碳化

以蒸汽技术为代表的第一次技术革命，将人类带入工业时代，使人类摆脱了千百年来自然力的约束；以电力技术为代表的第二次技术革命，将人类带入电气时代，电力产业、通信产业、汽车产业、石油产业等开始迅速发展，成为经济新赛道；以信息技术为代表的第三次技术革命，推动了半导体产业、计算机产业等新赛道的兴起；而目前席卷而来的以大数据、人工智能、区块链为代表的第四次技术革命，正将人类发展提高至一个新的台阶，随之而来的光伏产业、新能源产业、新材料产业等新赛道正迅速崛起。

新赛道的诞生和发展离不开技术革命，而技术革命则依赖于科学技术的不断突破。当前，科学技术作为生产力中最活跃的因素，在各国经济建设和社会进步中扮演着越来越重要的角色。有关资料显示，科技进步对全球经济增长率的贡献已突破 50%，在发达国家，这一指标甚至高达 70%~80%。可以说，谁能引领科学技术进步的前沿，谁就能在国家竞争中占据最有利的位置。

随着新一轮技术革命下数字化、智能化、低碳化技术在各行各业的不断渗透，产业与不同领域技术的深刻变革正在发生，新赛道也开始迅速崛起。一方面，新赛道创造了新的增长要素及组织方式，推动生产要素重配和产业结构重塑，创造出大量新兴产业；另一方面，新赛道提高生产效率，打造全新业态，为经济高质量发展提供了强力引擎和广阔市场。

2. 数字化与新赛道发展

2.1 数字经济发展现状

数字经济不仅会全面而深刻地影响生产、流通、交换、消费等环节，还能通过海量信息汇聚的数字平台为供需双方提供个性化服务，以智能科技带动企业创新和产业转型升级。伴随着互联网的普及和数字技术的突破，数字经济在过去 10 年间飞速发展，成为全球范围内重要的资源要素与产业结构升级方向[①②③]。习近平总书记强调，要站在统筹中华民族伟大复兴战略全局和世界百年未有之大变局的高度，统筹国内国际两个大局、发展安全两件大事，充分发挥海量数据和丰富应用场景优势，促进数字技术和实体经济深度融合，赋能传统产业转型升级，催生

① 江小涓:《高度联通社会中的资源重组与服务业增长》,《经济研究》2017 年第 3 期。
② 江小涓:《数字时代的技术与文化》,《中国社会科学》2021 年第 8 期。
③ Goldfarb Avi, Catherine Tucker, “Digital economics,” Journal of Economic Literature 57 (2019): 3–43.

新产业新业态新模式，不断做强做优做大我国数字经济[①]。

当前，中国数字经济规模不断扩大，数字经济对新赛道和经济增长的贡献不断增强。中国信息通信研究院的统计数据显示，2020 年，中国数字经济市场规模达 39.2 万亿元，占 GDP 比重 38.6%，同比提升 2.4 个百分点（见图 3-1）。在新冠肺炎疫情冲击和全球经济下行叠加影响下，中国数字经济在逆势中加速腾飞，依然保持 9.7% 的高位增长，是同期 GDP 名义增速的 3.2 倍多，成为支撑疫情防控和稳定经济发展的关键动力。

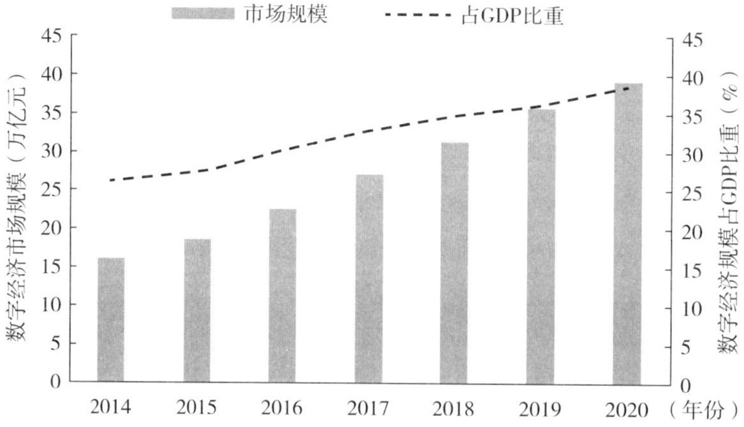

图3-1　2014—2020年中国数字经济市场规模及占GDP比重

资料来源：中国信息通信研究院

现有研究也表明，数字经济在推动经济增长方面的作用明显[②]。一方面，数字经济促进了城市高质量发展[③]；另一方面，数字经济对传统经济产生技术溢出效应，有助于后者进行数字化转型升级。同时，数字经济的快速发展带来了全球生产模式、管理模式、营销模式以及产业链、供应链、价值链的深刻变革，对收入分配和消费均产生了重要影响[④⑤⑥]。另外，在数字经济时代，电商作为一种新兴

① 习近平：《不断做强做优做大我国数字经济》，《求是》2022 年第 2 期。

② 许宪春、张钟文、常子豪、雷泽坤：《中国分行业全要素生产率估计与经济增长动能分析》，《世界经济》2020 年第 2 期。

③ 赵涛、张智、梁上坤：《数字经济、创业活跃度与高质量发展——来自中国城市的经验证据》，《管理世界》2020 年第 10 期。

④ Elgin C., "Internet Usage and the Shadow Economy: Evidence from Panel Data," Economic Systems 37(2013): 111-121.

⑤ Jin S., and Cho C.M., "Is ICT a New Essential for National Economic Growth in An Information Society?" Government Information Quarterly 32(2015): 253-260.

⑥ Salahuddin M., and Alam K., "Information and Communication Technology, Electricity Consumption and Economic growth in OECD Countries: A Panel Data Analysis," International Journal of Electricity Power& Energy Systems 76(2016): 185-193.

业态[①]，降低了消费者空间阻力，对消费者行为产生了深远影响。在数字经济快速发展背景下，数字化、智能化将不断为经济高质量发展助力，不断为新赛道增添持久活力。

2.2 数字化对新赛道的作用

数字化作为信息技术发展的高级阶段，是数字经济的主要驱动力。它与知识、信息和技术融合，形成一种新的关键性生产要素，并通过现代信息网络，渗透到社会经济的各个领域和各个环节，提高经济社会的数字化、智能化水平，促进经济结构优化和效率提升，推动着人类社会的快速进步与发展。加快数字化发展，是构建以国内大循环为主体、国内国际双循环相互促进的新发展格局的现实需要，也是促进中国新赛道发展的有力抓手，对“十四五”时期经济社会发展具有十分重大的意义。

近年来，伴随着新一轮科技革命和产业变革的持续推进，叠加新冠肺炎疫情因素影响，数字经济已成为当前最具活力、最具创新力、辐射最广泛的经济形态。它作为国民经济的核心增长极之一，也正日趋成为引领中国新赛道发展的主引擎。

第一，数字化带来的海量信息和数据作为生产要素直接进入厂商生产函数，使得要素投入种类多样化、智能化，并提升了物质资本、人力资本、公共资本、劳动等其他生产要素的生产效率。相比传统产业，与数字经济融合的新产业或催生出的新赛道对市场的应变速度更快、成本更低、生产环节相对简单，能够避免传统经济活动对自然资源的过度消耗和环境污染。同时，数字经济下强大的数据处理能力和极低的数据分享成本，大幅度降低了交易成本和边际生产成本。以柔性生产、消费个性化为导向的数字化技术创造出的新产品将超越旧产品，予以更高的内在价值。

第二，数字化凭借其普惠性、绿色化等特点，有利于培育壮大中国经济发展新动能，助力新赛道发展。当前，数字化技术正引领新一轮产业革命，加快推进数字经济发展事关中国能否抓住新一轮技术革命与产业革命的决胜点[②]。数字经济作为中国经济发展的新动能，已成为中国转变经济增长方式、优化经济结构的重

① 刘向东、刘雨诗、陈成漳:《数字经济时代连锁零售商的空间扩张与竞争机制创新》,《中国工业经济》2019 年第 5 期。

② 柏培文、张云:《数字经济、人口红利下降与中低技能劳动者权益》,《经济研究》2021 年第 5 期。

要抓手。数字经济不仅带动传统产业转型升级，通过数字化构建更敏捷的生产、经营、管理体系，也通过数字技术孕育了更多新的产业和企业。通过与传统产业深度融合以及数字技术的自身发展形成新兴产业，数字技术已经在消费端、生产端与流通端不断扩张、延伸，进而形成了体系完整、架构清晰的数字经济。新时代背景下的数字经济发展逆势而上，在改造提升传统动能、培育发展新动能方面成效明显，已成为中国经济增长的重要引擎。

第三，数字化加速推动市场平台化，优化资源配置，促进产品交易，为新赛道发展提供强劲动力。伴随着数字经济的全方位渗透，作为产品交易主体的市场逐渐平台化。由于将大量的数据和信息汇聚于一身，平台能够优化资源配置，促进产品交易，越来越多的市场不断出现平台化趋势。例如，在网约车系统平台中，通过智能客户端连接，车主和乘客可以通过手机里的应用软件第一时间掌握对方信息。同时，网约车公司可以通过云计算等大数据运算方法，根据不同时间、不同地段合理计算出令供求双方实现最有效匹配的市场出清价格，实现产品交易效率的最大化。当前，中国已经进入了平台经济时代，平台经济优化市场机制的特性势必会为新赛道提供充足动力。

3. 低碳化与新赛道发展

3.1　低碳经济发展现状

中国于2020年提出的“双碳”目标明确表示，中国从碳达峰到碳中和的时间只有30年，远低于发达国家的60~70年的时间。因此，中国在面临如此高碳排放的现实制约下要完成“双碳”目标，可谓时间紧、任务重。此外，中国的低碳经济发展也面临着严峻的挑战。

第一，中国的能源结构依然以传统能源为主，能源结构调整难度很大。国家统计局数据显示，2020年，中国煤电占全口径发电量49.1%，火电占68.5%（见图3–2），水电占17.4%。而全国全口径非化石能源发电量为2.58万亿kWh，同比增长7.9%，占全国全口径发电量的比重为33.9%，与美国、德国等发达国家能耗使用结构中的清洁能源占比45%~60%尚存较大差距。

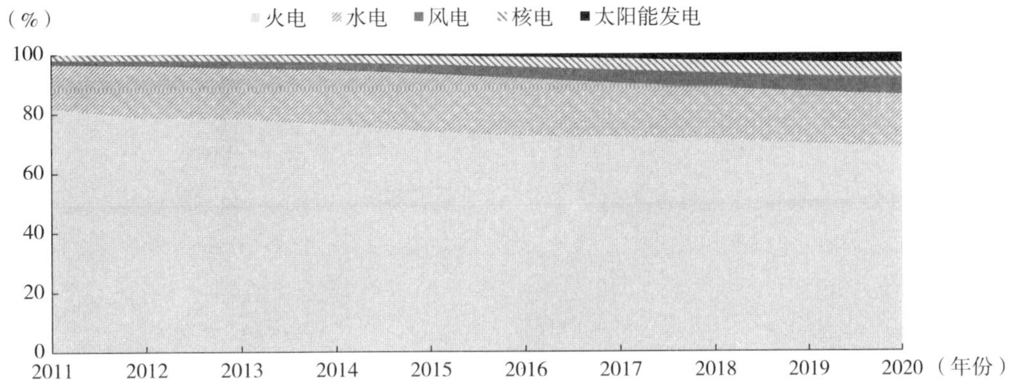

图3-2　2011—2020年中国各类型能源发电占比

资料来源：国家统计局

第二，中国产业结构仍以重化工为主，绿色低碳转型任务重。中国整体处于工业化中后期阶段，传统“三高一低”（高投入、高能耗、高污染、低效益）产业仍占较高比例。相当规模的制造业在国际产业链中还处于中低端，存在生产管理粗放、高碳燃料用量大、产品能耗物耗高、产品附加值低等问题。根据国际能源署（IEA）的统计，2019年，中国发电与供热、制造与建筑、交通运输三大领域共占据中国90%的二氧化碳排放量，其中发电与供热占53%、制造与建筑占28%、交通运输占9%。因此，中国经济结构调整和产业升级任务艰巨，短期内实现碳排放与经济增长脱钩压力巨大。

第三，中国绿色低碳创新技术还有待提高。由于技术存在路径依赖的现象，因此期望企业或产业自主从原有的高碳排放技术转为绿色低碳技术是不大可能的。高碳经济本身存在发展惯性及技术局限性，要彻底摒弃原有的发展模式并非易事。目前，中国能源低碳化和能源利用效率都相对较低，绿色低碳技术自主创新能力有待提高，短时间内转变依赖资源和劳动力等要素驱动的经济增长方式难度巨大。

3.2　低碳化对新赛道的意义

作为世界碳排放大国，中国推行低碳化势在必行。作为新一轮经济增长极，低碳经济发展必将为各行各业注入新的活力。国际社会已经普遍认识到，发展低碳经济不仅是应对气候变化的重要抓手，也是一项涉及经济、政治、文化、社会等各个方面的系统工程。因此中国需要大力推动低碳经济发展，形成带动中国经济发展的新增长极，并为各产业提供了全新的发展机遇。

目前，以风电、太阳能、新能源汽车等为代表的低碳化产业承担起整体产业结构调整、能源结构优化的重要角色。如何在低碳化技术引领下，形成完整而持续的产业发展形态和完整的低碳绿色产业链，并促进各类新赛道的发展，是未来低碳化领域关键且极为重要的议题。在此，本书简要介绍了低碳化对新赛道发展的相关影响。

第一，低碳化推动经济高质量发展，重塑经济发展方式与生产方式。一方面，低碳发展是人们投身于温室气体减排工作的结果。另一方面，低碳发展是经济发展方式、能源消费方式和人类生活方式的一次新变革。低碳化正影响着社会经济发展的方方面面，影响着生产方式、生活方式和消费方式，影响着能源利用效率及资源配置效率，引发社会生产和组织方式的深刻变革。

第二，以节能技术和低碳能源为代表的低碳技术，将为21世纪经济发展注入新的活力，成为拉动经济增长的新动力。首先，能源的低效利用向能源的高效利用转变正在发生，驱动传统高耗能产业升级的催化剂正迸发能量；其次，水能、生物质能、风能、太阳能、地热能和海洋能等可再生能源潜力巨大，可永续利用，是降低温室气体排放、实现低碳发展的重要组成部分；最后，低碳技术的发展与应用，有利于企业淘汰落后产能、优化产品结构、创新技术管理，提升核心竞争力。

第三，低碳化将成为引领社会可持续发展的新载体，有利于创造一个实现超越的机会窗口。新技术、新产业带来的全新变化，势必引领绿色低碳时代经济新飞跃。事实证明，若要在科技革命中占领先机，生产力和经济水平得到快速发展，一个经济体必须做到两点：一是抓住新技术革命的机会窗口，“双碳”目标的提出为低碳经济的快速发展提供了重大机遇；二是充分利用国内、国际两个市场。第一次工业革命中的英国，第二次工业革命中的德国和美国，第三次工业革命中的美国都是如此。中国作为负责任、有担当的大国，将在第四次工业革命浪潮中快速发展低碳经济，实现经济社会可持续发展。

第二节　数字化与新赛道

1. 数字经济的典型事实

数字经济作为一种全新的发展模式，在全球经济下行压力加大、新冠肺炎疫情冲击的背景下，成为经济增长的重要引擎，成为经济高质量发展的内生动力，成为新赛道发展的支撑载体。一方面，数字经济促进了经济高质量发展，为经济增长注入源源活力；另一方面，数字经济促进生产组织形式不断升级，为产业发展提供不竭动力。

1.1　数字经济发展基本特征

数字化发展依赖于各类技术的突破，如果说数据是数字时代的石油，那么底层技术、通用技术及前沿技术就是核心的发动机，赋予中国数字经济发展新动能。从底层技术来看，芯片不断突破 7nm、5nm 工艺，元器件容量和运算速度实现指数级上升；移动和本地操作系统日趋完善，构建起完善的应用生态；工业软件、科学工具经过长期积累成为产业研发的牢靠基础。从通用技术来看，互联网、大数据、云计算等技术日趋成熟，以平台化方式全面赋能各领域。从前沿技术来看，底层和通用技术的突破，为人工智能、区块链、物联网等前沿方向提供了坚实的技术和资源支撑，使得这些技术和应用得以从理论迈向实践。

数字化主体是广大消费者与小微企业。中国拥有全世界最大的网民数量，其为数字经济发展提供了根本性支撑。2022 年 2 月 25 日，中国互联网络信息中心（CNNIC）在京发布的第 49 次《中国互联网络发展状况统计报告》显示，截至 2021 年 12 月，中国网民规模达 10.32 亿人，较 2020 年 12 月增长 4296 万人。整体来看，2013—2020 年，城乡数字鸿沟在逐步缩小，数字经济对乡村发展的带动作用日趋明显（见图 3–3）。

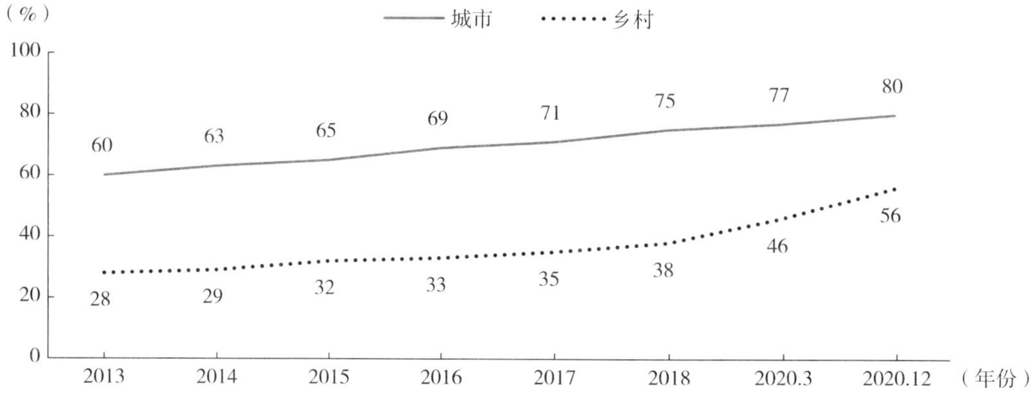

图3-3　2013—2020年中国城乡地区互联网普及率

资料来源：CNNIC

数字化技术改变了传统的交易模式，促进了以网络零售为代表的数字化服务业快速发展。从 2013 年起，中国已连续 7 年成为全球最大的网络销售市场，面对新冠肺炎疫情的严峻挑战，网络零售市场、数字消费发展迅猛，极大促进了消费互补和消费升级，为经济内循环提供了有力支撑。2020 年上半年，全国网上零售额达 51501 亿元，同比增长 7.3%，其中实物商品网上零售额占社会消费品零售总额的比重已经达到 25.2%。网络购物充分发挥促消费、助转型、保市场等作用，不断增强经济的韧性：各类网购消费券、电子消费券等有力释放了消费潜力，促进了消费回暖；跨境电商、农产品电商、生鲜电商等新模式、新业态为促进传统产业转型、带动消费回流及农产品上行提供了坚实助力；网上营销、网上交易等数字化运营方式以及电商平台资源和技术扶持，为企业和市场应对冲击提供了缓冲[①]。

此外，数字化技术也推动了中国制造业企业的转型和升级。随着数字化服务的不断普及，制造业企业根据网络零售的特点，通过加强合作、数字化管理、柔性生产等模式，利用网络零售带来的信息优势、市场优势和资金优势，树立品牌意识，更加注重消费者权益，为消费者提供高质量、低价格、定制化的商品。

1.2　数字经济发展趋势

云端互动、机器人送餐、智能网联汽车等新场景的背后，是数字经济下不断

① 中国互联网络信息中心：《中国互联网络发展状况统计报告》。

涌现的新技术、新业态、新产品、新服务。有观点认为，凡是直接或间接利用数据来引导资源发挥作用，推动生产力发展的经济形态都可以纳入广义的数字经济范畴。从技术方面看，数字经济包括大数据、云计算、人工智能等新兴技术。从应用方面看，“新零售”“新制造”等都是其典型代表。

数字经济可以分成数字产业化和产业数字化两部分。数字产业化就是数字技术带来的产品和服务，产业数字化指利用数字技术提升产出和效率的产业。随着数字化技术的进一步普及，数字产业化及产业数字化将全面发力，成为引领经济增长的新引擎[①②]。根据中国信息通信研究院（2020）对数字产业化和产业数字化的测算，2019 年，数字产业化增加值达 7.1 万亿元，产业数字化增加值约为 28.8 万亿元[③]。数字经济为中国高质量发展开辟了新的局面，数字经济的持续稳定增长，能有效推动构建国内国际双循环的新发展格局，提高国际竞争力。

江小涓（2020）认为，数字经济的发展包括两条线，一个是长期趋势，另一个是近期赋能[④]。从长期趋势来看，一是党和国家高度重视数字经济的发展；二是新技术会提供发展的新支撑；三是产业互联网发展提出的要求；四是制造业、服务业融合发展提出的要求，这是数字经济长期发展的一个向好的趋势。从近期赋能来看，一是数字技术在防疫、抗疫中表现非常优异；二是近期新基建概念的加入；三是可以启动新的服务需求：服务型制造的新模式新业态，本质上是以满足客户需求为导向，深入应用数字化、智能化技术赋能制造业企业，通过打造数字化、智能化服务平台实现制造全要素全过程服务增值的过程；四是在防疫中，企业的能力和价值观有了更多的展现，被更多公众所了解。相比传统经济，江小涓和罗立彬（2019）认为网络和信息技术从根本上改变了传统服务业低效率和不可贸易的性质，使服务全球化的推动力大大加强，网络时代服务全球化进程必将加速，不可逆转[⑤]。

因此，聚焦数字经济，推进数字产业化与产业数字化协同发展，既是贯彻新发展理念的内在要求，也是推进经济高质量发展的现实需要。在未来，中国通过大力发展数字经济，将创造出更多新赛道，支撑中国的经济增长。

---

① 许宪春、张美慧：《中国数字经济规模测算研究——基于国际比较的视角》，《中国工业经济》2020 年第 5 期。

② 戚聿东、刘翠花、丁述磊：《数字经济发展、就业结构优化与就业质量提升》，《经济学动态》2020 年第 11 期。

③ 中国信息通信研究院．中国数字经济发展与就业白皮书（2020 年），2020。

④ 江小涓：《后疫情时代的数字经济》，《企业家日报》2020 年第 4 期。

⑤ 江小涓、罗立彬：《网络时代的服务全球化——新引擎、加速度和大国竞争力》，《中国社会科学》2019 年第 2 期。

2. 数字产业化与经济新动能

2.1 数字化技术发展态势

中国数字化技术应用广泛、深度融合创新，带来了产品与服务的蓬勃发展，催生出多种新业态、新模式、新赛道，呈现出多点开花、全方位发展的态势。5G、人工智能、大数据、云计算等通用技术，在经济发展过程中已显露出服务社会、发展经济的重要价值。以 5G 技术为例，它不仅仅是一次通信技术的代际升级，更成为未来数字世界的一项关键基础设施，为我们搭建一个广阔的技术平台，催生出无数未知的新应用、新模式、新产业。

（1）以机器人、工业互联网、人工智能、大数据等为代表的赋能技术加快发展、深化运用，成为推动新旧动能转换的重要力量。

机器人、工业互联网、人工智能与大数据作为赋能技术，其与实体经济各领域的快速融合，一方面将大幅度提升生产效率、产品质量和供应链的反应速度，在满足国内日益提高的高品质需求的同时释放出经济长期发展所积累的潜力；另一方面，这些技术可以帮助实现全产业链高质量的关联分析和精准对接，优化创新组织，加快创新扩散；打通数据壁垒和技术壁垒，推动跨行业、跨环节合作，形成产业间全面协同，大幅提升中国产业的国际竞争力。

机器人和工业互联网是智能制造发展的关键技术，已成为制造业高质量发展的关键方向。机器人能够替代传统劳动力，提升制造效率。工业互联网则作为“中枢大脑”，以平台方式链接和综合配置产业链要素。以工业互联网为核心，以智能化机器人为基础，将有效形成制造业发展新引擎，加速制造业向自动化、智能化转型。

人工智能经过近 60 年发展，在数据、算力、算法 3 个核心要素上完成了积累和技术突破，并已实现了规模化应用。近年来，以深度学习、跨界融合、人机协同、群智开放、自主操控为特征的新一代人工智能技术不断取得新突破，与经济社会各领域加速融合，展现出巨大的应用潜能。到 2030 年，人工智能将促使全球生产总值增长 14%，为世界经济贡献 15.7 万亿美元产值；预计同期，中国人工智能核心产业规模将超过 1 万亿元，带动相关产业规模超过 10 万亿元。

大数据技术发展应用带来新的经济增长点。在消费端，大数据精准匹配生产与消费需求，既加快了商品流动，也提高了居民的消费满意度和生活质量。中国 2018 年大数据产业增速约为 15%，产值达 5405 亿元，预期未来将继续快速增长[①]。

（2）以平台经济、共享经济为代表的数字化融合创新多点开花、深度发展，成为积聚新动能的重要组成部分。

数字化发展的重要特征是数据信息分析处理能力的不断提升，其基础在于平台的创新发展。当前，平台内容不断拓展，同时依托平台开展的创新加速出现，成为经济新动能的重要组成部分。

各类平台的规模迅速壮大，成为投资、消费的重要引擎。以电子商务平台为例，其对产业发展的影响已经不仅仅停留在商品交易、商业流通层面，而是进一步深入产业的上下游中，并为此发展出适应互联网交易的各类新型交易工具与新型市场基础设施。根据《中国电子商务报告 2019》，2019 年中国电子商务交易额达到 34.81 万亿元，其中，网上零售额 10.63 万亿元，同比增长 16.5%；实物商品网上零售额 8.52 万亿元，占社会消费品零售额的比重达到 20.7%。

共享经济发展初具规模，成为推动经济增长的重要力量。数据显示，2019 年中国共享经济交易规模 32828 亿元，同比增长 11.6%，明显高于同期经济增速。共享经济创造了大量就业岗位。

（3）以区块链为代表的新型信息化技术及应用积极探索、蓄势待发，成为引领新动能的重要领域。

随着数字经济的发展，信息化对经济社会发展的影响不断深入，由适应现有的规则体系向改变规则体系演化，区块链技术便是典型代表，其产生和发展正在推动信息互联网向价值互联网跨越。区块链技术的本质在于通过分布式的共享账本和数据库，实现信息记录与共享，具有去中心化、不可篡改、全程留痕、可以追溯、集体维护、公开透明等特点。近年来，随着数字货币概念与应用的深化发展，区块链的价值不断被认可，在数字货币领域迎来关键性发展。

2.2　数字产业化与新赛道

中国数字化技术加速发展的同时，数字产业化发展同样迅速。数字产业化是数字经济发展的基础保障，是新赛道发展的内在动力。从具体的构成来讲，数字

① 中国信息通信研究院：《大数据白皮书（2019 年）》。

产业化包括但不限于 5G、集成电路、软件、人工智能、大数据、云计算、区块链等技术、产品及服务。中国信息通信研究院发布的《2021 年中国数字经济发展白皮书》显示，中国数字产业化规模逐年上升。2020 年，中国数字产业化规模达 7.5 万亿元（见图 3-4），占数字经济比重为 19.1%，占 GDP 比重为 7.3%。

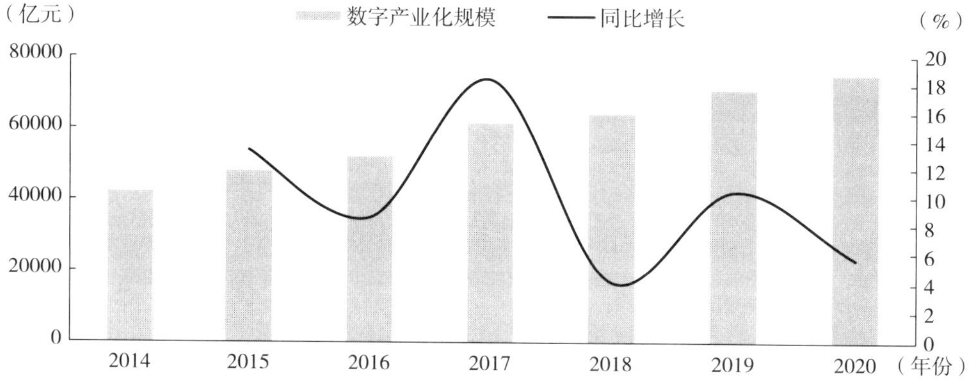

图3-4　2014—2020年中国数字产业化规模情况

资料来源：中国信息通信研究院

数字产业化在成为数字经济发展强大引擎的同时，也缓解了新冠肺炎疫情对中国实体经济的负面冲击。在数字经济发展背景下，数字产业化发展为新赛道提供了前所未有的机遇。第一，以数据为核心的数字化、数智化发展，能够快速驱动传统产业转型升级，重构产业业态和传统发展模式；第二，随着平台经济和零工经济的快速发展，平台作为第三方链接供需两端及各类相关主体，不断推进要素的传播和交流，大大降低了交易成本，提高了资源配置的效率；第三，随着人工智能、大数据、云计算等通用技术的日趋成熟，算力经济时代已然来临。人类的计算能力远超以往任何时代，数据挖掘、机器学习、深度学习能力甚至已超出人类认知水平。

数字产业化不断催生新业态、新模式，促使新赛道全面多维度发展。数字产业化强调围绕数据要素本身所开展的系列商业化开发与市场化交易活动。新一代数字技术的发展使得数据的采集、传输、存储与分析能力不断提升，数据在经济价值创造活动中发挥着越来越重要的作用，甚至超越传统劳动、土地、资本和信息等要素，成为具有基础性和战略性地位的生产要素。同时，在数字产业化的价值活动中，数字价值链是从原始数据获取到产生决策见解的整个数据生命周期中，一步步地提取数据价值的可重复过程。围绕数字价值链所包含的数据生成、数据采集、数据存储、数据分析和数据应用等系列数据增值环节，衍生出数据设备制造、数据服务、数据产品和数据应用等新兴数字业态。

3. 产业数字化与新赛道

3.1 产业数字化与智能转型升级

产业数字化的本质是增强、重构和创新，已不是简单的“互联网 + 产业”，而是对产业进行深度的数字化转型，改造的是产业的生产、决策和产品形态，而不仅仅是交易和物流效率。产业数字化包括但不限于工业互联网、两化融合、智能制造、车联网、平台经济等融合型新产业新模式新业态。根据中国信息通信研究院发布的《2021 年中国数字经济发展白皮书》，中国产业数字化规模逐年上升。2020 年，中国产业数字化规模达 31.7 万亿元（见图 3–5），占数字经济比重达 80.9%，占 GDP 比重为 31.2%，已经成为支撑国民经济发展的重要力量。

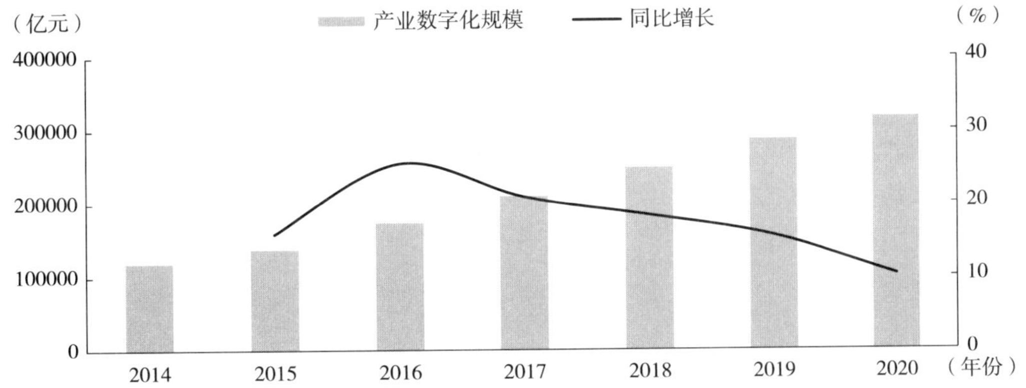

图3–5　2014—2020 年中国产业数字化规模情况

资料来源：中国信息通信研究院

随着数字化技术的发展，大数据、云计算、人工智能等数字化技术与传统产业相结合，将破解传统产业在成本、效率、服务渠道、风险防控等方面的制约。传统产业通过应用数字技术，引发生产数量和效率提升。同时，产业数字化将深度改变经济结构、社会结构、国家竞争力和国际格局，引领新赛道快速发展。从产业组织来看，产业数字化基于数字技术构建的精准信息交互方式，降低了交易成本，引发产业组织在管理、形态、流程、机制等方面的深刻变化。扁平化组织加速形成，打破传统的自上而下的垂直管理架构，通过管理与分权，充分为个体赋能。柔性化组织加速形成，基于市场需求、环境变化和项目任务快速建立工作团队的机制激发了员工的创造性，实现客户需求实时响应。无边界组织加速形成，基于跨领域、跨行业、跨主体的产业链平台，推动创新主体广泛参与协作，不再受既定的组织边界束缚，充分激发个体创新潜能。

当前，人工智能、5G、大数据等数字化技术日趋成熟，中国已进入智能时代，产业数字化也进入深水区。5G、云计算、人工智能等数字经济技术呈现出很强的通用性特点，具有标准化、自动化和模块化的工业大生产特征，已经成为科技革命和产业变革的重要驱动力量。在这样的宏观背景下，各行各业的产业数字化转型将在5G、云计算、人工智能等数字化技术的深入推进中加速落地，产生中国式新速度。

3.2 企业数字化转型与新赛道

企业数字化转型是企业充分运用数字技术，全方位重塑战略思维、业务流程、组织架构和商业模式，构建以数据为核心驱动要素的价值创造体系，实现与客户、员工、供应商、合作伙伴等利益相关者紧密关联、价值共创的过程，其有助于确保企业在竞争日益激烈的市场环境中获得核心竞争力和可持续增长能力。企业的数字化转型通过推动生产过程数字化、模块化，以及销售管理系统的数据化，降低成本，对企业生产、销售等产生深远影响。

从企业生产来看，首先，数字化转型有助于企业建立扁平化的企业组织结构，可以提高部门间信息传递的效率，降低人力成本，有利于各部门之间的信息交流和项目决策[①]；其次，数字化转型使得生产过程数字化，数字技术在程序性业务中的应用形成了对人的替代，这主要归结于数据驱动的生产系统避免了由个体的主观意识造成的误差，以及由于计算机不涉及体力恢复、娱乐休闲等生活性问题，数据驱动的生产线能够进行全时段生产，保障产品的稳定供给。最后，企业数字化转型促进企业生产模式趋于模块化、柔性化与智能化，使企业能够更为灵活地

① 曾光伟：《基于成熟度模型的传统零售企业数字化转型研究》，湖南大学，2019。

生产用户需要的产品，实现生产模式的个性化定制[①]。

从企业销售来看，数字化转型不仅能够促进企业构建基于大数据的销售管理系统，实现各部门高度协同，有利于整合线上线下的销售资源，还能使得企业利用大数据和物联网等数字技术对销售数据进行分析，了解不同销售渠道、不同市场以及不同客户群体的特点，最大化企业经济利润[②]。此外，数字化转型减少了企业销售过程中产生的运输成本，提升了各区域间产品的互相可达性[③]，并使企业通过电子商务平台拓展销售范围，建立融合网络端、移动端、线下实体端的全渠道销售模式。通过开设网店、网络短视频宣传、网络红人推广等手段将产品推广到全国各地甚至海外，促进产品销量提升并形成规模效应[④⑤]。

第三节　低碳化与新赛道

1. 低碳经济的典型事实

目前，通过新旧能源的改革发展，中国逐步形成了全球最大的能源供应体系，建成了以煤炭为主体，以电力为中心，石油、天然气和可再生能源全面发展的能源供应格局，促进了国民经济和社会的快速发展。低碳经济是以低能耗、低污染、低排放为基础的经济模式，实质是高效利用能源、开发清洁能源和追求绿色 GDP，核心是能源技术和减排技术创新、产业结构和制度创新以及人类生存发展观念的根本性转变。

① 戚聿东、肖旭：《数字经济时代的企业管理变革》，《管理世界》2020 年第 6 期。
② 谢莉娟、庄逸群：《互联网和数字化情境中的零售新机制——马克思流通理论启示与案例分析》，《财贸经济》2019 年第 3 期。
③ 刘淑春、闫津臣、张思雪、林汉川：《企业管理数字化变革能提升投入产出效率吗》，《管理世界》2021 年第 5 期。
④ 许恒、张一林、曹雨佳：《数字经济、技术溢出与动态竞合政策》，《管理世界》2020 年第 11 期。
⑤ 陈冬梅、王俐珍、陈安霓：《数字化与战略管理理论——回顾、挑战与展望》，《管理世界》2020 年第 5 期。

1.1 能源发展现状

中国作为世界上最大的发展中国家，实现了经济的快速发展，但粗放式的发展模式也带来了很多问题。由于经济总量的提升建立在对传统能源的大量需求上，中国也成了世界上二氧化碳排放量最大的国家。因此，想要实现低碳化发展，走低碳化道路，能源问题是关键。当前，中国能源问题突出表现为以下 4 方面：

一是中国能源需求持续增长且化石能源占比较大。能源活动产生的碳排放占中国二氧化碳排放总量的比重超过 90%，占温室气体排放总量的 70% 左右，能源转型是实现“双碳”目标的关键所在。当前，中国能源消费总量持续增长。国家统计局数据显示，中国能源消费总量由 2015 年的 43.41 亿吨标准煤增长至 2020 年的 52.4 亿吨标准煤，化石能源占能源消费总量的比重仍高于 80.0%。其中，煤炭消费量占能源消费总量的 56.0%，比上年下降 0.9 个百分点；天然气、水电、核电、风电、太阳能发电等清洁能源消费量占能源消费总量的 25.5%，比上年上升 1.2 个百分点。

二是中国高耗能高排放产业占比较高。在全球产业分工过程中，中国大多数企业依靠低成本要素，在全球产业链分工中主要从事生产制造、加工、组装等中间环节，生产低附加值产品，因此承担了较多的转移排放。2020 年，中国第二产业增加值占 GDP 比重为 37.8%，但第二产业碳排放量则占到全国碳排放量的 84.4%，可见中国传统制造业仍然面临高投入、高耗能、低产出、低收益的问题。

三是中国能源利用效率总体偏低。能源利用效率可以通过单位 GDP 能耗及相关系数体现。多年来，中国 GDP 的增长主要依赖于投资和出口，高能耗产业发展过快，这使得中国单位 GDP 能耗达到了世界平均单位 GDP 能耗的 1.5 倍。此外，中国能源利用效率仅为 33%，比发达国家约低 10 个百分点。同时，2021 年中国能源消费弹性系数为 0.64，说明中国能源消费增速低于国民经济增长幅度。目前，中国仍处于工业化、城镇化、现代化发展进程中，能源消费总量还将继续增加，进一步提升能源利用效率刻不容缓。

四是中国清洁能源装机量加速提升。在“双碳”目标的带动下，2021 年中国万元国内生产总值能耗比上年下降 2.7%，年末中国发电装机容量为 237692 万 kW，较上年末增长 7.9%。其中，火电装机容量 129678 万 kW，增长 4.1%；水电装机容量 39092 万 kW，增长 5.6%；核电装机容量 5326 万 kW，增长 6.8 个百分点；并网风电装机容量 32848 万 kW，增长 16.6%；并网太阳能发电装机容量 30656 万 kW，增长 20.9%。未来，若根据“双碳”目标的设定，在 2030 年要完成风电、太阳能发电总装机容量达到 12 亿 kW 以上的目标，则 2020—2030 年风电、光伏年均新增装机容量需达到 6893 万 kW，较 2015—2019 年的年均新增装机容量提升 9.02%。

1.2 低碳经济发展基本特征

低碳经济作为一种减少高能耗的经济发展模式，其发展包含经济性、全球性、技术性和目标性 4 个基本特征。

低碳经济的经济性特征包含两层含义：一是低碳经济应按照市场经济的原则和机制来发展；二是低碳经济的发展不应导致人们的生活条件和福利水平明显下降。低碳经济的全球性特征则体现在人类都生活在同一个相互关联的地球上。各国都不得不站在人类整体利益的高度，通过共同的行动，解决好相互间的利益矛盾，共同保护日益恶化的生态环境。低碳经济的技术性是指通过技术进步，在提高能源效率的同时降低二氧化碳等温室气体的排放强度。既要求在消耗同样能源的条件下不降低人们享受到的能源服务，又要求在排放同等温室气体情况下，人们的生活条件和福利水平不降低。要实现这两个“不降低”，必须通过节能减排技术的研发和产业化来实现。低碳经济的目标性是指在经济增长的基础上减少对传统碳基能源的依赖，保障能源安全的同时应对气候变化，将大气中温室气体的浓度保持在相对稳定的水平上，进而实现人与自然和谐发展[①]。

2. 低碳产业化与经济高质量发展

2020 年，中国二氧化碳排放量近 99 亿吨，占全球排放比重高达 30.66%，预计到 2030 年，中国碳排放总量将进一步上升至 104 亿 ~110 亿吨的峰值水平。高碳排放的典型事实一方面是由于中国的经济发展模式尚属于传统经济发展模式，产业链整体呈现出以资源型企业为主体的特征；另一方面则是工业化时代下中国的传统产业形成了较为稳定的技术路线，想实现技术转换十分困难。随着新一轮科技革命向纵深演化和“双碳”目标的提出，低碳技术快速发展，新兴产业日趋

① 姜科:《低碳时代中国生态文明建设新路径研究》，西南大学，2011。

繁荣。在这样的大背景下，低碳产业化成为中国实现“双碳”目标的重要催化剂，也为中国在低碳新赛道上超越发达国家奠定了坚实基础。发展低碳经济将有助于改变中国经济的发展模式，重塑中国的产业链分布，推动经济高质量发展。

2.1　低碳产业化与绿色转型升级

新能源及可再生能源的开发利用有助于解决传统能源枯竭所带来的能源安全问题，有利于实现产业绿色转型升级。当前，世界各国都把新能源和可再生能源的开发利用作为低碳经济发展的重点。就目前来看，化石燃料仍在世界能源构成中占据主导地位，新能源尚无法替代传统的化石能源。随着传统化石能源的日益枯竭和新能源开发利用技术的日益成熟，两者在世界能源生产和消费中的地位可能发生转换。可以说，新能源和可再生能源等对整体产业绿色转型升级具有深远影响。

新能源和可再生能源的开发利用是实现低碳化的重要举措。近年来，中国制定了新能源发展的众多详细目标，出台了相关政策促进新能源产业发展。新能源产业发展不仅能带动经济高质量发展，而且对新兴产业国际竞争力的提高具有极其重要的战略意义。新能源产业发展不仅有利于保护环境或提供可替代能源，还能够带动传统产业转型升级，成为拉动经济高质量发展的重要引擎。

以动力电池为例，中国已经抢占新能源技术部分输出高地。在锂电池技术领域，宁德时代、比亚迪等已成为全球动力电池领域的龙头企业，出货量世界领先。根据 SNE Research 公布的 2021 年全球动力电池装机量数据（见表 3–1），2021 年，宁德时代以 96.7GWh 的装机量稳坐世界第一。同时，比亚迪、远景动力（合资）、国轩高科、中航锂电等多家国内厂商位列前茅。

表 3–1　2021 年全球动力电池装机情况 TOP 10

排名	企业	装机量（Gwh）	市场份额（%）
1	宁德时代	96.7	32.6
2	LG 新能源	60.2	20.3
3	松下	36.1	12.2
4	比亚迪	26.3	8.8
5	SK On	16.7	5.6

续表

排名	企业	装机量（Gwh）	市场份额（%）
6	三星 SDI	13.2	4.5
7	中航锂电	7.9	2.7
8	国轩高科	6.4	2.1
9	远景动力（合资）	4.2	1.4
10	蜂巢能源	3.1	1.0

资料来源：SNE Research

这是宁德时代第 5 次蝉联全球动力电池装机量冠军。根据最新业绩预告，宁德时代 2021 全年净利润为 140 亿 ~165 亿元，同比增长 150.75%~195.52%，将成为宁德时代自 2018 年上市以来最高的利润水平。不难看出，2021 年全球动力电池装机量冠亚军分别被中国、韩国夺走，日本动力电池巨头松下屈居第三位，全年装机量 36.1GWh，市场占有率达 12.2%。同 LG 新能源一样，相较 2020 年，这家日系巨头的市场占有率在 2021 年下滑明显，同比减少 34%。作为特斯拉目前唯一公开的 4680 电池制造商，松下的盈利状况也与这位大客户密切相关。此前，松下确定会在 2022 年扩建和歌山工厂，投资 800 亿日元（约合 7.05 亿美元）为特斯拉量产 4680 电池。其电池装机量或将出现新的增长点。另外，中资企业的市场份额均呈上升态势，这也与中国新能源汽车市场的快速扩张密切相关。2021 年，中国新能源乘用车销量达 293.98 万辆，位居全球第一，占据了全球新能源乘用车市场份额的 45%。6 家上榜中资企业中，除了远景动力（主要配套国际车企）外，其他 5 家企业装机量增速均超过 100%，其中宁德时代和比亚迪装机量同比增长超 167%，蜂巢能源同比增长 430%。

因此，在低碳化时代，随着新能源产业的快速崛起，其对新赛道的助力作用将与日俱增。在未来，低碳产业应成为重点发展对象，推动其发展的具体措施包括增加低碳产业在国民经济中的比重，逐步降低高碳产业特别是钢铁、汽车等重工业对国民经济发展的影响；推进产业和产品向利润曲线前后端延伸，最终使国民经济的产业结构逐步趋向低碳经济的标准。

2.2 低碳产业化与经济发展

低碳化不断创新经济结构和经济形态，是贯彻新发展理念的重要抓手。低碳化发展不仅不会放慢经济增长，相反，通过调整传统产业结构和转变发展模式，低碳化将促进经济新一轮快速增长。在全球绿色低碳转型的背景下，低碳化发展为新能源汽车、光伏、氢能等新兴产业带来了全新发展机会，一系列新兴产业将迎来快速发展的机遇期。

近年来，中国光伏等新能源产业的快速发展就是典型案例。目前，中国光伏产业的产量和装机量规模全球第一，并已实现了全产业链的自主可控，在部分环节取得了全球领先的傲人成绩。从产量来看，根据李美成等（2021）的统计，2007 年中国太阳能电池产量就已居全球第一，并在此后一直保持着全球第一的位置①。截至2018年底，中国光伏组件的累计产量占全球光伏组件总产量的2/3以上，多晶硅产量连续 10 年位居全球第一。从装机量来看，2020 年，中国光伏新增装机 48.2 GW，已连续 8 年位居全球第一。截至 2020 年底，中国光伏发电的累计并网装机容量达到了 253 GW，已连续 6 年位居全球首位。

此外，低碳产业化不仅影响了各国的发展战略，还将促进中国新发展格局的构建。从国际上看，针对新冠肺炎疫情背景下的经济复苏，美国 2020 年发布了“零碳排放行动计划”，提出 2020—2050 年将投入 3.2 万亿美元来最大限度地提高经济效益并降低能源成本，该项计划预计每年将新增 54.6 万 ~152.1 万个就业机会。欧盟于 2019 年出台《欧洲绿色协议》，制定了实现《巴黎协定》碳减排目标的战略方案。方案指出，欧盟将在 2020—2030 年共投入约 2.6 万亿欧元用于碳减排，预估每年至少新增 10.4 万个就业岗位，每年减少生态系统服务功能损失 3.5 万亿 ~18.5 万亿欧元。日本 2020 年出台了《绿色增长战略》，这一战略确定了 2035 年以电动汽车取代汽油车的目标。由于工业、交通和家庭部门的电气化，预计到 2050 年日本的电力需求将比当前水平增长 30%~50%，日本需要尽可能扩大可再生能源来满足需求。对中国而言，绿色低碳产业的快速发展，不仅可以解决低碳、零碳关键技术、“卡脖子”技术，增强绿色创新资源配置，而且有助于推进低碳化与工业、农业、服务业深度融合发展，打造新发展格局和经济高质量发展新动能。因此，低碳产业化将日趋成为中国经济高质量发展的重要抓手。

① 李美成等：《“双碳”目标下我国太阳能利用技术的发展现状与展望》，《太阳能》2021 年第 11 期。

3. 产业低碳化与新赛道

中国的能源消费结构以煤炭为主，油气资源对外依存度较高，且中国早期粗放式的经济增长模式不利于可持续发展，对能源消耗过大。因此，只有实现产业结构转型升级，努力构建清洁低碳能源体系并推动相关技术发展，中国才能减少油气进口过程中的经济成本和政治成本，保障国家能源安全，实现“双碳”目标。

3.1 产业低碳化与转型升级

根据中国现阶段的发展状况，第二产业特别是工业的发展仍然是当前中国经济快速增长的主要动力之一。由于工业生产技术的高碳消费特征，加快产业结构调整与升级、加速推进产业低碳化将成为未来中国低碳经济发展的主要路径。

作为新的经济增长点，产业低碳化将为传统产业转型升级带来重大机遇，中国庞大的市场体量将使传统产业在进行低碳转型上具有规模化优势。在低碳化助力传统产业升级过程中，脱碳技术形成的规模经济将大大降低生产成本，为产业发展带来收益。以钢铁行业为例，钢铁行业在低碳化发展中的规模优势十分突出。尽管目前中国生产的大多数钢材都在国内市场销售，但随着国内需求开始下降，出口的重要性可能会逐步提高。鉴于钢铁行业利润率较低，要在国际竞争中取得成功，抢占低碳钢市场至关重要。根据壳牌公司的分析，将碳捕捉及封存技术（CCS）应用于高炉，可实现 11% 的成本削减；使用氢能直接还原铁，可实现 20% 的成本削减。这将降低钢铁的绿色溢价，使之逐渐获得与传统炼钢工艺相比的竞争力。由于拥有庞大的国内市场，中国在利用规模经济方面处于独特的优势地位。

此外，更多利用环保和节能保温等低碳化新材料，对降低成本和实现传统产业绿色低碳转型具有重要意义。无论是在建筑交通等重要耗能领域，还是在最终工业品或消费品行业，必须充分采用低耗能材料，而不少低耗能新材料价格相对较高。因此，相比于使用传统材料的下游生产企业，更多使用低碳材料的下游生产企业将面临更高的成本——这被称为绿色成本。加快实现这些低碳新材料的规模化生产和创新发展将有助于降低材料价格，减少企业的绿色成本。

3.2 产业低碳化与新赛道发展

中国已明确提出要在 2030 年前实现“碳达峰”，2060 年前实现“碳中和”，这将引发一场广泛而深刻的经济社会系统性变革。当前，在“双碳”目标引领下，基于低碳基础设施，通过产业低碳、能源非碳、社会减碳，打造集低碳经济、低碳能源、低碳社会于一体的低碳经济社会势在必行，“双碳”目标也已经成为重塑中国产业竞争力的重要机遇。实现经济高质量发展和新赛道崛起，关键抓手在于产业低碳化。

那么产业低碳化是如何助力新赛道崛起，并促进经济高质量发展的呢？一方面低碳化能够助力传统产业转型升级，实现经济高质量发展。当前，中国已进入新发展阶段，传统产业实施绿色化智能化升级，促进节能减排已成大势所趋；另一方面随着新能源产业的迅速发展，产业低碳化对实体经济发展的重要作用日益凸显。产业低碳化逐步赋能实体经济发展，支撑实体经济产业链，优化实体经济供应链，促进要素实现融合共振。在循序渐进的发展过程中，低碳化乘数效应不断显现，有利于强化经济增长新动能。当前，随着绿色基础设施（包括绿色智能交通、绿色智能建筑、新型基础设施等）的进一步完善和应用，它将支撑经济社会信息沟通、服务传递和生产生活协同。产业低碳化基于人工智能、边缘计算、视频监控等技术融合，实现低碳经济与基础设施快速互联互通，减少人员与资源消耗，提升整体经济运行效率。

第四章

夯实数字化底座

在数字产业化和产业数字化的双轮驱动下，中国数字经济蓬勃发展，数字化技术也已逐步成为培育和壮大中国新赛道的重要载体。作为支撑数字经济成长的基石，集成电路在赋能新一代数字基础设施底座上愈发重要，是促进数字生态系统优化的核心领域。集成电路作为信息化、数字化的底座，全球信息产业的基础，被广泛用于通信、安防、军事、工业、交通、消费电子等领域。现有的消费电子、互联网、数字图像、网络通信、云计算、大数据、人工智能等都离不开集成电路，而在国家安全、经济和日常生活中，集成电路更是处于不可或缺的地位。加快集成电路发展，夯实数字化底座，将带动人工智能、5G 通信、工业互联网等数字经济领域其他产业的发展，并助力国家数字社会的建设。

本章第一节简单回顾了集成电路产业的世界发展史。自 1948 年诞生于美国以来，集成电路在全球已发生两次产业转移。20 世纪 70 年代，集成电路制造由美国向日本转移，20 世纪 90 年代个人电脑的普及，又促使集成电路产业转移至韩国与中国台湾。21 世纪开始，集成电路正在向中国大陆发生第三次产业转移。而后本节分地区介绍了美国、日本、韩国、中国各国集成电路产业的历史发展路径。

本章第二节分产业链核心环节介绍了集成电路（Integrated Circuit，IC）产业链全球竞争力。集成电路作为半导体产业的核心，由于其技术复杂性，产业结构高度专业化，目前市场产业链为 IC 设计、IC 制造和 IC 封测。IC 设计作为产业链的最上游，是产业附加值最高的环节，然而全球芯片设计产业龙头企业主要分布在美国，国内高端 IC 设计能力严重不足且较为依赖美国企业。目前国内芯片设计面临的主要挑战为芯片软件原创的设计工具缺乏及模拟芯片设计能力较低。在 IC 制造领域，当前全球晶圆代工产业区域集中度较高，产能主要分布在中国、韩国、日本等地区。中国台湾和韩国拥有最先进制程（5nm/7nm）晶圆生产能力，目前大部分高端芯片特别是 7nm 制程及以上的芯片制造市场大部分由台积电占据，中国大陆企业与国际先进水平企业仍然存在较大差距，并且未来在进入更高阶制程过程中面临的压力越来越大。IC 封测目前属于国内产业链中有望率先实现全面国产替代的领域，并且当前全球封测市场份额的重心继续向国内转移，中国企业在国际上已拥有较强竞争力，封测技术已基本和海外厂商同步，未来的重点在于支持先进封装技术的发展，包括 3D 硅通孔技术和扇出型封装等。

本章第三节从 3D 封装、类脑计算和量子计算 3 个方面介绍了集成电路未来的新赛道。随着更小纳米制程的工艺逼近物理极限，3D 封装将成为提升芯片系统性能的主要技术方向之一，3D 封装的技术进步对于加快推动全产业链系统性升级、增强集成电路产业自主可控能力至关重要。类脑计算为解决高端芯片“卡脖子”问题提供了一条“换道超车”的新路径。类脑计算芯片架构独特，具有低功耗、高算力等优势，有望在中国半导体工艺落后 2~3 代的情况下，获得比国外传统架构高端芯片更强大的计算能力。正在进行的第二次量子革命带来了量子态操纵和观测技术的巨大进步，利用物理学定律创造量子比特进行运算并读取结果有望实现，为突破传统计算机的物理极限提供了可能。

第一节　集成电路产业发展历程

自 20 世纪以来，集成电路不仅带来了经济繁荣，而且改变了人们的生产、生活和思维方式。当前集成电路已无处不有、无时不在。

纵观集成电路产业发展历史，其在全球已经发生了两次大规模产业转移。20

世纪 50 年代，美国作为集成电路产业发源地，是产业的传统领导者。1947 年晶体管诞生于美国，1958 年集成电路诞生，硅谷孵化了众多早期半导体公司。20 世纪 70 年代，集成电路制造由美国向日本转移，动态随机存取存储器（Dynamic Random Access Memory，DRAM）是日韩产业发展的重要切入点。20 世纪 70 年代，以英特尔为首的美国厂商是 DRAM 领域的霸主，但 20 世纪 80 年代日本在 DRAM 领域实现对美国的反超，其世界市场份额占比一度达到 80%。20 世纪 90 年代个人电脑开始普及，韩国与中国台湾集成电路产业同时崛起，由此发生了第二次产业转移。21 世纪开始，智能手机、移动互联网蓬勃发展，物联网、大数据、云计算、人工智能等产业快速成长。人口红利、终端需求正在带动集成电路的第三次产业转移（见图 4-1）。

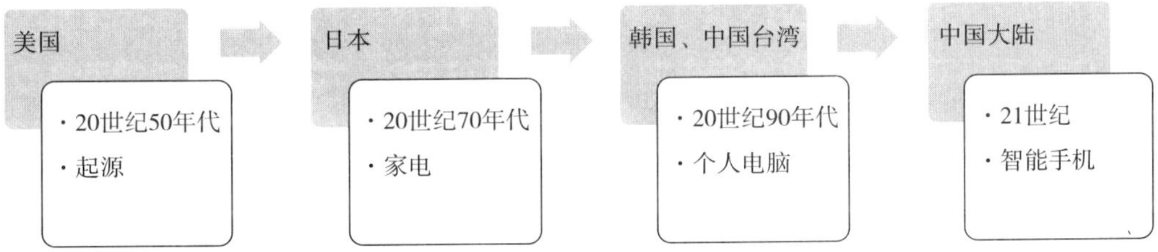

图4-1　全球半导体产业转移路径

资料来源：中国半导体行业协会

下面我们通过详细介绍美国、日本、韩国、中国的集成电路产业历史发展路径，以期更丰富地展示世界集成电路产业在国家间的转移和兴衰。

1. 美国如何引领半导体[①]产业发展（见图4-2）

20 世纪 40 至 50 年代，半导体从美国实验室走出，成为集成电路产业发展的基石。1947 年美国贝尔实验室的肖克利等人发明了世界上第一个点接触型晶体管；1952 年德州仪器涉足半导体业务；1955 年硅谷成立第一家半导体公司肖克利半导体实验室；1957 年肖克利半导体实验室出走的 8 位核心成员建立了仙童半导体公

① 半导体主要由 4 个部分组成：集成电路，光电器件，分立器件，传感器。由于集成电路占了器件 80% 以上的份额，因此通常将半导体和集成电路等价。

司（Fairchild Semiconductor）；仙童半导体为硅谷奠定了产业基础和风险投资的创业模式，后续多家知名半导体公司均从仙童半导体走出。

20 世纪 60 年代，英特尔、美国超威半导体（AMD）等公司成立，硅谷风险投资的创业模式兴起。1958 年集成电路发明，1968 年来自仙童半导体的罗伯特·诺伊斯、高登·摩尔、安迪·葛洛夫共同创立了英特尔公司，1969 年来自仙童半导体的杰里·桑德斯创办了 AMD 公司。美国早期诞生的半导体公司，大多是从实验室中走出来并投入商业化的，它们均采用设计制造封装一体的 IDM（Integrated Design and Manufacture）模式，其优点在于资源整合优势，从 IC 设计到制造所需时间较短，同时市场参与壁垒也非常高，能够快速成长并进行资本、技术积累。这些企业现今依旧是半导体行业中的传统龙头企业。

20 世纪 70 至 80 年代，个人电脑的问世促使处理器和 DRAM 逐步成为主力产品。1971 年，英特尔推出了全球第一个微处理器 4004；1978 年，研制出 16 位 8086 处理器，从此成为个人电脑的标配。20 世纪 80 年代，面对日本厂商在 DRAM 市场日益激烈的竞争，英特尔停止 DRAM 内存业务，专心聚焦处理器业务。下游需求的扩张带动行业进入快速成长期。

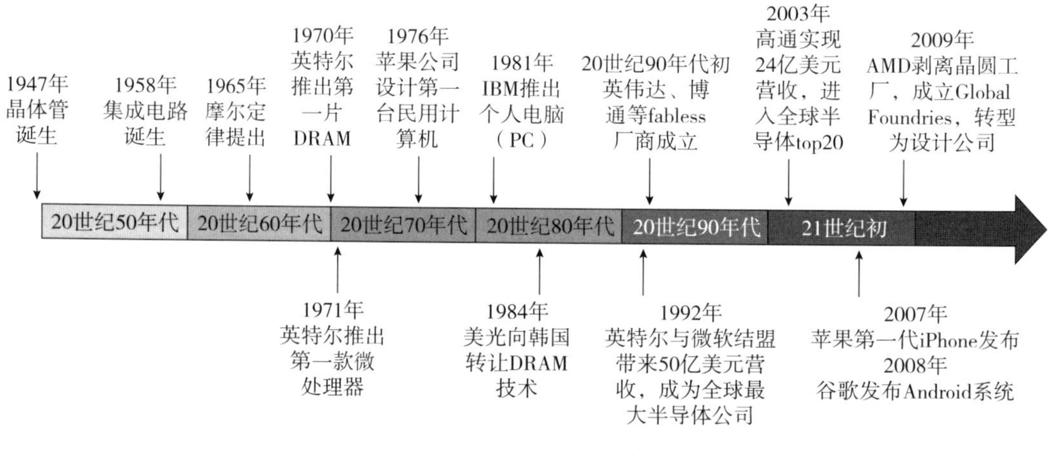

图4-2　美国半导体产业发展历史

资料来源：各公司网站

20 世纪 90 年代，多媒体和移动通信需求兴起，产业分工日趋完善，众多无晶圆（Fabless）厂商崭露头角，如英伟达、高通等。伴随着台积电等晶圆代工厂的兴起，20 世纪 80 至 90 年代成立的半导体公司多为 Fabless 模式。例如英伟达面向新兴的多媒体显示技术推出 GPU 芯片，而高通则面向移动通信需求，成为日后的移动处理器和基带龙头厂商。

21 世纪，云计算、人工智能、物联网等成为风口，半导体巨头纷纷并购整合布局，呈现“强者恒强”态势，也出现终端云端厂商跨界涉足芯片设计。

2. 日本半导体产业如何崛起

日本半导体产业的兴起源于集中技术研发和高度市场化竞争。从追随美国到快速超越，日本半导体产业发展大致经历了技术引进、自主发展、赶超和衰退 4 个时期（见图 4–3）。

20 世纪 60 年代是日本半导体产业的技术引进期。由于恰逢冷战期间，为对抗苏联，美国开始了对日本的大规模援助，由此日本以极低的价格获得了美国大量技术授权，其中就包括晶体管相关技术。

20 世纪 70 年代是日本半导体产业的自主发展期。在政府引导下日本成立了超大规模集成电路（VLSI）联合研发体，汇聚全国人才，产官学合作研发，成功使日本在 DRAM 领域超越美国，在此阶段日本半导体设备国产化进程加快。1976 年开始，日本通产省决定挑选一批对集成电路设计、制造、封测全过程都有深入了解和协调能力的专家，然后由专家牵头国内规模最大、能力最强的 5 家计算机领域企业，包括日本电气、富士通、东芝、日立和三菱，成立超大规模集成电路技术研究联盟，并将主要目标确定为开发制造性能最先进的 VLSI 存储芯片，特别是 DRAM 所必需的基础技术。美国于 1970 年和 1972 年分别研制出 1K 和 4K 的 DRAM，到了 1976 年，美国和日本同期研制出 16K 的 DRAM。紧接着，日本于 1977 年研制出 64K 的 DRAM，美国则是在 1979 年研制成功。1980 年，日本（主要厂商是 NEC）又研制出 256K 的 DRAM，这一时间领先美国 2 年。1984 年，日本（东芝的市场份额最大）又率先研制出 1000K 的 DRAM。这意味着，日本通过通产省组织的研究联盟，使其在 DRAM 领域研发和制造水平实现了对美国的“跟跑”“并跑”到“领跑”，最终达到世界最先进水平。

20 世纪 80 年代，日本半导体产业开始了赶超。得益于世界主要经济体计算机产业的快速发展，他们对 DRAM 的需求开始爆发式增长，基于日本 DRAM 的设计和制造工艺水平先进、产品质量稳定、价格合理并能保证及时交货，为迅速打开国际市场带来了机遇。到 1989 年，日本的芯片产业市场占有率已经超过美国（37%），达到 53%，全球领先。

20 世纪 90 年代，日本半导体产业进入衰退期。1985 年美国针对日本半导体产业发起第一次“301 调查”，于 1986 年达成第一次半导体协议，协议的主要内容是设定日产半导体的 6 个品种对美国以及第三国的出口价格（反倾销）等。1987 年美国再次指责日本向第三国倾销并征收 100% 惩罚性关税，并于 1991 年签订第二次半导体协议，要求日本承诺使美国在日本半导体市场份额提升至 20%。两次日美半导体协议的签订使得日本半导体厂商丧失了原来具有的价格优势，市场份额逐渐受到韩国及中国台湾新兴厂商的侵蚀。20 世纪 90 年代，日本 DRAM 竞争力下滑，相关设备开始转卖给韩国、中国台湾企业。2001 年，日本东芝宣布退出通用 DRAM 领域，主攻 NAND 闪存，开展 SoC 研发。此时由于数码相机、音乐播放器等电子产品供应需求，NAND 闪存成为日本半导体产业新支柱。2000 年以后，日系厂商普遍整合，逐步退出半导体业务。

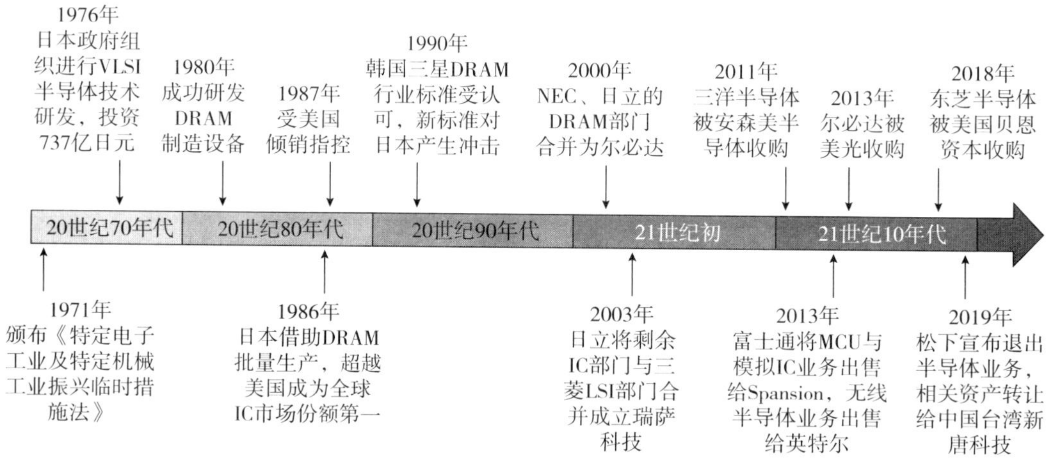

图4-3　日本半导体产业发展历程

资料来源：各公司网站

尽管日本受到美国干预，在芯片设计制造领域失去了昔日霸主地位，但目前在半导体产业的上游设备和材料领域依旧占据优势。日本半导体设备、材料厂商在20世纪80年代跟随其设计、制造环节崛起，但由于上游市场相对更为稳定，且长期量产积累了较充足的产品经验，并未跟随下游终端市场的变化而发生衰退。

3. 韩国半导体产业的崛起

韩国半导体产业的发展离不开政府支持和财团参与。1965—1974年是韩国半导体起步阶段，作为美国和日本半导体的加工组装地，主要生产二极管、三极管以及记忆芯片等产品。20世纪70年代，韩国电子企业意识到，自主技术严重缺失将制约产业核心竞争力，于是韩国政府开始强调半导体技术的重要性，并制定相关政策，支持本国半导体企业进行模仿创新，通过从美国和日本引进、消化、吸收半导体技术，进行自主创新前的积累。

进入20世纪80年代，韩国半导体产业在政府的大力支持下实现高速发展。韩国政府将DRAM作为发展重点，三星、现代、LG等企业通过参与DRAM等芯片生产得到快速成长。1986年，韩国开始具备存储器自主研发能力。20世纪80年代末期，政府出台支持半导体产业发展十年规划，对半导体产业进行持续投入，资金投入规模以每年25%的速率增长。1993年，韩国政府牵头成立研究小组，目的是研制256M的DRAM芯片，政府与市场共同投资2.2亿美元。到1994年，韩国有3家半导体企业成为世界半导体企业投资额前十位。其中三星电子仅次于英特尔，位列全球第二位，其设备投资达15.44亿美元。现代公司和金星公司分别位列第六位和第十位。

可以说，韩国半导体产业能够实现跨越式发展，离不开韩国政府的资金支持。这也使得三星成长为韩国最大的企业，并且使韩国在DRAM的市场份额超越日本。20世纪80年代，DRAM市场不够景气，美国和日本的很多企业都采取压缩产量或者退出市场的策略，三星形势也不容乐观，甚至在1986年底累计亏损高达3亿美元。但其依靠韩国政府的支持，进行逆周期投资，终于在21世纪迎来了回报，成为DRAM领域的领先者。据统计，在21世纪的前10年，韩国政府对三星电子的税收减免总额高达87亿美元。

4. 中国台湾半导体产业的崛起

台湾地区半导体产业的发展离不开两个重要因素，一是产业起步期来自政府部门的大力支持，二是对于研发活动的重视。后来，代工这种新商业模式的市场化发展，促进了产业腾飞。

台湾地区将 IC 封装和制造作为其半导体产业的切入点，主要是基于劳动力成本和出口便利这两个比较优势。德州仪器、飞利浦、微芯等跨国公司纷纷在中国台湾投资建设 IC 封测工厂，这也成就了其出口导向型经济的特点。随后，台湾地区政府开始引导半导体企业向产业链上游进行技术引进和开发，并确定了从海外引进技术的规划，将台湾工业研究院电子所作为主导部门。政府出资 350 万美元，安排超过 40 位科研人员到美国无线电公司进修学习，并全套引进集成电路设计、制造、封装与测试等关键核心技术。

在前期基础上，到了 20 世纪 80 年代，台湾地区将产业发展重点聚焦到本土半导体企业培育、发展壮大上来。1980 年，台湾地区成立第一家半导体企业，即联华电子。股份结构方面，政府占 70%，民营企业占 30%。到了 1987 年，著名的台积电公司成立，成为纯晶圆代工模式的鼻祖。1995 年，台联电开始由垂直整合制造模式向晶圆代工转型，至此，台湾地区逐步形成了集成电路产业链上游设计、中游代工制造和下游封装测试这一完整的产业格局。

进入 21 世纪，移动终端需求呈爆发式增长，为台湾地区半导体产业带来了新机遇。特别是以苹果手机为代表的智能手机快速普及，使得台积电等大企业抓住了机遇，成长为全球行业龙头企业，并为台湾地区集成电路产业链上下游材料、封测、设备等企业带来了融通发展的机遇。

5. 中国大陆半导体产业的发展历程

20 世纪 60 年代左右，中国大陆已经形成半导体工业体系雏形。以中科院半导体所为代表的大批研究机构和全国建设的数十家电子厂形成了当时中国半导体工业体系雏形。但到了 20 世纪 80 年代，国内电子产业遭到猛烈的外部冲击，国营电子企业由于经营困难无法支持半导体的研发，只能引进国外被淘汰的落后二手生产线。由此中国大陆半导体产业不仅长期落后于美国和日本，也逐渐被新兴的韩国超过。

1986 年，电子工业部[①]在厦门集成电路发展战略研讨会期间针对“七五”计划提出“531 战略”，即普及 5 μm 技术、研发 3 μm 技术，进行 1 μm 技术科技攻关。同年，北京集成电路设计中心（现中国华大集成电路设计中心）成立，开创中国集成电路设计先河。“七五”期间，国家重点建设了 5 个主干企业，分别为无锡华晶电子（现华润华晶）、绍兴华越微电子、上海贝岭微电子、上海飞利浦半导体（现上海先进半导体）和首钢日电电子（首钢 NEC）。

1990 年 8 月，党中央决定实施“908 工程”，集中投资超过 20 亿元，承担主体是无锡华晶，目标是建成一条月生产 1.2 万片、6 英寸、0.8~1.2 μ m 的芯片生产线。但由于审批环节过多、过程复杂，工程从立项到投产经历了 8 年。到 1997 年正式建成时，无锡华晶的技术水平已远远落后于国际主流的技术水平 4~5 代，当年亏损额 2.4 亿元。紧接着，1995 年，党中央决定实施“909 工程”，上海华虹 NEC 成为主要承担企业，这为中国集成电路发展打下了坚实基础。可喜的是，华虹两年内实现量产，2000 年开始盈利，2005 年不仅完成，还超过了立项的全部目标。华虹 NEC8 英寸生产线实现了自主运营，自主创新能力初步形成。

进入 21 世纪以来，国家对集成电路产业发展越来越重视，先后发布了一系列产业规划。《国家中长期科学和技术发展规划纲要（2006—2020 年）》《国家集成电路产业发展推进纲要》都是纲领性文件。政策措施方面，主要包括成立产业投资基金、出台税收优惠政策、加大金融支持力度、增加应用推广渠道等。政策发挥作用的范围已经涵盖了集成电路全产业链的各个环节，包括设计、制造、封测、装备材料等。

2014 年 9 月，中国成立国家集成电路产业投资基金（简称“大基金”）。自成立以来，累计支持资金超过 7000 亿元。大基金一期项目涵盖集成电路产业上中下游，设计、制造、封测、设备材料各环节投资比例分别是 10%、63%、20%、7%。2019 年，成立大基金二期，预计 2024 年前投资规模达 2000 亿元。国内晶圆制造和封测环境的发展壮大离不开大基金的支持，通过大基金投入生产线建设和并购，从而实现晶圆制造和封测技术跨越式发展。

---

① 1998 年 3 月，国务院机构改革，不再保留。

第二节　集成电路产业链全球竞争力

半导体产业的产业链由上游支撑产业、中游制造产业以及下游应用产业构成，生产过程按产业链上下游可以细分为几十个产业。上游支撑产业有半导体材料和半导体设备，用于半导体的材料有硅片、靶材、光刻胶等；半导体加工设备包括单晶炉、光刻机、封装检测设备等；中游制造产业包括集成电路和分立元器件，其中集成电路产业由IC设计、晶圆制备、测试封装三大过程构成；下游应用产业为半导体的终端应用，如通信设备包括智能手机、新能源汽车、高铁、电脑等（见图4-4）①。由于集成电路占据半导体器件80%以上的份额，且属于半导体产业的核心，我们在此主要分析集成电路产业链的全球竞争力。

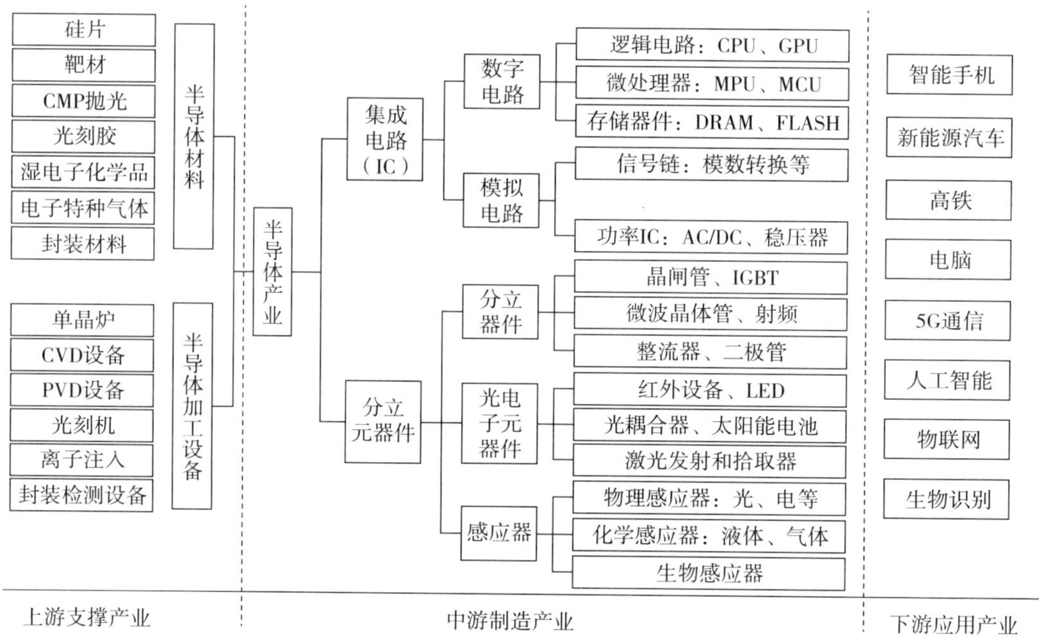

图4-4　半导体产业链

资料来源：《自主可控视角下中国半导体产业链风险及对策研究》

① 曾繁华、吴静：《自主可控视角下中国半导体产业链风险及对策研究》，《科学管理研究》2021年第1期。

集成电路的技术复杂度高，因此其产业结构高度专业化。随着产业规模的迅速扩张，产业竞争加剧，分工模式进一步细化，集成电路商业模式由原来的IDM为主逐渐转变为“无晶圆设计（Fabless）+晶圆代工（Foundry）+封装测试（OSAT）”。Fabless专注于芯片设计环节，将生产和封测环节外包，芯片设计企业具有轻资产优势；Foundry专注于晶圆代工领域，代工厂商承接芯片设计企业委外订单，并形成规模效应，此类企业投资规模较大，维持生产线正常运作的经营成本较高；OSAT专注于封装测试环节。

目前，集成电路产业链分为上游IC设计、中游IC制造和下游IC封测3部分。因此，我们分产业链核心环节（IC设计、IC制造和IC封测）具体介绍中国集成电路产业链的全球竞争力。

1. IC设计

IC设计作为集成电路产业链的最上游，是产业附加值最高的环节，同时是半导体行业的基础，拥有极高的技术壁垒，需要投入大量的工程师资源才能产出。进入数据时代，下游应用需求的变化不断推动着上游设计产业的发展。近年来，在以智能手机、物联网、5G、可穿戴设备、大数据、人工智能、医疗电子和安防电子等为主的新兴应用领域强劲需求的带动下，全球半导体产业恢复增长，催生了诸多新科技浪潮下的IC设计公司。目前，国际上比较典型的IC设计公司包括AMD、英伟达、高通、联发科、苹果、华为海思等。

1.1 全球芯片设计产业现状

美国拥有全世界领先的芯片设计企业。如表4-1所示，2018年，华为的海思营业收入位居世界第五名，首次进入世界芯片设计企业十强。但美国企业在十强中占了8家，在世界范围内绝对领先。另外还有一家为中国台湾的联发科。

表4-1　2018年全球IC设计前十企业

排名	企业	2018年营收（百万美元）	主营芯片类型
1	Broadcom（博通）	21754	模拟芯片、逻辑芯片
2	Qualcomn（高通）	16450	逻辑芯片、模拟芯片

续表

排名	企业	2018 年营收（百万美元）	主营芯片类型
3	Nvidia（英伟达）	11716	逻辑芯片
4	Media Tek（联发科）	7894	逻辑芯片
5	Hisilicon（华为海思）	7573	逻辑芯片、模拟芯片
6	AMD（超威）	6475	逻辑芯片
7	Marvell（美满电子）	2931	逻辑芯片
8	Xilinx（赛灵思）	2904	逻辑芯片
9	Novatek（联咏）	1818	逻辑芯片
10	Realtek（瑞昱）	1519	逻辑芯片

资料来源：Garter，国信证券经济研究所

1.2 中国芯片设计产业现状

“十三五”期间，中国芯片设计产业规模从 1325 亿元增长到 3819 亿元，年均复合增长率达到 23.6%，是同期全球半导体产业年均复合增长率的近 6 倍。从企业来看，伴随着国内市场需求的增加，中国的 IC 设计产业内企业发展呈现井喷式增长的势头。ICCAD 的统计数据显示，2021 年中国的 IC 设计公司数量达到 2810 家，较 2020 年的 2218 家增长了 26.7%。值得注意的是，2015 年，中国的 IC 设计公司仅仅只有 736 家，这体现了过去几年来中国 IC 设计产业的成长。

此外，在大基金及国家政策的扶持下，中国 IC 设计企业在技术上取得重大突破，部分龙头企业正不断缩小在高端芯片研发上与全球先进水平的差距。海思巴龙 5000 和紫光展锐春藤 510 等 5G 基带芯片表现出不俗的实力；紫光展锐在移动通信芯片、IoT 芯片、射频芯片等领域具有先进技术优势；北京豪威在图像传感器领域位列全球前三；汇顶科技作为光学指纹识别芯片龙头企业，拥有全球 75% 以上的市场份额。

但是，自中美贸易摩擦后，中兴事件和华为事件反映出中国在芯片领域仍存在明显短板，国内的 IC 设计公司可提供的产品几乎为 0（见表 4-2）。根据中国半导体行业协会的数据，目前中国国产芯片在服务器和个人电脑的核心芯片中央处理器（CPU）以及工业应用核心芯片 MCU 领域占有率分别为 0% 和 2%；加之中国的芯

片市场大部分都被国外芯片企业所抢占，中国仍高度依赖国外芯片供给。IC China的数据显示，高通、博通和美满电子在中国区营收占比分别为65.40%、53.60%和53.50%（见表4-3），可见中国在核心芯片设计领域对国外大厂商，尤其是美国厂商的依赖程度较高，反映出国内整体高端IC设计能力严重不足。

表4-2　当前核心芯片国产化率

产品	芯片	国产芯片占有率
服务器、个人电脑	CPU	0%
工程应用	MCU	2%
可编辑逻辑设备	FPGA/CPLD	0%
数字信号处理设备	DSP	0%
移动终端	AP	18%
	通信处理器	22%
	嵌入式 MPU	0%
	嵌入式 DSP	0%
核心网络设备	NPU	15%
储存	DRAM/NAND/NOR	0%~5%

资料来源：中国半导体行业协会、华安证券研究所

表4-3　美国芯片设计公司中国区营收占比

公司	中国区营收占比	主要产品
高通	65.40%	手机处理器芯片、射频 / 基带芯片、电源管理芯片、GPU/NPU
博通	53.60%	射频 / 基带芯片
英伟达	19.50%	汽车 ADAS 中控、GPU
苹果	19.50%	手机处理器芯片
超威	32.80%	GPU
赛灵思	25.40%	FPGA
美满电子	53.50%	存储芯片控制器

资料来源：IC CHINA

目前，中国的高端通用芯片与国外先进水平差距主要体现在CPU、存储器和FPGA、AD/DA等方面，而移动处理器上，紫光展锐、华为海思等已进入全球前列，国内外差距相对较小。但CPU芯片的差距最大，英特尔几乎实现了国际市场垄断，国内企业基本都无法实现量产，仅靠科研经费和政府补贴维持运转。龙芯等CPU设计企业虽然已经可以做出产品，且在某些单一指标或者某几个指标上比国外更好，但因为没有形成产业生态，目前与国际主导地位产品相比还有较大差距，竞争力明显不足。在存储器芯片方面，内存和闪存领域均有绝对优势的是韩国三星电子和海力士。中国武汉长江存储属于国内领军企业，其专注的3D闪存技术与三星、英特尔等龙头企业差距较大。在Nor flash领域，兆易创新是主要厂商之一，其他主流供货商来自中国台湾和美国。

1.3 中国芯片设计面临的挑战

中国芯片软件原创的设计工具缺乏。EDA（Electronics Design Automation）软件是芯片设计最关键的工具。但这一软件的市场份额被Synopsys（新思科技）、Cadence（楷登电子）和Mentor（明导）三大巨头垄断。

中国市场方面，国产的EDA市场份额只有10%左右。与世界领军企业能提供整套EDA工具不同，国内EDA企业只能在局部形成一定突破，并不能提供整套的EDA工具，产品不全，差距巨大。人才方面，中国也明显储备不足，不论是基础研究还是产业应用，人才的培养和引进都不足。

2. IC制造

根据IC Insights公布的数据，全球晶圆产能从2018年的2.23亿片增长至2020年的2.60亿片（等效8英寸晶圆），2018—2020年全球晶圆产能复合增长率达7.97%。当前全球晶圆代工产业区域集中度较高，产能主要分布在中国、韩国、日本等地。其中，中国台湾和韩国从2015年以来始终位居全球晶圆代工产能前两位，占比均在20%以上（见图4-5）。

从各国的技术生产能力[①]来看，中国台湾和韩国同样拥有最先进制程（5nm/

① 集成电路的技术水平核心指标是特征尺寸，特征尺寸是指半导体器件中的最小尺寸。特征尺寸越小，芯片的集成度越高，性能越好，功耗越低，制造水平越高。

7nm）晶圆生产能力。在10nm~20nm制程晶圆产能方面，韩国、日本、中国大陆和北美地区占比较高，占比分别为57%、57%、39%和36%（见图4-6）。

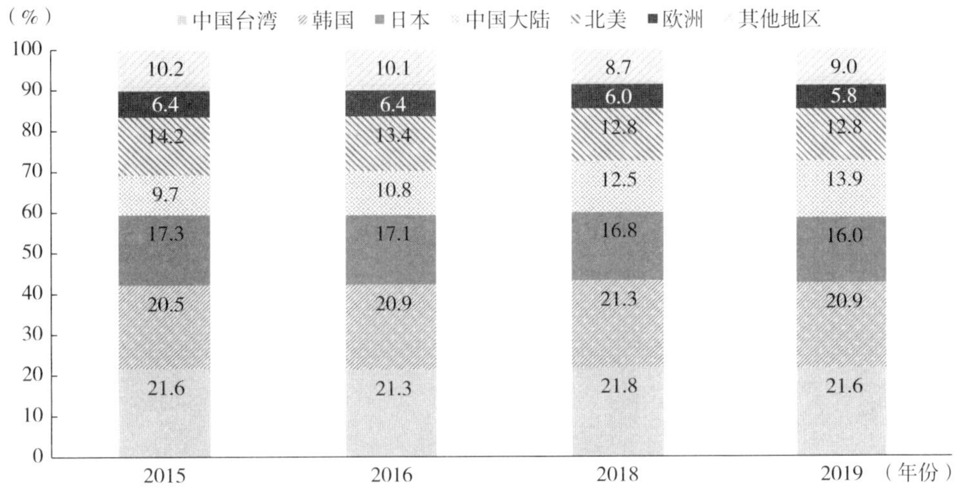

图4-5　2015—2019年全球晶圆产能分布情况（按地区）

资料来源：IC Insights

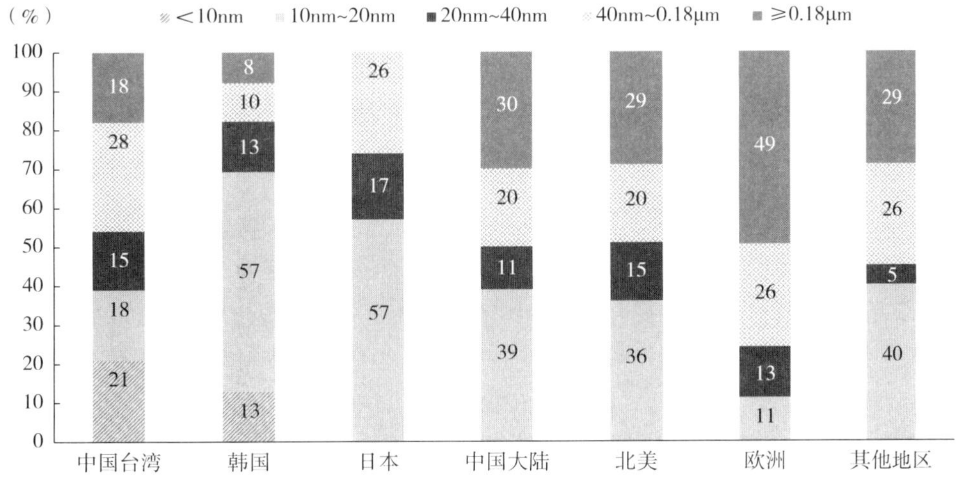

图4-6　2020年全球晶圆产能分布情况（按制程和地区）

资料来源：IC Insights

从企业来看，由于晶圆制造制程工艺进步迭代以及设备投入等壁垒，其属于典型的寡头垄断型产业，市场集中度很高，个别企业占据极高的市场份额。如图 4-7 所示，2020 年，台积电一家独大，占据了全球晶圆代工市场的 56%，几乎垄断了全球最先进工艺的客户订单。台积电和三星两家企业的全球晶圆代工市场占有率超过 70%。中国本土晶圆制造厂商的工艺在旺盛的国内需求和资本推动下稳步推进，涌现出了中芯国际、华润微电子、华虹半导体等专业晶圆代工厂，虽然它们在先进制程工艺上还是落后于世界领先厂商，但在成熟制程工艺上已经实现量产。

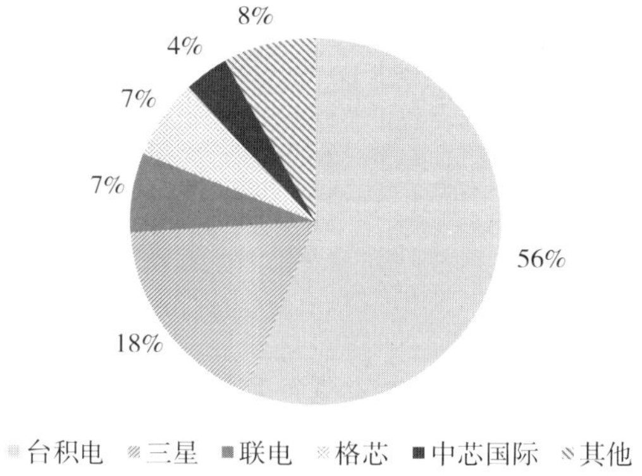

图4-7　2020年全球晶圆代工企业市占率

资料来源：TrendForce

随着下游终端产品例如智能手机要求的性能越来越高，领头企业进入 7nm 以及更高制程周期，逐步扩大与追赶企业之间的差距（见表 4-4）。领先厂商通过提前量产获取订单，分摊工厂折旧，进而继续研发下一代工艺，使得后进厂商在先进制程工艺上的投资低于预期回报而放弃竞争，以此扩大市场份额、形成壁垒。目前芯片制造的先进制程竞争主要剩下台积电和三星两家。2020 年，台积电实现 5nm 量产，并预计在 2022 年实现 3nm 规模化量产，而此前代工厂商格罗方德和联华电子均已宣布暂缓 10nm 以下制程的研发。中国的两家芯片制造公司中芯国际、华虹半导体都已经进入 14nm 制程的风险量产阶段，但其核心量产制程仅在 28nm，可见国内企业与国际先进水平企业仍然存在较大差距，并且未来在进入更高阶制程过程中将面临着越来越大的压力。

表 4-4　全球主要晶圆制造工厂制程水平进展

公司名称	28nm	14nm	7nm	5nm	2nm	目前量产最先进制程
台积电	2011 年	2016 年	2018 年	2020 年	预计 2024 年	5nm
三星	2012 年	2015 年				10nm
格罗方德	2013 年	2015 年	2018 年宣布不再向 12nm 以下制程工艺投入研发资金			14nm
联华电子	2012 年	2017 年	2018 年宣布退守 14nm 及以上制程工艺的晶圆代工市场			14nm
英特尔	2011 年	2015 年				14nm
中芯国际	2017 年	2020 年				28nm
华虹半导体	2019 年	2020 年				28nm

资料来源：根据各公司公告、国信证券经济所整理

3. IC封测

IC 封测其实包括封装和测试两个步骤。在现实生产中，由于产业规划基本合并在一起，所以封装测试就成为整个集成电路生产环节中最后一个过程，简称封测。IC 封测产业在产业链上的附加价值较低，劳动密集度高，进入技术壁垒较低，封测龙头企业日月光每年的研发费用占收入的比例约为 4%，远低于半导体 IC 设计、设备和制造的世界龙头企业。

IC 封测目前属于中国集成电路产业链中有望率先实现全面国产替代的领域，并且当前全球封测市场重心持续向国内转移。据 Yole 数据，全球封测产业市场规模保持平稳增长，2020 年达 594 亿美元，同比上涨 5.3%。受益于半导体产业向中国大陆转移，中国封测产业发展迅速，增速显著高于全球。据中国半导体行业协会数据，2020 年国内封测产业市场规模达 2510 亿元，同比增加 6.8%，2016 年至 2020 年的复合年均增长率约 12.5%（见图 4–8）。

从封测企业国际竞争格局来看，全球目前排名前两位的公司为中国台湾的日月光和美国安靠，中国企业在国际上已拥有较强竞争力。2019 年全球封测业前十大企业市场占有率超过 80%，市场主要被中国、美国占据。中国台湾日月光公司（不含矽品精密）营收达 380 亿元，居全球半导体封测行业第 1 名，市场占有率达 20.0%。美国安靠、中国长电科技分居第 2、第 3 位，分别占 14.6%、11.3%。前十

大封测厂商中，包含 3 家中国大陆公司，分别为长电科技、通富微电、华天科技，合计市占率达 20.1%（见表 4–5）。

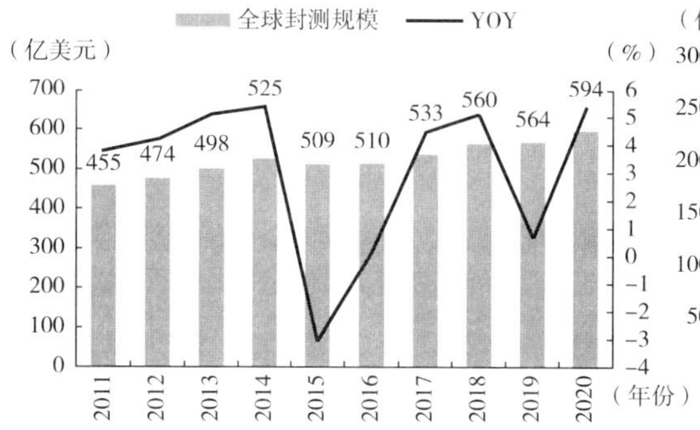

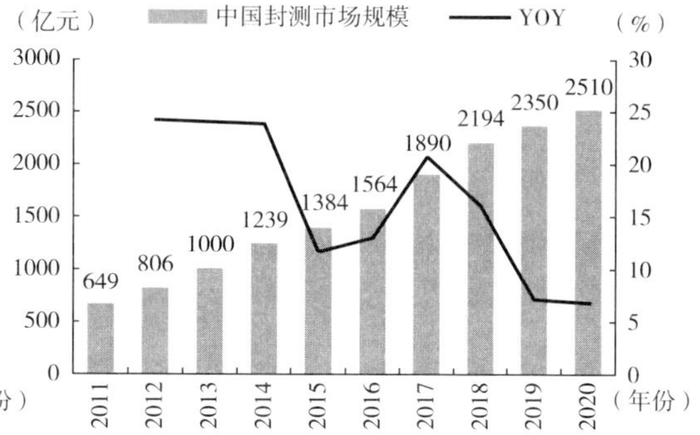

图 4–8　全球和中国封测产业市场规模及增长率情况

资料来源：Yole、中国半导体行业协会、开源证券研究所

表 4–5　2019 年全球封测前十大企业

排名	公司	地区	2019 年市占率
1	日月光	中国台湾	20.0%
2	安靠	美国	14.6%
3	长电科技	中国大陆	11.3%
4	矽品精密	中国台湾	10.5%
5	力成科技	中国台湾	8.0%
6	通富微电	中国大陆	4.4%
7	华天科技	中国大陆	4.4%
8	京元电子	中国台湾	3.1%
9	联合科技	新加坡	2.6%
10	颀邦	中国台湾	2.55%
前十大合计			81.45%

资料来源：芯思想研究院、华安证券研究所

长电科技在 2015 年获得大基金支持后，成为世界第三大封装企业。长电科技近年受惠于 SiP、eWLB、TSV、3D 封装技术等具备世界级实力的先进封装技术，客户认可度和黏性得到较大提高。通富微电收购 AMD 苏州和 AMD 槟城两家工厂

后，继续承接了 AMD 封测订单，具备了对高端 CPU、GPU、APU 以及游戏主机处理器等芯片进行封装和测试的技术实力，获得了大量海外客户。华天科技引入产业基金为公司未来发展提供重要的资金保障，对华天西安加大研发投入，优化产品结构，提高市场竞争力和行业地位等方面都起到积极促进作用。并于 2018 年收购世界知名的马来西亚半导体封测供应商 Unisem。Unisem 公司主要客户以国际 IC 设计公司为主，包括 Broadcom、Qorvo、Skyworks 等公司，其中近六成收入来自欧美地区。

从技术发展趋势来看，目前国际先进封装技术发展趋势主要有 FCBGA（倒装芯片球栅格阵列的封装格式）、WLCSP（晶圆级封装）、FOWLP（扇出型晶圆级封装）、Sip（系统级封装）等技术。这些先进封装技术主要应用在手机、可穿戴设备等小型化高附加值电子设备中。半导体封装技术发展大致分为 4 个阶段，全球封装技术的主流处于第 3 代的成熟期，主要是 CSP、BGA 封装技术。目前封测产业正在从传统封装（SOT、QFN、BGA 等）向先进封装（FC、FIWLP、FOWLP、TSV、SiP 等）转型。

先进封装与传统封装以是否焊线来区分，先进封装主要有倒装芯片（FC）结构的封装、晶圆级封装（WLP）、2.5D 封装、3D 封装等。分为两个方向:（1）小型化。3D 封装突破传统的平面封装的概念，通过单个封装体内多次堆叠，实现了存储容量的倍增，进而提高芯片面积与封装面积的比值。（2）高集成。系统级封装 SiP 能将数字和非数字功能、硅和非硅材料、CMOS 和非 CMOS 电路以及光电、MEMS、生物芯片等器件集成在一个封装内，在不单纯依赖半导体工艺缩小的情况下，提高集成度，以实现终端电子产品的轻薄短小、低功耗等功能，同时降低厂商成本。

中国先进封装市场产值全球占比较低，但是占比稳步提升，国内封测厂技术平台已经基本和海外厂商同步。中国的封装业起步早、发展快，但是主要以传统封装产品为主。近年来国内厂商通过并购，快速积累先进封装技术，技术平台已经基本和海外厂商同步，WLCSP、SiP、TSV 等先进封装技术已经实现量产，2015—2020 年先进封装占全球比例逐渐提升（见图 4-9）。

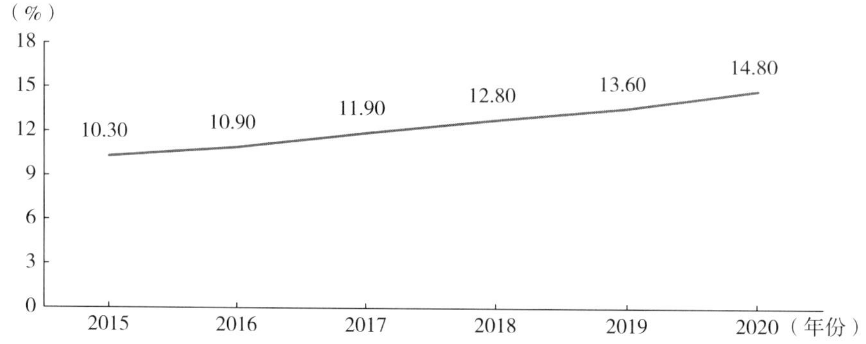

图4-9　2015—2020年中国先进封装占全球比例

资料来源：Yole、开源证券研究所

封装产业的国产化程度是所有环节中最高的，未来的重点在于支持先进封装技术的发展，包括3D硅通孔技术和扇出型封装等；另外，功率半导体的封装环节的价值量高于逻辑芯片的封装，未来国内的功率器件厂商也要纷纷投资自己的封测基地，发展先进的封装技术。综合来看，未来逻辑芯片的先进封装和功率器件的封装将是发力的重点。

第三节　集成电路新赛道

摩尔定律预言，每18个月芯片上可容纳的晶体管数量将翻一番，达到提升芯片性能和降低成本的目的。但随着近年来芯片工艺的不断演进，硅的工艺发展已经趋近其物理瓶颈，晶体管再缩小变得愈发困难。在摩尔定律放缓以及算力和存储需求爆发的双重压力下，以硅为主体的经典晶体管很难维持集成电路产业的持续发展，后摩尔时代集成电路技术或将围绕3D封装、类脑计算和量子计算等方面实现突破，由此开辟集成电路新赛道。

1. 3D封装

最近十几年来，全球芯片制程工艺不断进步，从 40nm、28nm，到当前领先企业的 5nm 量产，并将朝着 3nm、2nm 迈进。然而下一代更先进工艺的提升却遇到了经济成本、芯片散热以及原子的基本物理尺寸的限制。在未来，3D 系统集成封装（简称 3D 封装）将成为提升芯片系统性能的主要技术方向之一。

3D 封装（包括 2.5D、3D IC 等）依托芯片系统设计和架构的创新、加工和封装工艺的升级，在立体空间上制造出功能密度更高、传输速度更快和更具成本优势的新一代高性能芯片，为提高芯片系统性能提供了新的技术路径，为满足日益增长的高性能芯片需求提供了新的技术解决方案，也重新定义了封装在集成电路产业链中的地位。目前全球领先的芯片制造、封装企业均已研发布局这一新发展路径。

1.1 中国3D封装现状

3D 封装有望成为增强中国高性能计算芯片领域自主发展能力的重要突破口，成为中国在传统制程工艺发展受限情况下实现赶超的未来发展方向。目前，中国芯片制造先进技术工艺与海外领先水平至少有两代的差距。受美国针对性限制措施影响，中国先进芯片的加工能力受限，短期内缩短技术差距的难度进一步加大。如果能在传统技术路径上追赶的同时，通过 3D 封装技术来提升多芯片集成后的整体性能，将有利于解决中国在重要领域面临的高性能计算芯片发展落后的问题，并将大幅提升中国在数据中心、5G/6G 网络、人工智能和物联网等领域的核心竞争力。近年来，AMD 公司凭借着系统架构创新和 3D 先进封装技术的组合，大幅提升了处理器芯片的系统性能，目前已形成对英特尔的反超之势。而英特尔也围绕这一创新组合，加紧了更先进技术的研发布局。由此可见，3D 封装将成为中国集成电路产业赶超发展的关键技术，将是增强创新发展主动权、国际竞争话语权的战略选择。

中国已具备 2.5D 封装的核心技术能力，亟须加快 3D 技术追赶。目前 2.5D 封装技术路线在全球已较为成熟，领先的芯片制造和封装企业如台积电、日月光均已实现量产。中国大陆封装企业长电科技已完成核心技术开发，将在未来几个月后投入量产；由中芯长电改组的盛合晶微已建设完整的 2.5D 集成加工生产线，并已达到可量产状态。与2.5D封装中逻辑和存储芯片平面排列的技术路径不同，3D IC将多块异构芯片垂直互联、立体堆叠，技术门槛和复杂程度更高。之前3D IC主要用于同构堆叠的存储芯片制造，目前在高性能计算芯片领域的潜力更大。英特尔、台积电等芯片制造企业已发布了各自的异构芯片3D堆叠技术，中国大陆企业在这方面尚未起步，迫切需要加快技术研发和积累。

1.2 中国3D封装技术发展面临的制约

第一，中国3D封装技术缺乏先进芯片产品企业的定制化需求引领。3D封装主要应用于高端芯片领域，需要从芯片系统设计环节就启动前瞻性研发。目前，美国领先的芯片产品公司（如英特尔、AMD、英伟达等）掌握了3D芯片设计和封装的核心专利技术，它们提出产品需求并完成设计后，由台积电、日月光等晶圆制造和封装企业合作开发并承接封装。国内企业华为海思虽然有高端芯片的设计研发能力，但因受美国技术围堵，难以对国内3D封装发展形成市场端的带动，这是中国3D封装技术研发和验证较为滞后的原因之一。

第二，中国芯片产业链协同创新支撑力量不足。从技术角度来看，3D封装与传统的封装技术不同，在晶圆制造环节就需要一定的基础工艺支持，尤其是3D IC，属于技术工艺复杂的极高密度晶圆级封装，离不开晶圆制造企业与先进封装企业的紧密合作。目前中国尚未形成这种产业链协同的机制。从要素角度来看，主要是国内专业人才集中度不高。近两年，大量新兴企业纷纷投身封装领域，抬高了行业用工成本的同时，也对龙头企业的专业人才形成较为严重的分流影响。从产业链配套来看，国产关键设备、材料难以满足高精度和稳定性、可靠性要求，大视场光刻机、高精度贴片机等关键设备仍主要依赖进口，部分先进材料掌握在少数发达国家手中。国内虽有相关企业，但市场份额小、动力不足，导致研发和协同较为困难。

第三，美国实体清单使得中国3D封装相关企业发展受限。笔者通过调研了解到，2014年由中芯国际牵头设立的以2.5D中段集成加工和3D IC为发展方向的盛合晶微半导体公司，因受中芯国际被美国制裁的影响，在2020年12月被美国列入实体清单，无法购置来自美国的关键设备。尽管该企业已打造了去美化的生产线，但后续技术和工艺升级问题，特别是主动承接国际领先芯片企业的3D封装代工业务仍会受到影响。

当前，全球3D封装正处于技术进步的关键窗口期，中国应牢牢抓住3D封装发展机遇，将满足高性能计算、新一代移动通信、人工智能等领域发展对芯片产品性能提升的需求与增强集成电路产业链自主可控能力结合起来，强化中国集成电路产业链的水平和话语权。具体地，中国应以国家重大科技专项为载体，构建产业链协同机制，组建3D封装产业联盟，强化全产业链协同创新，推动构建由先进芯片设计、晶圆制造企业牵头，联合3D封装核心技术企业，三维EDA、关键设备和材料企业，高校参加的3D封装产业联盟，大力支持3D封装创新发展。同时对先进封装项目实行分类窗口指导，合理规划行业产能，并努力敦促美方将3D封装企业率先移出美国制裁的实体清单，促进中国3D封装与国际领先技术和市场同步发展。

2. 类脑计算①

类脑计算又被称为神经形态计算，是借鉴生物神经系统信息处理模式和结构的计算理论、体系结构、芯片设计以及应用模型与算法的总称。因类脑计算具有突破芯片制造工艺的巨大潜力，被国际半导体产业协会认定为后摩尔时代最具发展潜力的颠覆性计算技术之一。推动类脑计算快速发展，将为中国解决高端芯片“卡脖子”问题提供一条“换道超车”的新路径。据清华大学类脑计算研究中心估计，类脑计算芯片架构独特，具有低功耗、高算力等优势，相对于已被少数发达国家掌控的传统半导体技术，类脑计算还未形成由单一国家把持的技术壁垒，一旦中国率先取得关键技术突破，有可能使中国实现集成电路和人工智能领域的跨越式发展。

2.1 中国类脑计算发展现状

中国类脑计算研究成果数量、质量均已接近美国，并在部分领域形成领先优势，有望成为未来集成电路的关键长板。根据爱思唯尔Sci Val科研数据，2015—2020年世界各国发表的类脑计算论文共计13918篇，其中美国和中国两国发表数量位居前两名，占比分别为24.1%和15.4%。虽然在论文存量上仍与美国有所差

① 张鑫:《类脑计算：未来技术和产业“锻长板”突破口》,《新经济导刊》2021年第3期。

距，但中国年度发表论文数量从 2015 年的 110 篇快速跃升至 2020 年的 590 篇，已接近美国。从质量指标来看，中国和美国类脑计算论文篇均被引用数量分别为 7.3 次和 8.1 次；中国收录于顶级（前 1%）期刊的论文占比为 5.6%，超过了美国的 3.9%。在部分细分领域，中国研究机构的成果已经达到世界领先水平。如清华大学施路平教授团队的成果，曾被美国白宫科技政策办公室评价为全球类脑计算亮点之一；该团队开发的类脑计算芯片——“天机芯”还登上了《自然》杂志封面。同时，清华大学吴华强教授团队、浙江大学潘纲教授团队在卷积神经网络、类脑操作系统等前沿领域均取得了世界瞩目的重要进展。除了具备坚实的科学研究基础，中国在类脑计算技术开发领域也位居世界前列。2015—2020 年，中国累计申请类脑计算专利总量为 601 件，仅次于美国的 981 件，接近韩国（排名第三）的两倍。

2.2 类脑计算未来发展展望

类脑计算被国际半导体协会认定为后摩尔时代最具发展潜力的颠覆性计算技术之一，有望引领人工智能从专用走向通用。我国类脑计算已具备局部技术优势和初步商业化条件，亟须在政策引导上“加把火”，尽快将其打造成未来技术的新长板。

数字经济的高速发展离不开超大规模的计算能力，而现有的计算模式存在算力的“天花板”，亟待后摩尔时代的新一轮颠覆性技术革命。据预测，未来 10 年很可能迎来新型计算产业的高速发展期。在众多新型计算技术中，类脑计算和量子计算被国际半导体产业协会认定为未来最具潜力的两大颠覆性计算技术。这两种技术各有千秋，但类脑计算具备两项独特优势。

一是类脑计算有望成为未来通用人工智能的实现路径。目前人工智能主要依赖机器学习技术，即在“冯・诺依曼结构”计算机的基础上，不断升级计算和存储设备，并利用日益庞大的数据集加以训练学习，从而开发更为复杂的算法模型，以实现智能化决策能力。但是，这种技术路径只适合于一些特定应用场景，如不能引入脑科学原理，将来实现通用人工智能的可能性很小。类脑计算就是借鉴了大脑基本运行原理，用以实现小数据学习、事件触发、近似计算、高度并行等符合通用人工智能需求的技术特征，很可能引发从专用到通用的新一轮人工智能革命。

二是类脑计算在近年实现规模化商用的可能性更高。与量子计算相比，类脑计算的发展前景更清晰、技术实现方式更成熟，市场需求也更迫切。从发展前景来看，据国际 IT 技术咨询公司高德纳（Gartner）分析，类脑计算预计在 2024—2029 年之间达到技术成熟期并实现大规模商用，而量子计算要在 2030 年之后才可能实现大规模商用。从技术支撑来看，类脑计算可以直接使用现有的计算系统设计方法，与现代计算系统相互兼容、灵活部署，而量子计算则需要开发全新设备且必须在极低温条件下运行。从市场条件来看，人工智能的巨大应用需求可以直接带动类脑计算的商业化发展。目前专用人工智能训练模型功耗大、费时长，已成为其市场应用的主要瓶颈，而类脑计算能够以小得多的代价完成同样的训练任务，市场需求潜力很大。例如，谷歌的第一代 Alpha Go 使用了 1920 个中央处理器（CPU）和 280 个图形处理器（GPU），功耗达 1 兆瓦；而 IBM 在 2014 年发布的真北（True North）神经形态芯片，能够模拟 104 万个神经元和 2.56 亿个连接突触，功耗仅为 63 毫瓦。

3. 量子计算

量子是构成物质的基本单位。自第一次量子革命发生百多年来，量子理论已经成为了解释从基本粒子、物理、化学、生物到宏观宇宙学最成功的基本理论。集成电路中晶体管的理论基础——能带理论，就是利用量子力学解释了电子在晶体中的运动，从而通过操纵固体电阻的变化，实现了开关电路，进而完成逻辑运算。最近几十年，集成电路制作工艺不断发展，5nm 芯片的设计制造已经商业化，即将逼近 1nm 的物理极限，电子量子特性带来的不确定性将会破坏晶体管的开关功能，电子计算机面临性能天花板。

由于量子体系容易因为外界干扰（观察）导致的退相干作用而坍缩，纯粹的量子态难以测量、维持和控制。所以，量子力学诞生一个多世纪以来，大部分基于量子理论的实际应用都是利用系统退相干后的宏观效应。然而，正在进行的第二次量子革命带来了量子态操纵和观测技术的巨大进步，人们已经可以直接控制和观测单量子态，利用物理学定律创造量子比特进行运算并读取结果成为可能，这构成了量子计算实现的物质基础，为突破传统计算机的物理极限提供了可能。

物理、化学、生物和材料等众多领域不可避免地需要求解体系的量子状态。但是精确求解量子力学方程非常困难，除了氢原子等少数极其简单的体系可以直接求解外，大部分需要通过模拟求解。由于量子体系的态叠加和量子纠缠等特性，模拟算法的计算复杂度随量子数的增加呈现指数级膨胀，基于布尔代数的电子计算机不可能有效模拟和求解。1981 年，诺贝尔奖获得者、理论物理学家费曼提出了计算机能否有效模拟量子系统的问题，提出用一个通用量子系统去映射其他量子体系。他称这个通用量子系统为随机计算机，即现今的量子计算机，这是量子计算的思想基础。

3.1　量子计算的国际竞争态势

在国家层面，现阶段美国在量子计算机硬件的主要发展路径上几乎都占据领先地位，欧洲紧随其后，澳大利亚、加拿大、新加坡、俄罗斯等多个国家也都在量子计算领域大量投入。美国 2019 年正式启动国家量子倡议（NQI），计划至 2023 年投入 13 亿美元，并在美国国家科学基金会（NSF）设立了两个新的与量子计算相关的研究所——混合量子架构和网络（HQAN）、当前及未来的量子计算（PFQC）。欧盟 2016 年就推出了量子旗舰计划，计划在 10 年内投资 30 亿 ~40 亿欧元在量子计算、量子通信和量子传感器领域。2020 年，欧盟又启动了旨在推进超导量子比特、离子阱量子比特和量子软件新的研究项目。英国 2015 年就制定了国家量子科技战略，并由量子科技战略咨询委员会（QTSAB）对未来 5~25 年的量子计算发展路径进行了规划。

中国在多个领域取得多项国际先进的成果，但与美国等领先水平仍有差距。一是以超导量子技术为基础的“祖冲之号”，已经在 2021 年 6 月宣布实现 56 个量子比特。二是以光量子技术为基础的“九章”，由中国科学技术大学潘建伟团队于 2020 年 12 月推出，能以 76 个光量子比特实现超越传统计算机的取样算法，成为继谷歌“悬铃木”之后第 2 台在此领域实现量子优势的计算机。三是以马约拉纳费米子实现的拓扑量子计算。中国科学院物理研究所丁洪课题组和上海交通大学贾金峰团队在这方面有世界领先研究水平，但是距离量子计算原型机还有一定的距离。

在企业层面，量子计算的竞争也愈发激烈。传统科技巨头选择不同量子技术路线，并已经取得初步成果。IBM 和谷歌集中力量发展基于超导量子比特的量子计算机，前者计划于 2023 年实现 1121 个物理量子比特，2030 年实现 100 万个；

后者也提出在 2029 年实现 100 万个物理量子比特。霍尼韦尔等公司则选择离子阱技术路线，目前已实现 10 个量子比特。微软则寄希望于拓扑量子计算，目前仍处于原型机研制阶段。与此同时，一大批初创企业崭露头角，开始向已有科技巨头发起挑战。在光量子领域，美国 Psi Quantum 公司已经制成硅光量子芯片，并获得 1.5 亿美元融资，计划在 2030 年推出 100 万量子比特的量子计算机。在冷原子量子领域，美国 Cold Quanta 公司在 2021 年实现 100 个量子比特，2022 年达到 300 个量子比特，预计 2024 年达到 1000 个量子比特。另有多家初创企业也专注于量子计算机的研发。中国也涌现了以中科量子、本源量子为代表的一批企业。

3.2　量子计算发展前景预期

短期（5 年内）来看，量子计算的应用仍集中在模拟优化等特定优势领域，预计可以取得 4 个主要进展。一是量子退火机的商业化和广泛应用。二是通用量子计算的量子位比现在提升 1~2 个数量级，达到百位至千位量子比特。实现对简单分子、团簇或者纳米结构的量子模拟，以及用于人工智能的量子优化算法。三是验证量子计算在量子化学、新材料设计等领域的应用前景和可行度。四是量子计算云平台的建立。

中期（10 年左右）来看，量子计算有望实现上百万个量子比特，求解物理、化学、生物、材料、人工智能等众多领域的复杂问题。比如，在生物医学领域，使用量子计算机进行生物体蛋白质结构动力学模拟，直接建立原子级别的细胞模型，构建在芯片上的细胞，极大提升药物研发速度和精度。

长期（20 年左右）来看，真正的通用量子计算或将实现，并广泛应用于国民经济的各领域。小型化、低能耗的通用量子计算机大规模生产，量子计算成为各种科研、商业等活动的重要算力来源。

为了在未来的国际竞争中占据有利位置，中国需要做好以下几方面的工作。量子计算的前沿性和复杂性决定了其发展过程相对较长，从实验室阶段走向真正商业化需要 5~10 年，且存在较大的不确定性风险。因此，政府的持续支持显得格外重要。机制上，需要一个国家级机构，统筹协调政府各部门、产业界、学术界的资源，出台国家级战略规划。时间上，需要制定中期和长期投资计划，覆盖 5~10 年的投资区间。做法上，重点投资若干个研究中心，形成头雁效应，带动量子计算整体发展。同时，国家应当引导鼓励企业投资，形成需求带动的循环发展；

加强人才培养，更新通识教育内容，使国民知识与量子技术在未来社会中的广泛应用相匹配；注重量子安全，虽然量子计算目前的能力还不足以对基于复杂数学运算的信息加密体系构成实质威胁，但是这种挑战正在成为现实，必须做好量子计算时代的信息安全准备。

3D 封装、类脑计算和量子计算等新技术方向的出现，为中国集成电路跳出现有“卡脖子”的“旧赛道”，直接引领新赛道提供了机遇。如果中国抓住机遇实现技术突破，并将其广泛运用于自动驾驶汽车、智能电网、人工智能领域，中国的集成电路产业或许就能实现自主可控，实现从追赶到超越，进一步夯实数字化底座。

第五章

锻造智能化长板

在不断突破的半导体技术的帮助下，以人工智能、大数据、云计算等为代表的新兴技术引领着人类社会开始从信息时代迈向智能时代。智能化生产逐渐变成产业变革和产业创新的主要方式，为世界经济增长提供动能；智能化技术逐渐融入社会和家庭的方方面面，为居民生活提供便利。作为未来发展前景广阔且能极大提升生产效率的新技术，智能化技术的国际竞争正如火如荼地展开，世界各国均部署了相关发展战略，以推动智能化技术的快速进步并抢占科技竞争和未来发展的制高点。中国由于面临经济增速下滑、全要素生产率降低等问题，也对智能化技术进行了重点布局。在智能化时代来临的关键节点，中国必须抓住机遇，加强对人工智能、智能汽车等产业的支持力度，锻造智能化长板，培育智能新赛道，实现产业转型升级和经济增长动能转换。

本章第一节介绍了第三次技术革命和第四次技术革命对智能化发展的影响。在第三次技术革命的背景下，计算机和互联网的发展促进了生产率的大幅提高，电子化、程序化和自动化成为早期的智能化发展方向。到了第四次技术革命，信息化技术发展愈发成熟，智能化技术已经具备变革基础。人工智能、区块链、云计算、大数据等技术的出现标志着世界已在智能化道路上迈出了坚实的步伐，各国也紧锣密鼓地出台了一系列与智能化相关的战略规划。

本章第二节以人工智能产业为例，介绍了世界人工智能的发展历程以及中国在人工智能新赛道上的具体表现。人工智能自诞生以来已有超过 60 年的历史，经历了 3 次发展浪潮和 2 次低谷。中国在发展人工智能上较为滞后，但在国家战略方针的引导下，目前中国人工智能产业规模已超过1500亿元，在创新能力上也处于仅次于美国的第二梯队。此外，中国人工智能产业链中基础层实力较为薄弱，技术层和应用层发展较快。由于当前世界人工智能正处于冷静期，中国可以借此机会实现人工智能领域的超越，但也必须进一步加强对人工智能伦理和安全问题的关注。

本章第三节探讨了世界和中国在智能汽车产业上的发展概况。随着人工智能技术的发展，智能汽车产业迅速崛起，各国均已布局相关战略。中国智能汽车产业在国家的高度重视下取得了较快的进步，产业整体水平处于世界前列，产业技术水平也呈现多点突破的态势，但在智能芯片、车载操作系统上仍受制于人，较为依赖国外厂商。产业基础设施正在构建当中，比较缺乏协调性。在未来，中国智能汽车产业将朝智能化与网联化协同的路径发展，要想在智能汽车新赛道中获得竞争优势，还需要强调关键技术突破、产业发展协调等问题。

第一节　新技术革命与智能化

1. 第三次技术革命下的早期智能化

20世纪四五十年代开始，随着现代生产的快速发展和国家间对抗的需要，第三次技术革命在自然科学巨大成就的理论基础上飞速发展，信息、生物、新材料、新能源、航天和海洋技术等在这次技术革命中被列为重点研发的高新技术领域，展现出信息化、综合化等特点。第三次技术革命的开始正式宣告人类进入信息化时代，即在后工业时代谋求发展必须依靠知识和信息，知识和信息量呈现爆炸性增长趋势。

第三次技术革命早期的典型标志是计算机和互联网的发明，并在此基础上带来了信息技术和通信技术的蓬勃发展。计算机作为产业发展的基础性要素，自问世以来日益深入到各行各业，对世界发展产生了深刻影响，它的逐步普及极大地推动了生产率的提高，例如数控机床、电算会计、自动化流水线等新型生产方式开始产生，还培养了一批新兴产业，例如空间探测技术、生物技术、信息技术等。而互联网迅速普及以来，世界更加紧密地联系在了一起，信息互联互通程度进一步加强，以互联网为代表的信息通信技术的综合发展与创新应用推动着全要素生产率持续提升，新产品、新业态与新模式不断涌现，经济社会的智能化趋势愈加明显。早期的智能化主要是基于逻辑编程，使得相关生产生活设备得以电子化、程序化和自动化。

2. 第四次技术革命下的智能化发展

进入 21 世纪后，全球科技创新竞赛加速，人工智能、新能源、区块链、物联网、量子信息技术、无人控制技术、虚拟现实以及生物技术等在世界上掀起全新技术革命的浪潮，人类社会进入第四次技术革命阶段，开始利用信息化促进产业向着更深层次的智能化变革。

相较于第三次技术革命，此轮技术革命不仅有更加广阔的信息数据基础，更加丰富的数据资源，还有更加成熟的技术，特别是深度学习算法进一步完善，提高了社会的智能化程度。同时，信息处理和技术突破的难度也进一步加大了。

从标志性事件来看，一系列智能技术领域的突破代表着世界在智能化道路上越走越远。2006 年，杰弗里・辛顿（Geoffrey Hinton）在《科学》期刊上发表了相关算法来有效训练高级神经网络；2009 年前后，计算机开始具备大数据挖掘能力，超级神经网络开始在语音和图像识别层面获得巨大进展；2012 年，谷歌宣布其已经开发了一个由 16000 个计算机处理器组成的人工智能网络，并且可以实现对猫的自主辨认；2016 年，DeepMind 研制的 AlphaGo 击败世界围棋冠军李世石。

从国家战略举措来看，由于智能化技术的发展势必会带动产业转型升级，促进经济发展，世界各国均高度重视智能化发展。德国在 2013 年最早进入工业 4.0 模式，其主要目的是利用物联信息系统将生产中的供应、制造、销售等阶段的信息数据化、智慧化，最后达到快速有效且个人化的产品供应。2016 年，美国先后发布《为人工智能的未来做好准备》《国家人工智能研究和发展战略计划》《人工智能、自动化与经济报告》3份报告，加速人工智能的研发与应用。2017年日本提出“下一代人工智能推进战略”和“科学、技术和创新综合战略”，并在预算中给予人工智能产业极大的支持。中国在推动智能化发展方面也做出了众多努力，2017年3月，“人工智能”首次被写入政府工作报告；党的十九大报告中也着重强调推动互联网、大数据、人工智能和实体经济深度融合；《中华人民共和国国民经济和社会发展第十四个五年规划和2035年远景目标纲要》明确指出要瞄准人工智能等前沿领域，实施一批具有前瞻性、战略性的国家重大科技项目。

伴随着世界智能化步伐的进一步加快，越来越多的国家和相关头部企业更加明确了智能化发展的重大战略意义，智能领域的战略布局将进一步完善。中国为在智能化领域抢占科技竞争制高点，亟须解决如下几个关键问题：基础科学研究短板依然明显，行业关键技术受制于人，人才培养体系还不够完善，对创新的激励机制还不够健全。中国在未来该如何努力成为世界主要科学中心和创新高地，是中国能否在新一轮技术革命和智能化发展中引领潮流的核心。

第二节 在人工智能新赛道上锻长板

人工智能（AI）是计算机科学的一个分支，是机器表现出的智能化，相反于包括人类在内的动物等展示出的智能。它主要用来研究和开发关于模拟、延伸人的智能，了解人类智能的本质并且试图生产以人类智能方式做出反应的机器智能。人工智能作为新技术和智能化的关键产业之一，其重要地位不言而喻。中国在人工智能科学领域经历了漫长而曲折的发展道路，如今势头正盛，有望追赶上世界人工智能前沿水平，引领人工智能发展潮流。

1. 人工智能发展概述

1.1　全球人工智能发展历史

20 世纪 50 年代，人工智能概念被首次提出，并在随后的 60 余年间不断发展，经历了 3 次发展浪潮和 2 次低谷期。目前全球人工智能正处于第三次发展浪潮之中。

人工智能的第一次发展浪潮发生在 1956—1974 年间。在 1956 年的达特茅斯会议上，人工智能的概念被提出，最早的一批研究者出现并达成了最初的成就。该时期主要的发展目标是让计算机具备逻辑推理能力，致力于开发出能够解决代数问题、几何问题并可以学习和使用英语的计算机程序。在逻辑主义的理论主导下，他们完成了最早的理论证明，推出了第一款感知神经网络软件和聊天软件，同时逻辑程序语言 Prolog 问世。但是在之后的 6 年间，由于受限于计算机的计算能力，AI 技术研究资助被大量缩减，人工智能进入第 1 次低谷期。

1980—1987 年，人工智能在连接主义理论的主导下进入第二次发展浪潮。Hopfield 神经网络和反向传播（Back Propagation，BP）算法被提出，可以解决特定领域问题的专家系统出现，并为全世界的公司所采纳，AI 的知识系统工程成为该阶段的主要研究方向。然而由于 XCON 等专家系统在实践中仅能解决相对简单的问题，处理复杂问题的能力差，缺乏常识性知识，离开特定场景实用性就大打折扣，加之其升级维护费用极高，各界对于 AI 逐渐显露出失望情绪，同时人工智能计算机 DAPRA 的失败导致政府财政投入骤减，宣告人工智能技术再次进入低谷期。

1993 年，人工智能正式进入第 3 次发展浪潮。由于计算机性能得到了极大的提高，克服了人工智能发展的基础性障碍，AI 技术开始尝试与数学、经济学等其他学科进行交叉合作，突破了仅研究人类智能的范畴。2006 年后，基于互联网大数据的深度学习理论将互联网、云计算、大数据、神经元网络等结合在一起，在硬件进步、算力模型优化和数据的支撑下，“人工智能 +”的产业模式出现，人工智能产业日趋成熟，对当前产业结构造成了一定冲击。2013 年深度学习算法在语音识别和视觉识别上正确率分别超过 99% 和 95%，2016 年 AlphaGo 利用深度学习算法战胜围棋冠军，都表明人工智能技术在现阶段已经应用在更多的生活场景中，拥有较高实用性和生产力。

近年来，世界各国人工智能领域蓬勃发展，全球市场规模迅速扩张。根据中国经济网统计数据，全球人工智能商业收入已经从2016年的64亿欧元增长到2020年的378亿欧元，预计到2030年将达到12.8万亿欧元，呈现爆炸性增长的态势。

1.2 人工智能的典型特征

人工智能进入第3次发展浪潮后，产业的核心技术主要围绕着基于神经网络的深度学习领域展开研究。深度学习主要是通过分析低层具体特征后抽象出高层的类型属性，以此来显示数据的分布特征、更好地进行分组并作出更准确的预测，这也决定了对当前人工智能的能力水平进行评价的4个关键指标：数据、算力、算法、领域专业能力。基础层的能力决定数据的质量、算力的水平、算法的精确度，技术层和应用层的能力则决定场景应用领域的专业能力。

数据是整个人工智能产业发展的基础，没有数据的人工智能产业就如同空中楼阁一样虚幻。机器学习的方法需要大量的优质数据去拟合模型，因此数据的数量与质量是模型能否被训练得更加准确的关键。从事数据处理的公司要对数据进行采集、存储、检索、加工、变换和传输，并从大量杂乱无章、难以理解的数据中抽取并推导出对于特定场景有价值、有意义的数据。

算力是指硬件的计算能力，人工智能主要依靠芯片技术提供云端计算。随着大数据的爆发式增长，对算力的要求越来越高。据互联网数据中心（IDC）报告，全球信息数据90%产生于最近几年，如果不能从中剥离出具有训练价值的数据，人工智能技术的发展会受到极大阻碍。

算法是模型完成任务的内核，通过一定规范的输入得到所要求的输出，使用系统的方法解决问题的策略机制。一个良好的算法要从时间复杂性、空间复杂性、正确性、可读性和鲁棒性[①]5个方面进行评定。当前深度学习模型被应用在广泛的场景之中，为了能够更好地使用模型，对算法优化的要求逐渐提高，强大的算法能力能够用来保障产品的成功。

专业领域能力是令人工智能技术在具体产业具体场景下落地的能力，不仅需要公司对模型进行有针对性的训练，更要求对于所处行业与场景有深刻的认识与理解。

① 鲁棒性指在异常和危险情况下系统生存的能力。

2. 中国人工智能产业发展历程及现状

2.1 产业发展历程

与国际人工智能的发展情况相比，由于一些因素的干扰，中国的人工智能发展起步晚、发展道路坎坷。从被质疑批判，到放松限制，再到成为国家发展战略，国内人工智能经历了艰难的发展之路。

20 世纪五六十年代，中国的人工智能研究几乎停滞，其主要原因是这项技术在苏联受到批判。因此，中国在 20 世纪 50 年代几乎没有人进行人工智能研究。到了 20 世纪 60 年代后期和 20 世纪 70 年代，虽然苏联解禁了控制论和人工智能的研究，但受中苏关系的影响，人工智能研究继续停滞。

20 世纪 70 年代末至 20 世纪 80 年代，中国人工智能发展艰难起步。1978 年 3 月，全国科学大会在北京召开并提出科学技术是生产力，科研人员进行思想大解放，为人工智能的发展奠定了思想基础。在这一阶段内，吴文俊提出的利用机器证明与发现几何定理的新方法——几何定理机器证明，获得 1978 年全国科学大会重大科技成果奖；钱学森等人在 20 世纪 80 年代初主张开展人工智能研究，中国人工智能研究逐渐活跃起来。

同时期，人工智能的基础性工作得以开展。改革开放后，中国派遣大批留学生赴西方发达国家研究现代科技，学习科技新成果，其中就包括人工智能等学科领域；1981 年中国人工智能学会在长沙成立；1982 年中国人工智能学会刊物《人工智能学报》在长沙创刊，成为国内首份人工智能学术刊物；人工智能相关项目被纳入国家科研计划等。

20 世纪 80 年代中期至 20 世纪 90 年代末，中国人工智能研究迎来曙光。1984 年明确提出计算机普及要从娃娃抓起。1986 年智能计算机系统、智能机器人和智能信息处理等重大项目被列入“863 计划”。1987 年 7 月《人工智能及其应用》在清华大学出版社公开出版，成为国内首部具有自主知识产权的人工智能专著。1993 年智能控制和智能自动化等项目被列入国家科技攀登计划。

2010—2020 年间，科技部和工信部等重大项目、计划和课题开始与国家重大需求相结合，人工智能产业进入多层次发展时期。视觉与听觉识别、智能搜索、语音识别、人机交互、辅助决策等领域研究开始加快推进。2014 年开始，人工智能产业发展逐步上升为国家战略。2017年7月，国务院发布的《新一代人工智能发展规划》提出，到2025年人工智能产业进入全球价值链高端，人工智能核心产业规模超过4000亿元，带动相关产业规模超过5万亿元；到2030年人工智能产业竞争力达到国际领先水平，人工智能核心产业规模超过1万亿元，带动相关产业规模超过10万亿元。

2.2 产业现状

近年来，中国人工智能产业高速发展。从市场规模来看，2018年人工智能核心产业市场规模达到339亿元，2019年则达到490亿元，2020年更是达到了1500亿元，取得了跨越式发展。从技术能力来看，国家战略的引领促使中国人工智能技术取得飞跃式的进步，大数据、云计算、移动互联网等新一代信息技术同机器人技术相互融合步伐加快，人工智能技术进一步推动了关联技术和新兴科技、新兴产业的深度融合，推动新一轮的信息技术革命，人工智能已经成为中国经济结构转型升级的新支点。

从创新能力来看，目前对人工智能创新的衡量指标主要包括人才、论文和专利3个方面，中国处于世界人工智能发展的第二，仅次于美国。

在人才方面，全球人工智能人才数量已经超过15万人，覆盖了120多个国家，主要集中在北美、欧洲和东亚地区。AI 2000榜单①的数据显示，截至2019年，中国拥有196位人工智能领域高层次学者，仅次于美国的1244位，排名世界第二。德国、英国、加拿大、澳大利亚、瑞士、法国、新加坡和意大利分别以113位、80位、68位、42位、31位、24位、24位和22位排在第三至第十（见图5–1）。由此可以看出，中国的人工智能专家人数虽然超过了其他欧洲、亚洲国家，但同美国仍有十分大的差距，推动中国人工智能人才培养势在必行。

在论文数量方面，截至2019年底，过去10年人工智能领域国际顶级期刊会议论文数量逐年提升，全世界累计发表论文131969篇。其中，中国发表22686篇，位居美国33255篇之后，排名世界第二。此外，美国和中国的论文发表量远超其他国家（见图5–2）。

在专利方面，随着人工智能技术的不断成熟，全球人工智能专利申请数量逐年上升，从2010年不到3万发展到2019年的7万左右，2020年由于新冠肺炎疫情的原因申请数较少。截至2020年，中国已申请人工智能专利数达到389571件，

① 人工智能全球最具影响力学者榜单。

远超第2名美国的47260件和第3名日本的33752件，占全球总量的74.7%，是美国的8.24倍。由此可见，中国在人工智能应用领域成果显著，应用层发展迅猛，稳居世界第一（见图5-3）。

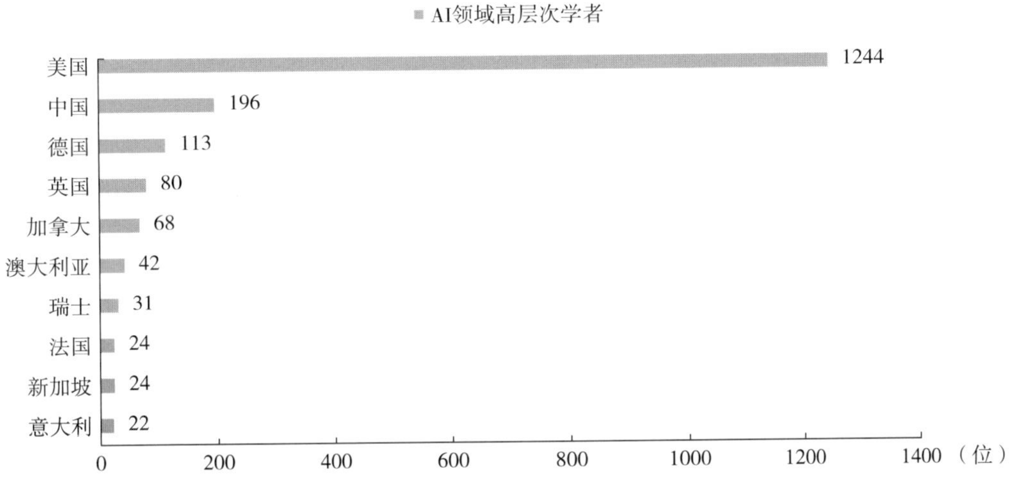

图5-1　人工智能领域高层次学者数量TOP10国家

资料来源：AI 2000榜单

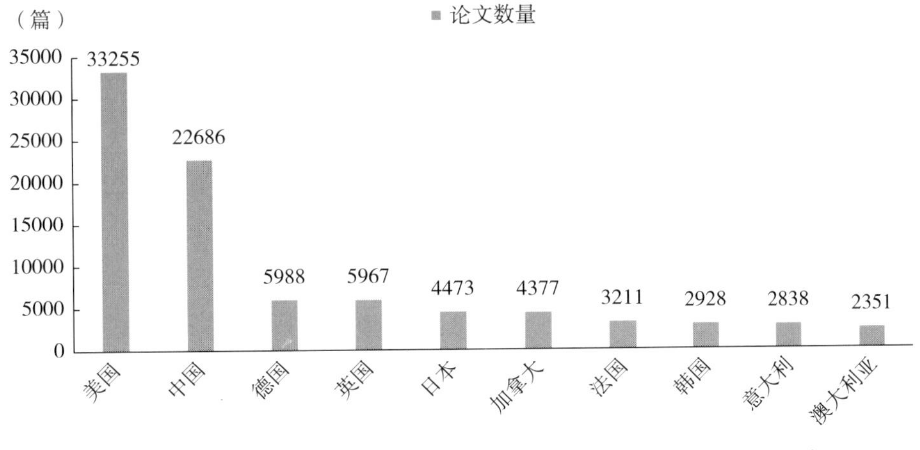

图5-2　2010—2019年人工智能领域高水平论文发表量TOP10国家

资料源：AI 2000榜单

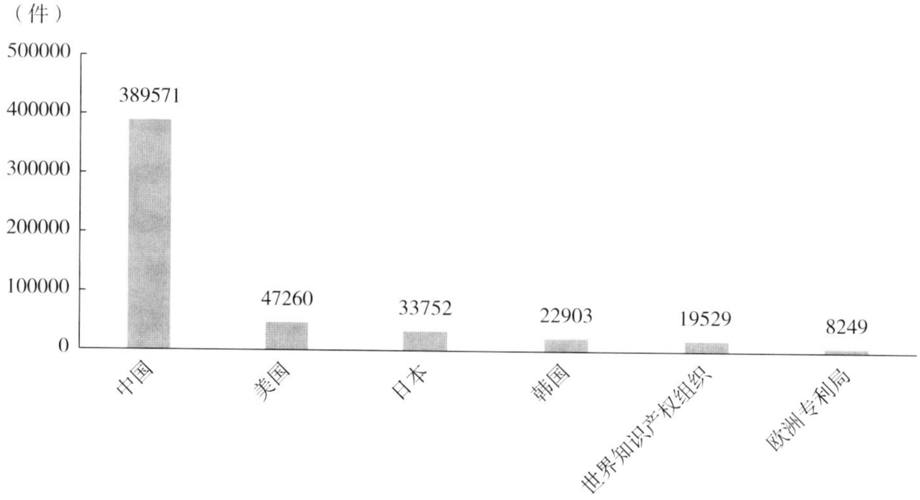

图5-3　全球人工智能专利申请数量（截至2020年）

资料来源：AI 2000榜单

3. 中国人工智能产业链竞争格局

从产业逻辑的角度分析，人工智能可以分为3个层级：基础层、技术层、应用层。

基础层的能力是从算力和数据角度为人工智能提供理论和硬件支撑，通过研发芯片及传感器等硬件设施、搭建云平台和大数据平台等系统平台、提供通用数据和行业数据资源，为人工智能行业输送其所需的计算力。可以说，AI芯片的不断升级和深度学习算法的持续进化是该产业良好发展的基石。

技术层的任务是在基础层的支撑上进行技术开发和输出，主要分布在计算机视觉、自然语言处理、语音识别和机器学习等领域。技术层在模型训练上核心使用机器学习的方法，辅之以深度学习、强化学习、回归和分类等方法，并搭建底层框架。现已有Tensorflow、Torch、Caffe、MXNet等底层框架问世。

应用层的目标是基于技术层的能力，提供商业化的解决方案。金融、交通、安防、医疗、机器人、无人机、智慧城市、自动驾驶、智能客服、智能物流和客户画像等场景已经开始大量应用人工智能技术探索解决方案。同时，拥有大量数据优势的巨头公司已经开始搭建自己针对应用层的开源平台。

3.1 基础层：AI 芯片

基础层中的大数据和芯片是人工智能产业链的上游。由于在生活中产生的大量图像数据和语音数据无法直接为模型训练所使用，且处理数据的成本极高，因此一些专门处理大数据的公司成立并提供相关服务。此外，硬件公司主要进行芯片的升级研发，提升人工智能技术的算力。这些公司为处于中游的算法提供了训练资源，中游利用大数据资源提高算法准确性。我们在此主要介绍基础层中的 AI 芯片。

AI 芯片是支撑人工智能发展的硬件基础，目前来看，中国人工智能芯片的实力较为薄弱，且缺乏竞争。据 Compass Intelligence 的数据，全球 AI 芯片发展指数前十位中无一中国企业，中国的华为海思以 64.5 的分数位列第十二，前十位企业中美国企业占据 7 个席位（见表 5-1）。

表 5-1 全球 AI 芯片企业排名

排名	公司	AI 芯片发展指数
1	英伟达（美）	85.3
2	Intel（美）	82.9
3	IBM（美）	80.2
4	Google（美）	78.0
5	Apple（美）	75.3
6	AMD（美）	74.7
7	ARM（英）	73.0
8	高通（美）	73.0
9	三星（韩）	72.1
10	恩智浦（荷兰）	70.2
11	博通（美）	68.2
12	华为海思（中）	64.5

资料来源：Compass Intelligence

从技术架构来看，人工智能芯片又分为通用性芯片（GPU）、半定制化芯片（FPGA）、全定制化芯片（ASIC）和类脑芯片。

通用性 AI 芯片又称图形处理器，是单指令、多数据处理，采用数量众多的计算单元和超长的流水线，主要处理图像领域的运算加速。它具备通用性、性能高、功耗高，主要面向人工智能企业和实验室研发阶段。美国英伟达和美国超威半导体公司（AMD）的 GPU 占据市场统治地位，而由于中国芯片方面的基础薄弱，在 GPU 训练层市场上鲜有发展。

FPGA 又称现场可编程逻辑门阵列，可编程、通用性高、功耗一般，适用于多指令、单数据流的分析，与 GPU 相反，因此常用于预测阶段，在云端市场占据主导地位。目前 FPGA 市场的主要企业有英特尔、Altera、亚马逊、IBM、Facebook。中国的云计算数据中心阿里云、腾讯云、百度云也布局了云端推断市场。预期到 2025 年，FPGA 市场规模将达到 125 亿美元。

全定制化芯片是为实现特殊要求而高度定制化、应用于终端推断设备的 AI 芯片。虽然 ASIC 无法拓展，但是功耗可控、性能稳定，尤其是在移动端优势明显。针对智能手机、无人驾驶、计算机视觉、VR 设备等相关的芯片公司包括苹果、Mobileye、Movidus、微软等已经在全定制化芯片上取得较大成果。中国的寒武纪、地平线和深鉴科技等芯片厂商也在全定制化芯片上有了一定的发展。

类脑芯片架构是模拟人脑的新型芯片编程架构，类脑芯片可以模拟人脑功能进行感知、行为和思考，简单来讲，就是复制人类大脑，但是由于其技术难度过高，目前仍处于早期发展阶段，商业化产业化程度低，仅仅有少部分公司例如 IBM、高通、英特尔等利用硬件来模仿人脑的神经突触来开发类脑芯片。

由于 GPU 的高适应性使其可以应用于很多场景，全球人工智能的计算力以 GPU 芯片为主。不过 ASIC 发展前景被看好，这是由于人工智能算法的复杂程度逐渐加强，需要专业的芯片与之对接，ASIC 芯片更适合人工智能发展，而类脑芯片则是人工智能芯片发展的最终目标。因此随着全定制化芯片和类脑芯片在未来不断扩大市场占有率，如 GPU 等训练层通用性芯片增速将放缓或面临迭代。中国企业虽然在 GPU 上劣势较大，但是未来有希望在全定制化芯片上获得一席之地。

3.2 技术层：计算机视觉、智能语音、自然语言处理

人工智能在技术层可以分为 20 个子领域。其中机器学习、自然语言处理、知

识工程、信息检索与推荐、计算机视觉、智能语音和机器人等为核心的 7 个人工智能关键技术，人机交互、数据挖掘、芯片技术、经典 AI 数据库、计算机图形、多媒体、可视化、安全与隐私、计算机网络、计算机系统、计算理论和物联网等 13 个人工智能外延技术。

中国近年来在人工智能技术层发展迅速，得益于中国广阔的市场。国内现有语音识别的企业有科大讯飞、云知声、声智科技；语义识别和分析的企业包括三角兽、图灵机器人、玻森、今日头条；图像识别的企业有商汤、旷视、竹间、依图、Viscovery 等。此外，清华大学数据显示，计算机视觉、智能语音、自然语言处理是中国人工智能技术层市场规模最大的 3 个应用方向，占比分别为 34.9%、24.8% 和 21.0%。因此，我们在此主要介绍计算机视觉、智能语音、自然语言处理这三大领域。

计算机视觉指的是利用计算机对图像或视频信息进行处理分析，用电脑替代人眼对目标做到识别、跟踪和测量，并进行图像处理和模式识别。可以说，计算机视觉技术让机器拥有了人类的眼睛，能替代很多需要人眼完成的工作。中国计算机视觉企业以 Sense Time、Face ++、依图和海康威视为代表，在人脸识别方向发展迅速，多应用在安全监控系统中。据 IDC 统计，2017 年中国在这一领域获得的专利数量大约是美国的 6 倍，商汤、旷视、依图、云从 4 家公司已经占据了该领域 70% 的市场份额。

智能语音指的是利用计算机对语音信息进行分析处理，以模仿人类实现听、说等语音能力的技术。目前智能语音领域的核心技术是语音识别技术（ASR）和语音合成技术（TTS）。在这个领域，中国企业表现得十分优秀，科大讯飞、依图、百度、腾讯、阿里巴巴等企业拥有庞大的中文用户群体，形成了庞大的中文语音数据库。

自然语言处理指的是利用计算机对语言文字进行分析，以模拟实现人类对于语言的理解和掌控的技术，当前的主要应用包括自然语言理解和自然语言生成。目前，百度的自然语言处理模型的能力评价极高，超过了微软和谷歌。百度借鉴 Google 的 BERT 模式，开发了自然语言处理模型 ERNIE 用于理解汉语。Google 的模型在学习时会在每个序列中隐藏 15% 的单词，然后进行深度双向的预测，即尝试理解单词上文与下文双向的意义。基于类似的方法，百度 ERNIE 模型隐藏预测文章中一串被隐藏的汉字，让模型进行预测并学习文字组合之间的联系，直接对先验语言知识进行建模，引入了多元数据知识。结果显示，ERNIE 在 GLUE 为第 1 名，得分 90.1，超过微软和谷歌的模型得分。自然语言处理作为智能化的关键技术之一，目前技术发展依旧存在较大挑战，但是未来其突破会对人类社会产生重大影响。

3.3 应用层：硬件终端、应用场景

应用层主要是“人工智能 + 产业”的复合类下游企业，这些企业都具有极强的专业能力与营销能力，对行业理解十分深刻，并拥有创新意识，能够利用人工智能技术为产品赋能，进一步提高其在产业中的竞争力。

人工智能的应用层产业链可以进一步分为硬件终端和应用场景，前者主要体现为智能化的硬件终端，如智能手机、智能机器人等，中国有华为、小米、VIVO、OPPO 等智能手机品牌，新松、昆船、科沃斯、大疆等智能机器人品牌；后者主要体现为人工智能在实际生产生活中的综合应用，包括智能汽车、智慧城市等，长安、比亚迪、百度等中国企业正在进军智能汽车领域。

目前，应用层的企业规模和数量在中国人工智能层级分布中占比最大，这主要得益于世界科技巨头对人工智能全球开源社区的建设，为企业应用降低了科技难度，导致应用层的入门门槛相对较低。国内人工智能应用层的发展也较为迅速。广阔的市场为人工智能的应用提供了大量的数据和丰富的产品，目前已经在金融、教育、医疗、安防、智慧城市等多个垂直领域进行应用。

由此可见，中国人工智能应用层市场已经初具规模，从基础层、技术层到应用层的完整产业链也正在形成，产业集群初步显现，一批创新活力高、发展潜力大、应用范围广的企业快速成长，新业态和新产品不断涌现，整体呈现蓬勃发展的良好态势。与此同时，与实体经济融合不够深入、产研结合不紧密也是中国人工智能发展面临的重要问题。此外，由于国外也正在不断推进人工智能应用层的发展，国外相关企业在国际层面上仍占据主导地位。以工业机器人为例，被称为“四大家族”的 ABB、FANUC、KUKA 和安川占据全球工业机器人市场的绝大多数份额，国内相关企业面临较大的市场竞争压力和自主创新压力。

4. 未来展望与挑战

4.1 人工智能未来展望

由于人工智能技术和应用效果并未达到预期，投资回报比不高，人工智能的投融资规模不断缩小，世界人工智能发展开始进入冷静期。2020 年，在经济下行和世纪疫情的影响下，上半年全球融资规模仅为 178.4 亿美元，美国 72 亿美元，中国 60.3 亿美元；全球融资笔数仅为 435 笔，美国 152 笔，中国 126 笔。更为严峻的是，2020 年上半年融资金额中 94.7% 的份额集中在 B 轮及以后的成熟阶段，资本对种子轮企业的投入达到“冰点”。

此外，由于近些年人工智能产业的迅速膨胀，商业探索空间已经变得极为有限。2020 年 Gartner 发布了人工智能技术成熟度曲线，专用深度神经网络、自然语言处理、机器学习和计算机视觉的期望逐渐下滑，计算机视觉甚至已经进入泡沫低谷期（见图 5-4）。

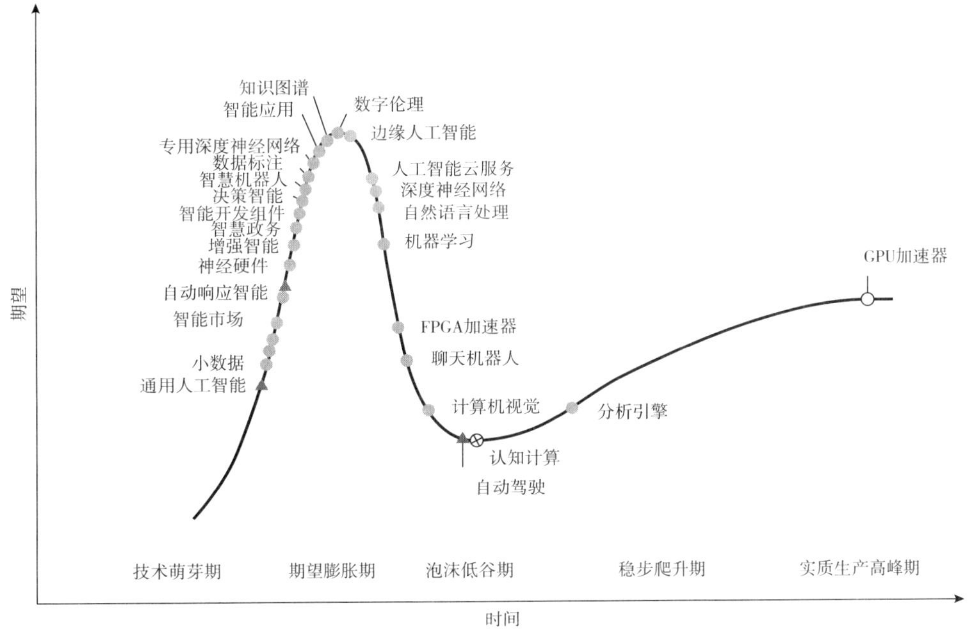

图5-4　2020年Gartner人工智能技术成熟度曲线

资料来源：Gartner

全球人工智能冷静期的到来给予了中国发展人工智能产业，实现超越的契机。中国在前期已经对人工智能的各个领域进行了探索，为未来人工智能产业发展开辟了道路，也为企业和政府厘清了人工智能发展面临的问题，具备发展的基础实力。随着此次人工智能浪潮的高开低走，中国要牢牢抓住这个窗口期，抢先推动人工智能产业稳定发展，加强基础要素能力的支撑，加快场景应用水平的提升，占领人工智能产业的世界领先地位。具体地说，要避免互联网时代唯技术、唯产品的思路，从场景应用需求、产业发展规律等角度使人工智能技术发挥出最大价值。

4.2 人工智能的挑战

随着人工智能技术的快速发展和应用，与之相关的安全和伦理问题日益凸显并开始为人们所重视。

在安全挑战方面：一是人工智能可以替代人类劳动，就业安全受到威胁；二是人工智能发展建立在大数据收集和深度学习的基础上，不良企业可能会出现数据盗用、侵害个人信息等行为，信息安全受到威胁；三是人工智能具有极强的学习和模仿能力，可以仿造很多东西，产生极具欺骗性的虚假信息，政治、经济及社会安全受到威胁。

在伦理挑战方面：一是个性化推荐导致人类被封闭在“信息茧房”之中，失去进行搜索和决策的能力，对智能化过度依赖；二是人工智能逐渐拥有了情感计算和类脑智能的能力，对人类道德伦理和社会规范产生极大冲击；三是人工智能算法由于其拥有更大的隐秘性，会扩大歧视和偏见；四是人工智能武器改变了人类战争模式，一旦使用会对人类造成毁灭性的打击。

为了防止人工智能安全和伦理问题给人类造成伤害，各国积极出台政策规范人工智能伦理道德。2020 年，美国国防部下属的国防创新委员会发布《人工智能伦理道德标准》，公布了负责、公平、可追踪、可靠和可控的人工智能五大伦理原则。牛津大学成立了人工智能伦理研究所，并委任了由 7 位哲学家组成的首个学术研究团队。中国人工智能学会伦理专业委员会也正着手进行中国人工智能伦理规范研究，国家新一代人工智能治理专业委员会在 2021 年 9 月发布了《新一代人工智能伦理规范》，确立了增进人类福祉、促进公平公正、保护隐私安全、确保可控可信、强化责任担当、提升伦理素养的人工智能发展准则。

第三节　在智能汽车新赛道上锻长板

智能汽车是人工智能最新、最典型、最综合的实际应用之一，也是国家科技水平和人工智能发展程度的重要表现，具有非常广阔的发展前景。智能汽车通过装载多种先进传感器、控制器、执行器等高科技电子信息设备，通过车载环境感知系统和信息终端，实现“人—车—环境”三位一体的信息交换，进而实现车辆对行驶道路环境的感知，对驾驶员行为和状态的感知，使得驾驶智能化、自动化、安全化。

1. 世界智能汽车发展概述

智能汽车作为人工智能的综合应用，随着人工智能的快速发展逐渐兴起。世界各国都在加快智能汽车的战略布局，相关战略性文件和配套法律法规也相继出台。2015 年，欧盟委员会成立了 GEAR 2030 高级小组，先后发布了《地平线计划 2020》《GEAR 2030 战略》，全面推进智能汽车产业的发展，重点协调自动驾驶和网联驾驶协同开发；2016—2021 年，美国先后发布《通往自动驾驶 1.0》《自动驾驶 4.0》等报告，细化自动驾驶研发应用、法规标准，同时推动自动驾驶相关事宜在各州立法；2018 年，欧盟委员会正式发布《通往自动出行之路：欧盟未来出行战略》，明确了自动驾驶的发展路径，发布协作式智能交通系统战略，提出各欧盟成员国统一的智能汽车和道路相关标准，使欧洲成为智能驾驶领域的全球领导者；日本政府则推进《道路交通法》《道路运输车辆法》的修订和完善，为智能汽车的实现做好法律准备，发布《自动驾驶汽车安全技术指南》，明确智能汽车的技术规范。

在一系列的政策推动下，美国、欧洲等国家和地区在智能汽车核心技术方面处于领先水平。许多顶级汽车制造商、汽车零部件供应商、计算机电子制造商和互联网供应商都在智能汽车领域进行了投资，并在辅助驾驶技术、自动驾驶处理系统、车载计算平台、自主汽车批量生产等方面取得了一定成果。2017 年 7 月，奥迪首次推出了全球首款L3级[①]自动驾驶量产车A8，并于2021年推出L5级量产车型Sedric；福特于2021年推出L4级自动驾驶汽车的量产车型。作为全球智能汽车引领者的特斯拉，其技术水平在全球处于领先地位，软硬件实现全套自主研发，芯片、软件算法、电子感知元器件等都十分先进。截至2022年初，特斯拉智能汽车产品累计销售已经超过230万辆，并具备5款智能汽车的量产能力。从总体情况来看，全球各主要智能汽车制造商都已经具备L2级及以上的车型生产能力，L3级、L4级的自动驾驶智能汽车即将大规模进入商业阶段。

此外，智能汽车的定义在发展中进一步延伸，不再只局限于自动驾驶和单车智能，通过智能网联赋能，与其他相关新业态新技术融合发展。例如，在车路协同方面，美国已经计划修建首条专供智能汽车行驶的长约40公里的道路，同步推进物理基础设施和数字基础设施协同发展；欧盟发布连接欧洲基金计划，计划从2021年开始的7年内投入337.1亿欧元用于跨界基础设施和车路协同的应用。在综合服务方面，智能汽车为汽车的创新商业服务模式提供了支持，英国规范了智能汽车在商用车、交通服务等方面的应用。德国大众汽车公司提出2030 NEW AUTO战略，计划通过智能网联汽车在未来实现从租赁、共享到预定的全面移动出行服务。在构建智慧城市方面，智能汽车也正在并将持续发挥巨大作用，韩国现代汽车公司提出以人为本的智能汽车愿景，重点关注了智能汽车在构建智慧城市方面发挥的重要作用。

2. 中国智能汽车产业现状

中国对智能汽车产业的发展予以高度重视。2017年国家发展改革委、科技部、工信部发布了《汽车产业中长期发展规划》，提出将智能汽车作为汽车产业转型升级的重要引擎；2018年国家发展改革委发布《智能汽车创新发展战略（征求意见稿）》；2020年国家发展改革委、工信部等11部委又联合正式发布《智能汽车创新发展战略》，将智能汽车发展提升至国家战略高度，并提出到2035年要实现“安全、智能、便捷、舒适、高效、节能、环保”的智能汽车新社会。最新的发展战略强调智能化与网联化协同发展，将智能汽车与智能交通系统、智慧城市系统

① 智能汽车根据其自动化和智能化程度一般分为5级，即L1（驾驶支援）、L2（部分自动化）、L3（有条件自动化）、L4（高度自动化）、L5（全自动化）。

融合发展，构建市场化主导、开放合作的国内产业格局和国际合作格局。

国家政策的大力支持使中国的智能汽车产业得到了充分的发展，产业整体水平处于世界前列，产业规模和市场规模巨大，产业成熟度逐渐提高。《中国互联网发展报告（2021）》的数据显示，2020 年中国智能网联汽车销量已超过 300 万辆，同比增长 107%，市场渗透率达到 15% 左右。智能汽车正逐渐从技术研发和实验测试阶段迈向示范应用甚至大规模应用的崭新阶段。

从产业整体竞争力来看，《智能网联汽车蓝皮书：中国智能网联汽车产业发展报告（2021）》以环境竞争力、基础辅助竞争力、产业支撑力、企业竞争力、消费使用支撑力、社会需求支撑力等 6 个角度，对美国、德国、日本和中国的智能汽车产业国际竞争力进行综合评价。结果表明，中国智能汽车产业发展势头迅猛，发展潜力巨大，呈现强劲的追赶态势和赶超趋势。但是与世界智能汽车强国，特别是美国，还有较大的差距（见图 5-5）。从其细分一级指标来看，中国环境竞争力、消费使用支撑力、社会需求支撑力等方面具有突出优势，但是在产业配套、产业技术等方面的短板依然明显。

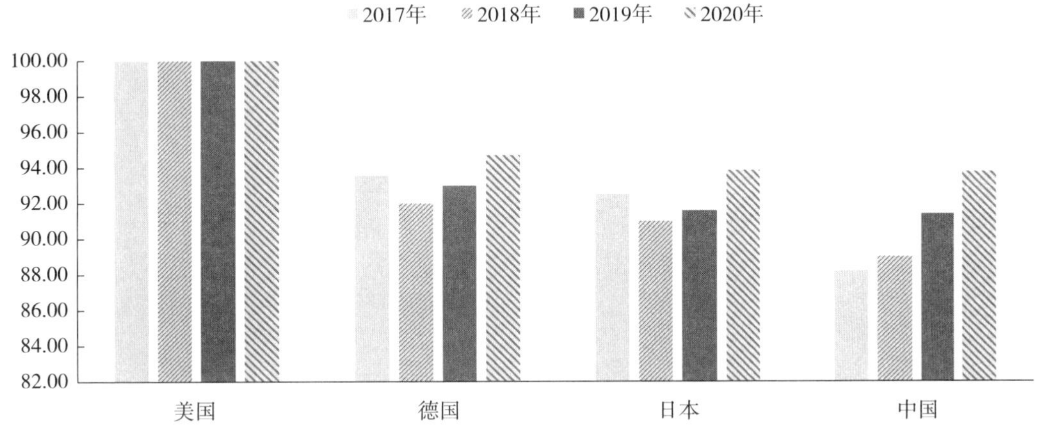

图5-5　智能汽车产业国际竞争力综合评价指数

资料来源：《智能网联汽车蓝皮书：中国智能网联汽车产业发展报告（2021）》

从技术水平来看，中国智能汽车相关技术不断提升，多项关键技术达到国际领先水平。在车辆关键技术方面，多款激光雷达开始进入前装，性能达到国际先进水平，生产成本不断下降；车载计算芯片的算法不断优化，算法算力不断增强，如华为、地平线、黑芝麻等国产厂商均取得了突破性进展；车辆线控执行系统也不断发展，金龙联合汽车的高性能商用车线控转向系统和制动系统研发成功并实现量产。在信息交互关键技术方面，华为、广汽、北汽、上汽等都已具备搭载V2X（Vehicle to Everything）芯片和模组并进行量产的能力；同时国家层面的大数据云端控制基础平台已经开始建设，区域性云端控制平台已经开展试运营示范，如北京已经建成了全球首个网联云控式高级别自动驾驶示范区，并已于2021年开放自动驾驶高速测试，相关数据可以直接连入区域云控平台，为行驶安全提供有力保障。在基础支撑关键技术方面，高精度地图测绘取得突破，高德地图研制出具有车道信息、道路类型、道路连通逻辑的高精密地图，并与小鹏汽车实现联动，进一步满足了智能汽车自动驾驶功能的需要；中国北斗卫星导航系统于2020年7月完成组网，不论是定位精度还是覆盖广度都达到领先水平，为智能汽车导航提供有力支撑；车载数据存储与传输设备技术水平显著增强，希捷科技推出的解决方案已经广泛与捷豹、路虎等国外车企达成合作意向。

虽然国内智能汽车的技术水平整体发展迅速，且已在全球崭露头角，但不可否认的是，中国在诸多关键技术上还存在"卡脖子"问题，如车用操作系统、车用高性能芯片及汽车智能安全被认为是中国当前智能汽车的三大挑战。以车用高性能芯片为例，中国目前具备自主研发能力的企业极少，其技术尚不成熟，产品质量还有待进一步检验；而更多的企业从产品设计软件到芯片制造设备等生产性领域都依赖外国企业，受到外方制约，而且每年还会直接进口大量芯片，特别是视觉处理、雷达收发等关键的环境感知芯片。在这种情况下，产业自主程度受到较为严重的威胁，亟须加速突破。

从基础设施来看，智能汽车作为大型人工智能终端产品，对配套基础设施具有较高的要求，既需要道路、车辆等传统基础设施，也需要大数据云端平台、网联、大数据运算等数字信息基础设施。在交通运输系统方面，中国正积极推进智能汽车基础设施和测试示范区建设，在北京、天津、上海、重庆、武汉、吉林等汽车产业集聚的城市设置了国家智能网联汽车应用示范区，例如北京正在加快推进"多杆合一"的智能基础设施建设，武汉市正加快推进车城网平台建设，用以测试各种各类智能汽车，为智能汽车大规模上路和普及打下坚实基础。截至2022年初，全国已开放测试道路里程超过5000公里，安全测试里程超过1000万公里，带动智能化道路改造升级超过 3500 公里。而在新基建相关领域，以 5G、人工智能为代表的一系列数字化、智能化基础设施也正加紧建设。当前，中国车路网联已经完成了基于 LTE–V2X 的大量测试，测试结果显示，车联网产品及技术已经初步具备规模化应用的条件。

但中国智能汽车在基础设施建设领域的发展还比较缺乏协调性，当前一些示范区、城市先导区、测试道路和测试区的运行相对孤立，没有形成互联互通的机制，相关业务和信息缺乏共享，缺少跨区域、跨平台的统一协调机制；各相关智能汽车制造商依托的车联网平台、运营系统、数据模式、技术标准也都不尽相同，缺乏统一的建设标准，难以实现跨企业的信息交流和全产业的协调发展。总之，智能汽车的基础设施建设还面临各部门、各企业协同发展的挑战，距实现智能汽车在全国范围内的畅通无阻还有一定的距离。

3. 智能汽车产业链竞争格局

智能汽车的产业链特点与传统汽车产业具有本质不同。传统汽车工业的产业链上游主要是机械制造、零部件制造等传统制造业，而智能汽车的产业链上游进一步延长，人工智能、各类传感器、各类芯片、复杂算法等具有高科技含量、高附加值属性的新链诞生了。同时，智能汽车产业链的中下游进一步丰富，衍生出更多直接面向消费者的服务，如出行服务、智慧物流等（见图 5–6）。下面我们分

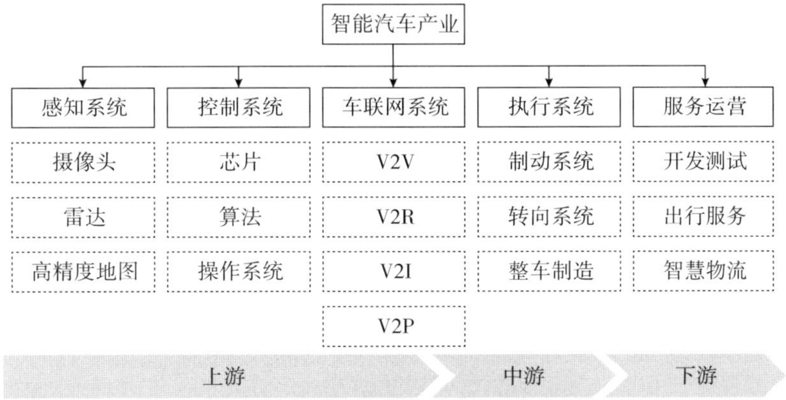

图 5–6　智能汽车产业链格局

资料来源：作者整理

别从感知系统、控制系统、车联网系统、执行系统和服务运营详细介绍智能汽车的产业链格局。

3.1 感知系统

感知系统主要是车辆用以感知外界环境的硬件设备及相应软件的系统，主要包括摄像头、毫米波雷达、激光雷达、超声波雷达等车辆感知设备，同时也包括高精度地图等定位和导航系统。

（1）车载摄像头。车载摄像头是安装在汽车上，用于监控汽车内外环境情况以辅助汽车驾驶员行驶的摄像设备，随着智能汽车的不断成熟，车载摄像头更多与算法融合发展，发挥车道偏离预警（LDW）、汽车碰撞预警（FCW）等高级驾驶辅助系统（ADAS）功能。随着智能汽车的蓬勃发展，原先具有较强的摄像头设备研发基础的中国本土企业如舜宇光学、欧菲光等已开始对智能汽车车载摄像头进行布局。但这些企业主要集中在车载摄像头的下游领域，图像传感器（CMOS）等核心组件和光学镜片、滤光片等上游部件还是由松下、索尼、法雷奥等国外企业主导，相关领域市场集中度高、技术壁垒高，短时间突破难度较大。

（2）车载雷达。车载雷达主要包括毫米波雷达、超声波雷达、激光雷达等。国内企业德赛西威、华域汽车、保隆科技等都在毫米波雷达领域有所布局，但其主要市场还是被 Conti 等国外企业所占据；辉创、航盛、同致等国内企业在超声波雷达领域表现出色，但在传感器的稳定性上还逊色于国际头部企业，且超声波雷达市场格局已经定型，赶超空间较为有限。而激光雷达领域被视为实现国内企业赶超的新赛道，国内企业禾赛科技、速腾聚创等表现出色，与国外企业技术差距较小，基本处于同一起跑线。

（3）高精度地图。高精度地图比普通地图提供了精度更高、内容更丰富的地图信息和数据，是智能汽车自动驾驶等功能的重要支撑。据了解，高精度地图产业拥有较高的准入门槛，需要有甲级测绘资质。截至 2021 年底，仅有 28 家公司进入国内高精度地图甲级测绘资质名单。由于高精度地图与国家安全高度相关，国内高精度地图企业大多数是本土公司。据 IDC 统计显示，2020 年中国国内高精度地图产业市场份额前 5 名公司为百度、四维图新、高德、易图通以及 Here，分别占比为 28.07%、21.26%、16.15%、13.07% 和 7.80%。

3.2 控制系统

控制系统是智能汽车的大脑，处理感知系统收集的信息，分析判断后做出指令。主要包括芯片、算法、操作系统等核心硬件或软件。

（1）智能汽车芯片。芯片是智能驾驶的核心，按照产品功能主要可以分为3类，一是ADAS芯片，用于实现L1~L2级别的辅助驾驶功能；二是基于CPU的智能驾驶汽车芯片；三是智能驾驶外围功能芯片，如5G芯片、V2X芯片等。目前智能驾驶汽车芯片的市场主要集中在ADAS驾驶辅助领域。英特尔、英伟达等国外企业入局较早，目前占据了全球主要市场份额和技术前沿，同时以华为为代表的一些国内企业也具有突出优势。华为能够提供从芯片、算法到传感器的全套解决方案，并且芯片行业迭代较快，华为、地平线、云途、黑芝麻等国内企业还有较大的突围机会，有望依托快速反应能力来抢占一定市场。

（2）智能汽车算法、操作系统。在“软件定义汽车”的时代，智能汽车所搭载的软件发挥重要作用。长期以来，车载计算平台被英特尔、英伟达、Mobileye等国外公司垄断，国内智能汽车制造商只能定制、引进国外Tier 1的相关软件系统，这是阻碍中国自主智能汽车品牌发展的瓶颈之一。同时华为、地平线、黑芝麻等国内企业发展十分迅速，例如华为的MDC系列系统具有开放化、标准化等突出特点，获得了众多自动驾驶公司和主机厂的青睐，目前已和多家公司达成合作。长期来看，中国企业依然有机会实现“弯道超车”。

3.3 车联网系统

车联网是实现高等级自动驾驶的关键前提，即车载设备通过无线通信技术，对信息网络平台中的所有车辆动态信息进行有效利用，在车辆运行中提供不同的功能服务。中国高度重视车联网在智能汽车产业中的重要作用，2020年印发的《智能汽车创新发展战略》中就强调智能化与网联化协同发展 。

车联网的核心逻辑是V2X，即智能汽车主体与其他智能汽车、行人、道路、交通设施等各种主体的交互。其主要有两条技术路线，一是DSRC，由IEEE基于WIFI制定；二是LTE-V2X，由3GPP（第三代伙伴联盟）通过拓展通信LTE标准制定。目前，后者已成为中国相关产品的标准，相关终端产品已具备商用基础，大唐、华为等国内企业已对外提供基于LTE-V2X的商用芯片或模组；华为、大唐、中国移动、金溢、星云互联、东软等国内企业已提供基于LTE-V2X的车载单元（OBU）、道路测试设备（RSU）硬件设备及相应软件协议栈。

3.4　执行系统

执行系统处于智能汽车产业链的中下游，作为整条产业链承上启下的关键，通过结合传统汽车制造技术和新兴人工智能技术，为汽车智慧赋能。执行系统主要包括制动系统、转向系统、整车制造等相关领域。

（1）智能汽车制动系统。随着智能汽车的发展，汽车的制动系统也随之转型升级，由传统的液压制动、电控制动逐渐到最新的线控制动模式，其响应时间短、可扩展性强，能够满足智能汽车对制动的更高要求。目前的线性制动系统主要有两种，一是非纯线控的液压式线控制动（EHB），其保留了传统的液压工作方式，由ECU计算出电机应产生的扭矩，进而通过机械和电机传导产生制动力；二是纯线控的机械式线控制动（EMB），其取消了制动主缸和液压管路，通过传导制动电子信号来直接作用在制动钳上。显然后者更为先进，也是未来发展的主流和趋势。当前智能汽车线控制动产业仍处于发展初期，国外企业先发优势较为明显，如博世、大陆、天合、德尔福、日立等。国内品牌主要有伯特利、拓普、华域等，其中较为领先的是伯特利，但国内厂商还存在芯片等核心技术依赖外国企业的情况，短时间突围难度依然较大。

（2）智能汽车线控转向系统。线控转向即由电信号代替机械传动装置来控制汽车的转向系统。当前博世、捷太格特、耐世特等国外企业的线控转向技术已经较为成熟，基本具备量产能力，但尚未进入量产阶段，而国内的智能汽车线控转向产业仍处于萌芽期，技术尚不成熟，未来面临较大挑战。

（3）整车制造。在整车制造领域，既有传统汽车制造企业进入智能汽车领域，也有新入局的高科技企业。传统车企例如长城、吉利、比亚迪、上汽、广汽等，而新入局企业既有百度、华为、小米等互联网巨头，也有小鹏、蔚来等聚焦智能汽车产业的新势力。长城汽车目前提出咖啡智驾“331战略”，打造全栈自研汽车制造商，进而期望降低研发成本、建立技术壁垒，有望成为全球第三家、国内第二家掌握智能驾驶全栈能力的汽车制造商，但其还处于入局起步阶段。小米通过发挥丰富的智能硬件和软件平台开发经验，依靠完备的产品生态，同样具有良好的发展前景。小鹏汽车则是中国目前唯一一家能够做到全栈自研量产智能汽车的企业，有望在未来远程更新和迭代过程中持续领先，其基于视觉高精地图、GPS

以及其他多个传感器的融合方案，相较于其他厂商的方案更具有量产性。总体而言，新入局的科技企业，特别是专注智能汽车的造车新势力优势较为明显，深度参与国内国际智能汽车竞争和发展，已经具备了一定的市场竞争力，例如小鹏、蔚来、理想 3 家车企 2021 年销量均接近 10 万辆；而传统汽车制造商入局较晚，相关人工智能技术积累不够，尚处于起步阶段。

3.5　服务运营

由于智能汽车的衍生功能非常丰富，具备提供更加多元商业化服务的潜力，其服务和运营市场也非常广阔。根据智能汽车落地场景的开放性不同，可以将其分为封闭场景、半封闭场景、开放场景等。

封闭、半封闭场景的外界环境相对固定，交通密度相对较小，运行环境较为安全，运营条件也更为成熟，具体包括机场、车站、工地、码头、园区等。由华为、希迪智驾、宁德时代联合研发的电动无人矿卡 CD90EV，已经在多个矿区投入使用，最高可以节省 92% 的人力和运营成本。美团聚焦“最后 3 公里”即时配送，计划在几年内推出成本低于 15 万元的配送车；小马智行等则在新冠肺炎疫情防控的指定区域内提供无人消毒、无人配送等智能驾驶服务。

开放场景主要是指直接在常规交通系统中提供的智能汽车服务，如智能出租车、智能公交车、智能卡车等，其交通环境较为复杂，安全风险更大，未来的发展还具有诸多不确定性。不过仍有一些企业在此谋篇布局。智能出租车方面，据麦肯锡预测，智能出租车的相对使用成本有望在 2026 年前后出现拐点，届时还将有望代替传统出租车。智能公交车方面，宇通、金龙、金旅、文远知行等企业已经发布无人驾驶的小型公交解决方案；2018 年百度和金龙联合研发的“阿波龙”实现量产，已在多地示范运营，安全接待人次超过 10 万；2020 年，轻舟智航推出的“龙舟 ONE”也在多地开启示范运营。智能卡车方面，国内公司赢彻科技、智加科技等选择量产 L3，此后再通过远程升级的方式进阶到 L4 的技术路线进入智能卡车领域；赢彻与东风、中国重汽联合研发的 L3 级重型智能卡车已于 2021 年量产，并预计未来升级为 L4 级；智佳科技也预计于 2024 年推出 L4 级的重型智能卡车。

4. 未来展望与挑战

4.1 中国智能汽车产业发展趋势

展望未来，智能汽车产业前景广阔。从市场和企业角度来看，智能汽车的出现将加速中国汽车产业市场格局的变化，国内企业有望“破局”，入围全球智能汽车第一梯队。一方面，目前中国智能汽车市场已经有了一定的技术积累，多个车企均已具备整车批量生产的能力，蔚来、理想、小鹏均已进入中国车企的市值前十名；另一方面，国家相关政策和消费环境支撑日渐成熟，产业重点逐步转移至快速增长阶段，巨大的市场前景可能会吸引更多的传统车企、高科技企业和其他新势力企业入局，未来中国智能汽车市场有望经历先分散再集中的市场结构变化。此外，产业内突出企业在智能化技术发展下，有望引领国内相关企业兼并重组，发挥规模效应，并成为国际一流车企。

从技术角度来看，中国智能汽车未来的发展路径主要是智能化与网联化协同发展。《智能汽车创新发展战略》指出，汽车将由单纯的交通运输工具逐渐转变为智能移动空间和应用终端，成为新兴业态重要载体，明确了智能汽车不仅是单车的智能化，更是人工智能综合应用的一个终端。同时还提出，到 2025 年车用无线通信网络（LTE-V2X 等）实现区域覆盖，新一代车用无线通信网络（5G-V2X）在部分城市、高速公路逐步开展应用；结合 5G 商用部署，推动 5G 与车联网协同建设，表明国家对车联网产业的进一步重视，其地位也得到相应提高，未来智能汽车势必将与整个数字化产业建设紧密融合。在中国巨大的市场拉动和国家政策的支持下，中国相关企业的核心技术水平也有望取得重大突破。

4.2 中国智能汽车产业面临的挑战

近年来，中国智能汽车产业在人工智能技术的蓬勃发展下，取得了较快的进步。国家高度重视智能汽车产业，顶层设计不断完善，在技术水平、基础设施、法律法规建设等方面均取得了突出成绩，促使整体产业走在了世界前列。但不可否认的是，中国智能汽车仍然面临诸多挑战，与以美国为代表的智能汽车强国还有一定的差距，智能汽车市场迭代更新较快，产业不确定性较多，还需要中国政府和相关市场主体持续努力，在智能汽车的新赛道上跑出更好成绩。

（1）关键技术受制于人。智能汽车科技含量高、产业链长，对于整个人工智能相关产业的发展水平要求很高。中国在一些关键核心技术方面仍然存在“卡脖子”问题。例如，在车载芯片方面，不仅传统车载人工智能芯片被外国企业垄断，制造芯片所必需的关键设计工具和制造设备也被外国企业垄断，国内芯片自主研发之路依然艰难。在操作系统方面，国内相关企业的自主研发尚处于起步阶段，技术积累相对薄弱，距技术成熟和大规模运用还有较大距离，内核系统和中间件主要掌握在外国企业手中。在感知系统方面，一些上游光学元器件、视觉处理芯片、雷达收发芯片也严重依赖外国进口。相关领域一旦被断供，国家智能汽车产业安全将受到较大威胁。

（2）产业发展不够协调。智能汽车产业牵涉面广，需要多方协同发展予以支撑。一方面，中国缺乏行业融合发展的技术架构，市场主体的技术标准不够统一，相关资源无法实现共享；各示范区建设相对孤立，不能实现信息互通，同质化、碎片化的情况较为严重；各地进行示范测试、牌照发放的制度标准不统一，相关资质的互认机制没有建立起来，较大增加了企业研发和测试成本。另一方面，与智能汽车相关的配套产业发展滞后，例如高精度地图覆盖面还比较小，据了解，目前仅有35万公里的高速公路与城市快速路完成了高精度地图的采集，其余道路尚未开展，更新频率相对缓慢，影响了智能汽车在开放道路上的大范围普及；相关通信标准更新迭代速度较快，但许多基础硬件设施无法兼容支持，也在一定程度上抑制了智能汽车产业的发展和更新。

（3）示范应用推进缓慢。智能汽车大规模普及的前提是经过较为充分的测试和试点，示范应用正是连接研发和市场的关键环节。目前中国在智能汽车的示范应用方面还存在较多问题。第一，各地示范项目与实际应用结合不够紧密，例如公共交通、工地作业、港口物流等，很多还停留在简单的科普层面，相关基础设施建设缓慢，道路联网、高精度地图、测试场地建设相对滞后。第二，当前的应用测试整体相对简单，与真实环境的差距依然较大，相关测试数据也不够全面，对实际路况车况的模拟不够充分，智能汽车执行判断系统不够健全，其安全还存在较高风险。第三，测试场地建设相对缓慢，复杂路况尚未完全开放测试，不能完全满足企业研发和测试的需要，各地示范区的测试标准还不统一，测试结果无法互认，也为企业造成了一定的影响。

（4）配套法律法规尚不健全。智能汽车作为发展迅速的新鲜事物，亟须完善相关法律法规来支持其应用和普及。在交通安全方面，现行《道路交通安全法》仅允许有资格的驾驶人驾驶机动车上路，自动驾驶系统不具有驾驶机动车的合法地位，虽然公安部已经发布了《道路交通安全法（修订建议稿）》，但还没有正式通过实行，智能汽车的普及还存在上牌难、上路难、事故认定难等一系列问题。此外，现行的《道路运输条例》《机动车交通事故责任强制保险条例》《机动车运行安全技术条件》等法规也有许多与智能驾驶相冲突的表述和规定。在数据安全和网络安全方面，据了解，2016—2020 年，全球围绕汽车网络安全方面发生的事件数量增长了近 10 倍，智能汽车中的各类数据非常丰富，泄露风险巨大，许多潜在数据还与国家安全相关。应当进一步加强智能汽车网络安全和数据安全，加快完善智能汽车相关的数据采集、存储、处理、应用法律法规和标准。

第六章
发挥网络化优势

近 20 年来，随着全球信息技术的发展和互联网的普及，网络化已经成为世界各国经济技术发展的主要方向之一。不仅各国公民使用网络化、信息化的社交平台获取信息，学习知识，传播内容，各类型的企业也在适应时代潮流，推行网络化办公，构建独立的内部系统，发展人工智能。利用数字化、信息化技术与传统产业结合或者搭建平台赚取流量的数字经济已经成为新时代发展的潮流，万物皆可互联的概念逐渐深入人心。互联网产业具有数字经济的明显特性，即网络外部性和先发优势等。由于美国等西方国家在互联网技术领域属于先入者，其利用网络外部性迅速占据了大量的市场份额，进而形成一定的垄断地位，使中国作为后入者，在该领域被拉开了一定的差距。但是，超大市场规模的优势为中国在互联网产业实现“换道超车”提供了现实基础。

本章第一节介绍了中国互联网的市场规模、网络化现状，阐述了中国互联网市场发展的潜力。在市场规模方面，中国作为一个拥有 14 亿人口的大国，市场规模巨大，网络化稍一普及就能产生巨大的网络外部性，进而推动整个产业的不断发展，这是中国互联网产业发展的巨大优势。在网络化现状方面，中国的网络化水平不逊于西方各国，但在网络技术领域稍显落后。在操作系统领域，苹果、谷歌作为市场的先入者，有着巨大的先发优势，垄断了全球的操作系统市场，中国正在奋力追赶。在互联网发展模式方面，中国互联网目前以消费互联网为主，但中国作为一个制造业大国，工业互联网领域的发展同样具有很大的市场规模和市场潜力，其将成为未来发展的主要方向。

本章第二节分析了 5G 产业的发展历程以及中国在 5G 产业上的现状、未来趋势及挑战。5G 作为开启万物互联时代的关键基础设施，是大国竞争博弈的战略焦点。中国于 2016 年最早开始进行 5G 技术的研发和试验，并在产业创新能力、网络基础设施建设、用户规模、应用场景等方面取得了不错的成果，目前正处于世界领先地位。未来，5G 将为中国的经济增长作出卓越贡献，并进一步朝 6G 发展，形成“空—天—海—地”一体化全球无缝覆盖的网络。

本章第三节介绍了全球智能终端操作系统的发展历程和竞争格局，并讨论了中国操作系统的破局之路。21 世纪初，谷歌和苹果公司分别推出安卓系统和 iOS 系统。之后短短几年，全球市场份额就几乎被这两家公司完全垄断，中国操作系统的发展举步维艰。但随着物联网时代的到来，以华为鸿蒙系统为首的中国自主操作系统有了实现“换道超车”的绝佳机遇，既需要借鉴苹果和安卓系统的成功经验，还要提防以美国为首的科技打击。未来，操作系统的安全性将得到进一步重视，中国操作系统也将在合作联盟、产业生态的推动下进一步发展。

本章第四节对工业互联网产业进行了一个简单的梳理，介绍了工业互联网的产业概况以及中国在工业互联网上的发展现状，并对该产业未来的发展进行了总结与展望。工业互联网是万物皆可互联概念在工业制造业领域的衍生，在世界上的发展也不过短短几年。在这一领域，中国和世界其他国家处在同一起跑线，但凭借巨大的制造业规模优势，中国在工业互联网的整体产业规模、技术水平、基础设施等方面都有了一定的国际竞争力。未来，工业互联网将通过促进产业融合发展，进一步为中国经济增长提供新的动能。

第一节　市场规模、网络化与新赛道

1. 中国互联网市场规模

网络化发展与市场规模的大小密切相关。中国互联网络信息中心（CNNIC）发布的《第 48 次中国互联网络发展状况统计报告》显示，自 2018 年以来，中国网民规模稳步上升。如图 6-1 所示，截至 2021 年 6 月，中国网民规模已经达到 10.11 亿人次，占全国人口总数的 71.6%。

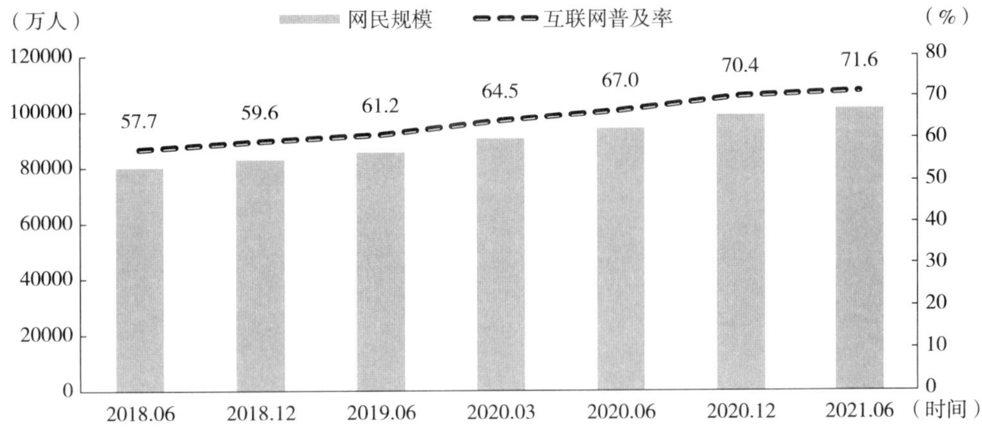

图6-1　中国网民规模和互联网普及率变化图

资料来源：CNNIC 中国互联网络发展状况统计调查

中国手机网民规模稳步上升，占整体网民的绝大多数。截至 2021 年 6 月，中国手机网民规模已经达到 10.07 亿人次，占全体网民规模的 99.6%，几乎所有的网民都在使用手机上网。此外，中国网民的人均每周上网时长为 26.9 个小时，网络已经成为中国居民获取信息、进行社交、休闲娱乐的重要工具。

如此庞大的市场规模为中国互联网企业的发展提供了巨大优势，从全球市场来看，在 2018 年全球社交软件活跃用户数排行榜上，排名前十的社交软件有 5 款来自中国，来自腾讯的社交软件微信月活跃数超过 10 亿人次 ，是中国社交软件中排名最高的一个，位列全球第五，这些月活量几乎都由中国网民贡献。除微信外，微博、抖音等社交软件也都名列前十。然而，月活前十的其余 5 款社交软件均来自美国，且其月活均在 10 亿以上，最高的 Facebook 月活量超过 20 亿人次，远远超过了美国网民总数，足见美国企业在全球互联网产业的统治力。

2. 中国网络化发展现状

2.1 中国移动网络技术水平

在芯片制造领域，虽然中国已拥有独立的芯片设计能力，代表就是 SoC 领域的华为海思芯片，已达业界先进水平，但在整体方面，中国与世界先进水平仍有巨大差距。同时，受到中美贸易摩擦的国际形势的影响，中国手机芯片发展受到重重限制，在短时间内芯片制造很难追赶上世界先进水平。

在通信技术领域，中国 5G 技术处于世界领先地位。所谓 5G，即是指第五代移动通信技术。和 4G 相比，5G 网络速度更快，约为 4G 技术的 100 倍，延迟更低。中国 5G 网络基站建设正在稳步推进，各种“5G+”如雨后春笋般出现，包括“5G+ 工业互联网”等利用 5G 技术高、网速低延迟特点进行实时监测和设备操纵。

在操作系统领域，中国所使用的手机端主要操作系统为安卓系统和 iOS 系统，这两类操作系统分别由美国谷歌和苹果两大公司研发并公布。谷歌的安卓系统和苹果的 iOS 系统占据了全球及中国市场上的绝大部分份额。虽然中国也有自主研发的移动操作系统，但目前仍未能在市场上占据一席之地。

2.2 中国网络化发展模式

互联网发展主要模式有消费互联网和产业互联网。消费互联网是从个人的生活消费娱乐当中诞生并最终服务于个人的互联网经营模式。消费互联网以用户个人为中心，着眼于提升消费体验来吸引大量用户，或者通过其他的手段吸引眼球，创造流量。在拥有足够多的流量之后，通过流量变现来吸引投资，完成盈利。网络短视频、社交平台、电子商务等都是典型的消费互联网经营模式，这些领域的代表公司有腾讯、阿里、百度、字节跳动等，它们在形成巨大的流量后通过投放广告、收取平台供应商的佣金等流量变现的方式来盈利。产业互联网则服务于企业的生产经营活动，它通过建设互联网时代的新型基础设施比如产业数据库、共享经济平台等，提供给产业内的企业和从业者使用，从而完成整个产业链的资源整合与优化，能够有效地提高生产的效率，降低成本。如图 6-2 所示，产业互联网是垂直产业中位于各节点的企业，通过数字信息技术、互联网平台相互连接，最终形成的新型互联网模式。与消费互联网的模式不同，它不服务于个人的生活消费，而是对整个产业资源的优化，它不是“赢家通吃”的模式，而是整个产业链所有企业和从业者的共生共赢。在底层基础建设领域，产业互联网提供包括云计算、人工智能、物联网及其他相关软件及配套设施，这些产品根据所服务产业的不同而出现变化，来提高整体产业的生产效率。在企业和产业层面，产业互联网提供了包括数据平台、信息咨询平台、供应链金融等能将整个产业链统合起来的技术平台，降低了生产过程中的成本消耗。产业互联网在农业、工业以及服务业都有着广泛应用。

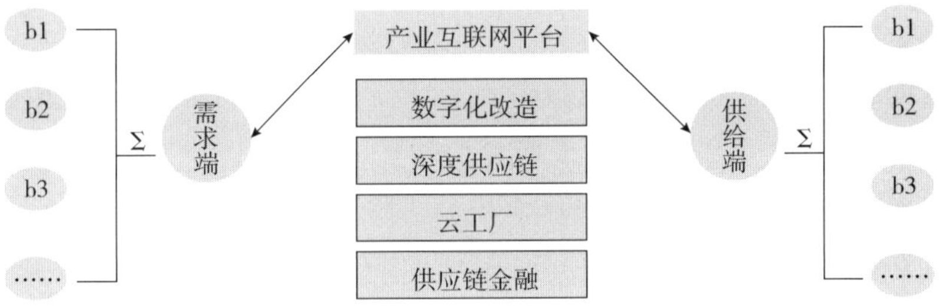

图6-2　产业互联网平台模式

资料来源：浙商证券研究所

工业互联网是产业互联网在工业领域的体现。中国作为一个工业大国，2020 年全年全部工业增加值达 313071 亿元，规模以上工业企业利润达 64516 亿元，拥有联合国产业分类中所列全部工业门类，产品种类多种多样，工业企业数量充足，是世界第一工业大国。因此，在工业互联网领域，中国有着比其他国家更大的市场规模优势。目前，中国工业软件及相关企业以及工业数字化设备的投融资额达到 100 亿元，相关领域研发投入不断增多，工业互联网基础设施不断完善，工业互联网平台也已经应用在制造业的各个领域。工信部的数据显示，截至 2021 年 4 月，中国具有一定行业和区域影响力的工业互联网平台超过 100 家，连接设备数超过 7000 万台（套），工业 App 超过 59 万个，中国工业互联网平台稳步发展。

第二节　在5G产业新赛道上锻长板

第五代移动通信技术，简称5G，是具有高速率、低时延和大连接特点的新一代宽带移动通信技术。5G作为开启万物互联时代具有重要引领和带动作用的关键基础设施，是大国竞争博弈的焦点。中国在5G专利、技术标准、产业能力、网络建设等方面已居全球前列，但受制于诸多因素，5G应用进展不及预期。当前全球对于5G领域技术竞争依旧激烈，中国应加快培育5G应用生态，推动5G产业链升级，加强中国在5G领域的领先优势。

1. 产业概况和发展历程

移动通信技术从1G语音时代开始启动发展，经历了功能增强和联网支持的2G文本时代，再经历传输速度不断提升的3G图像时代和4G视频时代，目前已经全面步入5G物联网时代。

如图6-3所示，中国在移动通信领域“1G空白、2G跟随、3G突破、4G同步、5G引领”，在全世界范围内最早展开5G技术研发试验，并于2016年开始对5G产业进行布局。2017年，中国深圳开通了首个5G试验站，5G产业链进入加速发展阶段。2018年后半年，产业已经进入5G产品研发阶段，2019年6月中国工信部向四大运营商颁发5G牌照，宣告5G正式投入商用。早于中国商用时间，2019年4月3日韩国和美国在全球率先宣布5G商用，随后4月19日瑞士电信宣布5G商用，5月30日英国宣布5G商用。不过，全球5G商用依旧处于初期阶段，仅在工业互联网、智慧城市、医疗健康等领域有小范围应用。

在5G时代，移动通信技术的目标是实现万物互联、形成工业互联网、形成自动驾驶车联网并逐步实现智慧家居和智慧城市。国际标准化组织3GPP提出了5G应用的三大方向：（1）eMBB（enhanced Mobile Broadband），即移动宽带增强，其主要功能是大幅提高数据速率、容纳更多流量并覆盖更大范围。手机、VR/AR、

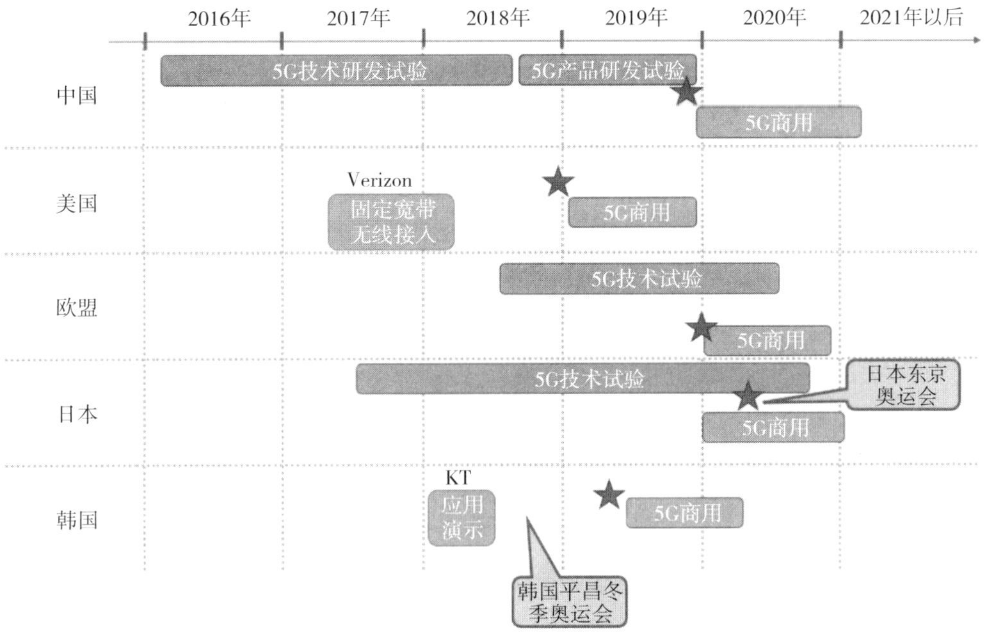

图6-3　全球主要经济体5G商用历程

资料来源：TD联盟，五矿证券研究所

高清语音、云游戏、云办公等技术受益于eMBB。（2）mMTC（Massive Machine Type Communications），即大规模物联网，其主要目标是提高连接密度，使每单位地区可连接设备数量超过每平方公里100万台，实现设备海量连接，为智能家居、智能穿戴、智能城市和智能安防奠定技术基础。（3）URLLC（Ultra-Reliable Low-Latency Communications），即超高可靠超低时延通信，其主要愿景是达到数据包传输时延1毫秒移动性。例如车联网、工业互联网和其他产业互联网、远程医疗、工业控制等计算场景必须依靠高可靠低时延的支撑。

表6-1和表6-2分别展示了5G的性能指标和5G与4G的性能对比。与4G相比，3GPP定义的5G基础性能指标作为5G技术发展的最终目标，在流量密度、连接数密度、时延、能效、移动性、用户体验效率和峰值速率等方面几乎都有近百倍的提升。

表 6-1　5G 性能指标

名称	定义
流量密度（$Mbps/m^2$）	单位面积区域内的总流量
连接数密度（$/km^2$）	单位面积上支持的在线设备总和
时延（ms）	数据包从原节点开始传输到被目的节点正确接收的时间
能效（bit/J）	每焦耳能量所能传输的比特数
移动性（km/h）	满足一定性能要求时，收发双方间的最大相对移动速度
用户体验效率（bps）	真实网络环境下用户可获得的最低传输速率
峰值速率（bps）	单用户可获得的最高传输速度

资料来源：IMT-2020（5G）推进组，作者整理

表 6-2　4G 与 5G 关键性能比较

网络	流量密度	连接数密度	时延	能效	移动性	用户体验效率	峰值速率
4G	$0.1Mbps/m^2$	10 万 $/km^2$	空口 10ms	1 倍	350km/h	10Mbps	1Gbps
5G	$10Mbps/m^2$	100 万 $/km^2$	空口 1ms	100 倍	500km/h	100M~1Gbps	20Gbps

资料来源：中国移动、中信证券研究部

2. 产业链竞争格局

5G 产业链的上游、中游和下游分别为：移动通信基础设施、运营商、终端与应用。上游的移动通信基础设施主要包括天线、射频器件、光纤电缆等，在这些领域，中国已经拥有了足够的建造能力。中游产业主要是电信运营商，用来连接上游基础技术和下游应用场景，实现技术的商业转化。中国的三大运营商移动、联通、电信以及众多海外运营商都属于此类。终端与应用是整个 5G 产业的重点领域，包括互联网应用、终端应用（手机、汽车、工业设备、智能家电）、垂直行业应用（政府、金融、医疗、交通、教育等）和应用前景（车联网、工业互联网、智慧城市、远程医疗、远程办公、云游戏等）4 个部分，5G 在这些领域的广泛应用标志着物联网时代的到来。

2.1　中国 5G 发展现状

自 5G 技术诞生之后，中国便全力推动 5G 产业发展，国家和地方层面累计

发布500余项政策，从降低建网成本、开放公共资源、搭建服务平台、推广示范应用等方面支持5G发展。2017年1月，工信部印发《信息通信行业发展规划2016—2020》，正式宣布5G启动商用。2020年工信部发布《工业和信息化部关于推动5G加快发展的通知》，提出加快5G网络建设进度、加大基站站址资源支持、加强电力和频率保障、推进网络共享和异网漫游。这些政策使中国5G在产业创新能力、网络基础建设、用户规模、应用场景等方面发展势头迅猛，并形成全球领先优势。

在专利方面，截至2021年2月底，在欧洲电信标准化协会（ETSI）声明的5G标准必要专利中，中国5G专利发布数量位居世界首位。根据IPlytics发布的全球5G专利份额排名，中国华为以占据14.61%的5G专利份额居于榜首，中兴通讯以11.89%的份额位列第三（见图6-4）。

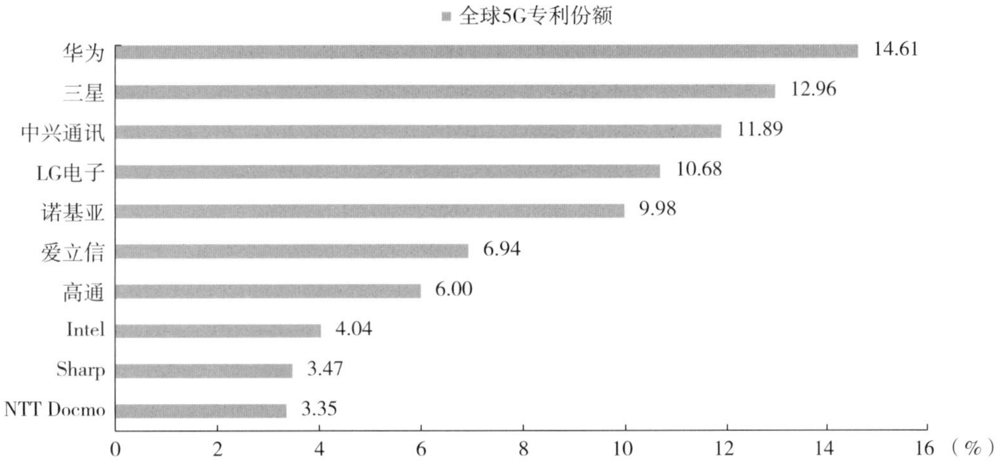

图6-4 全球5G专利份额排名

资料来源：IPlytics、中信证券研究所

在基础设施方面，据工信部的数据统计，截至2021年第三季度，中国已经建成5G基站115.9万个，占全球70%以上，建成全球最大的5G独立组网网络。近两年来，中国5G基站数量激增，与2019年第四季度相比，5G基站数量增加了102.9万，将近当期的10倍（见图6-5）。

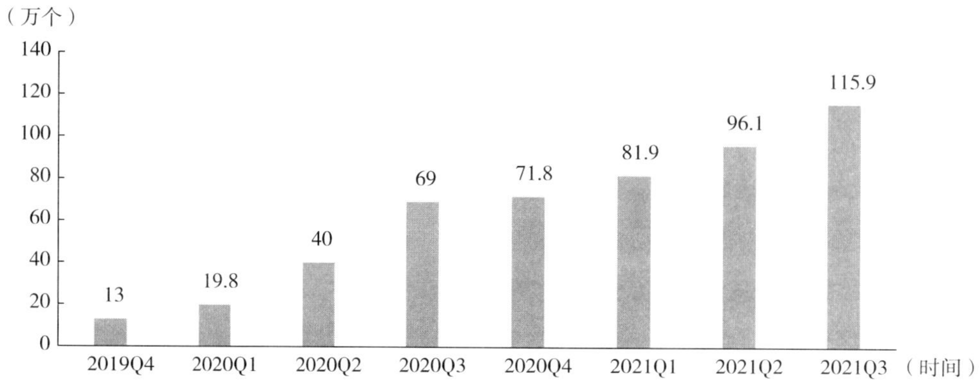

图6-5　中国5G基站数量

资料来源：工信部、中信证券研究部

在用户数量方面，自5G在中国正式实现商用之后，中国5G套餐用户数量和5G套餐渗透率不断上升（见图6-6）。2020年，中国5G用户开始缓慢增长，进入2021年后用户数量飞速上升，2021年全年增长近500万用户，截至2021年底5G套餐渗透率也从2021年初的22%上升到年末的44%。此外，根据三大运营商的数据，中国移动拥有最多的5G用户数量，约为400万，和中国联通与中国电信的用户数量总和相似。

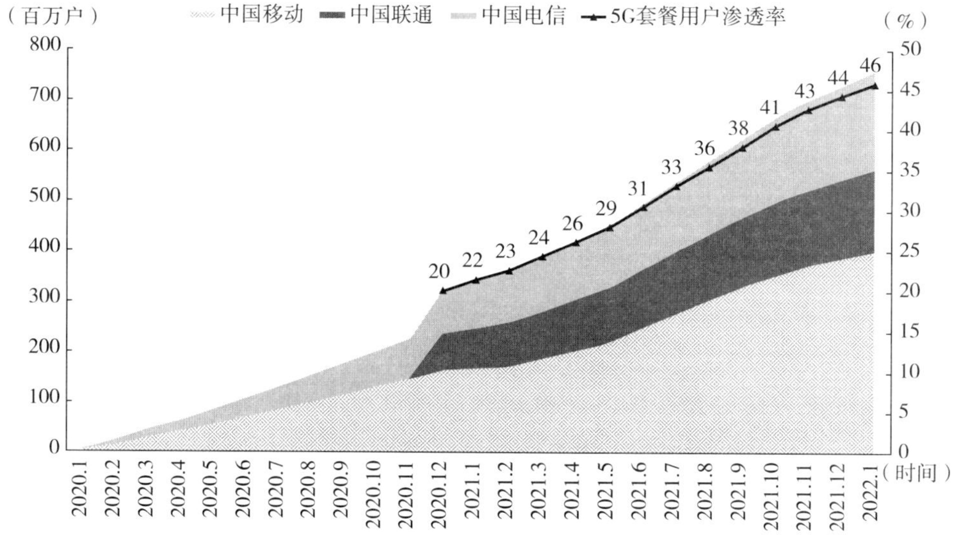

图6-6　中国5G套餐用户数量与渗透率

资料来源：中国移动、中国联通、中国电信、五矿证券研究所

在应用场景方面，据 GSA 统计，全球 5G 终端已突破 700 款，中国贡献了 57%，但是目前 5G 应用个人用户依旧积极性不高，仍以矿山、港口、医院、电力、交通、教育、安防、智慧城市等领域应用示范为主。

2.2 全球其他主要国家5G发展现状

目前，韩国处于世界 5G 发展的领先位置，美国和日本发展不及预期。

韩国三大运营商（SK Telecom、KT、LG U+）在 2019 年 4 月获得韩国政府授权，开启 5G 商用时代。由于韩国拥有三星这一手机巨头，其 5G 发展速度较快。根据 Omdia 的报告，截至 2021 年 3 月，韩国 5G 用户在两年内就达到了近 1450 万人次，用户份额超过韩国总用户数的 20%，2021 年底韩国 5G 用户渗透率已达到 29%，每月 5G 数据流量占总数据流量的 50.9%，超过 4G 成为数据流量最大的技术。此外，Omdia 还预计韩国在 2026 年 5G 用户将达到约 5600 万人次，移动用户总数中的渗透率将超过 70%。 韩国 5G 的下载网速达到 449Mbit/s，位列世界第一，韩国首都首尔甚至摘得“全球 5G 网络下载速度最快城市”的桂冠，下载网速达到了 530.93 Mbit/s。

美国无线通信和互联网协会（CTIA）指出美国 5G 发展虽然处于第一梯队，但是远远不及中国和韩国，其 5G 网络覆盖率较低。2021 年 7 月 1 日在世界移动通信大会上发布的报告显示，美国 5G 覆盖城市数量为 284 座，少于中国的 376 座 5G 覆盖城市，居于第二位。虽然美国三大运营商（T-mobile、AT&T、Verizon）都利用套餐捆绑 5G 服务，但美国 5G 的用户数量增长不及预期。此外，美国 5G 的网速也较差，根据 SpeedCheck 于 2021 年 7 月 10 日公布的 19 个国家和地区 5G 下载速率数据，美国 5G 下载速率仅为 43.34Mbit/s，仅位于第 16 位，而处于第一位的韩国网速则达到 449Mbit/s，约是美国的 10 倍。

日本四大运营商（NTT DoCoMo、KDDI、软银、乐天）在 2020 年开始提供 5G 服务，但是由于新冠肺炎疫情以及东京奥运会延期等影响，日本 5G 发展未达预期，截至 2020 年 10 月，日本基站总数约在 3 万 ~4 万个，用户总数在 500 万左右。随后总务省正式向运营商发布 5G 牌照，要求 5 年内 5G 基站的全国覆盖率必须达到 50% 以上，因此预计 2024 年 5G 基站将超过 9 万个。四大运营商承诺到 2024 年的覆盖率分别达到 97%、93.2%、64% 和 51%。

3. 未来趋势和挑战

3.1 5G对中国经济增长的拉动作用

由于5G对中国经济影响巨大，我们根据中国信息通信研究院《5G经济社会影响白皮书》，采用国民经济核算的生产法测算了5G对中国经济增长的拉动作用。测算具体分为两部分，一部分是5G产生的直接经济社会贡献，具体表现为用户电信服务收入、5G智能设备收入以及垂直行业如车联网等在5G产品上产生的收入。另一部分结合第一部分所得结果，并利用2012年国家投入产出表测算的间接拉动系数得到5G对经济社会的间接经济拉动效应。测算结果表明，5G带来的直接和间接经济产出逐年攀升，具有很强的GDP拉动能力。在2021—2030年的10年间，5G年均直接产出复合增长率达29%，间接产出复合增长率为24%，到2030年，5G将带来6.3万亿元的直接经济产出和10.6万亿元的间接经济产出（见图6–7）。

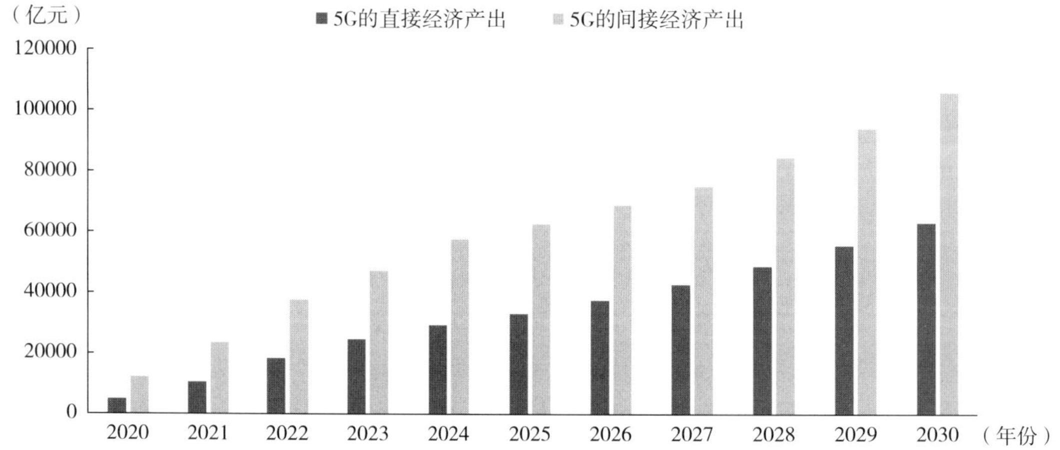

图6-7　5G直接与间接经济产出

资料来源：《5G经济社会影响白皮书》

3.2 5G与6G的联通

目前，全球5G产业依旧处于蓬勃发展阶段，但是各国已开始对6G展开布局，希望抓住机遇，引领世界信息技术发展潮流。

2018年，美国国防高级研究计划局（DARPA）与SRC公司、纽约大学等机构开展合作，开始研究6G核心技术。随后中国、芬兰接连宣布开始对6G进行研究。2019年，美国联邦通信委员会（FCC）投票通过开放“太赫兹波”频谱。同年9月，芬兰奥卢大学发布全球第一份6G白皮书，对6G的商业与社会驱动力、6G频谱和KPI目标、无线电硬件的进展和挑战、物理层和无线系统等内容进行了报告。此外，韩国三星与LG设立6G研究中心，韩国与芬兰达成合作协议共同研发6G。中国工信部在2019年正式成立6G研究组，年底更名为IMT-2030推进组。2020年，日本提出“Beyond 5G”战略，发布了2025年确立6G核心技术的战略目标。

进入万物深度智联的6G时代，网络接入方式会更加多样化，将构建“空—天—海—地”一体化全球无缝覆盖的网络，网络性能指标将再度大幅提升，并将更加深度地与人工智能融合，打造新一代智能化通信互联网形态。中国要力争突破6G领域的核心技术，加大国际合作力度，在6G国际产业布局中占据有利地位，同时也要更全面、快速、高质地发展5G产业，为新一代移动通信技术的发展奠定坚实的基础。

3.3 中国5G面临的挑战与发展思路

在各方的努力下，中国5G已经取得阶段性成果，但依旧在产品技术、建设成本、产业生态、商业应用方面存在一定问题。

一是技术能力有待提高，目前能力无法满足场景需要。有调研发现，中国5G上行速率尚存在瓶颈，无法满足工业互联网应用的上传需要，同时5G终端仍然不足，无法满足多样化的场景需要。不过每一代移动通信技术的发展都要经历一段标准逐渐冻结、功能逐渐提高、产品逐渐丰富的过程。当前5G标准R17尚未冻结，R18标准仍在研究，增强宽带能力、垂直行业精细化设计是未来几年的课题，要在技术标准不断推进的过程中，持续研发产品应用，满足市场的多样化需求。

二是基础设施建设成本高，降低5G建设积极性。由于性能升级，5G基站建设成本是4G的3倍左右，加之5G网络频段高、单个基站覆盖范围小，所需的基站总数增加，同时，5G单个基站的耗电量也是4G的3倍左右，这些都大大提高了5G基础设施建设的成本，资本支出压力大，积极性降低。要想进一步提高5G

渗透率，就要从降低5G建设运维成本入手，补贴产品研发，通过运营商规模化的方式降低平均成本。

三是数字化程度低，5G生态环境差。5G作为移动通信技术，仅仅是为移动场景之间提供链接的技术，是万物互联的媒介，发挥其高速率、低时延、海量链接的功能要建立在VR/AR、人工智能算法、物联网、智能终端等数字化应用良好发展的基础上。但是目前中国数字化智能化基础仍较为薄弱，应用标准和协议不统一，数据接口难打通，导致企业试错成本较高，更加阻碍了5G进一步应用。因此，加强数字化基础，加快重点领域数字化转型，为5G创造发展友好型的智能化社会生态迫在眉睫。

四是5G商业创新不足，未出现热门应用推动5G发展。在4G时代，微信、视频、移动支付等热门应用提高了个人用户应用4G的积极性，但是5G时代还未出现足够火爆的应用。世界其他国家对于5G商业应用进行了一定探索，美国T-mobile推出Magenta MAX不限量不限流、Netflix和多种4K流媒体的套餐计划；新加坡Starhub推出HubBundle服务，提供免费5G路由器，捆绑迪士尼+和Netflix等流媒体内容；韩国和日本进军XR市场，打造适合5G发展的VR/AR、云游戏、云旅游等生态。当前中国也应该加快对配套产品应用的创新，在布局5G+高清直播、虚拟现实等应用之外找到成熟的商业模式。

第三节　操作系统“换道超车”之路

互联网的发展不仅需要配备相应的硬件设施，还需要软件的支撑。软件包括各类型的电脑应用程序、手机App以及操作系统等。其中，最重要的当数操作系统。具体地说，操作系统就是调用设备所有软硬件资源的底层软件，它的作用包括存储管理、设备管理、用户接口等。作为软件系统中最基础的部分，没有操作系统，就无法实现硬件与其余软件的交互，也无法带动互联网产业的发展。

随着网络化的快速发展，万物数字化和智能化成为潮流，网络化向着全覆盖、跨领域、跨设备发展，底层操作系统也在随之不断更新。当前，智能终端（手机、平板等）操作系统开始成为操作系统应用的主力市场，是下一代操作系统发展的重中之重。因此，本节主要以移动终端操作系统为分析对象，介绍其发展历程和产业现状。

1. 产业概况和发展历程

自 2000 年以来，全球移动终端操作系统迅速发展，黑莓操作系统（BlackBerry OS）和塞班操作系统（Symbian OS）占据了最初的市场。2007 年，苹果公司和谷歌公司分别公布自己旗下研发的两款操作系统苹果操作系统（iOS）和安卓操作系统（Android OS），前者只应用于苹果手机，后者可以应用于各种移动产品的终端。这两款系统公布后不久就迅速占据了几乎全部的市场份额，而原本风靡一时的黑莓系统和塞班系统渐渐退出了历史的舞台。

中国互联网巨头企业百度、阿里、腾讯在 2010 年左右曾分别推出过百度云 OS、阿里云 OS 和 Tencent OS 等移动终端操作系统。但是一方面这些操作系统在技术水平上和苹果、安卓相比仍然有所欠缺；另一方面，这 3 款移动操作系统由于受众面小，大众基于使用惯性仍使用熟悉的安卓和苹果系统，以及苹果和安卓系统对其的全方位打压，导致它们并没有战胜安卓和苹果系统，以失败告终。时至今日，市面上所存在的移动终端操作系统大都是苹果和安卓系统以及以这两款为基础的变种。

虽然屡遭挫折，但中国企业并没有放弃在操作系统上的竞争。2020 年 7 月，华为开放 OpenGauss 数据库源代码，并成立 OpenGauss 开源社区，开始了华为在基础软件领域的布局。2021 年，华为先后发布面向物联网的鸿蒙系统和面向数字基础设施的新一代移动终端操作系统欧拉系统，这标志着中国拥有了新的具备自主知识产权的国产智能移动操作系统。

鸿蒙系统面向手机、电脑、平板等终端设备。如表 6-3 所示，为了保障用户使用习惯的平稳过渡，鸿蒙系统在遵循国际开源协议、遵从知识产权规则的基础上，暂时在手机和平板电脑等部分终端设备上引用了安卓开源协议（AOSP），并在引用时对代码进行了优化和替换。但不可否认的是，鸿蒙系统的成功使中国手机厂商对谷歌的依赖性逐步减弱。但受一些市场、非市场因素的制约，鸿蒙系统的市场空间比较有限，产业链的竞争力不强，目前尚未展现超越安卓和苹果系统的潜力。

表6-3　鸿蒙OS和安卓对比

	鸿蒙 OS	安卓
应用	系统应用	系统应用
程序框架	Harmony/Android JAVA API 框架	JAVA API 框架
基础服务	Harmony Runtime、C/C++ 库、Android Runtime、硬件驱动框架（HDF）	C/C++ 库、Android Runtime、硬件抽象层（HAL）
内核	LiteOS、Linux 内核	Linux 内核

资料来源：华为开发者大会、光大证券

2. 产业链竞争格局

在移动终端操作系统市场上，由于苹果和安卓系统资历深厚，目前垄断了绝大多数的市场份额，还没有其他操作系统可以与它们进行竞争。中国华为研发的鸿蒙系统正在开源下不断进步，有望在物联网时代实现突破。

如图 6–8 所示，苹果系统和安卓系统在公布不久后就迅速占据了市场份额。苹果系统在发布仅仅两年后市场份额便足以与塞班系统和黑莓系统等老牌操作系统平分秋色，安卓系统在最初时发展虽不如人意，但依靠其开源的优势对系统不断进行完善，2010 年后，安卓系统迅速发展。仅五六年时间，安卓系统便占据了世界七成以上的市场份额，其他操作系统逐渐落寞，而由于苹果 iOS 系统和苹果手机紧密地绑定在一起，在安卓系统的冲击下稳住了自身市场。时至今日，曾经引领市场的塞班系统和黑莓系统分别宣布停止更新，现在市面上几乎已经见不到使用这两款系统的手机了。截至 2021 年 7 月，苹果、安卓系统的全球市场份额分别为 27.0%、72.2%，其他系统的市场份额不及 1%，移动终端操作系统市场几乎完全被苹果和安卓所垄断。

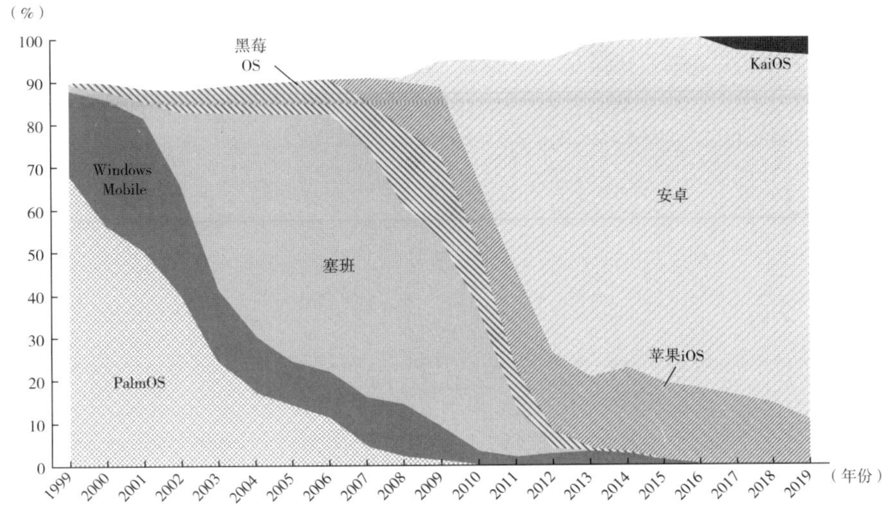

图6-8　移动终端操作系统的全球市场份额变化

资料来源：Gartner、Data Beautiful、光大证券

因为苹果和安卓系统历经多年发展，系统十分完善，想要直接在该领域正面追赶苹果和安卓系统难度很大，但物联网时代的到来为中国操作系统的研发提供了新的机会窗口。在物联网时代，我们身边随手的一件器具都有可能成为连接网络的载体，因此，物联网时代要求操作系统能够跨平台、跨终端相互协作，同时还要具有足够的安全性。

目前市面上的操作系统中，华为的鸿蒙和谷歌的 Fuchsia 都是面向全场景的，专为物联网时代开发设计的操作系统。华为的鸿蒙系统采用统一的系统架构，突破了设备间的通信障碍，实现了全场景跨终端的功能协同和数据互通，满足了物联网时代的需要。在安全性方面，鸿蒙系统已得到国内外多家权威隐私和安全认证机构的认可。虽然在手机端暂时落后于安卓和苹果，但在即将到来的物联网时代，鸿蒙系统占据了极大的优势。在面向全场景的物联网操作系统里，鸿蒙和 Fuchsia 均采用微内核的方式，相比于宏内核的安卓等系统减少了 70% 的代码量，运算速度更快，稳定性也更高。所以，面向下一代操作系统定位的鸿蒙和 Fuchsia 有最大的机会成为第三代操作系统①的领军者，而相比于 Fuchsia，鸿蒙系统基于

① 目前，操作系统一共发展了三代。第一代操作系统是电脑端操作系统；第二代操作系统是智能手机操作系统；第三代操作系统是物联网操作系统。

更先进的分布式软总线能力，传输速度更快，因此也更具优势。在同样使用微内核的情况下，鸿蒙比 QNX 和 Fuchsia 的通信效率更高（见图 6-9）。

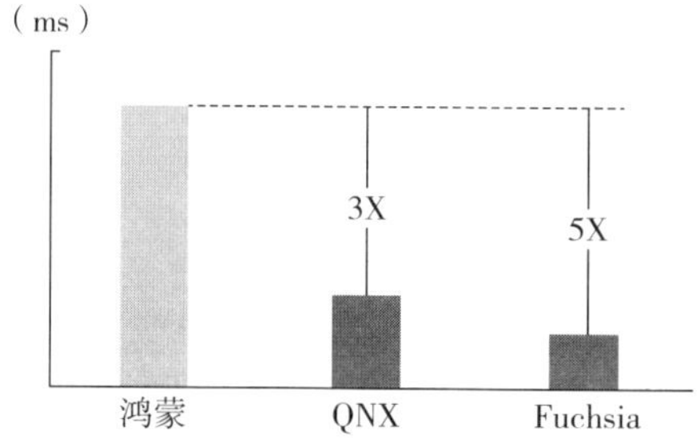

图6-9 微内核系统IPC执行次数

资料来源：华为开发者大会、光大证券研究所

但鸿蒙系统的发展仍存在一定的问题。一是自中美贸易摩擦以来，华为一直是美国政府的重点打击对象，而鸿蒙系统大部分应用于华为手机，美国政府对华为芯片领域的限制让华为手机不得不面临减产的风险。根据市场经验，操作系统具有典型的网络外部性，16% 左右的手机搭载量是移动操作系统的“生死线”。当手机搭载量超过 16% 后市场份额普遍会稳定增长，并形成螺旋式上升、自主循环的应用生态，16% 的市场占有率意味着至少 3 亿台移动终端设备搭载鸿蒙系统。而华为目前离这个数字还有不小的差距，在美国的制裁下，华为面临无“芯”可用的境地。2021 年 10 月，华为全球市场份额降至 7.6%，第三季度国内市场份额跌至 8%，而与之相互依存的鸿蒙系统市场份额难以提升。从存量上看，目前鸿蒙系统的市场份额与 16% 的“生死线”尚有差距；从增量上看，华为手机和鸿蒙系统之间的自主循环难度很大。在这种情况下，鸿蒙系统相应的网络生态难以建立起来，在 2021 年 10 月底，手机商店仅上架了 100 余款鸿蒙版 App，而同期苹果和安卓分别上架了约 200 万款、290 万款 App。

二是除华为自己的手机之外，其他手机品牌使用鸿蒙系统较少。一方面，其他手机厂商多年使用安卓系统，在没有出现大变革的情况下，未必愿意冒险更换底层操作系统；另一方面，其他手机厂商和谷歌签订的合作协议里面有禁止使用其他品牌的操作系统等垄断条款，一旦违约可能要面临巨额赔偿。除此之外，在面临美国政府制裁的情况下，少有厂商愿意冒着自身也被纳入名单的风险去支持鸿蒙系统。最终导致，除了华为之外，没有大型手机厂商会使用鸿蒙系统。受到以上多方面的影响，鸿蒙系统发展前景并不乐观。

3. 苹果和安卓系统成功的原因

苹果和安卓系统以其卓越的性能和开源的运作方式在十几年内迅速占据了全球市场，且依靠开源社区和全产业链全世界各国人才的共同努力在这些年来不断更新换代，其地位越发稳固。中国要想发展本土的操作系统，向苹果和安卓借鉴经验是必须的。

3.1　把握发展窗口

2000 年后，移动通信技术、芯片技术、触摸屏和电池等技术正处于迅速发展期，苹果和安卓系统正是把握住了这一技术进步的重要窗口期，才得以迅速成长。2003 年，3G 投入应用，和 1G、2G 时代相比，3G 时代的网络实现了图片、语音等多媒体信息通过手机高速率、稳定传输，丰富了移动通信的应用场景，这一技术革新推动了智能化操作系统从桌面到手机的迁移。但是 3G 本身也存在着一定的问题，一方面 3G 时代流量费用比较贵，在线看剧、视频通话等功能使用经济代价昂贵，这也限制了用户对智能手机的使用；另一方面，和电脑端相比，3G 手机的上传和下载速度并不具备优势，还具有很高的延迟。因此在 3G 时代，上网还是以电脑为主。

2009 年，4G 投入使用，相比于 3G，它具有更快的上传下载速度、更低的延迟以及更便宜的流量费用，再加上智能手机本身具有的方便性，智能手机的用户大幅增多。2010 年，全球智能手机出货量同比增长 75%，同时无线通信技术（WiFi）的发展为智能手机的普及，提供了进一步的助力。2009 年，WiFi 协议 802.11n 问世，相比于前一代，该协议具有更高的带宽和更大的覆盖范围，在享有更快网速的同时，人们不再为流量费用而发愁。苹果和安卓系统正是在通信技术变革的窗口期抓住了机遇，得以成为当前垄断世界的操作系统。而随着 5G 时代的到来，移动操作系统的发展或将迎来新的历史机遇。

3.2　中下游厂商的努力

移动端操作系统依赖于下游手机的发展。苹果公司直接参与硬件的生产，手机和操作系统出自同一家公司，谷歌公司则不直接参与硬件的生产。虽然两者在是否生产硬件上有所差异，但两种操作系统都依赖着产业链上中下游厂商。即便是自产自研的苹果手机企业设计出来的硬件也需要交给其他公司代工，这条产业链，任何一个部分都是不可或缺的。

我们来简单对比一下苹果手机和安卓手机的异同。首先，苹果系统是UNIX系统的分支，它不是一个开源的系统，代码由苹果公司研发提供。安卓系统则是一种基于Linux的自由及开放源代码的操作系统，代码由谷歌公司以及全世界的人才共同提供。因此，苹果手机更具备安全性，苹果商店的App上架需要经过苹果公司的严格审查，而安卓系统则可以利用全世界的优质资源来不断完善自己，软件种类丰富多样，更能满足大众化的需求。其次，苹果公司同时兼顾了硬件的设计与生产，不仅是自家出品手机上的相关零部件，还有平板电脑、智能手表、无线耳机等一系列新的移动终端产品，这些移动产品相互联系，且质量颇高。苹果由于形成了自己的应用生态，苹果产品的用户往往具有很高的用户黏性。安卓系统则通过间接的方式来影响移动端产品，谷歌公司凭借开源的手段使安卓系统得到最广泛的应用，它们通过与移动端产品的生产者合作，与产业链上中下游的其他大公司建立了密切的联系，这种无形的联盟为谷歌公司带来了隐形收益。例如世界上第一款安卓手机由HTC生产，由美国移动电话运营商T–Mobile运营，购机须签订两年话费合同，手机中包含聊天、电子邮件、视频播放等应用程序。这就是全产业链合作的实际应用。最后，苹果手机由于独立研发、用户黏性等特点售价一直比较高昂。安卓通过搭载不同类型、价格和产品定位的终端设备实现扩张，不同的群体都能找到自己想要的产品，安卓系统也因此占据了大量的市场份额。

3.3 构建行业壁垒限制竞争者进入

苹果和谷歌重视软硬件技术和商业联盟，通过掌握的知识产权（专利）更好获取对应用生态的控制权，通过扩大合作联盟、限制合作厂商兼容其他操作系统，确立了在应用生态中的主导地位。行业壁垒是阻止或限制竞争者进入市场，保护自身市场地位的手段。市场的先入者相比后入者在时间和技术上积累优势，他们将这些优势化为壁垒，挡在了后入者之前。

苹果公司和谷歌公司通过自研或者收购专利建立起技术壁垒，这样，后入者想要进入市场就必须要研究全新的技术。IFI CLAIMS 数据显示，苹果 2019 年通过自主研发申请了 1.5 万项专利，2020 年专利申请数量增长 22%，超过 1.8 万项。谷歌则通过收购相关企业的方式来获得专利所有权、积累安卓的知识产权优势，进而强化安卓系统应用生态，例如，谷歌仅通过收购摩托罗拉移动就获得了 1.7 万项专利。

拥有如此庞大数目的专利，便免不了与各种侵权行为打交道，作为开源系统的安卓很少出现所谓的被侵权行为，而苹果公司为了保护自身的专利权，自苹果系统诞生以来起诉便络绎不绝，甚至不只是和后入者，苹果和安卓之间也会因专利问题对簿公堂。例如苹果三星专利案，苹果公司起诉三星第一代 Galaxy 手机与 iPhone 的相似程度极大，要求赔偿，从开庭到最终和解持续 8 年之久，最终以三星赔付苹果 5.386 亿美元达成和解。这也体现了苹果公司维护自身专利壁垒的决心。

谷歌公司则认为堵不如疏，比如谷歌与软硬件厂商签订知识产权共享协议构建合作，所有签订协议的伙伴可以免费使用安卓系统的专利，而不用担心自己什么时候一不小心就侵犯了专利权。通过这种方式谷歌积累了大量合作伙伴。在丰富自身朋友的同时，谷歌仍不忘打击竞争对手，除了知识产权共享协议之外，谷歌会与它的合作伙伴签订兼容性承诺和反碎片化协议等排他性协议来限制设备厂商与其他操作系统合作，前者保证厂商无法使用其他的系统，后者保证厂商不会使用安卓系统的修改版本。这些协议将合作厂商牢牢地与安卓系统捆绑在一起，从此往后，彼此之间一荣共荣，一损俱损，伙伴们自然更加卖力地为安卓系统添砖加瓦，同时排挤市面上与安卓系统竞争的其他操作系统。拥有这样的魄力和手腕，安卓系统的成功似乎也并不是不可预见的。

苹果手机通过自产自研的方式建立起了属于自己的独特生态，稳稳地占据了移动端市场的一部分份额，苹果的移动设备在业内一直广受好评，苹果公司本身也一直注重于维持自己的用户黏性，这样的品牌效应自然形成了一种行业壁垒。而安卓系统，正如我们在经济学中常常提到的一句话——免费的才是最贵的，谷歌公司通过一些隐形限制，迫使厂商使用自身的非开源服务。比如，安卓系统中的应用程序在安装、运行时需通过非开源的谷歌移动服务（GMS）获得设备的授权，若不安装 GMS，手机的基本使用功能将受到限制，且无法使用谷歌旗下的应用和服务。和苹果公司一样，谷歌自然也不满足于系统只单一地在智能手机上运行，应用安卓系统的平板电脑、智能家居等在近年来也是如雨后春笋般出现，并迅速占据了大量的市场份额，苹果和安卓系统的地位愈发稳固。

4. 未来趋势与挑战

4.1 未来发展趋势

移动操作系统越来越注重安全性发展。人们的日常生活和工作学习已经逐渐和智能移动终端融合到一起，新冠肺炎疫情期间，这种现象得到了进一步的体现。通信技术和信息技术的结合满足了疫情背景下移动办公的需要，大量的个人信息被暴露在网络上。因此，移动操作系统的安全性问题尤为重要。在这样的情况下，无论是个人生活角度还是公司经营角度，移动终端操作系统的安全性都应该得到充分的重视。

移动操作系统产业链进一步走向全球化。第二次世界大战结束之后，信息产业全球化发展如火如荼，形成了全产业统一的国际标准。同时，各国民间以国际化的开源基金会和开源社区为基础，形成开源项目、开源代码的事实标准，吸引了大量优秀人才参与信息化建设。国外比较知名的开源社区有Github、SourceForge、BitBucket等，其中仅Github就有6500万人参与。这些开源社区为广大计算机爱好者提供了一个交流的平台，同样的，这些聚集起来的人才为社区和软件的繁荣作出了重大的贡献，形成了欣欣向荣的良好生态。近年来，中国互联网企业（华为、腾讯、阿里、百度等）和科研机构积极参与开源基金会和开源社区，为开源软件贡献了数亿行代码，是开源代码的积极贡献者和使用者。

4.2 未来发展思路

中国未来推动操作系统发展的思路有以下几点：

第一，操作系统的发展要有公平的竞争环境。在中美贸易摩擦的大环境下，中国高新技术产业的领头企业必然会遭到美国的封锁和制裁。在这种情况下，中国不能坐以待毙，而是要积极寻求反制，利用国内反垄断相关的法律法规对安卓、苹果系统进行反垄断调查，在这一方面国内企业可以借鉴欧盟和韩国对安卓垄断性条款的反制举措。

第二，要构建合作联盟。上下游产业链各个企业彼此之间要抱团取暖，产学研各界人才也要通力合作，组建囊括互联网行业的大联盟。一是吸引非出口且不受谷歌限制的手机厂商参与联盟，在他们的机型上搭载国产智能系统，扩大市场份额。二是鼓励其他智能移动设备的厂商加入联盟，扩展国产智能系统的搭载平台和搭载量，构建物联网平台，进一步提升国产智能系统的搭载量和市场占有率。三是支持软硬件开发企业加入联盟，开发中国本土操作系统的App，操作系统应用生态多样化，充分吸引消费者的使用兴趣，确保搭载国产智能系统的手机用户留存率。

第三，建立起互联网产业生态。首先，发展开源社区，要借鉴国外开源社区的模式，构建知识产权共享联盟，以免费技术知识吸引相关领域的优秀人才入驻社区。其次，将科技型开源社区作为非政府组织进行管理，在年审、财务管理上给予更大自主权。同时，各大高校内部可以组织成立爱好者协会，鼓励协会成员、高校师生积极参与开源社区的建设，学校也可以设立一定的奖励机制，吸引有意愿的师生参与其中。社会各界可以举办多层次的比赛活动，并给出奖励，为开源社区源源不断地输送新鲜人才。最后，要加强国际合作，国内国际双循环相结合，吸纳全球人才共同参与。可以在外网平台、自贸区、特别行政区等开放社区入口，解决境外人员注册限制问题。建立海外开源社区，吸引更多应用生态的开发者和爱好者共同参与。

第四节　工业互联网“换道超车”之路

工业互联网是近几年兴起的概念，它是指新时代的数字信息技术应用于工业经济所诞生的新生态，是工业智能化、网络化、数字化发展的过程。它不是简单的工业信息化，而是数字技术和工业的深入结合，平台体系是工业互联网的核心，工业互联网平台是工业互联网发展的主要模式。在这一领域，中国和世界上其他国家都处于“起跑”阶段，但中国发展势头更猛，市场规模更大，更具优势。

1. 产业概况和发展历程

1.1 产业概况

平台体系是工业互联网的核心，工业互联网平台是工业互联网的基础设施。所谓工业互联网平台就是将工业生产过程中的人、机、物、系统等全面连接起来的核心平台。通过构建工业互联网平台能有效地提升工业生产过程的效率，降低成本。如图 6-10 所示，工业互联网平台包括 4 个层次:（1）边缘层。边缘层进行数据采集，是工业互联网平台的基础。（2）平台层。平台层进行数据分析，搭建平台并提供服务，是工业互联网平台的核心。（3）应用层。应用层面向特定场景提供不同服务，通过不同的工业 App 实现资源的优化配置，是工业互联网平台的关键。（4）IaaS 层。IaaS 层提供工业互联网平台建立的基础设施，包括云计算、云存储等，是工业互联网平台的重要支撑。

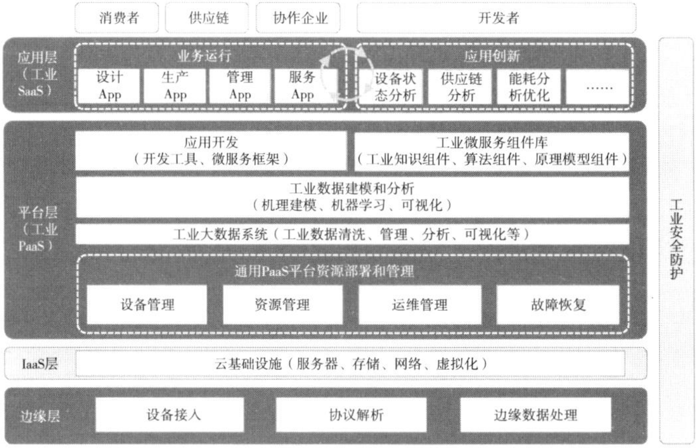

图6-10　工业互联网平台架构图

资料来源：恒远科技

中国工业互联网平台主要有 3 种。第一种是向企业内部提供服务。企业搭建工业互联网平台，开发相应的程序对企业内部的生产要素进行管理，例如企业内部数据库、企业管理平台等，通过这样的方式简化了内部员工获取信息、进行联系的流程，提高了工作效率。第二种是向产业内企业间提供服务。工业互联网平台为产业链上下游的企业提供服务，方便有需求的企业之间彼此联系沟通，企业可以更有效率地寻找资源，发布需求，让自身产业链条之间更加紧密稳定。第三种是跨产业跨领域提供服务。这比前两种应用路径面向范围更广阔。工业互联网平台的用户并不仅仅是单一的制造业，可以扩展到不同制造业之间甚至是全产业间的互联。跨产业、跨领域的企业之间可以彼此交换自己感兴趣的数据，就比如金融行业可以利用工业经济数据进行数字评估，而其他产业在投资过程中可以依靠评估材料进行决断。除此之外，平台企业在企业决策管理和生产流程管理等多场景实现了应用。

这 3 种类型的平台各有优劣，其中跨产业跨领域的通用型平台，由于针对多产业多领域，平台以通用性为主，旨在满足大多数人的应用需求，应用范围广泛，因而在细分领域的各项功能有所不足，典型代表是海尔 COSMO 平台和航天云网 INDICS 平台。面向特定产业或领域的垂直平台聚焦在某些特定的领域或某种特定的需求，旨在细分领域的具体问题，面向内容较窄，但更有深度。典型代表是昆仑数据、云栖制造。第三类则依托专业知识和服务，为客户提供定制化服务，解决的问题更加具体，面向内容单一，但更有深度，能完美适配定制人的要求。一般而言，通用性平台会有很高的市场占有率。但无论如何，前者不可能完全占有市场，因为通用性平台无法解决具体问题，细分领域和定制化服务仍然会存在一定的市场，且会因为技术的不断提升，而在相应的行业或领域内产生用户黏性，稳稳占据一定的市场份额。

1.2 发展历程

工业互联网的发展依赖于网络技术的不断进步和物联网的兴起，其准备过程大致可以分为 3 个时期：（1）20 世纪 60—80 年代。1969 年，PLC（可编程逻辑控制器）诞生。PLC 是一种专门在工业环境下应用的数字运算操作电子系统，它最早应用于汽车产业，并随着时间的推移扩展到其他产业，它的诞生为网络的发明提供了助力。1989 年，万维网的发明，使信息实现了共享，网络的概念进一步延伸。（2）20 世纪 90 年代。1992 年引入了用于 PLC 的工业网络协议的连接。1995 年，MS Windows 成为工厂的主流操作系统。1999 年物联网概念被首次提出，万物皆可互联开始存在于人们的畅想之中。（3）21 世纪初。2002 年，亚马逊网络服务推出云计算。2006 年，新的通信独立架构协议形成。2010 年，传感器价格下降，随后自带设备成为主流。

随着支撑工业互联网发展成形的基础设施都已搭建完毕，工业互联网的概念被正式提出。2012 年，美国通用电气公司发布《工业互联网：打破智慧与机器的边界》白皮书，引发了工业互联网兴起的浪潮，工业互联网的探索程度不断加深。2016 年，工业互联网雏形形成，开始飞速发展。各国都意识到工业互联网在物联网时代的关键作用，因此积极颁布了推动工业互联网发展的相关政策。美国方面，工业互联网的发展由企业主导，联邦政府则在数字化技术方面提供助力，2021 年美国联邦政府计划对人工智能和量子通信分别增加 70% 和 50% 的研发投入；德国方面，2016 年，德国政府公布《数字化战略 2025》，其中提出，德国数字未来计划的 12 个支柱，工业互联网平台就是其中之一，随后公布的《国家工业战略 2030》等政策文件都提到了要大力发展工业互联网，将企业数字化转型与智能生产相结合的发展目标；日本方面，2017 年，日本经济产业省提出“互联工业”战略，确定了制造业企业数字化转型的方向，并在 2018 版《日本制造业白皮书》中确立了 5 个重点领域的发展。

由于工业互联网在全球开始发展之时，正赶上中国互联网发展方兴未艾，因此，中国也牢牢抓住工业互联网的发展机遇，颁布各项政策大力推动国内工业互联网的建设。自 2013 年以来，中国政府频繁出台政策法规指导工业互联网的发展，几乎是每年一政策（见图 6-11），足见国家对工业互联网发展的重视，并且自 5G 技术公布以来，中国开始将工业互联网和 5G 技术结合到一起。《工业互联网创新发展行动计划（2021—2023 年）》中提出，要在 2023 年以前建成 8 个“5G+ 工业互联网”公共服务平台，建成 10 个“5G+ 工业互联网”融合应用先导区，为工业互联网的发展作出了指导。

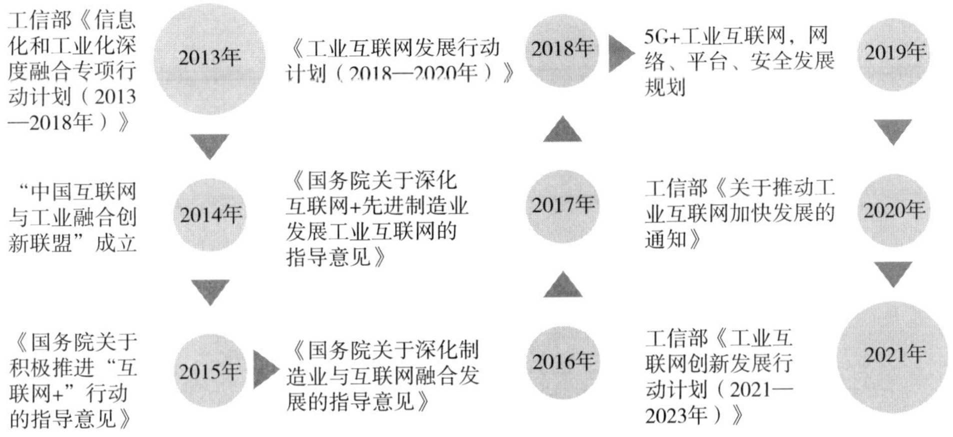

图6-11　2013—2021年中国工业互联网相关政策

资料来源：工信部官网、海通证券研究所

2. 产业链竞争格局

在工业互联网的发展上，中国和世界上其他国家处于同一起跑线。随着各项政策的逐步落实，中国工业互联网在整体规模、技术水平、基础设施等方面都具有一定优势。

从整体规模来看，根据中国工业互联网研究院的数据，2020 年中国工业互联网增加值规模达 5664.56 亿美元，占世界工业互联网比例为 15.14%，仅次于美国的 8858.40 亿美元。排名第三、第四的分别为日本和德国，分别占比 8.17% 和 6.62%。四国总的工业互联网增加值规模之和占比超过了 50%，占据了工业互联网的半壁江山（见图 6-12）。

从核心产业规模及带动产业规模来看，2017—2020 年中国工业互联网产业经济总规模不断增长，2020 年核心产业总规模为 6520 亿元，同比增长 21.6%（见图 6-13）。虽然增速有所下滑，但仍有不小增长潜力。此外，在自身增长的同时，工业互联网也会带动相关产业一同增长，这些增长或是来源于平台经济下成本的降低，或是来源于生产效率的增高。2020 年，工业互联网带动的产业经济规模为 2.48 万亿元，远超它本身的市场规模（见图 6-14）。

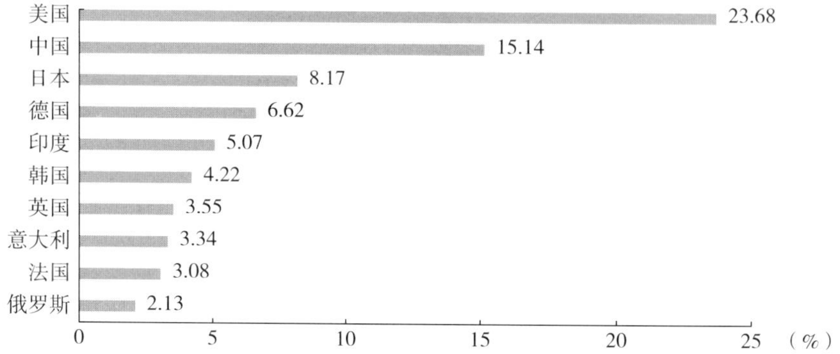

图6-12　2020年全球主要国家工业互联网规模占比情况

资料来源：中国工业互联网研究院

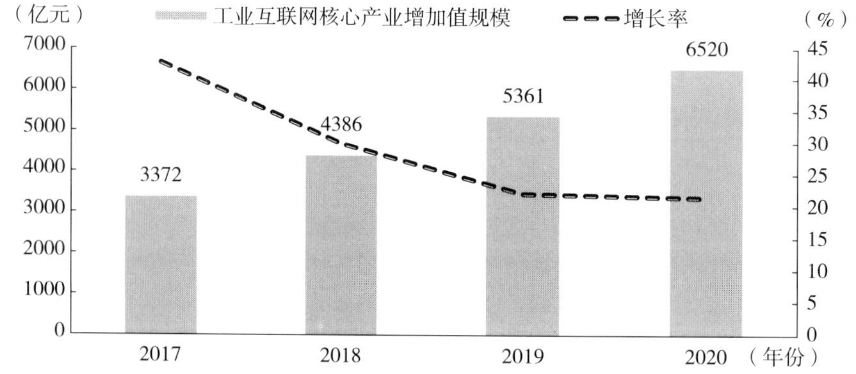

图6-13　2017—2020年工业互联网核心产业规模及增长率

资料来源：前瞻产业研究院、海通证券研究所

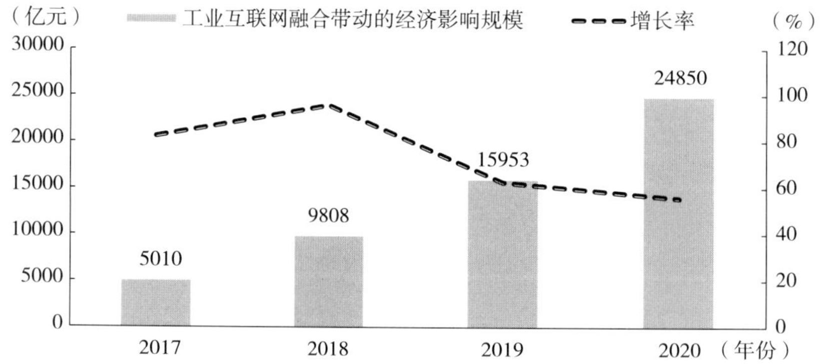

图6-14　2017—2020年工业互联网带动的产业规模及增长率

资料来源：前瞻产业研究院援引信通院、海通证券研究所

从技术水平来看，中国占据了全球一半以上的工业互联网产业技术，可见国内相关领域的技术实力不容小觑（见图 6–15）。在工业软件领域，中国技术水平稍显落后。据国家统计局与世界银行相关数据，2019 年中国工业产值占世界比重超过 30%，同年工业软件的规模仅占全球比重约 6%，其中，研发设计类软件的国产化率不足 5%。但部分企业通过不断努力，已实现在工业软件上的突破。2021 年，上海宝信软件自主研发出大型 PLC，实现了中大型 PLC 的突破。大型 PLC 的研发成功是中国打破国外技术垄断，防止在工业软件领域被外国企业“卡脖子”的一项成功的突破。对于宝信而言，这同样是开拓市场、证明自身技术水平的一项必要举措。

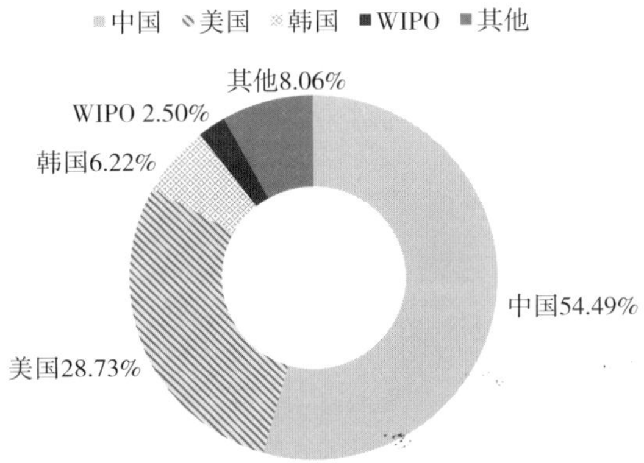

图6–15　全球工业互联网产业技术来源分布

资料来源：智慧芽、前瞻产业研究院

从基础设施来看，在工业互联网平台方面，中国有包括海尔卡奥斯 COSMO 平台、航天云网 INDICS 平台等先进的工业互联网平台。如图 6–16 所示，COSMO 是一个大规模定制平台，与传统制造业不同，COSMO 平台采用非线性制造模式，在平台中用户可以全程参与生产流程，生产环节各方面可以零距离互联互通。COSMO 平台提供跨产业、跨领域解决方案及各类增值服务，不同水平的企业都可以在平台上满足自己的需求，目前已经孕育出化工、农业等 15 个行业全场景解决方案。当前，青岛纺织机械厂就依托海尔 COSMO 平台，通过数据分析实现了设备的远程运维，宕机时长从每次的 3 天缩短为 1 天，大大提高了生产效率。

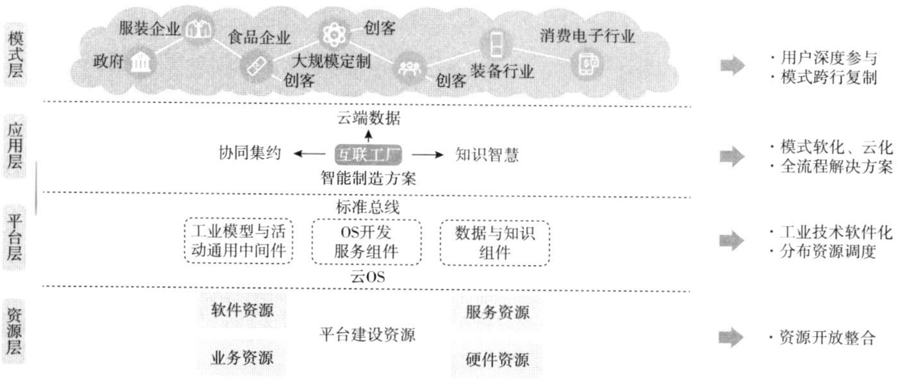

图6-16 海尔COSMO平台架构图

资料来源：海尔官网

3. 未来趋势与挑战

3.1 工业互联网对中国经济增长的拉动作用

中国工业互联网市场发展到现在不过短短几年，就已经取得了飞速的进展。由于工业互联网是新一代信息通信技术与工业经济深度融合的新型基础设施、应用模式和工业生态，对未来工业的网络化、数字化、智能化发展至关重要。为此，我们进一步估计了工业互联网对未来中国经济增长的贡献度。具体测算上，我们选取 2015—2020 年的中国工业互联网的年均增长率（16%）作为未来 5 年的复合增长率，进而预测 2021—2025 年的中国工业互联网市场规模。测算结果如图 6-17 所示，2023 年，中国工业互联网规模将突破 1 万亿元，2025 年工业互联网总规模将达到 1.4 万亿元。

在估计出未来 5 年中国工业互联网市场规模的基础上，我们进一步计算了未来 5 年中国工业互联网产业增加值规模（包括直接产业增加值和渗透产业增加值两部分）。具体测算上，我们先根据中国工业互联网研究院《中国工业互联网产业经济发展白皮书（2021 年）》，计算得出 2017—2020 年中国工业互联网产业增加值规模占 GDP 比重的平均增长率，基于此推测出 2021—2025 年，中国工业互联网产业增加值规模占 GDP 比重依次为：3.74%、3.97%、4.2%、4.43%、4.66%。

再根据国务院2022年的GDP增长目标，将2022—2025年的GDP增长率设为5.5%，估计工业互联网产业增加值。如图6-18所示，到2025年，中国工业互联网产业增加值将达到6.6万亿元。由此可见，工业互联网对中国GDP的拉动作用不容小觑。

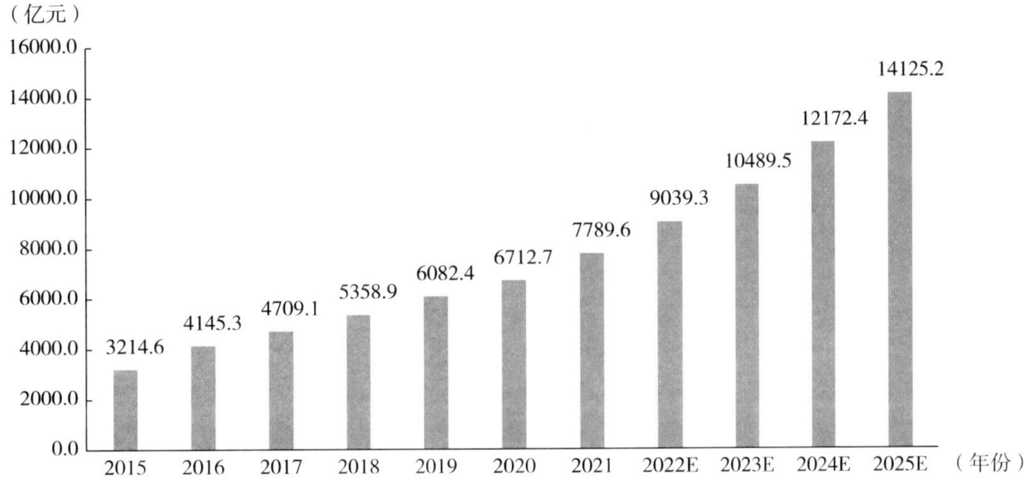

图6-17　中国工业互联网市场规模预测

资料来源：CCID

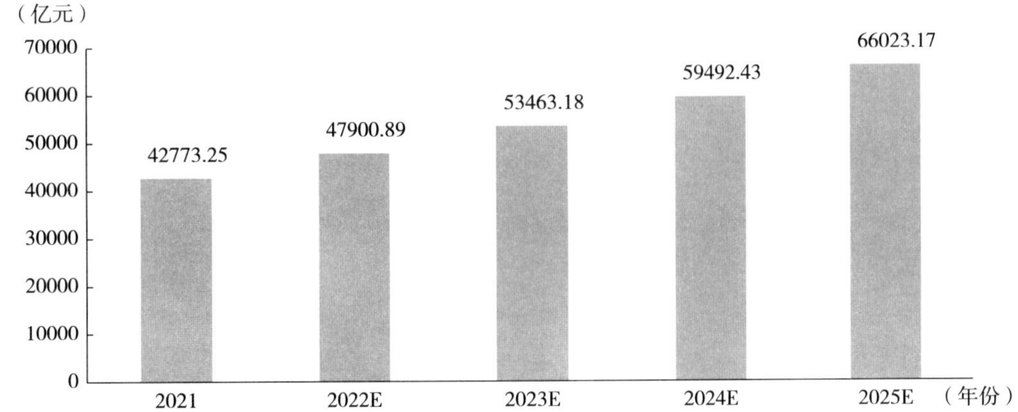

图6-18　工业互联网产业增加值预测

资料来源：《中国工业互联网产业经济发展白皮书》

3.2 中国工业互联网面临的挑战和发展思路

第一，工业互联网平台商业化发展艰难。对于中小企业而言，数字化程度低，产业链不完善。在这种情况下，平台与企业难以深度对接，使用工业互联网平台成本巨大，而平台对生产效率的提升不足以弥补。甚至对于有些企业而言，平台带来的效率提升效果会不及产业链中原有的合作模式。因此，发展工业互联网需要进一步深化工业企业的数字化转型，加强平台和企业之间的连接。

第二，不同制造业之间难以形成统一的标准。中国制造业种类繁多，每个大类之间还可以分成许多小类，不同类别的制造业之间生产标准、生产设备等都大不相同。这就导致平台与企业出现了脱节，工业企业和工业互联网平台之间难以形成数据传输与分析的统一标准。所以，需要加强数据解析网络和协议兼容体系建设，实现不同标识的数据和不同类型的工业设备之间的互联互通。

第三，工业互联网领域缺乏相应的复合型人才。搭建工业互联网平台既需要信息领域的人才，也需要工业制造业领域的人才，但是具备不同领域知识的两种人才很难达成有效沟通，因此工业互联网平台如果要继续深入发展，需要具备多领域知识技术的复合型人才。但是一方面，中国教育体系中复合学科较少，缺乏这样的人才，另一方面，制造业也很难吸引这样的人才。因此，复合型人才在传统制造业难以出现。为了解决这一问题，我国不仅可以引进国外优秀的技术人才，还可以加强校企联合，在大学内成立企业投资扶持的特殊班级，注重培养复合型人才。

第七章
引领低碳化产业

200 年间，工业化的不断推进给世界经济带来了奇迹般的增长，同时也对地球生态环境造成了严重破坏。全球气温的不断上升、极端天气的频繁出现凸显出经济增长中可持续发展的必要性，世界各国纷纷借助新一轮科技革命开启自己的低碳转型之路。在百年未有之大变局下，中国经济正步入新常态。为维持经济增长与环境保护之间的协同，中国将人类视为一个命运共同体，积极应对当前新一轮科技革命，实现经济社会发展的全面低碳转型。面对当前经济增长中枢下移和产业升级正处于关键节点的情况，中国通过强化低碳新赛道的国际竞争力，培育壮大经济增长新动能；通过降低高碳旧赛道的碳排放强度，加速推动产业结构朝低碳化方向转变。

本章第一节介绍了 2020 年第七十五届联合国大会一般性辩论上提出的“双碳”目标及其相关概念，并就“双碳”背景下中国产业的变革与发展进行了分析和建议。一方面，虽然钢铁、建材、水泥等传统高碳排放产业占整体产业比重仍较高，且依赖以化石燃料为主的传统能源，相应的低碳创新技术也还未成熟，但“双碳”目标的推进将有助于传统产业朝低碳方向转型升级；另一方面，新兴低碳产业在“双碳”目标下将迎来新的发展机遇。为推动产业朝低碳化方向发展，中国应提升低碳技术创新能力、加快推动现代能源体系建设、积极推动传统产业低碳转型升级和加大对低碳新兴产业的扶持力度。

本章第二节以中国新能源汽车产业为例，分析中国在低碳新赛道上的具体表现。经过 20 余年的培育与发展，新能源汽车产业作为助力中国低碳发展的有力抓手，当前市场体量已位居世界第一。从产业链来看，下游纯电动汽车具有较强的国际竞争力；中游电池、电机技术也处于国际先进水平，电控则由于缺芯等问题仍受制于人；上游稀土、锂等原材料资源较为丰富。综合分析，中国新能源汽车产业已经掌握了以纯电动技术为主的先发优势，但近期欧美等发达国家开始对新能源汽车产业全面发力，中国要在国际竞争中取得优势，还需进一步强化新能源汽车产业的技术创新能力，在芯片、操作系统等汽车智能化方面给予更大的支持力度。

本章第三节探讨了中国动力电池产业和燃料电池产业的发展历程、现状与未来趋势。当前，中国动力电池产业在产量和技术上均处于世界第一梯队，但在部分正极核心材料上仍严重依赖进口。在“双碳”背景下，中国要抓住第四次科技革命带来的低碳转型窗口，强化动力电池产业技术创新能力。燃料电池产业方面，由于燃料电池技术难以突破、燃料电池汽车无法大量推广以及多环节成本过高，中国燃料电池产业在整体上落后于日本和韩国。作为未来可能实现低碳化等目标的核心零部件，各国已启动燃料电池研发项目，中国要推动燃料电池产业的快速发展，亟须解决制约燃料电池产业发展的各类关键问题。

本章第四节分析了以钢铁产业、水泥产业和装备制造业为代表的高排放、高能耗传统工业，从历史发展、现状和未来低碳化道路 3 方面进行了详细阐述。当前，中国钢铁产量和水泥产量均超过世界总量的一半。虽然这两大高耗能、高排放产业在节能减排方面取得了一定成效，但在产能持续过剩和城镇化率接近高位的背景下，还需在低碳技术创新上继续努力；中国装备制造业产值已位列世界第一，多项高技术制造装备也有重大突破，但其能源消耗和碳排放量整体上仍处于增加态势，还需通过相应低碳化技术引领装备制造业高端发展。

第一节 “双碳”目标与产业发展

1.“双碳”目标

自 18 世纪工业革命以来，全球 GDP 实现了爆炸式的增长，人类的生活水平和物质条件也较工业革命前发生了翻天覆地的变化，与此同时，高速的发展也带来了全球温室气体的大量排放和越来越明显的气候变化问题。随着世界生态、气候问题的日益严峻，走可持续发展的低碳道路已经成为全球的共识。

中国作为一个负责任的大国，将人类视为一个命运共同体，在协调经济发展与气候变化的同时积极拥抱新一轮科技革命，提出了“双碳”目标。“双碳”目标是在 2020 年 9 月第七十五届联合国大会一般性辩论上提出的一个重大政策，又被称为碳达峰、碳中和或“30・60”目标。这是中国按照《巴黎协定》规定更新的国家自主贡献强化目标以及面向 21 世纪中叶的长期温室气体低排放发展战略。

具体地说，碳达峰（Peak Carbon Dioxide Emissions）指一个地区的年度二氧化碳排放量达到历史最高值，然后经历平台期进入持续下降的过程，是二氧化碳排放量由增转降的历史拐点，标志着碳排放与经济发展实现相对脱钩。截至 2019 年，全世界已有 49 个国家的碳排放实现达峰，占全球碳排放总量约 36%。碳中和（Carbon Neutrality）指一个地区在一年内的二氧化碳排放通过二氧化碳消除技术达到平衡，或称为净零二氧化碳排放（Net zero CO_2 emissions），实现碳排放与经济增长的绝对脱钩。目前美国、欧盟、加拿大、日本、韩国等已经计划将 2050 年定为碳中和截止时间。

“双碳”目标的提出，标志着中国将在新时代下以中国智慧和中国方案，为世界气候变化作出中国贡献。它不仅仅是对中国社会能源利用的深刻变革和挑战，更是新一轮科技革命背景下，技术经济范式转变赋予中国实现“换道超车”、推动产业变革并提高中国产业国际竞争力的一个新机遇。当前，中国已经进入新时代的新发展阶段，想要实现经济高质量发展，关键之一就是要在“双碳”目标下推动经济社会的全面绿色转型。随着“双碳”目标的不断推进和低碳创新技术的普及，传统产业面临转型升级，新兴产业也将在新一轮技术革命中迅速发展并成为助力经济增长和高质量发展的原动力。

2.“双碳”目标下的产业变革

2.1 传统产业的转型升级

目前，我国工业化正处于中后期，在产业结构方面，传统的“三高一低”（高投入、高耗能、高污染、低效益）产业占比较高。在国际产业价值链的分布上，还有较大比例的制造业处于价值链微笑曲线的两端，产品的附加值比较低。另外，粗放式生产依然存在，高耗能和高污染问题也比较突出。根据国际能源署的统计，2019 年发电与供热、工业、交通运输三大领域共占据了中国 90% 的二氧化碳排放量（见图 7–1），其中发电与供热占 53%、工业占 28%、交通运输占 9%。

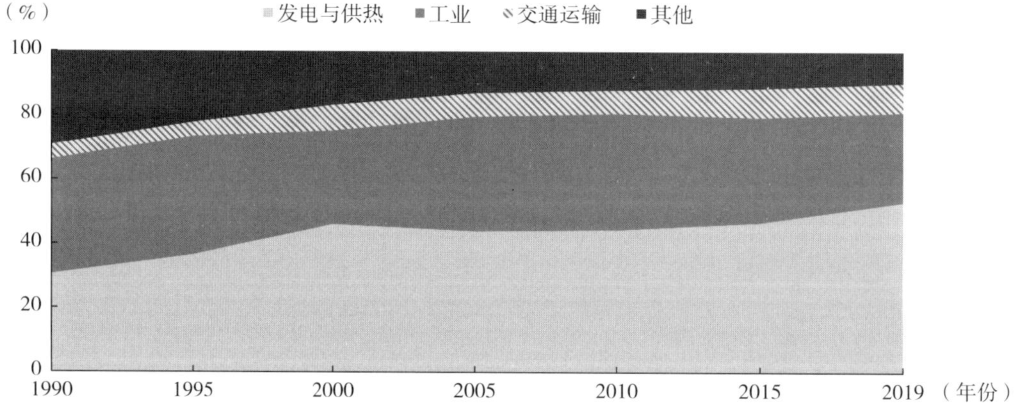

图7–1　1990—2019 年中国各部门二氧化碳排放占比

资料来源：IEA

另外，这些传统产业仍然大量依赖以煤炭、石油为主的传统能源。中国工业化时间较短，能源结构长期高度依赖煤电，存在较为严重的“碳锁定”效应和路径依赖，能源结构调整难度较大。以中国工业为例，工业用能上虽然煤炭占比已呈现逐年下降的态势，但仍是目前最主要的能源使用形式。《中国能源统计年鉴2019》的数据显示，2018 年中国工业用能煤炭占比为 48.2%，较 2010 年下降了 6.4

个百分点；电力已成为占比第二大的用能形式，2018 年占比达到 25.6%；近年来石油在工业中的应用有所下降，比例从 2010 年 15.3%，下降至 2018 年的 12.1%（见图 7-2）。

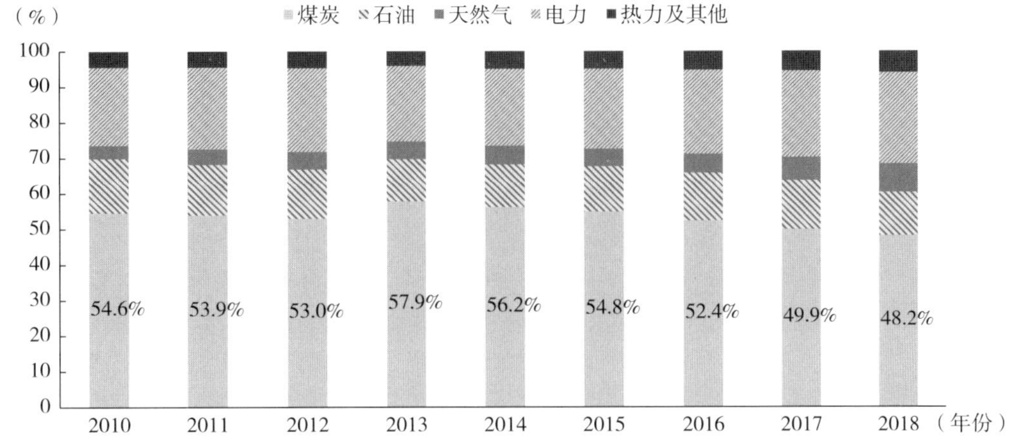

图7-2　2010—2018年中国工业部门能源消费结构

资料来源：《中国能源统计年鉴2019》

中国传统产业的低碳技术水平还有待提高。与国外相比，中国的碳捕集利用与封存（Carbon Capture、Utilization and Storage，CCUS）技术起步较晚，还不够成熟。国际能源署的报告显示，预计到 2050 年，钢铁行业采取工艺改进、效率提升、能源和原料替代等常规减排方案后，仍然剩余 34% 的碳排放量，即使氢能直接还原铁技术取得重大突破，剩余碳排放量也超过 8%；水泥行业采取常规减排方案后，仍剩余 48% 的碳排放量[①]。由此，发展 CCUS 技术成为了中国钢铁、化工、建筑等产业实现净零排放的必然选择，也是当前国际社会碳中和与低碳技术创新的核心竞争领域。

高碳排放、对传统化石能源消耗的路径依赖以及低碳创新技术的尚未突破使得中国传统产业转型升级的任务十分艰巨，短期内实现碳排放与经济增长“脱钩”压力巨大。但随着“双碳”目标的不断推进，中国将实现产业结构的“后向低碳化”。以高能耗、高排放为主的传统产业将逐步朝低碳可持续之路发展，钢铁、建

① IEA. Energy Technology Perspectives 2020: Special Report on Carbon Capture, Utilization and Storage. Paris: 2020.

材、水泥、化工等高碳排放产业将受到较为严格的碳排放限制，并在低碳创新技术上不断转型升级。

2.2 新兴产业的快速发展

在全球低碳能力竞争和中国“双碳”目标的背景下，中国产业结构将朝“前向低碳化”发展。一系列具有低碳、高效益的新兴产业将迎来新的发展机会。在这些新兴产业上各国处于相同的发展起点，大力发展这些低碳新兴产业的国家将拥有更多的发展机会，并获得新的经济增长点。例如，近年来中国电池产业、氢能产业、新能源汽车产业以及光伏产业的迅速发展就是典型的案例。

通过积极落实可持续发展战略、大力开展生态文明建设、实施各种产业政策以及构建国家创新体系，目前中国在低碳产业上已经具备了与欧美等发达国家竞争的实力基础，例如中国的新能源汽车保有量、产销量已经成为全球第一；中国的锂电池制造业占据了全球供应量的3/4；中国的太阳能装机量也达到世界第一。与此同时，新一轮技术革命下低碳转型与低碳创新技术已经成为全球经济竞争的关键领域，美国、德国、日本等发达国家在科学技术方面仍然整体领先，并试图通过科技“脱钩”阻止中国在低碳领域巩固现有成果和进一步实现突破。因此，中国需要牢牢把握住新一轮科技革命和产业变革的机遇，加强对低碳新赛道的扶持。

3. 推动产业绿色低碳发展

中国已经制定了“双碳”战略目标，但同时也面临着能源结构以煤为主的现实制约。为了进一步推动产业结构朝低碳化方向转变，提高产业的绿色竞争力，中国需要切实贯彻落实国家相关规划和政策，通过政府、企业和个人多方共同努力，实现多点突破、系统集成，实现经济社会发展全面低碳转型，成为经济低碳转型和高质量发展的成功实践者。

一是加强科技研发创新能力。传统产业和新兴产业的低碳化转型任务不同，挑战不同，有的需要采用更加环保的生产工艺，有的需要采用更加绿色的技术，有的则需要提高能源的使用效率。总体上，各产业都要充分认识到低碳转型的历史要求，要制定本产业或本企业的低碳化发展战略，加强技术研发，通过管理精益化、技术先进化，节能和技术创新多措并举，尽早进行低碳化转型。

二是加快推动现代能源体系建设。要实现产业低碳转型和经济增长的平衡，离不开丰富的低碳能源供应。中国能源资源以煤为主，近年来光伏、风电、氢能等零碳可再生能源发展较快，但仍然面临可再生能源的间歇性和消纳能力问题。今后中国既需要不断加快可再生能源的发展，包括进一步发展水电、核电、氢能等清洁能源，提高零碳能源的生产能力，更要加大新型电力系统的建设力度，加强对可再生能源消纳能力的技术研究，建立更加高效、坚强的智能电网，通过为产业发展提供可靠的低碳电力，为产业低碳转型提供根本性支撑。

三是积极推动传统产业低碳转型升级。为了实现“碳达峰，碳中和”，中国传统产业的低碳转型升级还有很长一段路要走。中国需要严把新上项目的碳排放关，坚决遏制高能耗、高排放、低水平项目盲目发展；要下大气力推动钢铁、有色、化工、建材等传统产业朝低碳可持续之路发展；要加快传统产业内的低碳工艺革新和数字化转型；要推动以化石能源为主的产业技术系统向以低碳智慧能源系统为基础的新生产系统转换。

四是加大对低碳新兴产业的扶持力度。以财政补贴、税收优惠等政策形式加大对低碳新兴产业的资金支持；出台系列政策规划引领低碳新兴产业发展；推动互联网、大数据、人工智能、5G 等新兴技术与低碳新兴产业深度融合；建设绿色制造体系和服务体系，提高低碳新兴产业在经济总量中的比重。

第二节　电动汽车引领低碳新赛道

汽车产业具有产业链长、辐射面广、碳排放总量增长快、单车碳强度高等特点，其碳排放是中国碳排放的主要来源之一。根据中国汽车技术研究中心发布的《中国汽车低碳行动计划研究报告（2021）》，2019 年中国道路直接二氧化碳排放量接近 8 亿吨，占据全国二氧化碳排放总量的 8% 左右，因此减少汽车碳排放对中国实现“双碳”目标具有重要意义。

随着可持续发展战略的不断推进以及“绿水青山就是金山银山”理念的广泛普及，新能源汽车产业作为助力低碳发展的有力抓手开始迅速发展。根据《中国汽车低碳行动计划研究报告（2021）》的数据，纯电动汽车平均单位行驶里程碳排放量仅有146.5gCO_2e/km，远低于传统汽油车的241.9gCO_2e/km和柴油车的331.3gCO_2e/km（见图7-3）。因此，在“双碳”目标和能源安全战略的背景下，新能源汽车将在新时代下逐步取代传统燃油汽车，成为“绿水青山”下人们新的交通出行工具，成为实现“双碳”目标的有力支撑。因此加快发展新能源汽车产业，对培育自主可控增长新动能、引领低碳新赛道、抢占全球产业竞争新赛道制高点至关重要。

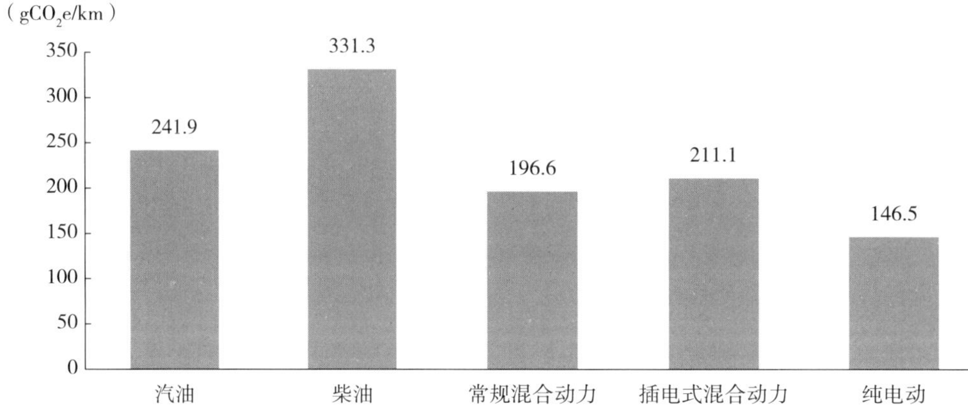

图7-3　2020年不同燃料类型乘用车平均单位行驶里程碳排放

资料来源：《中国汽车低碳行动计划研究报告（2021）》

1. 产业发展历程及现状

1.1　产业发展历程

中国新能源汽车产业的发展经历了产品化（1994—2008年）和市场化（2009—2021年）两个阶段。1994年颁布的《汽车工业产业政策》中最早诞生了发展新能源汽车的想法，但燃油汽车的盛行使新能源汽车的研发并没有进一步推进。由于国内传统汽车产业仍然缺乏技术支撑以及国家对石油的依赖程度加剧，科技部于21世纪初开始设立“863计划”电动汽车重大专项。中国国内多家企业、高等院校和科研机构根据科技部“三纵三横”[①]的顶层设计强强联合，通过官产学研四位一体的协同创新体系对新能源汽车核心关键技术进行合力攻关，推动了新能源汽车整车技术和关键零部件技术的日益成熟，初步形成了电动汽车零部件产业链，并实现了整车技术和共性关键技术的攻关以及样车的开发。

随着整车技术的进步和各类车的试运行，新能源汽车产业市场化的时机来临。2009年科技部、财政部、发展改革委、工信部四部门联合启动了“十城千辆”工程，但推广效果并不好。2013年后，四部委又以政策发文的形式继续推动新能源汽车产业发展，具体包括扩大试点范围、增加财政补贴、提供税收优惠、限制地方保护主义等。2013—2015年的3年时间内，中央与地方的财政补贴合计达484.44亿元，极大促进了企业和市场对新能源汽车的供给与需求。2015年，中国新能源汽车产销量呈现出爆炸式的增长，产量首次位居世界第一。

“十三五”期间，在中国成为全球新能源汽车最大市场的基础上，政府对新能源汽车产业的各项政策开始不断缩紧。政府补贴力度的不断降低以及补贴技术门槛的进一步提高促使国内新能源汽车企业以技术创新的形式满足补贴要求。此外，政府还取消了新能源汽车外资股份的限制，新能源汽车产业开始由政策驱动创新转向市场驱动创新。

1.2 产业现状

中国新能源汽车产业在经历了顶层设计规划、科技计划支持、产业政策扶持后，其当前产销规模、基础设施均稳居世界第一。在新能源汽车产销及保有量方面，2020年，中国新能源汽车产量、销量分别为136.6万辆和136.7万辆（见图7–4），已连续6年位列世界新能源汽车产销量第一大国，累计推广量超过550万辆，占全球新能源汽车存量的50%以上。此外，中国新能源汽车产销车型结构分布上以纯电动汽车为主，占比超过八成。

从新能源汽车进出口来看，2017—2020年中国新能源汽车出口数量均大于进口数量（见图7–5）。但由于中国出口的90%以上均为纯电动轿车和越野车，较低的技术水平导致其出口价格仍然较低，使中国新能源汽车在出口大于进口的情况下，进出口仍处于逆差状态，2020年的进出口逆差达到了195.76亿元。

① 三纵：混合动力汽车、纯电动汽车、燃料电池汽车；三横：电池、电机、电控。

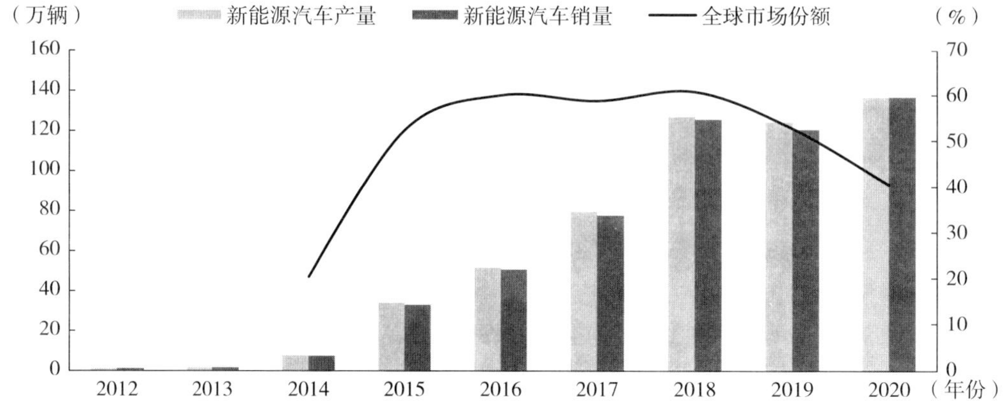

图7-4 2012—2020年中国新能源汽车产销情况

资料来源：中国汽车工业协会

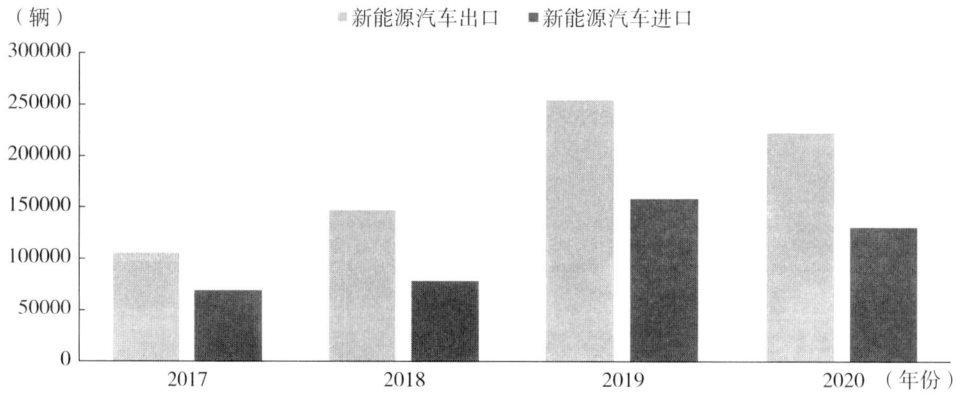

图7-5 2017—2020年中国新能源汽车进出口情况

资料来源：中国海关总署

从新能源汽车基础设施来看，中国的公共和私人充电桩自2016年以来，都有了大幅度的提升。截至2020年底，中国公共充电桩80.7万台，其中交流充电桩49.8万台、直流充电桩30.9万台，私人充电设施87.4万台，共计168.1万台（见图7-6）。虽然充电桩在整体规模上没有达到《电动汽车充电基础设施发展指南（2015—2020年）》预定的480万个目标，但其实现了近200%的年均增速，在世界上的规模也达到了第一。中国充电桩的发展离不开新能源汽车市场井喷式的发展，也离不开政府颁布的一系列关于充电基础设施建设的补贴政策和产业规划[①]。

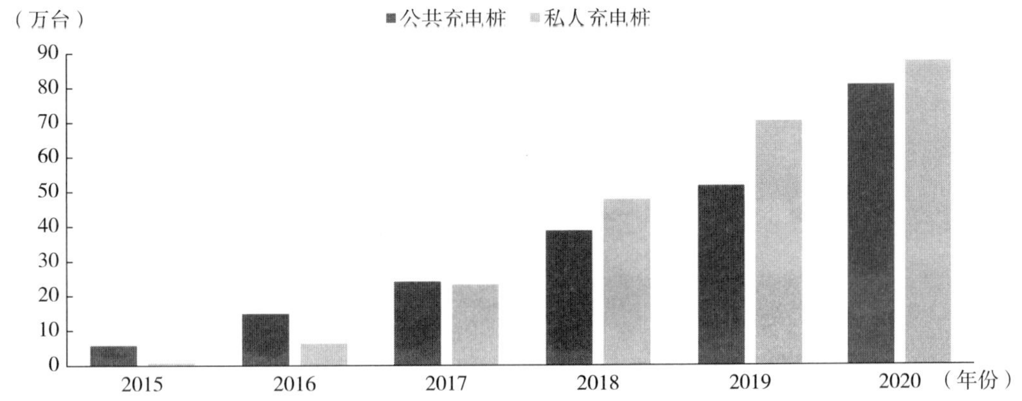

图7-6　2015—2020年中国各类充电桩数量

资料来源：EVCIPA

2. 产业链竞争格局

在新能源汽车产业链布局上，主要分为下游的整车集成制造、中游的关键零部件制造和上游原材料。中国目前已经具备了开发插电式混合动力汽车、纯电动汽车、燃料电池汽车在内的整车集成技术能力，在关键零部件基础技术开发（电池、电机、电控）上达到了与国外相近的水平，以稀土和锂为主的原材料也基本实现自给自足。

从插电式混合动力汽车来看，近年来，中国插电式混合动力汽车技术取得了较大进步，已接近国际先进水平。但是在混合动力发动机、机电耦合装置、电驱动系统及混合动力系统集成等核心零部件及关键车型专利方面与国际先进水平存在一定差距。其中，混合动力专用发动机技术的差距尤为明显。如中国插电式混合动力汽车车型专利仅占世界的4%，日本则占52%。

从纯电动汽车来看，纯电动汽车是中国新能源汽车的主导车型，2020年中国新能源汽车中纯电动汽车的销量和保有量均超过80%。以比亚迪、上汽通用五

① 《关于新能源汽车充电设施建设奖励的通知》《关于加强城市电动汽车充电设施规划建设工作的通知》《电动汽车充电基础设施发展指南（2015—2020年）》等。

菱为代表的纯电动汽车，与日本、德国相比已占一定优势，但与美国品牌特斯拉仍有差距。在以专利为代表的创新指标上，根据清华大学全球产业研究院发布的《新能源汽车全球专利观察》报告，截至2019年7月，中国占据全球25%的纯电动汽车车型方向专利，与日本（26%）几乎持平，超过韩国（20%）、美国（18%）和德国（4%）。

从燃料电池汽车来看，2020年燃料电池汽车全球保有量仅为3.2万辆，而日本丰田Mirai和韩国现代NEXO两款车型占据了超过90%的全球市场。中国燃料电池汽车经过多轮商业化示范运行与考核应用，整车性能已逐步提升，但由于氢能源技术难以突破，在整车性能、燃料电池系统输出功率、寿命和成本等指标上仍与国际先进水平有一定差距，中国燃料电池汽车车型方向专利只占世界的2%，远低于日本的54%和美国的19%。此外，在基础设施建设上，根据德国LBST提供的数据，截至2020年底，日本拥有142座加氢站，德国有100座、中国只有69座。

从动力电池来看，2020年，全球动力电池装机量排行前十的企业中，中国企业占6位，全球市场份额超过40%。但特斯拉主要使用的是日本电池企业松下的动力电池，国内电池企业宁德时代和比亚迪的主要客户均为国内车企（见表7–1）。此外，中国动力电池企业国际化程度较低，在核心竞争力上仍落后于国外企业。宁德时代和比亚迪动力电池的能量密度都低于日本、韩国电池企业。比较各企业电池的综合电芯性能、成本和制造能力，还是日本的松下和韩国的LG化学较为领先。

表7–1　2020年全球动力电池装机量排行TOP4

排名	企业	装机量（Gw·h）	能量密度（Wh/kg）	主要客户
1	宁德时代（中）	35.39	200~250	北汽、上汽、广汽、吉利等
2	LG化学（韩）	30.91	240	现代、雷诺、起亚、通用
3	松下（日）	27.51	250~340	特斯拉、大众、福特、丰田
4	比亚迪（中）	9.01	150~200	比亚迪

资料来源：高工产业研究院（GGII）

从驱动电机来看，由于中国稀土储量的丰富，加上电机工艺在世界上处于领先水平，目前中国新能源汽车上永磁同步电机的使用率已经超过 90%。2020 年新能源汽车驱动电机装机量为 146.3 万台，量产的驱动电机重量比功率已超过 4.0kW/kg，绝大多数新能源汽车均配备中国自主研发的电机产品①。但是中国企业起步较晚，技术和专利上的积累较为欠缺，生产的永磁同步电机的峰值功率、符合效率距离国际先进水平还有一定差距。

从电控系统来看，中国目前已初步具备“系统—软件—硬件”的三层级开发能力，但在硬件方面，例如 BMS 集成电路板上的电压采集芯片、MCU 核心功率半导体 IGBT（Insulated Gate Bipolar Transistor），大部分都被国外企业所垄断。虽然 2018 年比亚迪在 IGBT 方面已有所突破，但仍有较大的发展空间。2019 年，德国英飞凌占据中国电控 IGBT 市场的近 60%（见表 7–2）。

表 7–2　2019 年中国电控 IGBT 供应商市场份额 TOP5

排名	企业	市场份额
1	英飞凌（德）	58.2%
2	比亚迪微电子（中）	18.0%
3	三菱电机（日）	5.2%
4	塞米控（德）	6.0%
5	斯达（中）	1.6%

资料来源：NE 研究院

从稀土来看，稀土主要运用于新能源汽车的电机部分，是极其重要的战略资源。中国稀土资源十分丰富，2020 年，世界稀土储量 1.2 亿吨，中国稀土储量达 4400 万吨，占比超过世界的 1/3，中国已经成为全球稀土市场上产量最高的国家，也是世界上唯一能够提供全部 17 种稀土金属的国家（见图 7–7）。

① 贡俊、张舟云：《车用驱动电机产业发展动态》，中国汽车技术研究中心，2017。

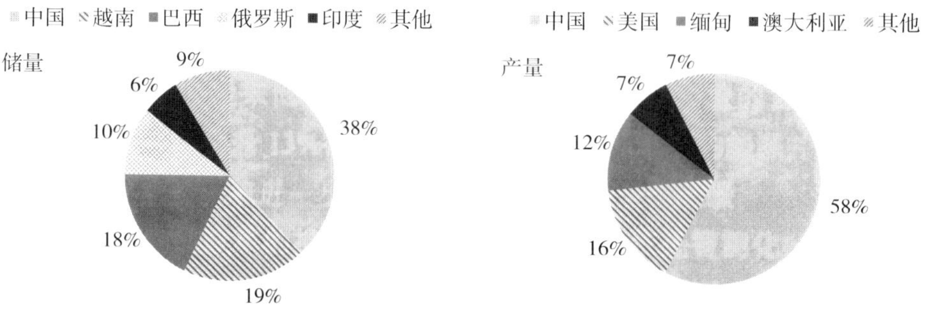

图7-7　2020年全球稀土储量及产量分布情况

资料来源：前瞻产业研究院

从锂来看，锂是新能源汽车中不可或缺的原材料之一，应用于新能源汽车的动力锂电池占据锂资源终端需求的一半以上。中国作为锂资源需求量最大的国家，截至2020年，中国锂资源储量占世界锂资源储量比重为8%，次于智利（50%）、澳大利亚（26%）和阿根廷（10%）。产量方面，2020年中国金属锂产量1.4万吨，位列世界第三（见图7-8）。伴随着新能源汽车产业世界范围内的急速膨胀，锂资源争夺将成为发展电池产业和新能源汽车产业的关键。

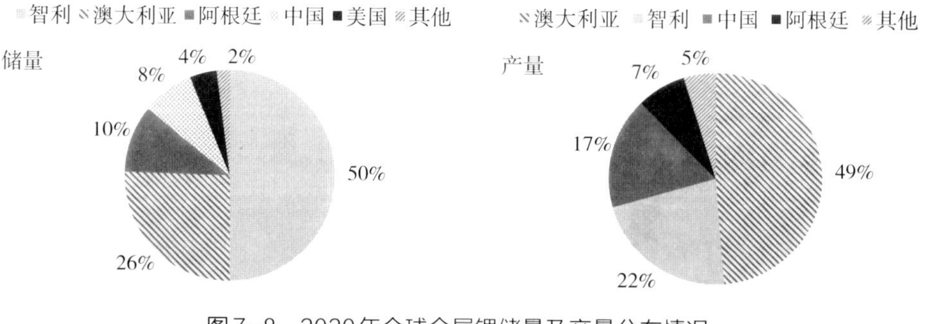

图7-8　2020年全球金属锂储量及产量分布情况

资料来源：作者整理

综合分析中国新能源汽车产业链情况，我们发现，当前中国新能源汽车产业在下游整车制造上与国外车企差距不大，上游的稀土资源和锂资源也较为丰富，但在中游关键核心技术“三电”上，特别是电控部分，仍与世界顶尖水平有一定差距，且十分依赖进口。随着各国对新能源汽车重视程度的不断加深，中国想要在“三跑并存”阶段实现技术领先，引领低碳新赛道，就需要在新能源汽车的各项关键核心技术上进一步加大研发力度，并加速推动新能源汽车市场化，以市场力量推动企业技术创新。

3. 未来发展展望

在中国能源安全战略和“双碳”目标下，以汽车为核心的道路交通电气化转型成为重要路径之一。中国新能源汽车产业在政府和市场力量的协同培育下茁壮成长，并已掌握了以纯电动技术为主的先发优势，当前正转向大规模进入家庭的关键阶段。

3.1 未来市场规模

通过运用 Bass 模型，我们对未来中国新能源汽车的保有量进行了一个简单测算。新能源汽车保有量的预测需要估计 a、b、K 3 个参数，a 为外部扩散系数；b 为内部扩散系数；K 是新能源汽车最大保有量（具体测算步骤详见附录 B）。根据我们的测算，预计到 2030 年，中国新能源汽车保有量将达到 4761 万辆（见图 7–9），是 2021 年新能源汽车保有量的 6 倍。

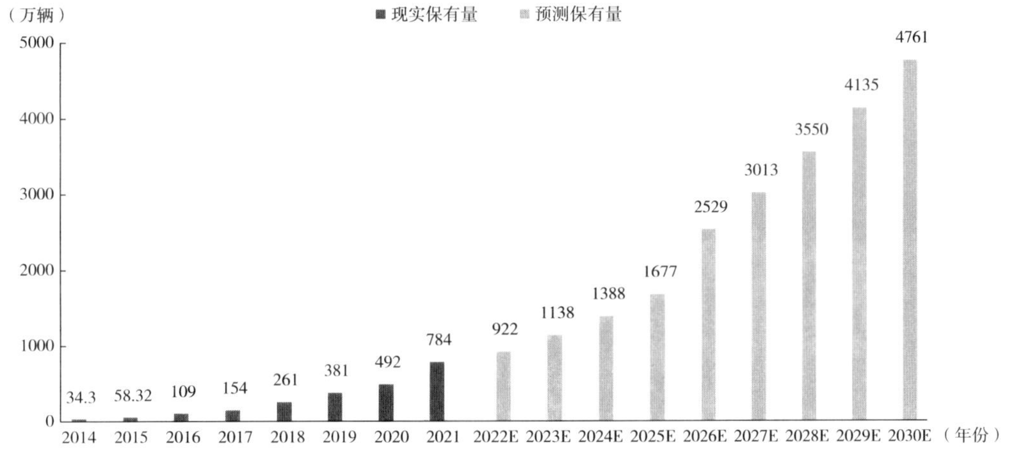

图7-9　2014—2030年中国新能源汽车市场保有量

资料来源：作者测算

3.2 未来趋势——智能化

新一代信息技术的普及将促使新能源汽车产业朝智能化方向进一步发展，搭载智能芯片、高效操作系统的新能源汽车将成为新一代汽车发展的必然选择。

以自动驾驶为主的智能化发展将对新能源汽车的车载芯片数量和种类有更多的要求。传统燃油汽车的芯片数量大概为500颗，而新能源智能汽车的芯片数量几乎翻了一倍，达到1000颗左右。这是因为感知、决策及控制是无人驾驶技术的重点，需要高端智能芯片的支持，而负责算力和处理的车载AI芯片能够以新能源汽车平台作为依托，通过计算机技术进行控制，确定汽车的周围环境，从而取代人类的感知并进行智能驾驶或自动驾驶。目前，可实现车规级前装量产的AI芯片公司并不多，国外主要是Mobileye和英伟达，中国国内只有地平线一家。由于智能化背景下，车载芯片不仅会成为全球核心技术争夺的新战场，更是中国构建安全可控汽车产业链的关键，因此中国亟须提升车规级芯片国产化体系能力。

智能化操作系统成为新能源汽车的主要载体。与传统车载操作系统有所不同，智能汽车操作系统主要基于异构高性能计算平台，集成高性能车控计算任务的复杂系统，是孕育智能驾驶的核心支撑平台。随着车载系统和电控系统功能增多、汽车电子产品外部交互（接口）标准种类增加，以及用户需求多样化，车载操作系统正走向融合发展。一方面，操作系统车载、车控、娱乐信息等业务层面逐步融合，如QNX推出用于高级驾驶辅助系统和自动驾驶的全新软件平台，为汽车提供ADAS模块、传感器融合系统，并做出控制决策。另一方面，企业生态层面逐步融合。阿里在与上汽荣威合作打造了斑马智行后，联合阿里系生态，并同交通运输部公路科学研究院、国家电网、英特尔等企业，利用车路协同技术打造全新的智能高速公路。

在软件定义汽车的时代，中国需要实现对车载AI芯片、操作系统和计算平台这类关键“卡脖子”技术的完全自主可控，并完善智能汽车数据安全、信息安全、功能安全保障能力准入审查制度，抓住汽车智能化发展机遇，构建中国新能源汽车产业在全球竞争中的话语体系。

3.3 未来发展方向

未来，新能源汽车产业将继续以自主创新为主线，推动核心“三电”技术和智能技术的提升，使汽车智能化和汽车电动化合二为一；配套基础设施充电桩的不断增长、动力电池回收体系的不断完善、各项行业安全标准和产业政策的颁布将营造出优质外部环境，为中国新能源汽车产业健康发展保驾护航。

第三节　电池技术与低碳发展

随着全球能源吃紧、油价高涨时代的到来，发展低碳经济、寻找新能源成为当务之急。电池由于具有清洁、高效、环保、绿色等特点，它的发展和应用将更好为电子消费品、新能源汽车以及智能电网等产业提供重要的技术支撑，并使产业更适应低碳发展的道路，推动人类社会朝节能环保方向发展。

电池指盛有电解质溶液和金属电极以产生电流的杯、槽或其他容器或复合容器的部分空间，能将化学能转化成电能的装置。但随着科学技术的不断发展，电池的内涵进一步延伸，目前泛指能产生电能的小型装置，如通过半导体将太阳能转化为电能的太阳能电池（光伏）也被称为电池。本小节主要探讨包括动力电池和燃料电池在内的以化学能转化为电能的电池技术，太阳能电池不包含在内。

1. 中国动力电池产业

动力电池作为新能源汽车的心脏，占据整车成本的 30% 以上。当前的动力电池主要包括：铅酸电池、镍镉电池、锂离子电池等。锂离子电池由于具有比能量高、无记忆效应、质量轻、体积小、自放电小、电压高、循环寿命长等优点，是当前使用最为广泛的电池。

1.1 产业发展历程及现状

中国动力电池产业起步于“十五”期间的“863 计划”电动汽车重大专项，其主要发展对象为锰酸锂电池和镍氢电池。在“十一五”和“十二五”期间，国家科技计划继续推动着动力电池技术的进步，电池类型逐渐转向磷酸铁锂电池和三元电池。此后，2014 年和 2015 年中国新能源汽车产业市场体量的极速膨胀，为动力电池产业带来了新的发展机遇。

目前，在“863 计划”、产业政策支持和新能源汽车市场需求的带动下，中国动力蓄电池产业整体上已稳居世界第一梯队。从市场体量来看，2021 年，全球动力电池总装机量达 296.8GWh，同比增长 102.3%，而中国动力电池总装机量达 154.4GWh，占世界的比重为 52%，已连续 5 年位居全球第一（见图 7-10）。中国引领、日韩紧跟的产业发展格局初步形成，3 个国家的动力电池装机量合计占全球约 90%。

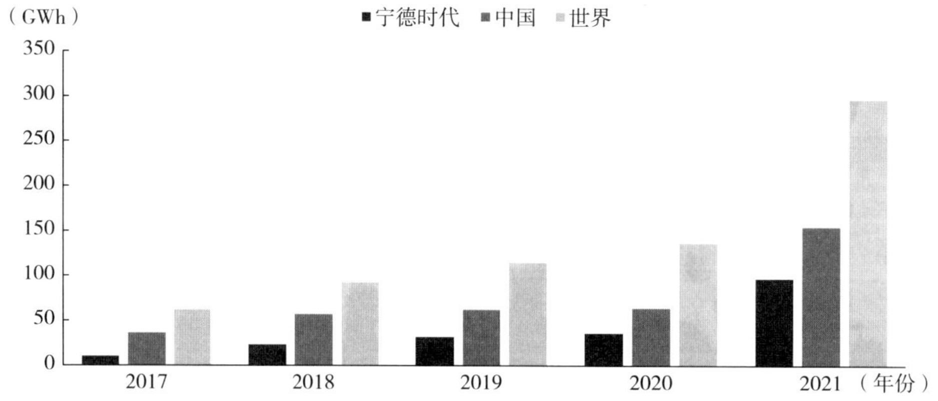

图7-10 2017—2021年中国及全球动力电池装机量

资料来源：作者整理

从企业来看，2020 年全球装机量排名前 10 的企业中，中国共有 6 家企业，分别为宁德时代（26%）、比亚迪（7%）、中航锂电（2.8%）、远景 AESC（2.5%）、国轩高科（2.4%）和亿纬锂能（0.7%），共占据全球 41.4% 的市场份额（见图 7-11），其中龙头企业宁德时代已连续 4 年位居榜首。

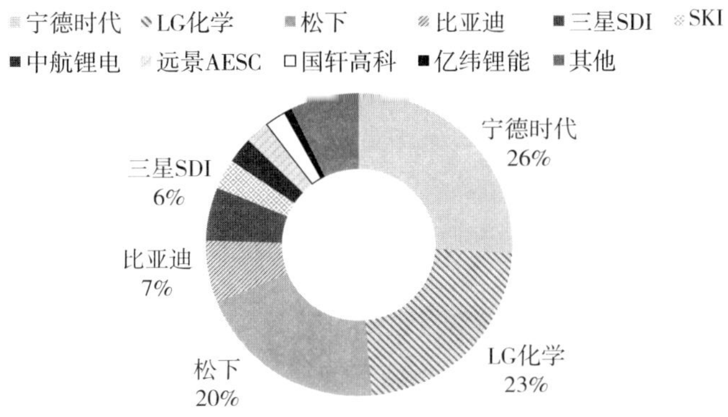

图7-11　2020年全球动力电池装机量TOP10企业占比

资料来源：高工产业研究院（GGII）

与此同时，中国动力电池的单体能量密度、循环寿命、量产成本等关键指标都处于国际先进水平。截至2020年，新能源乘用车动力电池平均单体能量密度接近150Wh/kg，基本达到《节能与新能源汽车产业发展规划（2012—2020）》中的要求，这也促使新能源汽车的续航里程不断上升（见图7-12）。

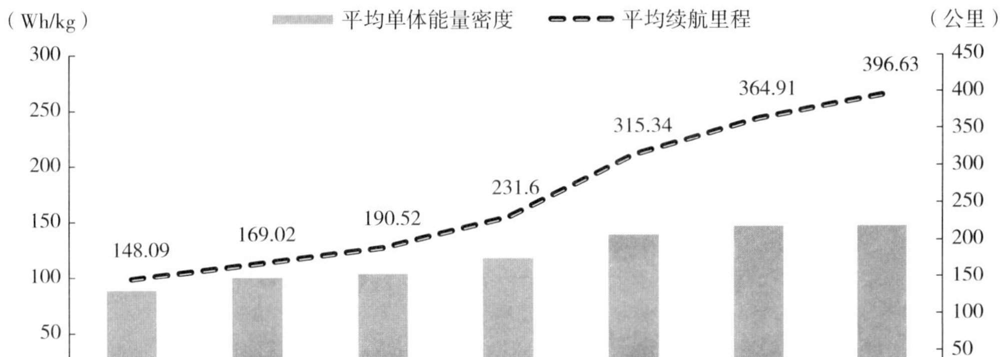

图7-12　2014—2020年中国新能源乘用车平均单体能量密度及平均续航里程

资料来源：作者整理

此外，中国也已建立电池材料供应体系，产业链供应能力较强，产品性能与成本水平位居世界前列，并实现海外布局和大规模出口。铜箔、铝箔形成完整产业链布局，技术处于领先水平。据相关资料，动力电池的单体成本已经下降至 0.8 元 /Wh。随着体系变革，自动化水平提升及规模化效益等因素的综合带动，未来动力电池的成本将继续下降，预计 2030 年行业内量产动力锂电池系统成本将降至 0.5 元 /Wh 以下。

当前动力电池依然处于创新活跃期，材料、系统及结构等创新不断，电池材料创新出现了低钴、添硅补锂、半固态等技术，如固液混合电解质软包电池能量密度可达 360Wh/kg，磷酸铁锂电池补锂、添硅后能量密度突破 200Wh/kg；中国企业通过结构创新提升电池系统比能量，如宁德时代的 CTP（Cell to Pack）、比亚迪的刀片电池、国轩高科的 JTM（Jelly Roll to Module），且更加激进的模组直接到车、电芯直接到车等底盘电池技术理念正在进一步研究。

随着中国动力电池产业的快速发展，一些亟须解决的问题暴露出来，例如上游电解液价格暴涨，回收电池体系不够健全，产业低端产能过剩、产业基础创新能力薄弱等。数据显示，中国在 2010—2020 年间共申请动力电池相关 PCT 专利 1493 项，大幅落后于日本（3806 项）和美国（3168 项），也落后于德国（1865 项）。近 5 年内，中国与日本、美国申请 PCT 专利总量的差距不是在缩小，反而在拉大。这已限制了中国企业出口正极材料等主材，还很可能在行业出现颠覆性创新时让中国企业发展遭遇重大挫折。同时，中国在高端隔膜设备以及混料机、窑炉、表面改性设备等正极材料核心设备方面也存在严重对外依赖。

1.2 未来展望

随着全球新能源汽车市场体量的不断膨胀，未来中国动力电池产业市场规模将进一步扩大。根据 SNE Research 对世界动力电池装机量的预测数据，以及 2014—2021 年中国动力电池总装机量占世界的比重，我们假设未来中国动力电池装机量世界占比仍维持在 50% 左右的水平，并据此估计中国动力电池产业的市场规模变化。测算结果显示，2030 年中国动力电池装机量将高达 1482GWh（见图 7-13）。

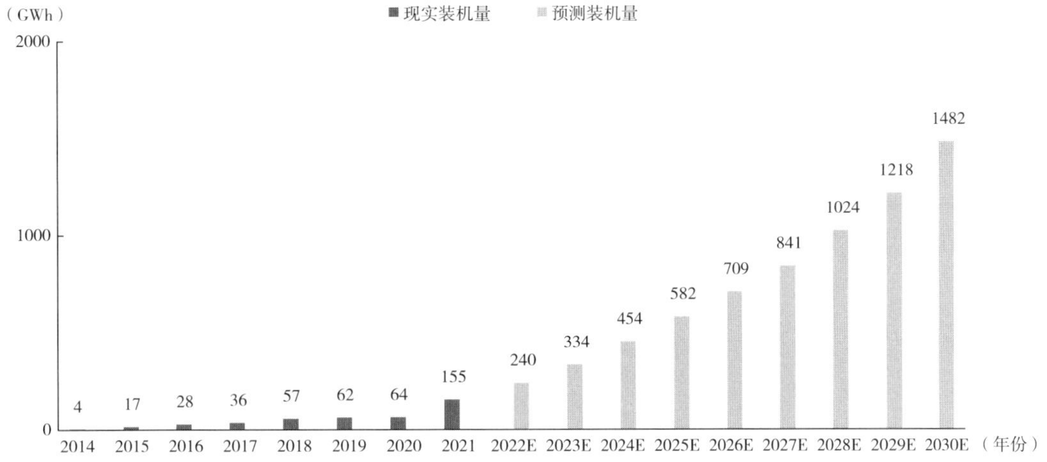

图7-13　2014—2030年中国动力电池总装机量

资料来源：SNE Research、作者测算

在新一轮科技革命和碳达峰、碳中和的背景下，未来几十年将是中国动力电池产业发展的重要机遇期，中国动力电池产业的前景十分广阔。电动汽车以及智能电网等产业对动力电池的大量需求将成为动力电池产业进一步深化发展的原动力，电池材料及技术变革的速度将进一步加快，全球竞争格局可能出现重大变化。中国需要牢牢抓住机遇，在动力电池产业竞争新赛道中筑牢优势，培育中国经济增长新动能。

随着新能源汽车产业政策的出台和欧美国家对新能源汽车产业支持力度的增大，“十四五”期间中国动力电池产业国际竞争力将进一步增强。在电池技术上，以动力电池正极、负极、隔膜和电解液等关键材料基础研究与应用为突破口，结合电池材料和结构设计创新，实现动力电池能量指标、功率指标、安全性和寿命等性能的持续升级，朝高比能量、高能效、高安全、长寿命、全气候、全固态、低成本方向发展。在行业标准和政策体系上，未来科学有效、全面的动力电池测试评价技术体系的构建将能够保障和优化动力电池系统的应用；规模化、高价值、高效的动力电池回收与梯级利用技术体系的构建将助力实现新能源汽车全生命周期应用的高效、节能与环保。

2. 中国燃料电池产业

燃料电池是一种以电化学反应方式将化学能直接转化为电能的发电装置，是高效利用能源而又环境友好的新技术，具有高效率、无污染的特点。

2.1　产业发展历程及现状

燃料电池用途广泛，既可应用于发电厂、军事等领域，也可应用于移动设备、机动车等领域。中国燃料电池产业发展最早起源于“十五”时期的“863 计划”电动汽车重大专项，但由于下游燃料电池汽车以及基础设施加氢站的普及还有待进一步推进，中国直到“十二五”期间，才开始真正着手推进燃料电池和下游燃料电池汽车的研发与产业化。

当前，随着各国对氢能和燃料电池政策支持力度的加码，全球燃料电池出货量不断攀升。2020 年，全球燃料电池出货量达 8.2 万套，比 2012 年的 4.6 万套翻了近一倍，而质子交换膜电池（PEMFC）占全部燃料电池出货量的 78.08%，是目前全球最主要的燃料电池类型。中国 2020 年燃料电池出货量仅为 0.4 万套，占全球总出货量的 5% 左右。在出货功率上，2020 年全球燃料电池出货功率为 1319MW，中国只有 87MW（见图 7-14）。

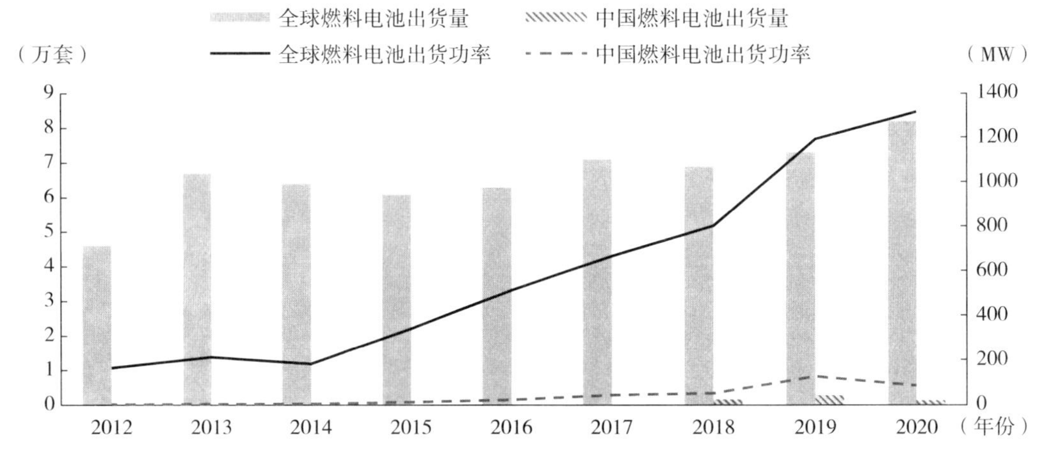

图7-14　2012—2020年全球及中国燃料电池出货量及出货功率

资料来源：前瞻产业研究院

目前，燃料电池汽车是燃料电池的主要应用方向。日本和韩国在燃料电池汽车方面处于技术领先地位。2021 年，全球主要国家销售氢燃料电池汽车 1.6 万辆，同比增长 68%，其中主要销售车型为日本丰田 Mirai（5918 辆）和韩国现代 NEXO（9620 辆），占总量的 95%。在保有量方面，韩国以 19329 辆保持着燃料电池汽车保有量世界第一的位置，中国则排在第三，保有量为 8921 辆（见图 7-15）。

图7-15　2021年全球氢燃料汽车按车型销售量占比及保有量占比

资料来源：香橙会研究院

中国虽然凭借科技部的“863 计划”在 21 世纪初期开始着手推动氢燃料电池发展，且取得了一定的成效，开发出了氢燃料电池乘用车和客车样车，但由于关键材料与零部件的核心技术并未完全掌握，产业链条并不完备，国产化程度仍然较低，导致国内氢燃料电池在发电效率、功率、成本、可靠性与耐久性上与国际先进水平相比仍有很大差距，氢燃料电池产业仍存在技术不成熟、成本过高和技术标准不够完善等问题。

当前，燃料电池面临的主要问题是技术不够成熟。国内的燃料电池行业起步比较晚，虽然近几年发展进步较快，电堆、系统等主要参数可以达到国际平均水平，但关键的质子交换膜、催化剂等原材料还是要通过进口满足需求，总体来说与国际先进水平还有明显差距。

另外，制约燃料电池发展的因素还包括其多个环节成本过高。如制造环节的部分关键原材料和技术依然是瓶颈，虽然企业投入较多的研发费用，但由于不能大批量生产，导致成本较高。使用环节方面，由于加氢成本高昂，设备的关键零部件对国外依赖程度较高，使得加氢站运营成本较高。

2.2 未来展望

燃料电池发电效率高、环境污染小、比能量高、辐射少，是未来电池发展的高级阶段。世界主要国家正在制定2025年或者2030年之后的燃料电池推进计划，燃料电池很有可能会成为实现低碳化等目标的核心零部件。企业界也纷纷斥巨资从事燃料电池技术的研发工作，以加速燃料电池的商品化、产业化。

我们根据《节能与新能源汽车技术路线图2.0》中对中国2025年氢燃料电池汽车保有量10万辆和2030年100万辆的设想，进一步估计了氢燃料电池汽车的年销售量。另外，我们假设2022—2025年燃料电池汽车平均单车搭载燃料电池系统功率保持2021年平均水平（118kW），而2025—2030年提高至200kW，并据此估算出未来中国氢燃料电池的装机量。估计结果显示，到2030年，中国燃料电池装机量将达到74000MW（图7-16）。

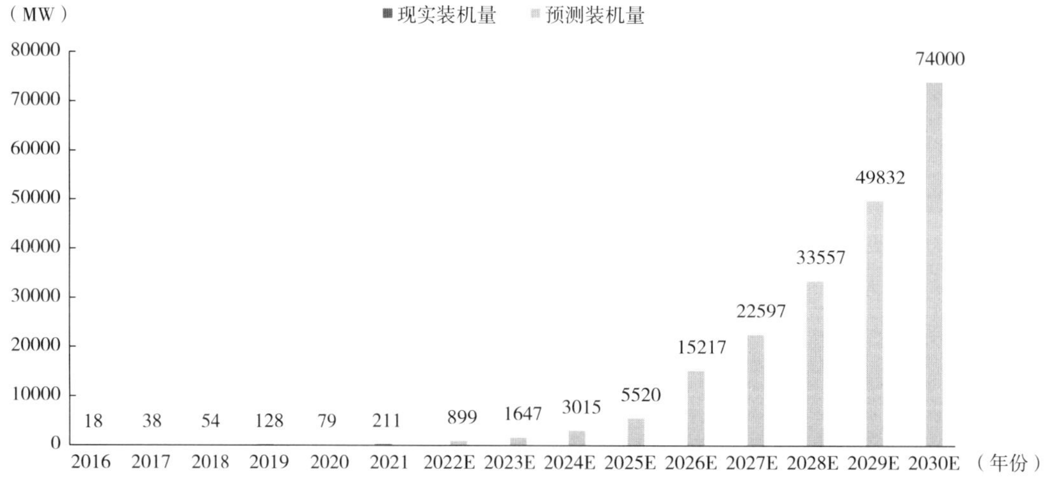

图7-16 2016—2030年中国燃料电池总装机量

资料来源：作者测算

中国氢燃料电池产业成长空间巨大。随着膜电极、氢气循环泵、空气压缩机等核心组件，PEM、催化剂等关键材料逐步从小规模自主生产转向商业化生产，未来中国燃料电池系统成本将显著下降，燃料电池系统功率密度和使用寿命也将大大增加，这将进一步带动氢燃料电池汽车的使用和发展。此外，中国氢燃料电池产业中长期发展规划的颁布、产业技术标准体系的逐步构建也将有利于氢燃料电池产业的健康发展。

第四节　传统工业低碳化转型

工业是国民经济的重要组成部分，是推动经济增长的主要动力。同时，工业也是当前中国能源消费及温室气体排放的第一大户。2019 年同样消耗 1MJ 的能量，中国的工业碳排放量为 64.7gCO_2，高于世界平均水平 51.7gCO_2（见图 7-17）；同样生产 1 美元的工业价值，中国实际消耗的能源量却是美国的 3 倍，日本的 6 倍。此外，2019 年中国工业直接二氧化碳排放占全社会二氧化碳排放总量的近 30%，若叠加工业用电和用热，整体碳排放占比可达全社会碳排放的 60%~70%。

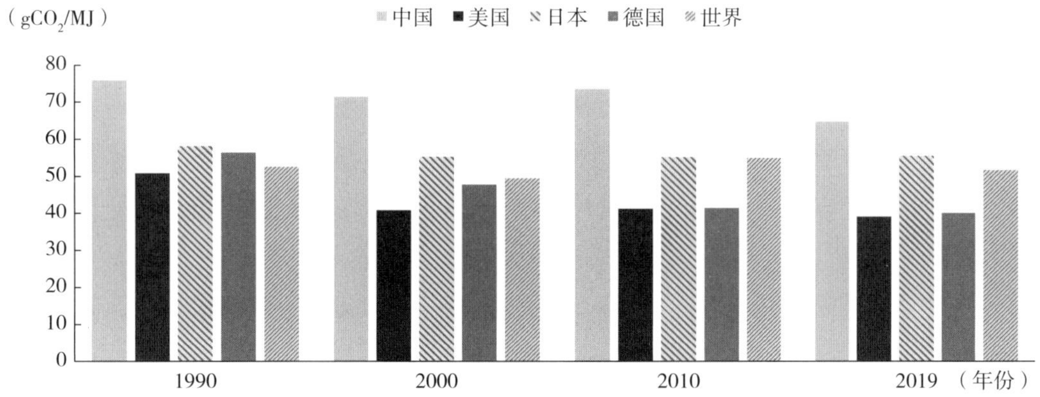

图7-17　1990—2019年世界及部分国家工业能耗碳强度

资料来源：IEA

作为实现经济目标、环境目标和能源目标的中坚力量，中国工业总体上仍然属于粗放型发展模式，其经济目标的实现常常依赖于资源能源的大量消耗，相应造成的环境污染问题不容小觑。当前中国正处于加快转变经济发展方式，调整优化经济结构的关键时期，又提出了“双碳”战略目标，因此中国钢铁、水泥等传统重工业必须顺应时代变化，由高碳向低碳、由低端向高端转型；而作为先进生产力代表和国家竞争力关键的装备制造业也将以低碳化为目标，提升技术创新水平，带动产业升级。新时代的低碳经济既对中国传统工业提出了严峻的挑战，也为其提供了一个良好的发展契机。

1. 中国钢铁产业低碳化

钢铁产业是一个国家重工业发展的基础，在国家经济建设、社会发展、就业稳定上发挥着至关重要的作用，但其也是耗能和碳排放最为严重的一个产业。为了实现《巴黎协定》的温控目标，欧洲钢铁工业联盟提出，到 2030 年，欧洲钢铁工业碳排放量比 2018 年减少 30%，到 2050 年相较于 1990 年减少 80%~95%。日本钢铁联盟提出日本钢铁行业到 2050 年实现炼铁工序温室气体零排放，碳排放量减少 30%，到 2100 年前实现“零碳钢”生产。韩国钢铁工业提出要在 2030 年使得碳排放量从最初的 1.357 亿吨降至 1.271 亿吨。

1.1 产业发展历程及现状

中华人民共和国成立以来，钢铁作为重工业的基础，在中国计划经济的体制下飞速发展。1978 年改革开放以后，国内钢铁产业通过引进国外先进技术提升工艺水平和生产效率，以房地产、汽车为主的硬需求也拉动着钢铁产业体量的进一步膨胀。1996 年，中国粗钢产量超过日本，位居世界第一。党的十八大以来，钢铁产业产能的持续过剩使中国政府开始通过供给侧结构性改革对钢铁产业进行并购重组以及去产能，钢铁产业面临着转型升级的挑战。

2021 年，中国粗钢产量为 10.3 亿吨（世界总产量为 19.5 亿吨），占世界比重接近 53%，已保持 26 年的世界第一。但是，作为能源消耗高密集型行业，中国钢铁产业是制造业 31 个门类中碳排放量的大户，占全国碳排放总量 15% 左右，占世界钢铁碳排放量的 60% 以上。因此，钢铁产业是各地落实碳达峰及降碳的重要领域，推动钢铁行业的低碳发展，对国家如期实现碳达峰和碳中和至关重要。

随着中国钢铁产业技术进步、结构调整、节能减排改造等，近年来中国钢铁产业吨钢综合能耗和重点污染物排放指标逐年下降，节能降碳水平逐年提升。2020 年，中国钢铁企业吨钢综合能耗为 545.27kgce/t，与 2010 年 599kgce/t 和 2015 年 571.85kgce/t 相比分别下降了 9% 和 4.6%。

目前中国对钢铁产业的碳排放也进行了相应的规划和限制，业内龙头企业正在制定“双碳”路线。《钢铁行业碳达峰及降碳行动方案》提出，2025 年之前钢铁行业实现碳达峰；到 2030 年，钢铁行业碳排放量较峰值降低 30%。2020 年 1 月，工信部发布《关于推动钢铁工业高质量发展的指导意见（征求意见稿）》，将中国钢铁工业碳达峰的时间点比国家目标向前推进了 5 年。行业龙头中国宝武钢铁集团则将碳达峰目标提前至 2023 年。河钢集团决定 2022 年实现碳达峰，2050 年实现碳中和。

尽管在技术水平提升和政策规制下，中国钢铁产业节能降碳成效显著，但在碳中和、碳达峰背景下，节能降碳仍然任重道远。主要因为国内钢铁产业使用能源以煤和焦炭化石能源为主，结构较为单一，新能源使用比例低；工艺结构以长流程为主，不太合理；钢铁产业集中度不高，布局相对分散，中小企业受技术和成本等制约，节能降碳意识不强，布局分散使得能源利用效率较低，不利于发挥协同效应。另外，钢铁产业节能降碳技术储备不足，治理技术存在诸多短板，节能降碳空间有限。

1.2 未来展望

中国钢铁产业能耗高、碳排放量大，亟须低碳转型。此外，目前中国人口城镇化率已经超过 64%，临近 70% 的高位，钢铁需求将出现结构性调整。这对中国钢铁产业的低碳化转型、钢材结构质量等提出了更高的要求。

在去产能和“双碳”目标的引导下，未来中国钢铁产业将继续走低碳化发展道路，产业迎来新一轮结构优化。在供给侧结构性改革发展为主线的背景下，一方面，钢铁产业将加快联合重组步伐，实现产能产量“双控”，减少产业的高碳排放，同时加快完善废钢资源回收、分类、质量控制、检测检验等国家和行业标准体系；优化废钢交易机制，推动废钢回收、拆解、加工、配送产业发展；另一方面，业内企业通过自主创新，对产业内高难度技术（电炉炼钢技术、长流程炼钢氢还原工艺等）进行攻关，在能源产生、输送、利用等环节实现数字化智能化控制，减少二氧化碳排放，提高利用效率，在低碳约束下形成更高水平、更高质量的供需平衡，促进钢铁产业迈向低碳环保的高质量发展阶段。

2. 中国水泥产业低碳化

水泥是国民经济建设的重要基础原材料，而水泥产业是国民经济中的重要基础产业，是国民经济社会发展水平和综合实力的重要标志。

2.1 产业发展历程及现状

1949 年，百废待兴的中国恢复了原先建立的十几个水泥厂，并从国外引进新设备设立新厂房，推动了水泥产业的快速发展。改革开放以后，国内经济建设规模不断扩大，水泥产业也在引进、消化吸收国外先进技术中不断成长，产业的技术水平得到了迅速提升。党的十八大之后，水泥产业全面贯彻落实党中央、国务院决策部署，坚持新发展理念，创新驱动发展步入快车道，供给侧结构性改革纵深推进，去产能、调结构、促创新、增效益，水泥产业正向高质量发展道路迈进。

目前，中国的水泥产量高于世界其他所有国家的总和，2020 年产量为 23.8 亿吨，占世界水泥总产量的 58.05%（见图 7-18），是世界水泥产量排名第二的印度的 10 倍左右。

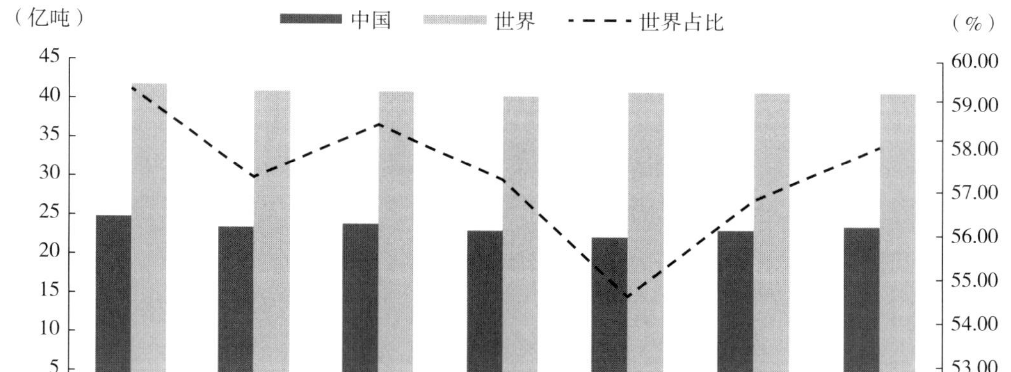

图7-18　2014—2020 年世界水泥产量和中国水泥产量及中国水泥产量世界占比

资料来源：前瞻产业研究院及作者整理

从进出口来看，中国水泥熟料的出口量急剧下滑，进口则不断上升。中国海关数据显示，2020 年中国水泥熟料出口量仅为 8.5 万吨，较 2015 年减少了 647.1 万吨。与出口量下降相对应，中国水泥熟料进口量快速上升，2020 年中国水泥熟料进口量达 3336.6 万吨，同比上升 46.71%（见图 7–19）。其中，中国进口越南的水泥熟料最多，2020 年进口量为 1980.4 万吨，占整个中国进口量的 59.4%。

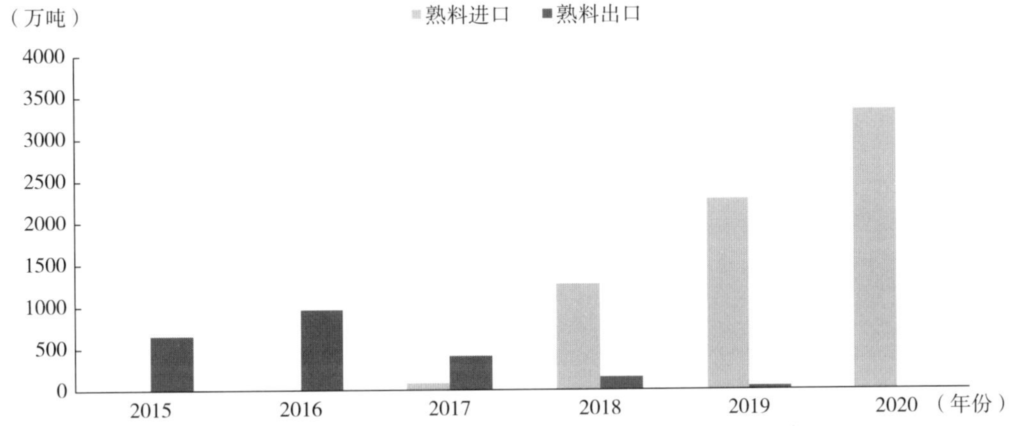

图7–19　2015—2020 年中国水泥熟料进出口量

资料来源：中国海关总署

水泥产业的二氧化碳排放不仅来自于将水泥窑加热到 1600℃以上的燃料燃烧，也来自于由于原材料碳酸盐分解的生产过程本身的二氧化碳排放，且后者的二氧化碳排放约占总量的 60%~70%。因此，水泥产业的二氧化碳排放量也较高。2020 年中国水泥产业的碳排放量达到 13.75 亿吨，占全国碳排放总量的 12% 左右，是中国制造业中仅次于钢铁产业的另一个主要的二氧化碳排放源。根据麦肯锡的测算，要实现《巴黎协定》中全球升温不超过 1.5℃的情境，到 2050 年中国水泥产业碳减排需达 70% 以上，这对中国水泥产业来说是一个不小的挑战。

虽然中国水泥产业的碳排放量还较高，但经过 40 年的持续技术创新，中国已经成为世界水泥生产领域高能效的先行者。大多数水泥厂都配备了先进的干法窑炉，而不是能耗较大的湿法窑炉。目前，中国水泥熟料的热耗强度为每千克 3600 千焦，比世界平均水平低 15%。生产每吨水泥的电耗强度也低于 90kWh，而水泥企业可比熟料综合能耗最低为 91.75 千克标准煤 / 吨熟料。

2.2 未来展望

与钢铁产业类似，随着“双碳”目标的不断推进以及中国城镇化程度接近高位，中国水泥产业将迎来低碳转型的新机遇。中国水泥产业的目标是在2050年前，能效水平进一步提升13%~16%。尽管提高能效可以节约能源并减少二氧化碳排放，但中国仍需要采取进一步措施来实现水泥行业全面脱碳。

在供给侧结构性改革的推动下，中国水泥产业将依托智能化电子信息全程监控，通过数字化操作模式，实现清洁生产、智能生产；水泥企业将结合先进的水泥生产加工和制造工艺，加强低碳技术方面的研发和创新，以水泥窑炉CCS技术为主的低碳生产技术将在未来得到大范围普及，进而能够有效避免燃料燃烧和石灰石煅烧产生的二氧化碳排放；政府颁布的水泥减量置换政策和水泥错峰生产政策将助力水泥产业不断淘汰落后低端产能，此外水泥供热生物质资源汇集、质量控制、检测检验等国家和行业标准体系的完善也将促进水泥产业的健康低碳发展。中国水泥产业低碳生产的良好局面正不断打开。

3. 中国装备制造业低碳化

装备制造业作为工业的核心基础，是实现中国工业化的原动力，是为国民经济发展和国防建设提供技术装备的基础性产业，是生产机器的机器制造业。任何一个国家综合实力的发展都离不开装备制造业的建设工作，其是实现国家现代工业化发展目标的根本保障，更是一定程度上集中体现国家实力，推动产业升级和技术进步的重要保障。

3.1 中国装备制造业发展历程及现状

自中华人民共和国成立后，政府对装备制造业的扶持被列入各个五年计划之中，因此中国的装备制造业得到了较为迅速的发展。然而由于生产基础较为薄弱，其产能仅仅达到了满足国内需求的水平，未能大规模地走入国际市场。随后，改革开放和加入世界贸易组织不断提升着中国的市场化水平，中国装备制造业开始走向国际，并在2009年超越美国，成为世界第一工厂，但在核心技术方面仍落后于发达国家。随着全球经济增速放缓，装备制造业规模回缩，一股制造业回撤的风潮在西方国家弥漫开来。中国为了在新一轮科技革命中获得新赛道优势，开始大力发展智能制造，装备制造业发展进入转型升级期。

当前，得益于政府产业政策的大力扶持、全球产业格局的转变以及数字化、网络化、智能化交叉融合的契机，中国的装备制造业取得了令人欣喜的发展成就，总产值已跃居世界第一，并形成了门类齐全、具有相当规模和一定水平的产业体系，成为中国经济发展的重要支柱产业。从装备制造业整体来看，2020 年中国装备制造业增加值同比增长 6.6%，高于全部规模以上工业平均水平 3.8%，整体主营业务收入达到 39.92 万亿元，同比增长 4.89%。从具体产业来看，2020 年，中国造船完工量为 3853 万载重吨，占世界总量的 43.1%；汽车总产量 2522.5 万辆，在世界中的比重为 32.3%；机床总产值 169.5 亿欧元，占全球总产值的 29.3%。

与此同时，中国装备制造业在高端装备自主研发方面，同样取得了举世瞩目的成就。例如高铁技术、探月工程、载人航天、北斗导航系统、大型锻压机、超级计算机及“蛟龙”载人深潜器等，均已取得巨大突破。从企业来看，2021 年世界《财富》企业 500 强数据显示，中国共有 19 家装备制造业企业上榜，但整体平均利润不高，仅为 13.4 亿美元，远低于全部 143 家上榜企业的平均利润（35.4 亿美元）。

虽然中国装备制造业市场份额已位列世界第一，多项高技术制造装备也有重大突破，单位 GDP 二氧化碳排放上也呈现下降趋势，但中国装备制造业在整体能源消耗和碳排放量上仍处于增加态势。这是由于在装备制造过程中，仍需要消耗部分煤、油气和大量的电。虽然使用电本身并不会产生二氧化碳，但发电却会产生二氧化碳。2020 年中国平均发一度电会产生 565g 二氧化碳，而以火电形式发电则会产生 830g 二氧化碳，因此装备制造业的低碳化亟须转变中国能源使用结构，更多地使用新型能源发电。

此外，中国装备制造业整体仍处于价值链低端，技术水平低、自主创新能力弱的弊端也不断暴露出来。据统计，中国装备制造业中 70% 的中高端成套设备依赖进口，例如集成电路、新材料、生物制药等战略性新兴产业的生产线装备，自主开发技术较为薄弱，原创性的产品以及相应的操作技术相对较少，导致持续呈现“外部引进－落后－再引进”的装备制造局面。2019 年装备制造业科研经费支出占总产值的比重不足 2%，2003—2019 年科研人员数量的年均增长率不足 5%。

3.2 装备制造业未来展望

随着新一轮科技革命下新能源、新材料等低碳技术的快速发展，智能制造和绿色制造已经成为未来国家着力发展的核心产业及国际竞争的焦点产业。因此，装备制造业需在政策引领下，积极通过数字化、低碳化转型，逐渐转变原先高污染、高排放的生产模式和管理模式，更高效地降低温室气体的排放。

未来，先进的低碳经济发展理念将在装备制造业企业中进一步普及，装备制造业企业通过自主创新，其生产工艺和生产技术也将转变原有的高碳排放模式，在生产过程中更多地应用低碳生产技术，降低能源的损耗利用。此外，装备制造业企业将通过合理利用各种新能源，有效降低对传统能源的依赖，从而降低二氧化碳等温室气体的排放。政府则将进一步完善装备制造业的相关产业扶持政策，构建节能减排指标体系和监管体系，建立高端绿色供应链，提高装备制造业低碳经济整体发展水平，充分发挥政府在市场上的科学引导作用。

第八章

开发绿色化能源

能源是人类文明进步的动力，对于促进经济社会发展、增进人民福祉至关重要。中华人民共和国成立以来，在中国共产党的领导下，逐步建立起较为完备的能源工业体系。改革开放以来，为适应经济发展的需要，进一步推进能源体系建设。党的十八大以来，中国能源发展进入新时代。新时代下中国对能源消费方式的变革，对多元清洁能源供应体系的构建，将壮大那些处于绿色新赛道上的清洁能源产业，促使整体产业结构朝绿色化方向转型升级，并助力中国经济高质量发展。

本章第一节对中国的能源结构和绿色发展方向进行了概括与总结。在能源结构方面，中国仍保持以煤炭为主的一次能源消费结构，油、气和清洁能源比重偏低，这样的能源结构带来了比较严重的环境污染问题。近年来，随着能源转型步伐加快，中国基本形成了煤、油、气、电、核、新能源和可再生能源多轮驱动的能源生产体系。中国的新能源开发利用规模迅速扩大，水电、风电、光伏发电累计装机容量均居世界首位。

本章第二节介绍了中国光伏产业的发展历程与现状。中国光伏产业起步较晚，但经过十几年的快速发展，已经完成了从原材料、技术设备和市场的“三头在外”局面向全产业链国产化的转变。目前，中国光伏产业在市场规模、技术水平等方面均位居全球前列，已经成为可以同步参与国际竞争，并有望达到国际领先水平的战略性新兴产业。

本章第三节对中国风电产业的发展历程、市场规模，以及未来趋势与挑战进行了详细分析。在过去的 40 年里，中国风电产业走出了一条从小到大、从弱到强的崛起之路，产业链供应链从早期主要依赖国外合作项目到如今形成了较为完备的体系。风电产业先后历经了科研性示范应用、商业化探索与规模化建设 3 个阶段，培育出了一批具有国际竞争力的中国企业。

本章第四节介绍了中国氢能产业的行业发展历程、产业链竞争格局与未来挑战。中国氢能产业继 2018 年开启“氢能元年”之后，便进入高速发展阶段。2019 年，氢能首次纳入《政府工作报告》和列入能源统计报表，相关政策体系、产业格局都出现重大变化。国内各地区氢能产业发展规划如雨后春笋般陆续出台，逐渐形成了覆盖全国的氢能发展网络格局。各地政府都在抓紧时间利用自身优势，抢占产业先机和技术制高点。氢能原有的格局被打破——京津冀、长三角和珠三角三大产业集群快速向外扩张，环武汉地区、山东、山西、四川、陕西等也初步形成了新的产业集群。目前中国氢能发展主要“跟跑”日本，重点发展氢燃料电池汽车。在未来，中国应从氢利用潜力及全产业链出发，多线探索，在保持氢燃料电池汽车领域“跟跑”的同时，加强在其他领域的“并跑”和“领跑”。

第一节　加快能源结构调整

能源是人类社会赖以生存和发展的物质基础，在国民经济中具有特别重要的战略地位。能源结构直接影响国民经济各部门的最终用能方式，反映人民的生活水平。能源结构调整是中国能源发展面临的重要任务之一，也是保证中国能源安全的重要组成部分。

一次能源是指自然界中以原有形式存在的、未经加工转换的能量资源（与由一次能源加工转换而成的二次能源相对应），可分为化石能源和新能源两大类。化石能源包括石油、天然气、煤炭，是目前全球消耗的最主要能源；新能源包括水能、风能、太阳能、生物质能等，是绿色低碳能源。

2014—2021 年，中国成为世界第一大能源生产国和消费国已长达 8 年之久。在能源结构上，由于中国的资源禀赋一直是富煤缺油少气，因此国内化石能源大幅偏重于煤炭，仍保持以煤炭为主的一次能源消费结构，煤炭能源消费量占能源消费总量的比重高于 50%；石油、天然气等优质化石能源相对不足；油、气和清洁能源比重偏低。此外，长期以煤为主的能源消费结构也给中国带来了比较严重的环境污染问题。

但随着能源转型步伐的加快，近年来中国能源结构持续优化，能源供应保障能力不断增强，能源技术水平不断提高，能源利用效率显著提高，同时能源消费结构向清洁低碳加快转变。根据国家统计局数据初步测算，2019 年中国能源生产结构中，原煤占比 68.8%，原油占比 6.9%，天然气占比 5.9%，水电、核电、风电等占比 18.4%。中国基本形成了煤、油、气、电、核、新能源和可再生能源多轮驱动的能源生产体系。

2020 年 9 月，中国提出二氧化碳排放力争在 2030 年前达到峰值，努力争取 2060 年前实现碳中和的目标。2020 年 12 月，中央经济工作会议把做好碳达峰、碳中和工作列为 2021 年八项重点任务之一。2021 年 3 月 15 日，中央财经委员会第九次会议指出，要构建以新能源为主体的新型电力系统。国家能源局表示，到 2030 年非化石能源的一次能源消费比重要达到 25% 左右，风电、太阳能总装机容量要达到 12 亿 kW 以上。但目前的数据表明，中国化石能源在一次能源消费中的占比仍居高位，约为 85%。在此背景下，新能源产业迎来发展新机遇。

当前，中国新能源开发利用规模迅速扩大，水电、风电、光伏发电累计装机容量均居世界首位。截至 2020 年底，中国可再生能源发电装机总规模达到 9.3 亿 kW，占总装机的比重达到 42.4%，较 2012 年增长 14.6 个百分点；2020 年，可再生能源发电量达到 2.2 万亿 kWh，占全社会用电量的比重达到 29.5%，较 2012 年增长 9.5 个百分点。“十三五”期间，中国新能源装机年均增长约 6000 万 kW，增速为 32%。但是，清洁能源还不足以支撑中国的能源需求。由于中国能源需求总量大，2019 年中国清洁能源的增长仅满足了 35% 的新增能源需求，化石能源仍是新增能源需求的主要提供者。此外，清洁能源占一次能源比重仅为 15%，低于全球平均水平。

因此，为加速中国能源清洁化转型，保证“双碳”目标的实现，中国仍需进一步努力，大力调整能源结构，加快能源清洁低碳转型，壮大清洁能源产业，加速可再生能源开发，推动能源供给侧结构性调整，构建更加清洁低碳、安全高效的现代能源体系。“十四五”期间，中国年均新增新能源装机预计将远超 6000 万 kW，达到 1 亿 kW 的规模。在中国提出的碳达峰、碳中和及 2030 年“风光”总装机 12 亿 kW 以上的双重目标下，光伏发电、风电、氢能等产业将迎来更加广阔的发展空间。

第二节　加快光伏产业发展

光伏（Photovoltaic，PV）是将半导体技术与新能源需求相结合，利用太阳电池半导体材料的光伏效应，将太阳光辐射能直接转换为电能的一种发电系统。中国地处北半球欧亚大陆的东部，主要处于温带和亚热带，具有比较丰富的太阳能资源。2010 年国务院发布的《国务院关于加快培育和发展战略性新兴产业的决定》正式将太阳能光伏产业列入国家未来发展的战略性新兴产业重要领域。

1. 产业概况与发展历程

1.1　产业概况

中国光伏产业起步较晚，但经过十几年的快速发展，已经完成了从原材料、技术设备和市场的“三头在外”局面向全产业链国产化的转变，目前在市场规模、技术水平等方面均位居全球前列，已经成为可以同步参与国际竞争并有望达到国际领先水平的战略性新兴产业[①]。

如图 8-1 所示，光伏产业具有完整的产业链。从产业上、中、下游来看，产

① 国网能源研究院有限公司:《2021 中国新能源发电分析报告》，中国电力出版社，2021。

业上游主要包括硅料、硅片等，多晶硅生产是光伏产业链的首端，也是影响产业发展规模的重要环节。中国硅料供需存在较大的缺口，且较依赖国外进口。随着中国硅料企业扩产计划的延展，多晶硅供需不平衡局面将有所缓和。产业中游主要是电站设备的主要构成部件，包括电池、组件、支架等。中游企业相对集中，在政策和技术双重驱动下，中游企业产品产能扩张速度快，主要产品生产已位居世界前列水平。产业下游主要是在光伏组件的基础上，配套逆变器、变压器、电缆等设施，建设运营小型分布式光伏电站和大型集中式光伏电站，实现光伏发电的实际应用。在“双碳”目标和可再生能源发展政策的支持下，中国光伏装机增速明显，有望实现产业规模化。从技术要求来看，硅料生产和光伏电池制造的技术门槛要求最高，硅片制造的技术含量相对不高，光伏组件和光伏应用系统在整个产业环节中技术含量最低。从资金需求来看，光伏产业整体资金需求量较大，除组件环节外，其余生产制造及发电应用环节基本为资本密集型[①]。

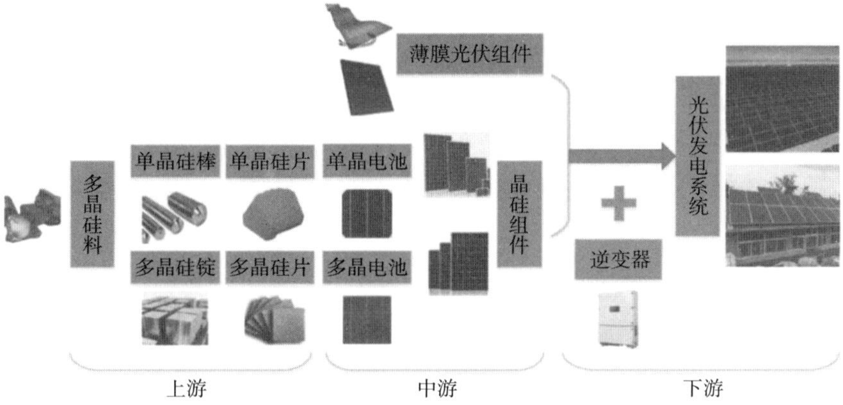

图8-1　光伏产业链的构成
资料来源：中国光伏行业协会《中国光伏产业发展路线图》(2020年版)

1.2　发展历程

从全球来看，光伏产业的发展大致可以划分为起步、缓慢发展和扩张 3 个阶段。20 世纪 70 年代石油危机的爆发使得许多国家开始关注太阳能及其他可再生能源技术，全球兴起开发利用太阳能热潮，全球光伏产业开始起步。1973 年美国制

① 中央财经大学绿色金融国际研究院：《IIGF 观点 | 中国光伏产业发展及投融资（上篇一）》，2021。

定了政府级阳光发电计划，大幅增加相关研究经费，并成立太阳能开发银行，促进太阳能产品的商业化。这一阶段，全球太阳能产业初步建立，但市场规模较小，经济效益不佳。随着全球石油价格大幅回落，太阳能产品缺乏竞争力，许多国家在20世纪末削减太阳能研究经费，光伏产业进入缓慢发展阶段。这一方面是由于太阳能开发难度大，短时间内很难实现大规模利用，另一方面则是太阳能利用成本高昂，使得全球太阳能开发利用进展较为缓慢。进入21世纪，随着光伏发电技术的不断突破以及低碳生活理念的普及，光伏产业又开始快速发展，进入扩张期。各国通过实施政府补贴政策，推动光伏商业化，具有技术研发优势、规模优势的企业不断涌现，光伏发电成本持续大幅下降，光伏产业平稳增长。

中国的光伏产业虽然起步晚，但是发展迅速，大致可以分为起步、曲折发展和增长3个阶段:（1）起步阶段。中国于2001年推出“光明工程计划”，吹响了光伏产业的发展号角。2005年西藏羊八井光伏电站并网成功，开创了光伏发电系统与电力系统高压并网的先河。在此阶段，中国光伏电站建设速度缓慢，且大多数为离网式电站。（2）曲折发展阶段。2007年中国开始征收可再生能源附加。由于补贴资金的来源有了保障，光伏企业的投资积极性得到了提高。但受国际金融危机以及欧美的“双反”（反倾销、反补贴）贸易政策的影响，全球光伏组件需求量大幅降低，导致部分企业停产甚至破产。随后国家又出台意见抑制过剩产能，推动多晶硅产业健康发展，并相继推出“金太阳工程”等项目。随着标杆上网电价的推出、示范项目的延续以及可再生能源附加征收标准的提高，中国光伏产业持续快速发展，成为世界主要光伏装机市场之一。（3）增长阶段。2013年8月，国家发展改革委将全国划分为3类太阳能资源区，分别制定标杆上网电价，对分布式光伏发电实行全电量补贴政策。同时光伏电站投资建设由核准制改为备案制。度电补贴及备案制的推行提高了产业投资的积极性，加之光伏扶贫以及“领跑者”项目的实施，中国光伏产业持续增长。2018年，中国发布“531光伏新政”，旨在推动技术进步、降低发电成本、减少补贴依赖，从而加快实现平价上网，促进光伏产业健康可持续发展。该政策给产业带来了一定冲击，但随着光伏发电成本的快速下降，海外光伏发电建设规模的快速上升，国内光伏平价上网、竞价上网项目建设规模的快速增加，光伏产业正进入平价上网新阶段。在未来，光伏产业将逐步实现从依靠国家政策扩大规模的发展阶段到通过提质增效、技术进步摆脱补贴并由市场驱动发展的新阶段的转变。

2. 产业链竞争格局

截至 2020 年底，世界光伏发电累计装机容量达 7.13 亿 kW，同比增长 21.6%（见图 8–2）；新增装机容量达 1.27 亿 kW，同比增长 28.9%。其中，亚洲光伏发电累计装机容量达 4.07 亿 kW，占世界光伏发电累计装机容量的 57.0%；新增装机容量为 7783 万 kW，占世界光伏发电新增装机容量的 61.3%。从国家来看，世界光伏发电累计装机容量最多的国家依次为中国、美国、日本、德国和印度，装机容量分别为 25301 万 kW、7557 万 kW、6700 万 kW、5378 万 kW、3921 万 kW。2020 年世界光伏发电新增装机容量排名前 5 位的国家依次为中国、美国、越南、日本和德国。

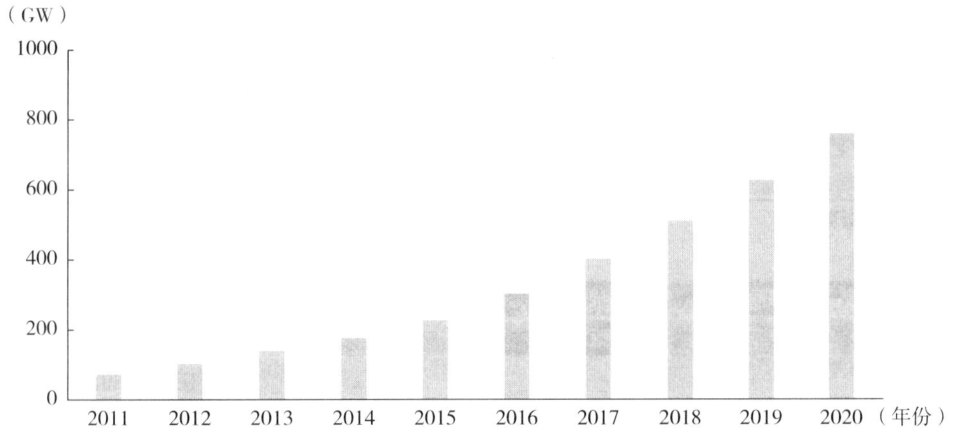

图8–2　2011—2020年世界光伏发电装机容量

资料来源：IEA、国网能源院

中国光伏发电装机容量自 2013 年起连续 8 年保持世界第一，占全球的 1/3 以上。如图 8–3 所示，2020 年，中国光伏发电总装机 2.5 亿 kW，发电量 2611 亿 kWh，分别占全国总装机和总发电量的 11.5% 和 3.4%，其中西部、北部地区装机占比高达 56.7%；新增光伏发电装机容量为 4820 万 kW；太阳能发电设备利用小时为 1281 小时，同比降低 10 小时；太阳能发电完成投资 625 亿元，比上年增长 62.2%。2021 年 1—9 月，中国新增光伏发电装机约 2556 万 kW，同比增加 37%，其中光伏电站 915 万 kW、分布式光伏 1641 万 kW。此外，中国光伏发电集中式与分布式并举的发展趋势明显。2021 年新增光伏发电并网装机中，分布式光伏约占全部新增光伏发电装机的 55%，首次突破 50%。户用光伏成为分布式光伏发展的主要力量。

从区域来看，中国光伏发电装机逐步向“三华”（华北、华东和华中）地区转移。截至 2020 年底，64% 的光伏发电集中于“三华”地区，较 2015 年提高 26%。从省份来看，2021 年中国共有 15 个省（区、市）的光伏发电累计装机容量超过 1000 万 kW，依次为山东、河北、江苏、浙江、安徽、青海、河南、山西、内蒙古、宁夏、新疆、陕西、贵州、甘肃和广东。

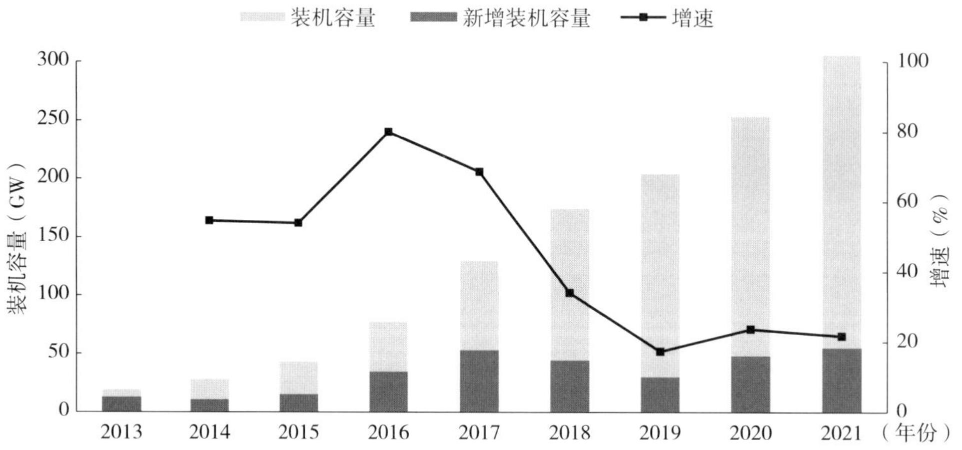

图8-3　2013—2021年中国光伏发电新增装机容量、累计装机容量及增速情况

资料来源：《2021 中国新能源发电分析报告》

此外，中国多晶硅、硅片、电池、组件、逆变器等光伏主要产品产量也均连续多年位居全球首位，并占据较高的全球市场份额。2017 年，中国光伏主要产品全球产量占比分别为：多晶硅 55%、硅片 83%、电池片 68%、组件 71%、光伏应用市场 47%，各环节世界产量前 10 名的企业中有半数以上为中国企业。2020 年全球领先光伏企业前 20 强中，中国企业占据了其中 15 个席位，拥有绝对的领先和规模优势。

从专利申请情况来看，全球光伏发电专利接近 7 万件，大多数处于“有效”

（75.14%）和“审中”（24.31%）状态，专利总价值为38.48亿美元。其中，3万美元以下的光伏发电专利申请数量最多（约70%），300万美元以上的光伏发电专利申请数量最少（不到1%）。从专利类型来看，发明专利和实用新型占比差距不大，分别为49.68%和47.44%，外观设计型光伏发电专利仅为2.88%。从技术构成来看，“H02S20光伏模块的支撑结构”的专利申请数量最多，占比超过20%。从技术来源国家来看，中国是全球光伏发电第一大技术来源国，中国光伏发电专利申请量占全球光伏发电专利总申请量的75.88%；其次是美国，占全球光伏发电专利总申请量的7.82%。日本和韩国分别位列第三和第四，两个国家的专利申请量差距不大[①]（见图8–4）。

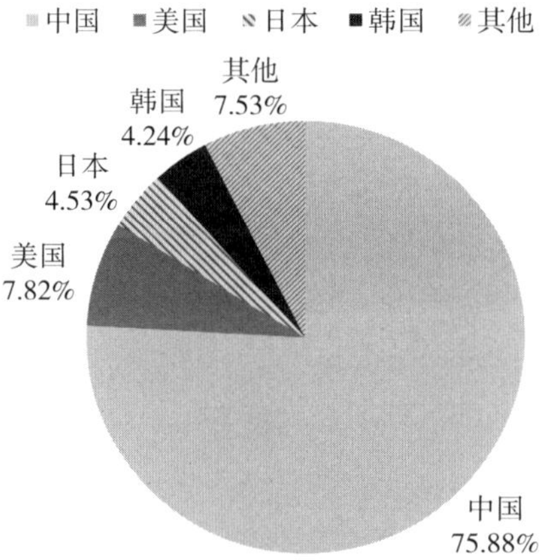

图8–4　全球光伏发电行业技术来源国分布情况（截至2021年10月）

资料来源：前瞻研究院

中国的光伏技术研发投入位列全球第一，多项技术处于全球领先水平。目前中国光伏产业已全面实现全产业链国产化、核心技术自主可控，形成了全球性的规模化优势。中国晶硅电池片转换效率处于世界领先水平，2020年规模化生产的P型单晶电池均采用PERC技术，平均转换效率达22.8%，预计未来10年平均每年可提高转换效率0.2～0.3个百分点；采用PERC技术的P型多晶硅电池转换效率达到20.8%；N型单晶电池最高达到23.8%的平均转换效率，未来年均转换效

① 前瞻研究院：《2021年全球光伏发电行业技术全景图谱》，2021。

率可提高 0.4 个百分点。对比之下，PERC 电池未来效率提升空间有限，N 型电池有望借助技术迭代成为电池技术的主要发展方向。

但是，中国在光伏前沿技术、关键设备制造和颠覆性技术研发方面还存在明显短板。光伏电池的高端产品研发及关键辅材仍与国际先进水平存在差距。HIT、IBC 及 TOPCon 等高效电池效率尚未达到国际领先水平。HIT 电池主要由日本松下集团掌握，IBC 电池主要由美国的 SunPower 公司掌握。

从出口来看，随着全球市场的逐步扩大，中国光伏出口量持续增长，目前有超过一半的最终产品都出口国外。2020 年中国光伏产品出口总额约 197.5 亿美元（见图 8-5），其中硅片出口额 17.7 亿美元，出口量约 27GW，占当年硅片总产量 161.3GW 的 16.7%；电池片出口额约 9.9 亿美元，出口量约 9GW，约占总产量 134.8GW 的 6.7%；硅片和电池片基本直接在国内流转进入下一环节；组件出口额为 169.9 亿美元，出口量约 78.8GW，同比增长 18%，约占总产量 124GW 的 63.2%。从进口来看，随着国内多晶硅供应大幅提升，以及海外多晶硅产能的逐步退出，中国多晶硅进口量逐渐下降，2020 年进口约 9.9 万吨，同比下降 29.6%，进口额约为 9 亿美元。

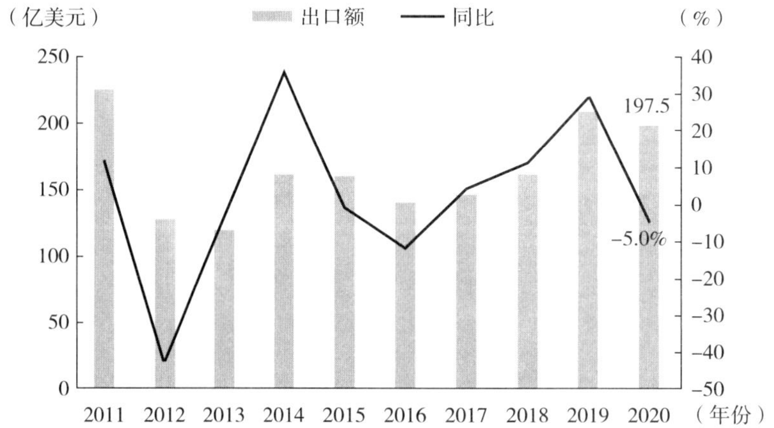

图8-5　2011—2020 年中国光伏产品出口额及增长率

资料来源：中国光伏行业协会

3. 未来趋势与挑战

3.1　未来市场规模

本小节，我们对中国光伏产业的市场规模（光伏发电和装机量）进行了预测。具体地，我们首先通过估计 2030 年的全社会用电量及风光发电量占比，测算出 2030 年的风电、光伏发电量。一方面，根据《能源蓝皮书：中国能源发展前沿报告（2021）》，2025 年全社会用电量预计将达 9.5 万亿 kWh。尽管未来中国经济体量会不断扩大，导致用电量增加，但伴随着产业结构和能源结构的调整，我们假定全社会用电量以平稳速度增长，因此预测 2030 年全社会用电量为 11 万亿 kWh；另一方面，国家能源局综合司发布的《关于 2021 年风电、光伏发电开发建设有关事项的通知（征求意见稿）》中预测 2025 年全国风电、光伏发电量占全社会用电量的比重达到 16.5%，因此我们估计 2030 年全国风光发电量占比大概为 26.5%，并求出风电和光伏的发电量。随后我们通过估计风光发电量，预测 2030 年的光伏发电量和装机量。国际能源署发布的《2021 年世界能源展望》中预测，在现有政策情景下，2030 年风电和光伏的份额相近，因此我们将 2030 年占比风光发电量设置为 50%。假设“十四五”时期之后风电和光伏的利用小时数分别达到最大值，其余缺失数据按年度依次递增。根据以上中性假设，2030 年光伏累计装机容量将超过 1200GW（见表 8-1）。

表 8-1　中国光伏发电及装机预测

	2017 年	2018 年	2019 年	2020 年	2021 年	2025 年 E	2030 年 E
全社会用电量（万亿千瓦时）	6.31	6.84	7.23	7.51	8.31	9.50	11.00
风光发电量占全社会用电总量比例（%）	6.7	7.9	8.7	9.7	11.0	16.5	26.5
风电、光伏发电量（亿千瓦时）	4239	5435	6300	6910	9785	15675	29150
占比风光发电量（%）	27.88	32.66	35.60	32.49	33.31	40.73	50.00
光伏发电量（亿千瓦时）	1182	1775	2243	2245.1	3259	6383.7	14575
光伏利用小时数（小时）	909	1115	1169	1160	1163	1193	1200
光伏累计装机容量（吉瓦）	130.2	174.5	204.3	253.4	306.0	535.3	1214.6

资料来源：国家能源局、东吴证券

3.2　未来发展趋势和挑战

光伏产业在未来呈现出规模不断扩大、规范管理趋于严格、向智能化升级等趋势，但是光伏产业的发展也面临不同因素的制约。首先是电力系统灵活性和电网配置能力，中国新能源发电发展规划与电网建设规划还不能够有效统筹衔接，区域电网结构限制及外送通道建设滞后于光伏产业的快速发展。其次是电力消纳机制，中国尚未建立全国性的电力市场，电力长期以省域平衡为主，跨省跨区域配置能力不足；很多地区尚未建立完善的保障新能源优先调度的电力运行机制，存在清洁能源消纳壁垒，严重制约了清洁能源集中式开发和大范围优化配置，出现大范围、常态性的“弃风弃光”现象。此外，中国支持清洁能源的金融体系有待进一步完善，清洁能源项目普遍具有期限长、金额大等特征，融资渠道较为单一，此外，融资成本高也严重制约光伏等产业的发展。

第三节　加快风电产业发展

风力发电是指把风的动能转为电能，人类对风能的利用最早可以追溯到利用风车进行生产活动。由于风能蕴量巨大，并且是清洁无公害的可再生能源，发展风电产业日益受到世界各国的重视。

1. 产业概况及发展历程

1.1　产业概况

作为中国的新兴产业，风电产业的产业链条相对较短，上中下游构成简明。风电产业链由 3 部分组成：上游原材料及零部件制造、中游风机总装、下游风电场投资运营。原材料和零部件厂商处于产业链的上游，核心零部件包括齿轮箱、发电机、轴承、叶片、轮毂等；风机制造企业处于产业中游，市场集中度较高，对上游有着较强的溢价能力；风机制造企业的下游客户是以大型国有发电集团为代表的投资商。

1.2 产业发展历程

在过去的40年里，中国风电产业走出了一条从小到大、从弱到强的崛起之路，产业链供应链从早期主要依赖国外合作项目到如今形成了较为完备的体系。作为国家战略性新兴产业的代表，该产业实现了从引进来到走出去，从追赶者到引领者的历史性跨越。在产业政策引导和市场需求驱动的双重作用下，全国风电产业实现了快速发展，已经成为参与国际竞争并取得领先优势的产业。回顾该产业的历史发展过程，风电产业先后历经了科研性示范应用、商业化探索与规模化建设3个阶段，培育出了一批具有国际竞争力的中国企业。

（1）科研性示范应用阶段（1981—1990年）。

20世纪80年代，利用风能发电在中国还处于实验性阶段。在这个时期，中国实现了离网型风力发电设备的批量生产，并建设了一批兼具科研性质的示范性并网风电场[①]。

离网型风力发电机的研发与应用为风电制造设备积累了经验。《1978—1985年全国科学技术发展规划纲要》将小型风力发电机研制列入国家重点科技攻关项目。农机部[②]将内蒙古动力机厂、商都牧机厂等企业列为定点生产风力发电机组的专业厂，给予大力支持，并在内蒙古西苏旗等地建立了3个100W级风力发电机组示范应用点，推广应用风力发电机组。

此外，国际政府间的援助项目通过将技术和设备引入国内，促进了中国风电产业的发展。丹麦等欧洲国家为了拓展海外市场，利用政府间的援助项目以折价或免费的方式赠予中国少量的风力发电机样机，同时提供给专业技术人员海外培训的机会[③]。在此背景下，一系列示范性风电场陆续建成。1986年4月，山东荣成风电场建成并实现并网发电，这是中国第一座并网风电场。1989年10月，新疆达坂城风电场一期工程实现并网发电，这是中国乃至亚洲规模最大

① 王恰:《中国风电产业40年发展成就与展望》,《中国能源》2020年第9期。

② 全称为中华人民共和国农业机械部，1959年成立，至1994年合并更名为农业部。

③ 李帅、施鹏飞:《80年代风电产业政府间合作的历史回顾》,《能源》2016年第6期。

的风电场。

（2）商业化探索阶段（1991—2005年）。

20世纪90年代，中国开始积极探索并网风电开发的商业化运作模式，并且开始重视对国外风电装备和风电技术的引进、消化、吸收和再创新。风电产业的产业链供应链形成了初步的雏形。

政府扶持下的公司化运作标志着风电产业建立了商业化机制。1992年，能源部①为了改善极不合理的能源结构，在已有科学试验示范的基础上，决定大力开发风电。1995年，电力工业部②提出到2000年底风力发电达到100万kW的目标，出台了电网公司允许风电场就近上网，对高于电网平均电价部分实行全网分摊的鼓励政策。1999年，龙源电力集团公司、中能电力科技开发公司和中国福霖风能开发公司进行重组，主营业务开始转向风力发电，成就了日后龙源电力在风电领域的霸主地位。

政策支持中国企业进行技术引进，通过国产化带动产业链供应链的形成。在这个时期，中国先后推出了贷款优惠、土地优惠、并网电价优惠、减免税收、进口设备税收优惠等一系列支持政策，培育国内风电市场③。国家先后组织实施“双加工程”“国债风电项目”“乘风计划”“兆瓦级风电机组研制”等专项工程或课题，推动国产替代。2005年，中国已可以制造1.5MW的并网型风电机组，塔架、齿轮箱、主轴、刹车盘等零部件也基本实现国内制造。

（3）规模化建设阶段（2006—2020年）。

2006年之后，中国风电开发的步伐显著加快，中国风电产业进入高速发展期，产业链供应链日臻完善，技术升级不断加快，一些中国企业开始在国际风电市场上崭露头角。

法律和政策支持启动了巨大的风电市场，加速推动产业规模化发展。2006年《中华人民共和国可再生能源法》开始实施，财政部设立可再生能源发展专项基金，用于支持可再生能源的开发与利用。各有关部门随即出台多项风电发展政策，包括风电上网电价与费用分摊政策、风电并网政策、国产化率政策、国家财政支

① 1993年该部门被撤销。

② 1998年该部门被撤销。

③ 王玫、赵晓丽：《中国风电发展经济政策回顾与分析》，《中国能源》2011年第10期。

持政策、税收优惠政策等。

国家也根据不同时期的市场需要，不断调整着风电产业的发展重点。“十一五”时期，风电产业的发展重点是建设大基地，融入大电网。在资源条件较好的“三北”地区和东南沿海地区重点建设大型风电基地，规模经济效益十分明显。但由于消纳能力不足产生了较为明显的“弃风”现象。“十二五”时期，风电发展重心是以大型风电基地建设为中心，规模化和分布式发展相结合。江阴政府和远景能源企业作出了有意义的尝试，是分布式风电的成功案例。随着产业链的逐渐完备，“十三五”时期的目标是加快开发中东部和南方地区陆上风能资源；有序推进“三北”地区风电就地消纳利用；利用跨省跨区域输电通道优化资源配置；积极稳妥推进海上风电建设。

2. 产业链竞争格局

2.1 产业整体情况

目前，风电已经成为中国继煤电、水电之后的第三大电力来源，中国在风电产业的发展领跑全球。从装机量来看，2021 年中国新增陆上和海上风电装机容量均位列全球第一，累计陆上风电装机总量和累计海上风电装机总量也实现全球第一。2006 年以来，中国风电装机呈现出爆发式增长，2010 年中国首次超越美国成为风电装机规模世界第一的风电大国。中国风电并网装机容量持续增长（见图 8–6），1995 年中国风电累计装机容量仅占全球的 0.8%，2005 年占 2.1%，2013 年占 22.6%，2019 年达到 36.3%。截至 2021 年，中国风电新增装机 4757 万 kW，中国海上风电增量占全球的 80%，超越英国成为全球海上风电累计装机最多的国家，累计装机 3.28 亿 kW，并网装机容量突破 3 亿 kW 大关，较 2016 年底实现翻番，是 2020 年底欧盟风电总装机的 1.4 倍、美国的 2.6 倍，连续 12 年稳居全球第一。2021 年，全国风电发电量 6526 亿 kWh，同比增长 40.5%，利用小时数 2246 小时，全国风电平均利用率 96.9%。

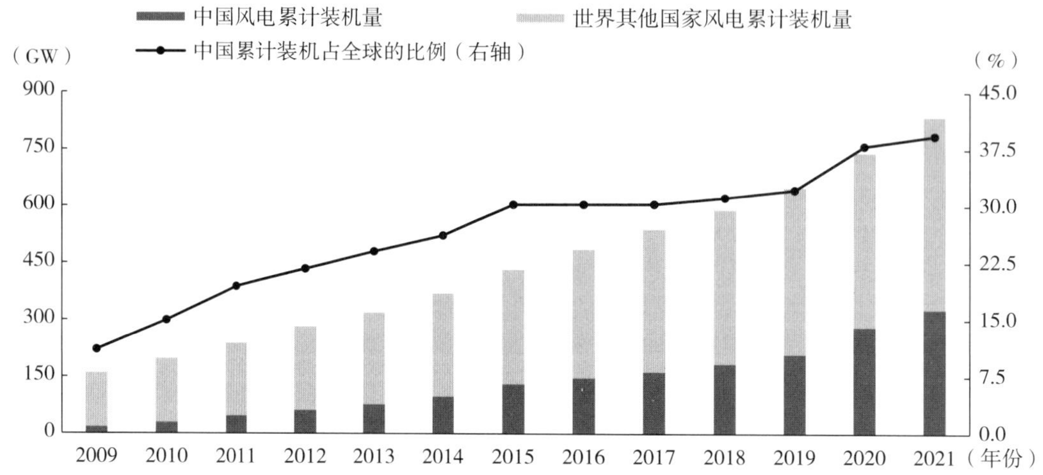

图8-6　2009—2021年中国风电累计装机占全球风电累计装机的比例

资料来源：国家能源局、中电联、GWEC《全球风能报告》

2.2　供应链发展情况

中国风电国内供应链逐渐完备，部分环节稳定性有待提高。中国风电产业体系（涵盖原材料加工、零部件制造、整机制造、开发建设、技术研发、标准和检测认证体系等各个环节）日臻完善，一些中国企业开始在国际风电市场上崭露头角。表 8-2 展示了当前中国风电产业链上、中、下游的企业代表。根据中国风能协会的数据统计，前 7 家整机制造企业的累计装机容量合计占整体市场份额的 68%，前 10 家风电开发企业累计装机容量合计占整体市场份额比重的 70%，产业链集中化趋势愈加明显。按照产业生命周期理论对于产业成长期后期的特征描述，即企业数量大幅度下降并趋于稳定，可以认为中国风电产业已经基本成熟。

中国风电整机龙头地位稳固，但相比海外企业而言，国内企业以国内市场为主。金风科技海外业务占比在 15% 左右，其他整机企业的海外占比较少。

供应链管理能力与成本管控能力对于整机厂商至关重要，能否自主生产叶片、铸件等关键核心零部件也是企业是否有竞争优势的关键因素。主轴承的市场格局方面，基本被国外公司垄断，国内企业市场份额较低。轴承生产需要企业具有大量的技术专利和生产经验，技术壁垒较高。洛阳 LYC（洛阳）和瓦轴集团（哈尔滨）各自占据了 4% 的市场，其他主要市场份额基本被 SKF、舍弗勒等跨国集团垄断。

塔筒环节工艺简单、技术壁垒不高，企业数量多，市场集中度低，天顺风能稳居塔筒制造龙头。中国是世界最大的整机制造基地，也是全球最大的叶片制造中心。目前中国仅有 10 家第三方叶片制造企业，而规模排在前三的企业占有了 2/3 的本地市场。中材科技是叶片领域的领导者，时代新材是国内第二大叶片供应商，上海艾郎风电科技具备 3000 套叶片的产能。

表 8-2　国内风电供应链各环节代表企业

	企业类型	企业名称
上游	叶片生产企业	中材科技、中复连众、时代新材、中航惠腾、洛阳双瑞、上海艾郎、LM 等，一些整机企业也自产叶片
	齿轮箱生产企业	南高齿、重齿、大重、杭齿、重庆望江、天津华建天恒、宁波东力等
	发电机生产企业	南车电机、西安捷力、兰州电机、湘潭电机、上海电机、盾安电气、大连天元、东方电机及 ABB、斯维奇等
	轴承生产企业	瓦轴集团、洛阳 LYC、天马轴承、大连冶金、京冶轧机以及 FAG、SKF、TIMKEN、NSK 等
	变流器生产企业	禾望电气、阳光电源、科诺伟业、大连尚能、九洲电气以及 ABB、斯维奇等
中游	整机制造企业	金风科技、联合动力、明阳智能、华锐风电、远景能源、东方电气、上海电气、湘电风能、中国海装、运达风电、维斯塔斯、华创风能、西门子歌美飒、中车风电、三一重能、GE、华仪风能等
下游	风电开发企业	国家能源投资集团、华能集团、大唐集团、国家电力投资集团、华电集团、中国长江三峡集团、中国电建集团、北京天润新能投资有限公司、华润集团、中国广核集团等

资料来源：王怡:《中国风电产业40年发展成就与展望》

3. 未来趋势与挑战

3.1　未来市场规模

风能未来发展前景广阔，根据前文光伏产业中的测算方法，我们预测 2030 年中国风电累计装机容量将达到 583GW 左右（见表 8-3）。光伏和风电两者的总装机容量将超过 2030 年“风光”总装机量达到 12 亿 kW 的目标。

表 8-3　中国风电发电及装机预测

	2017 年	2018 年	2019 年	2020 年	2021 年	2025 年 E	2030 年 E
全社会用电量（万亿千瓦时）	6.31	6.84	7.23	7.51	8.31	9.50	11.00
风光发电量占全社会用电总量比例（%）	6.7	7.9	8.7	9.7	11.0	16.5	26.5
风电、光伏发电量（亿千瓦时）	4239	5435	6300	6910	9785	15675	29150
占比风光发电量（%）	72.12	67.34	64.40	67.51	66.69	59.27	50.00
风电发电量（亿千瓦时）	3057	3660	4057	4665	6526	9291	14575
风电利用小时数（小时）	1948	2095	2082	2097	2246	2449	2500
风电累计装机容量（吉瓦）	163.67	184.26	210.05	281.53	328.00	379.36	583.00

资料来源：国家能源局、东吴证券

3.2　未来挑战

尽管中国风电产业链已经具备了较强的竞争力，但在供应链的稳定性上还有进一步提升的空间。中国风电产业想要成为实现“双碳”目标的主力军，并具备世界领先的技术水平和供应链韧性，仍面临着一些问题与挑战。首先，攻坚与掌握一些重大核心技术，升级资源评估、整机设备制造、风电场开发与运维、电网再造及需求侧管理等全产业链技术，实现风电机组技术的突破性创新，是决定未来中国风电产业国际竞争地位的重点所在。其次，海上风电商业化与规模化的风险与成本较高，海上风电场的施工、设备、维护等有特殊要求，许多方面的问题都还有待解决。此外，通用芯片与操作系统依赖外部渠道，关键材料与部件存在“卡脖子”风险。

第四节　多线布局氢能产业发展

长期以来，氢气作为一种重要的化工原料气体广泛应用于石油炼化、合成氨等产业领域。近年来，随着全球应对气候变化压力的持续增加，以及能源消费向低碳化转型的进程加快，氢气作为一种清洁、绿色能源，逐步成为国内外能源及相关产业关注的焦点，氢能产业也在各国的密切关注下快速发展起来。

1. 产业概况

氢能产业涵盖氢气制备、储存、运输、加注以及终端应用，具有庞大的产业链。如图 8-7 所示，氢能产业链涵盖氢能端及燃料电池端。低碳氢能产业链一体化发展指的是将氢气的生产、运输、加注和燃料电池端在内的产业链进行一体化的发展，从而安全、高效、便捷地使用氢能，达到从高碳到低碳的过程。

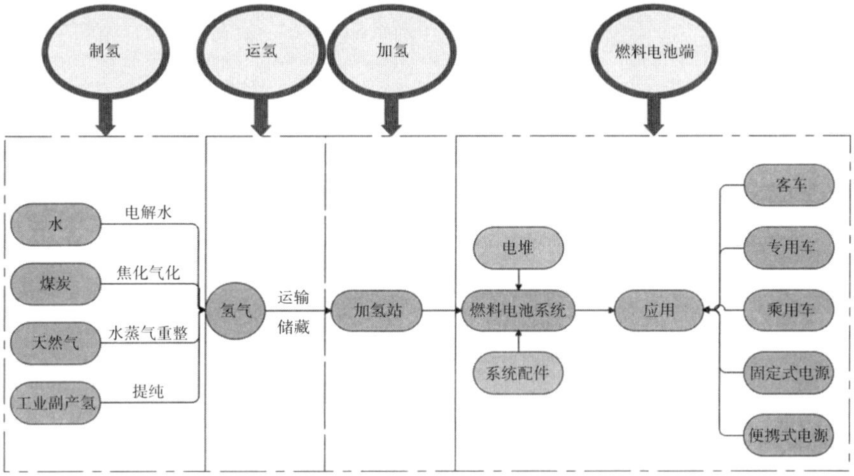

图8-7　氢能产业链的构成

资料来源：作者整理

由于氢具有燃烧热值高、无污染的特性，氢能的开发与利用已成为发达国家能源体系中的重要组成部分。多国政府都出台了氢能发展战略路线图，竞相开始抢占产业链各个环节的技术制高点，力争使本国在此轮氢能变革中占得先机。2015 年，日本政府提出要建设“氢能社会”，将氢能上升为国家重大战略之一，并于 2017 年 12 月出台《氢能基本战略》，旨在率先实现“氢能社会”，以实现低碳社会发展目标和寻求日本经济新的增长点。日本深耕汽车和家用领域，在技术、材料、设备等方面优势显著，氢燃料电池技术相关专利数量占全球 50% 以上。德国主要致力于氢能的综合应用，并提出了电力多元化转换（Power-to-X）理念。在生产端，利用可再生电力电解水制取氢气；在应用端，示范探索天然气掺氢、分布式燃料电池发电供热、氢能炼钢、绿氢化工、氢燃料电池汽车等多元利用。澳大利亚则将氢能视为出口新增长点，打造全球氢供应基地是澳大利亚发展氢能的战略目标。

2. 产业链竞争格局

氢能产业链总体可分为上游制氢、中游储运氢、下游加氢站以及燃料电池应用。据全球氢能项目公告，到 2030 年，全球氢能产业链的投资总量将超过 3000 亿美元，相当于全球能源投资的 1.4%。鉴于氢能产业仍处于早期发展阶段，这些投资中的绝大多数（75%）未公布投资总额。此外，预计到 2030 年全球将有 830 亿美元的成熟投资，其中包括处于规划阶段的 450 亿美元，和已承诺的项目或在建、已投产或已投入运营的项目 380 亿美元（见图 8–8）。

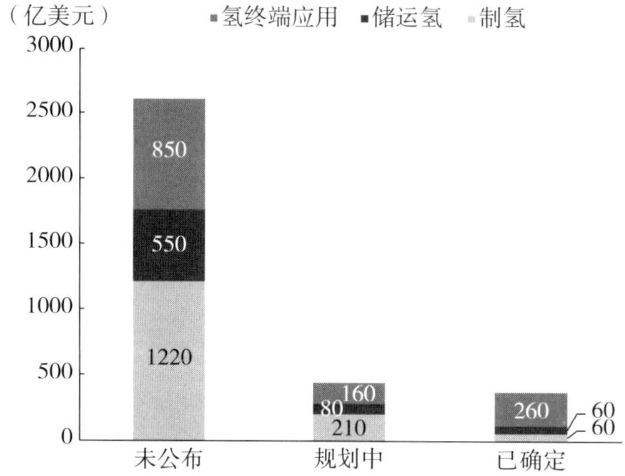

图8–8　2030 年全球氢能投资预测

资料来源：全球氢能项目公告

当前，中国氢能产业链体系尚不完备。在产业链上游，化石能源紧缺，煤制氢技术相对成熟，成本比较低，但碳排放量高，可能逐步被可再生能源的制氢技术所取代。在产业链中游，目前主要是气态储氢，基础设施缺口较大，车载高压储氢和运氢均相对薄弱，加氢站的数量不多且存储量小。在产业链下游，氢能主要以燃料电池形式应用于交通领域，范围较窄，且由于技术存在瓶颈，导致成本较高，燃料电池汽车在产业化推广方面难度较大。

根据中国氢能联盟与石油和化学规划院的统计，中国氢气产能约为每年 4100 万吨，产量约 3342 万吨，是世界第一产氢国。从生产原料来看，主要包括煤炭、天然气等化石能源以及工业副产气，其中煤制氢产量最大，占比 63.54%；其次为工业副产氢和天然气制氢，电解水制氢产量占比最小。从区域分布来看，中国氢气产能主要集中在西北、华北和华东地区，合计占比约 75%（见图 8-9）。与氢气产业相比，中国的氢能产业发展还处于初级阶段，目前氢气产量中仅有 1% 左右作为能源使用。

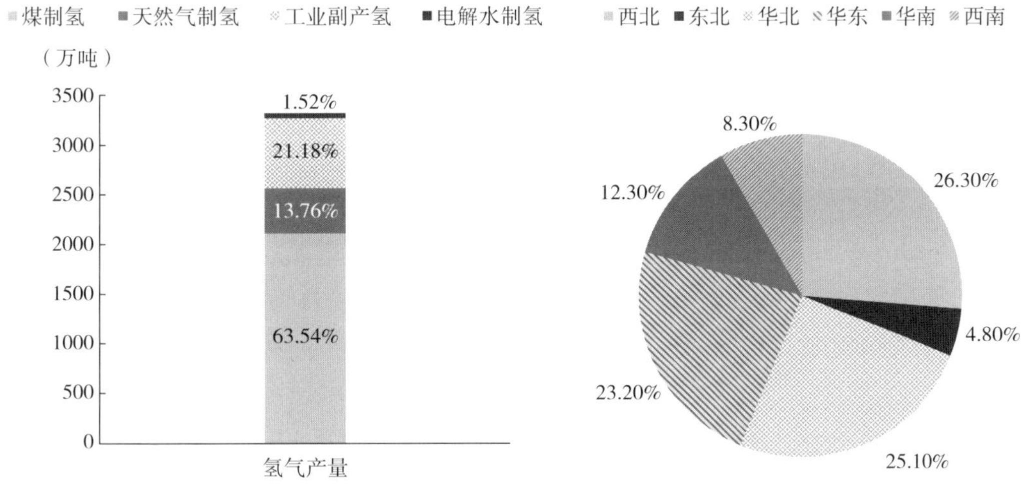

图8-9　2019年中国氢气生产结构与产能分布

资料来源：中国氢能联盟

氢能技术创新方面，中国早期氢能相关技术专利研发较慢，但在国家政策的支持下，随着技术投入资金的不断增加，相关专利申请数量也在快速增加。根据知识产权产业媒体 IPRdaily 与 incoPat 创新指数研究中心联合发布的“2020 上半年全球氢能产业发明专利排行榜（TOP100）”，入榜前 100 名企业主要来自 13 个国家和地区，中国占比 46%，其次为日本、美国、德国（见图 8-10）。其中，申请发明专利最多的企业是中国石化，其以 434 件专利位列第一，远高于其他企业。

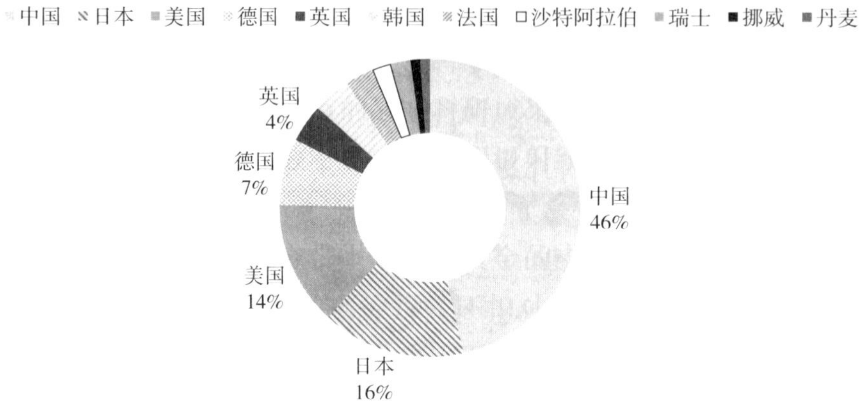

图8-10　入榜企业国家、地区分布

资料来源：作者整理

此外，中国在氢能技术自主创新与产业化上也有所突破，技术成果转化成效显著。从氢气“制储运加”环节来看，在制氢方面，中国大型煤制氢、天然气制氢技术及装备已“领跑”世界；碱性电解槽技术“并跑”国际先进水平；质子交换膜电解槽（PEM）技术进步显著但仍属于“跟跑”阶段；固体氧化物电解池（SOEC）技术处于实验验证阶段。在加氢站技术及装备方面，45MPa 隔膜式和液驱氢气压缩机已具备产业化能力；90MPa 氢气压缩机核心技术取得突破；加氢机整机开发实现国产化，但阀门、流量计等关键部件仍依赖进口。

从燃料电池及零部件环节来看，在燃料电池方面，中国的关键材料技术近几年有所突破，但整体对比国际先进水平仍有较大差距，产品对外依赖度较大。质子交换膜和气体扩散层（碳纸）技术水平显著提升，但产业化仍有待突破；催化剂已实现量产，但仍“跟跑”国际先进水平。在核心零部件方面，膜电极、空压机、双极板等国产化进展迅速，正快速缩小与国际先进水平的差距，2020 年成本同比降幅达 30% 以上；电堆与系统集成技术水平与国际“并跑”，并向高功率、高集成、低成本方向发展。氢气循环泵总体处于“跟跑”状态，但国内企业积极推动技术攻关，已取得一定进展。

从终端应用环节来看，在燃料电池汽车方面，城市公交和物流车仍是目前最主要的燃料电池终端产品，续航一般在 300~500 公里。乘用车、重型卡车、备用电源等终端应用发展迅速，已有企业陆续推出燃料电池乘用车、重卡、应急电源车等。在燃料电池船舶方面，中国已推出拥有自主知识产权的船用燃料电池系统。在固体氧化物燃料电池（SOFC）方面，中国拥有全球最大的陶瓷电解质膜片供应商，5kW 级 SOFC 电堆及系统已开发成功。

3. 未来趋势和挑战

3.1 未来市场规模

随着“双碳”目标的推进和国家政策规划的大力支持，中国氢能产业的前景十分广阔，因此我们对 2030 年中国氢能产业的市场规模进行了一个简单测算。我们假设到 2030 年，氢气供应端市场中绿氢的制氢成本下降到 21.56 元 / 千克，蓝氢、灰氢的成本为 13.33 元 / 千克。随后，根据《中国氢能源及燃料电池产业白皮书 2020》对 2030 年中国各类氢气供给侧结构和氢气年需求量的预测，计算得出 2030 年的中国氢气供应端的市场规模。最后的测算结果显示，中国氢气供应端市场空间在 2030 年将有望接近 6000 亿元（见表 8–4）。

表 8–4　氢气供应端市场空间预测

	2020 年	2030 年 E	计算说明
各类制氢成本			
绿氢（元 / 千克）	32.14	21.56	资料来源：万联证券
蓝氢、灰氢（元 / 千克）	11.37	13.33	资料来源：万联证券
氢气供给侧结构			
绿氢（供给占比，%）	3	15	资料来源：《中国氢能源及燃料电池产业白皮书 2020》
蓝氢、灰氢（供给占比，%）	97	85	资料来源：《中国氢能源及燃料电池产业白皮书 2020》
市场空间			
氢气成本预测（元 / 千克）	11.99	14.56	
毛利率（%）	10	10	假设为 10%
平均氢气售价（元 / 千克）	13.19	16.02	平均氢气成本（1+ 毛利率）
氢气需求量（万吨）	3342	3715	资料来源：《中国氢能源及燃料电池产业白皮书 2020》
氢气供应端市场规模（亿元）	4408.10	5951.43	平均氢气售价 × 氢气需求量

资料来源：万联证券、《中国氢能源及燃料电池产业白皮书（2020）》

3.2 未来挑战

中国氢能产业发展至今，仍有很长的路要走。在“双碳”目标引领下，国内发展氢能的热情持续高涨，但产业发展策略有待优化，除在交通领域“跟跑”以外，更要抓住技术革命带来的机遇，实现在其他领域的“并跑”和“领跑”。从交通领域来看，氢燃料电池车热度持续上升，但也存在技术路线不确定、高度依赖补贴、关键技术和材料“卡脖子”等问题。从工业、电力领域来看，由于各国多处于“探路”阶段，中国可以发挥在产业和市场的双规模优势，推动氢能在工业和电力中的应用。从建筑领域来看，由于中国氢气产量居全球首位，未来可以探索氢能在建筑领域的规模化，带动氢储运技术及产业发展。

政策篇

他山之石
与我之方略

第九章

美国如何利用新赛道成为超级大国

作为当今世界的头号科技强国，美国科技实力的崛起并非一蹴而就，其崛起经历了一个从模仿到创新的过程。早期的美国由于技术匮乏，在第一次技术革命的契机下开始模仿欧洲的技术路径，积累了一定的技术能力，随后又借助第二次技术革命带来的机会窗口，成功实现在新兴领域的赶超，并在第二次世界大战后引领了第三次技术革命。由此可见，在美国的科技强国之路上，技术革命创造的机会窗口是开启超越之门的关键钥匙。此外，美国政府在美国科技崛起中也扮演着极其重要的角色。当前，新一轮科技革命正加速演进、不断深化，中国又面临经济增长动能转换和产业结构转型升级的迫切问题，如何在新赛道上崛起，美国的历史经验值得学习。

第一节　在新赛道上崛起：美国的科技强国之路

1. 第一次技术革命：在“旧赛道”上“跟跑”

第一次技术革命发端于欧洲，机器化大生产开始逐步替代传统农业和手工业，现代纺织、钢铁、交通等行业兴起，相关国家从以农业和手工业为基础的经济转变为以大工业、机械化制造和工厂制为基础的经济。新机器、新能源和新的工作组织方式使现有产业更具生产力和效率，进一步加速了经济增长，城市化水平也不断上升。随着生产力提升和航运水平的进步，国际贸易日渐繁荣，为了保护自己国家农业或工业的发展，越来越多国家的贸易政策从自由贸易转变为保护主义。在这个过程中，英国、德国和美国成为主要的工业化国家，其他国家则通过出口食品和原材料融入世界贸易体系，世界经济开始作为一个单一的单位出现。

美国作为较早开始工业化的国家，其重点产业集中在运河、机车、钢铁、电力等领域，怎样使交通更加便利是美国当时的重点。但由于美国早期发展依赖于农业，在工业化技术能力上比较薄弱，导致其在第一次技术革命中处于“跟跑”地位，主要是对欧洲的技术进行模仿制造，在纺织、钢铁等“旧赛道”上不断追赶欧洲。

1.1　早期的交通、钢铁和纺织工业

在运河、机车等交通设施方面，欧洲遥遥领先，美国的修建经验都是从欧洲借鉴而来。美国关于修建运河的知识水平有了显著的提高。

在修建运河的同时，美国还开设了第一个工程学校，约翰·杰维斯是这个学校最聪明的学生之一，也是后来在修建跨州运河中发挥巨大作用的人。在修建过程中，杰维斯发现，如果在一些地形中用铁路代替河道，可以节省很多水闸。他们准备采用蒸汽机车和铁路，这也恰恰成为了美国铁路应用的开端。但是，此时的美国大陆上除了一条很短的铁路，连一个火车头都没有。杰维斯只能通过学习英国相关资料中的机械制图，才勉强设计出火车头的雏形。但由于设计不完善，还是无法实现在现实环境中的应用。1828 年，杰维斯曾经的同事为其带来了 4 辆

从英国购买的机车供他研究，但首次改造试验失败了。两年后的美国，仍然没有一个人能够回答该如何建造路基，用什么来做枕木和铁轨，以及一个火车头能拉动多大重量的问题。直到 1833 年，杰维斯终于突破了美国发动机制造和使用过程中的瓶颈，美国的第一列火车投入使用。

截至 1830 年，英国已经拥有了超过 200 公里的轨道，而美国至多只有 64 公里轨道；20 年后，两国都有了 11263 公里的轨道；到了 1860 年，美国的铁路系统已经达到 4.83 万公里，而英国在 1869 年却仍只有 2.17 万公里。此时的美国已经开始向全世界出口火车，虽然美国制造的火车不像英国的火车一样完美，但它价格更加便宜，而且更重要的是，对各种地形的适应能力也更强。

火车和铁轨的发展离不开钢铁业的支撑。约翰·弗里茨，是美国钢铁业发展早期的关键人物。弗里茨曾在铁匠铺当过 4 年学徒，这使得他积累了相当多的简单金属加工经验。在铁匠铺同住的有一个英国人，两人经常在晚上讨论机器是如何运行的，弗里茨从中学到很多知识。此外，弗里茨的第一份工作是在工厂里给装配机器的工人当助手，工厂里有很多英格兰和威尔士的工人，弗里茨跟着他们学习了很多炼铁知识，还成功发明了制造钢轨的新机器，这成为 19 世纪 60 年代以后发展工业的基础。

纺织业方面，当时英国通过立法，规定殖民地不能学习相关知识。但是，一个叫塞缪尔·斯莱特的人，根据自己在英国使用纺纱机时的经验，在美国建造了第一家纺织厂。就这样，在违背英国法律法规的情况下，美国的纺织行业发展起来了。

总而言之，美国早期的工业发展主要依靠经验法则。同时，主导这些发展的工程师也大多是自学成才，没有正式的学科背景，他们的工业知识几乎都是向英国人学来的。无论是运河、铁路，还是钢铁、纺织，都是通过向英国人请教或是阅读来自欧洲的相关书籍，从中获取知识，再加上工程师自己的勤于思考与坚持不懈，最终让这些产业在美国落地发芽。在这个过程中，美国开始实现独立制造，逐渐摆脱了对欧洲顾问以及欧洲经验法则的依赖。

1.2 贸易保护主义对美国早期工业发展的作用

以贸易保护主义政策为主的产业政策是这一时期美国政府促进制造业发展的主要手段。1791 年，在美国，亚历山大·汉密尔顿（美国第一任财政部长）的《关于制造业的报告》第一次提出了有关贸易保护的观点，目的是促进国内制造业发展。该报告具体涵盖 11 项基本原则，包括政府对目标行业的直接补贴、保护性关税、政府采购合同、对制造业免税和对基础设施改善的支持等。汉密尔顿的报告中还详细介绍了美国主要制造业的具体行业政策，包括铜、铁、棉花、谷物、玻璃和书籍。1792 年初，虽然补贴部分的政策没有得到实施，但这份报告提出的几乎每一个有关关税的建议都被国会通过，美国的保护主义关税就此产生[①]。

1812 年美英战争加剧了美国对更全面的产业政策的呼吁，以发展和保护美国的工业。亨利·克莱和辉格党的其他成员制定了这一工业政策，命名为“美国制度”。它由 3 个相互加强的部分组成：保护和加强美国工业的关税；促进商业银行发展；对道路、运河和其他国内设施的改善提供联邦补贴，以发展有利可图的农业市场。除了对关税的加强，这个制度新增的第三条增加了对目标行业的巨额补贴，是对美国产业的新支持。在这些基础上，随着时间的推移，后来的大多数关税法案和贸易协定只对进口关税的结构和税率进行改变，从而保持了政策的连续性。

从 1790 年开始实施保护主义政策到“一战”期间，美国的关税税率一直保持在一个比较高的水平，如图 9-1 所示。从 1790 年到 1860 年，美国的平均关税从不到 20% 增加到约 60%，然后再次下降到 20% 左右。当时关税的设定是基于税收考虑，进口税提高了 90% 的联邦政府收入。19 世纪 60 年代开始，整个世界重回保护主义。1861 年到 1913 年，美国可能是发达国家中保护主义最强的一个，对外国制成品的平均关税一直较高，有时甚至快要达到 50%。与自由贸易的 21 世纪相比，那个时代的关税税率是现在的几十倍。

在林肯担任总统期间（1861—1865 年），除了提高关税，战略性产业也得到支持（尤其是农业），科学、研究和技术、基础设施均得到发展。自此，美国对特定行业和基础设施的支持一直持续到第一次世界大战。在这些保护主义政策下，到 19 世纪晚期，美国经历了快速的经济增长，并成为世界工业强国。

1934 年《互惠贸易协定法》（RTAA）通过以来，美国的贸易政策发生了很大的变化，关税大幅下降。1934 年至今，美国与其他国家达成了多项贸易协定，有多边协议如关税及贸易总协定（GATT），区域协议如北美自由贸易协定（NAFTA）

① Irwin D. A., “The Aftermath of Hamilton’s ‘Report on Manufactures’,” The Journal of Economic History 64(2004): 800-821.

和中美洲自由贸易协定（DR-CAFTA），还有与以色列、新加坡、澳大利亚、韩国和其他国家的双边协议，以及加入 WTO[①]。此后，美国开始在世界贸易中占据优势，在国际贸易分工中地位较高，多生产高技术水平产品。

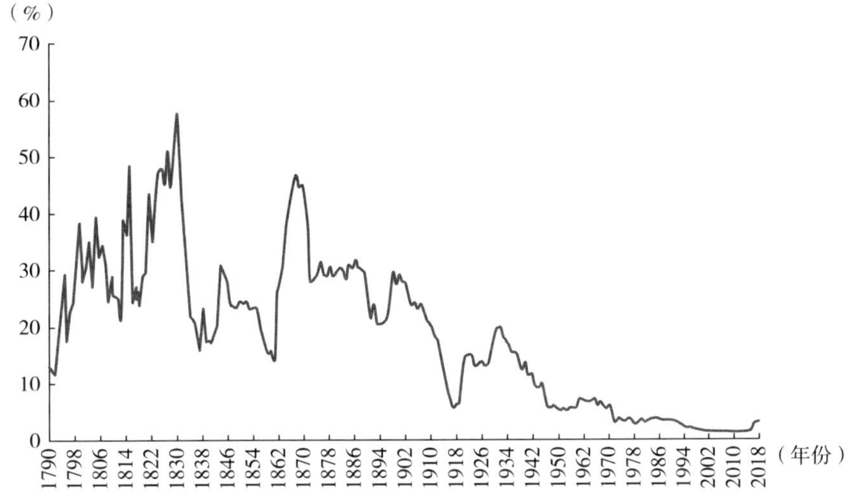

图9-1　1790—2018年美国平均关税税率

资料来源：1790—1820年的数据来自于Douglas A., Irwin, New Estimates of the Average Tariff of the United States, 1790—1820, Journal of Economic History 63 (2003): 506-513；1821—1957年的数据来自于Census Bureau, Historical Statistics of the United States: Colonial Times to 1957；1962—2018年的数据来自于美国国会预算办公室和美国经济分析局[②]

2. 第二次技术革命：在新赛道上“并跑”

第二次技术革命期间，包括电力、新材料与物质在内的许多新技术被发明出来，创造出了许多新赛道，并开启了向新经济的过渡。化学、电气、石油生产和钢铁等领域的巨大创新造就了蒸汽涡轮发动机和内燃驱动的船只出现，飞机的发展，机械制冷和其他保鲜技术以及电话的发明，促使交通迅速发展，世界各国的交流更为频繁，并逐渐形成一个全球化的国际政治、经济体系。此外，第二次技术革命使得资本主义经济发生重大变化，资本主义生产社会化的趋势加强，企业

① Irwin D.A., “Trade Policy in American Economic History,” Annual Review of Economics 12(2020).

② 图中的平均关税税率为总进口额的平均关税税率，计算方法为，美国的关税收入除以商品总进口额。其中，1790—1957 年的数据通过摘录得到，1962—2018 年的数据通过计算得到。

之间竞争加剧，最终导致产业内垄断组织的产生。

美国在第一次技术革命中的跟随模式带动了国内科学技术的快速发展，但在不断的模仿与学习中，美国人意识到，如果不进行自己的科学研究而总是依赖欧洲的先进知识和研究成果，最终会成为一个只会模仿的落后国家。国家物理实验室的成立就是一种象征性的声明，但实际上，美国企业是最早开始进行研究的部门。1880—1920 年改变美国社会生产性质的新工业中，只有电气工业和化学工业来自于科学而不是传统的工业知识。

2.1 电气工业

电气革命的起源是电气制造业。早在 1808 年，英国人就发明了电弧光，但相关商业应用直到 19 世纪 70 年代，随着恒流发电机取得重要突破后才实现。在看到了新产业的发展潜力后，美国人不甘落后，也想在这个产业中分一杯羹。到 1900 年，很多美国人开始学习麦克斯韦、高尔顿等人的相关电学研究。

白炽灯作为电气制造业的经典代表，其发明与发展离不开托马斯·爱迪生。他希望每 10 天做一项小发明，每 6 个月左右做一项大发明。可以说，爱迪生这种把发明商业化的想法收获了巨大的成功，他一生中积累了 2332 项专利，仅在美国就有 1093 项专利。

为了实现商业计划，除自己的资源之外，爱迪生还需要其他资金支持。为此，他成立了爱迪生电灯公司。他的支持者有银行家、法律顾问、总统以及摩根合伙人埃吉斯托·法布里，法布里在公司担任董事和财务主管。在很大程度上，爱迪生的成功来自于摩根的大力支持。截至 19 世纪 80 年代，摩根的利益集团对波士顿和纽约的爱迪生照明公司进行了大量投资。1879 年 10 月 21 日，爱迪生成功发明了第一台白炽灯。1889 年，爱迪生生产灯、发电机和街道干线，后与斯普拉格电气铁路和汽车公司（电力牵引的先驱）合并，成立了爱迪生通用电气公司。随后，爱迪生通用电气公司通过收购斯普拉格公司获得了大量重要专利，其中包括一些电动铁路专利。1892 年，汤姆森—休斯顿电子公司与爱迪生通用电气公司合并，成立了通用电气公司。

1894 年，通用电气公司建立了自己的实验室，实验室的初衷是摆脱所有的运作和商业压力，让人们可以提出他们所能提出的任何问题。实验室本质上是一个更偏向于工业应用的研究机构，没有人花太多时间去读科学书籍，更没有学术研究。此时，设立实验室开始成为大公司的通用手段，以求获得更多专利垄断。

19 世纪 90 年代，两家大公司——通用电气公司与西屋公司，垄断了美国电气制造业的绝大部分。它们的成功扩张在很大程度上是依靠专利垄断实现的，通过收购个人发明家的专利、收购和兼并竞争对手，战略性地从事可申请专利的研究项目。

从电气工业开始，美国实现了从个人发明家到企业驱动创新的重大转型。在爱迪生发明电灯泡之前，个人纵然有很多想法，却受制于单打独斗的有限资源；在爱迪生之后，随着电力的发展，公司和律师群体涌现，充足资本支撑下的专利之争也是一波未平一波又起。为了寻求下一次发明浪潮的制高点，公司对科学的兴趣日益增强，开始雇用科学家，建立实验室，其中的资金支持主要来自于银行家的投资。第一个现代企业的研发实验室由通用电气公司于 1900 年创立。1910—1911 年，贝尔研究室的前身在贝尔电话公司的组织下形成，但因为研究费用高昂，起初的公司研究室只能由少数几个大公司主导。

随着所占专利数量的增加，公司规模越来越大，最终形成了行业垄断。这种垄断不仅意味着控制市场和生产性设备，还意味着控制科学研究本身。最初，对科学的垄断采取了专利控制的形式。慢慢地，它通过控制有组织和规范性的工业研究，控制了科学生产的过程，最终演变为控制包括这一过程的社会先决条件：产生科学知识和知识渊博人员所必需的机构，以及将这些机构整合到基于科学的工业企业系统中的能力。总体来说，由于研究由私营企业主导，企业看重的是研究转化为产品，产生专利以获得市场地位，所以研究更偏向于应用研究，而非基础研究。

2.2 化学工业

20 世纪初，美国的另一个巨头产业是化学工业，它是 19 世纪下半叶制造业快速扩张的产物。直到第一次世界大战期间美国国内染料工业建立，该产业才真正成为以科学为基础、有组织的研究和发展的产业。

化学工业的出现主要是为了给制造商提供酸、碱和无机盐等所需的基本化学品。1850 年之前，硫酸生产商与小型药品和火药生产商一起主导了这个产业。到 19 世纪 80 年代，美国国内的碱工业开始与进口产品竞争。面对德国的垄断，美国的小型染料和有机化学工业开始增长。

在 1856 年合成第一种苯胺染料的 10 年后，美国已经有了一个小有规模的染料工业。19 世纪末，制造业的扩张刺激了美国化学工业以及相关的提取性工业（开采磷酸盐、铜、硫、钾盐、硝酸盐）的发展。随着持续不断的创新，美国化工业产品呈现多样化，到 1910 年，美国的化工业已经掌握了主要工业化学物质的生产工艺，甚至还有几家公司可以与德国精细化学药品和医疗药品生产商竞争。但总体上，美国国内消费严重依赖德国进口，德国从美国的专利体系中获益巨大，到 1912 年，美国 98% 的化学产品专利被德国拥有。

第一次世界大战之后，美国政府通过米切尔·帕尔默没收了德国拥有的所有专利。帕尔默开始以最高出价将德国的专利卖给美国公司，但小公司反对这种做法，认为政府正在用美国的垄断取代德国的垄断。面对这样的反对，帕尔默听从了他的助手弗朗西斯·加文的建议，同意建立一个私人基金会来持有专利，并在非排他性的基础上向美国公司颁发许可证。就这样，化学基金会成立了。1917—1926 年，共有 735 项专利分发给美国公司。杜邦公司获得了 300 项专利的许可证，国家苯胺化学公司获得了 100 项。“一战”后，美国立即设置保护性关税，以保护美国煤焦油产品制造商。在美国，虽然一个健康的重化学和粉末工业在 19 世纪下半叶就已存在，但直到第一次世界大战，获取德国拥有的专利和建立保护性关税才使得美国的化学行业与电气行业处于同等地位，美国的科学型化学工业成为现实①。到1920年，家族所有的私人化学公司时代消失了，公司化、多样化和合并的时代已经到来。

电气工业和化学工业形成了美国现代技术的先锋，并作为美国第一批科学产业，为整个现代工业树立了规范化的生产和管理模式。电气化工产业的发展还培养了一批有工业头脑的物理学家和化学家，特别是电气和化学工程师——他们将科技革命带到其他产业，如提取工业、石油业、钢铁业、橡胶业以及在 20 世纪前期成为美国经济发展支柱的汽车产业。电气化工产业自身的快速发展还促进了老工艺产业的逐步电力化和化学化。随着电气和化学领域人员的不断注入，传统工业越来越多地采用科学研究的方式进一步发展②。

① David F, Noble, America by Design: Science, Technology, and the Rise of Corporate Capitalism (Oxford, UK: Oxford University Press, 1979).

② Elting E., Morison, “From Know-How to Nowhere: The Development of American Technology,” Journal of American History 12:(1975).

3. 在新赛道上崛起："二战"期间美国的科技飞跃

截至 1940 年，美国 2/3 的科学经费由企业部门支出，私营企业成为美国进行系统性创新的主阵地。但由于正值"二战"期间，私企部门并不愿意进行军事类的研究，这就导致了美国汽车、电信等产业发力强劲，而在关乎战争胜败的技术方面却呈现发展滞后的特征。为了改变军事上的落后局面，曾任麻省理工学院副校长、成功创立过两家公司的范内瓦·布什，在 1940 年向白宫申请创建一个以科学家和工程师为主导的国防研究委员会（NDRC）。NDRC 为"二战"期间科学研究的推进起到了决定性的作用。

3.1 雷达

"二战"前，美国的雷达研究非常低调，阿尔弗雷德·卢米斯是当时的领导者。1940 年 9 月，在对英国的共振磁控管进行深度讨论后，卢米斯充分认识到这项技术可以扭转战争走向。此时英国的雷达研究已经进行到关键步骤，但由于正深陷围困中，英国无法再对雷达项目做后续研究。于是，这项工作就被委托给了美国。

范内瓦·布什意识到私营企业在参与军用产品等重大战略科研任务上的短板，没有将项目工作委托给企业进行，而是委托给了麻省理工学院。NDRC 负责支付研究活动的全部费用，这其中还包括间接的日常开支。

在各方支持和战争的压力下，一个初步的雷达系统很快被安装在麻省理工学院大楼的楼顶进行运行测试。这个项目受到美国政府的高度重视，负责项目的 Rad 实验室曾雇用近 4000 人参与项目。Rad 实验室也取得了卓著的成果，包括火力网探测雷达、夜间战斗机使用的空中拦截雷达等。在 1945 年盟军使用的所有雷达系统中，有一半都出自 Rad 实验室。虽然此时这样的战时项目大多还只是应用性的，应该被定义为工程而不是科学，但这已经意味着政府、大学、企业合作创新模式已初具雏形。

3.2 原子弹

1940 年前，与原子弹有关的铀同位素分离和链式反应堆的大部分工作都是科学家在私人基金会的资助下，在大学实验室进行的。1939 年，移民到美国的爱因斯坦写信给罗斯福总统，指出当下关于裂变反应的研究进展迅速，通过使用铀的连锁反应可以产生大量能量，制造出威力极大的炸弹，爱因斯坦和其他 3 位逃到美国的科学家推测德国政府正在支持这方面的研究，因此建议美国政府也积极行动。随后，罗斯福批准建立了铀委员会。

1940 年 6 月，铀委员会被移交给新成立的 NDRC。NDRC 主席范内瓦·布什取消了原来铀委员会中军事代表的参与资格，将铀委员会重组为一个科学机构，直接从 NDRC 获得资金，而不再依赖军队。

在美国卷入“二战”后，来自德国的压迫感渗透到联邦政府的科学事业中，政府为原子弹研究项目提供了充足的资金预算，支持其进行原子弹开发，原子弹比赛正式开始。随着研究的逐步完善，美国开始转而制造原子弹设施。1941 年 10 月，罗斯福批准陆军参与制造，让掌握建筑专业知识的工程兵团负责建造原子弹设施。这样一来，原子弹项目开始从以科学家研究为主导转变为了科学家在陆军工程兵团经营的建筑企业中发挥辅助支持作用。

1942 年，曼哈顿计划正式成立。之前由政府支持的 4 种同位素分离方法研究分别在 4 个大学及研究所开展，政府为曼哈顿项目批准了一项超过 20 亿美元的政府投资计划。曼哈顿计划本质上是一个英美联合计划，英国科学家代表团抵达美国，对美国的原子弹研究提供了重要帮助。1945 年 8 月，原子弹的轰炸直接导致了日本的投降，曼哈顿计划随着“二战”结束而终结。一年后，民用原子能委员会成立，负责管理美国战后时期的原子能活动。

第二次世界大战期间，美国军备生产规模急剧扩张。4 年间，美国共制造了 30 万架飞机、60 万辆吉普车、200 万辆军用卡车和 1.2 万艘大型舰艇。铝产量和钢铁产量分别增加了近 4 倍。汽车制造商在战争期间负责为军方生产车辆和零部件，包括近 40 万台飞机发动机，占美国总产量的一半。制造业企业在“二战”期间积累了重要的研究与生产经验，帮助 20 世纪的美国在原子能、计算机、喷气式飞机、微电子和卫星技术等多个领域占据领先位置。

4. 引领新赛道：“二战”后美国科技“领跑”之路

“二战”的经历让美国深刻认识到基础科学研究对国家安全的重要性，范内瓦·布什在 1944 年的报告《科学：无尽的前沿》中强调，基础研究是解决实际问题的关键环节，是技术进步的起搏器，如果基础科学研究长期被忽视，工业的进一步发展将会停滞不前。布什强调，一个在基础科学知识方面依赖他人的国家，无论其机械技术如何，其工业进展必定缓慢，在世界贸易中的竞争地位处于弱势。

由于基础研究的特殊性，经济效益有限且风险大，企业自发进行基础研究的积极性差，因此政府在基础研究中充当了主导角色。在机构设计方面，布什反对延续 Rad 实验室和曼哈顿计划那种集中路线模式，而是通过新建国家研究基金会管理研究活动。

“二战”后另一严峻问题是科学人员的严重短缺。为了缓解基础研究上人才短缺问题，布什建议政府应给大学生提供奖学金，并将拿到奖学金的学生纳入国家科学储备区，在战争时期或其他总统宣布的紧急情况下为政府服务。从表 9-1 中可以看出，美国的科研成果成就显著。

据统计，1930 年以前，90 个颁发给物理学、化学、生理学或医学领域的诺贝尔奖，美国只获得 5 个，约占总数的 6%。在 20 世纪 30 年代，美国获得了 10 个诺贝尔科学类奖项，约占总数的 28%。到 20 世纪 40 年代，美国摘走了 30 个诺贝尔奖的 14 个，并在接下来的几十年里获奖率从未低于 49%。

表 9-1　美国诺贝尔奖获得人数

时间	化学奖（人）	物理学奖（人）	生理学或医学奖（人）	和平奖（人）	文学奖（人）
20 世纪 30 年代	3	6	4	7	3
20 世纪 40 年代	4	3	6	4	1
20 世纪 50 年代	4	9	14	2	1
20 世纪 60 年代	5	11	13	3	1
20 世纪 70 年代	6	13	15	2	2
20 世纪 80 年代	12	12	12	3	1
20 世纪 90 年代	10	15	14	0	1
21 世纪	14	17	13	3	0

资料来源：THE NOBEL PRIZE

除了关于人才培养和科研机构设计的建议外，布什还主张尽快公开“二战”时研究成果，以便在更广泛的范围内被利用和推进，这一提议促进了美国战后的发明热潮。通过完善战时的初级研究成果，将一些军事产品民用化，战后的美国市场上涌现了大量新兴产品。在所有的战时科研成果中，雷达无疑拥有最多的衍生品，涉及天气预报、晶体管、数字计算机的阴极射线管和储存器、微波电话和早期电视网络等。

虽然布什的建议为纯理论研究带来了巨额资金的支持，但由于国际局势和政治原因，20 世纪 50 年代初的纯理论研究投入还相对有限，美苏冷战的对峙让 20 世纪五六十年代的美国在国防方面的支出占比不断攀升。1949 年苏联测试第一颗原子弹和中华人民共和国的成立让美国高度紧张，美国的国防预算几乎增加了两倍，原子能的战后和平利用计划已经成为空谈，阿波罗登月计划吸引了全世界的目光。

4.1 原子能委员会①

随着“二战”后曼哈顿计划终止和《1946 年原子能法令》的生效，战时陆军负责的原子能计划转移给了一个新成立的民间机构，即美国原子能委员会（AEC），该委员会设立的目标是战后和平利用原子能。虽然 AEC 是一个民间机构，但实际上还是由总统控制。该委员会由总统任命的 5 个人组成，交错任期 5 年，还有 1 名管理日常运营的总经理，总统可以要求委员会向美国交付武器。

从成立一直到 1953 年，原子能委员会作为一个庞大的生产综合体几乎完全围绕军事目的发展。委员会决定继续采用战时陆军雇用私营企业经营工厂和实验室的做法，将以前只在国家紧急情况下使用的承包商系统扩展到和平时期。

委员会集中生产武器的同时，也进行着实验室的研究。原子能委员会认识到有必要保持国家实验室的活力，鼓励大学和工业团体为未来和平利用原子能进行探索性的技术研究。例如芝加哥大学的冶金实验室，于 1946 年被陆军重组为阿贡国家实验室。第二年，委员会为阿贡实验室选择了一个新的地点，并决定将该实验室建设成为中西部的一个大型多学科研究中心。还有“二战”期间在田纳西州橡树岭建造的克林顿实验室，战后重组为橡树岭国家实验室，成为美国最大的医

① The Atomic Energy Commission, U.S. Department of Energy, July 1983.

学、工业和物理研究的放射性同位素供应商，同时也是化学、物理、冶金和生物学的区域研究中心，该实验室还进行了世界上最大的辐射遗传学项目。截至1957年底，原子能委员会有7个实验反应堆在运行，美国工业参与了9个独立或合作的项目，到20世纪60年代中期能够生产近80万kW的电力。

1958年，委员会通过了10年民用电力计划。1963年12月12日，美国公用事业公司第一次在没有政府援助的情况下选择投资了一个核电站，两个月后，私营企业以新立法的形式得到了国会的进一步鼓励。1964年，约翰逊总统签署了《特殊核材料私有制法》，结束了政府对特殊核材料长达18年的强制性垄断。作为动力反应堆燃料的浓缩铀不再需要从政府租借，私营部门获得了特殊核材料的所有权。从此，可裂变材料和反应堆进入了公共领域，这使一个成熟的核工业的形成成为一种可能。

20世纪60年代至70年代初的研究和开发项目形成了与辐射相关知识的大量积累，这些知识逐步被应用于医学领域。放射性同位素和放射机促进了医学诊断技术的发展，而免疫学研究则为成功的移植提供了所需的知识。其他医学上的突破，包括帕金森病的治疗、保存输血细胞、通过小型加速器来产生供患者立即使用的短寿命放射性同位素、心脏起搏器和使用放射性同位素电源的人工心脏等。除了医学领域之外，在20世纪70年代初，委员会将技术应用于环境研究、能源储存和传输系统、合成燃料和非核能研究。尽管多年以来，军事相关项目占据着原子能委员会预算的主要部分，但委员会鼓励并支持核科学的广泛研究和应用，为和平利用原子能作出了重要贡献。

4.2 航空航天计划

1949年苏联试爆第一颗原子弹，1957年苏联又宣布首颗绕地球飞行的人造卫星成功发射。在此背景下，美国政府感受到了来自苏联的压力，艾森豪威尔总统和他的顾问们认为美国迫切需要新技术。为了获得太空优势，政治决策迅速到位，国会强烈支持增加任何与导弹有关的资金。1958年的《美国国家航空航天法》创建了美国国家航空航天局（NASA），同原子能委员会一样，NASA作为一个独立的民间机构成立，很大程度上受总统的控制。NASA吸收了早期的国家航空咨询委员会的全部构成和管理方式，包括其8000名员工、1亿美元的年度预算、3个主要研究实验室——兰利航空实验室、艾姆斯航空实验室和刘易斯飞行推进实验室以及两个较小的测试设施，并纳入一些其他军队部门的实验室组织，包括马里兰州海军研究实验室的空间科学小组、加利福尼亚理工学院喷气推进实验室以及位于阿拉巴马州亨茨维尔的陆军弹道导弹局。

NASA 的建立缘于苏联的威胁，面对苏联在原子弹和太空方面的成就，美国上下倍感恐慌。因此，政府希望通过选取一个能够在苏联之前达成的太空目标来重振信心，在此情况下，阿波罗登月计划应运而生。在阿波罗登月计划之前，美国宇航局的两项具有影响的太空计划分别是水星计划和双子星计划，旨在探索人类在太空中生存的可能性以及完善人类登月所需的能力。阿波罗计划是在水星计划和双子星计划的基础上进行的，该计划耗资巨大，总成本几乎是曼哈顿计划的 5 倍。阿波罗计划于 1961 年开始，在 1969 年 7 月的阿波罗 11 号任务中，终于实现了登月目标。截至 1972 年，NASA 通过 5 次成功的登月任务进一步扩展了这一目标。

NASA 的许多研发项目都是在和大学以及工业界签订合同的基础上开展的，所以，航空航天的项目机会并不局限于 NASA 内部，而是面向私营部门和学术界的，这一设计大大促进了科学家知识积累和相关人才的培养，使得整个学术界从中受益。

美国在顺利按预期完成登月计划的同时，还积累了大量可用于后续太空操作的知识，包括超音速飞行的反应控制、在大气层上空飞行、重返大气层的驾驶技术等，显著推动了民用技术的发展。值得注意的是，NASA 还于 1964 年创立了技术转让方案，目标就是加速促进技术向民用领域扩散。尤其是在 20 世纪 70 年代末面临巨大资金压力时，NASA 充分强调各项目的民用副产品价值。据统计，至少有 2000 种民用产品或服务得到过 NASA 的帮助，进行商业化开发。

4.3 电子计算机的发展

1945 年，伴随着美国军方明确对计算机性能的迫切需求，计算机产业的发展开始得到支持。1948 年底，美国海军研究办公室雇用了 1000 名直属科学家，资助了美国约 40% 的基础研究，开展一系列通用项目、储存程序和电脑项目。私营企业往往无法承担计算机技术市场早期的不确定性，因此美国计算机初期采用了由军方提供经费并承担项目失败的风险，研发工作外包给学术界和产业界具体实施的模式。

在苏联热核试验的刺激下，美国空军也开始加入到对计算机项目的支持中。其中，著名的旋风项目的目的是开发一个飞行模拟器用于飞行员培训，由麻省理工学院负责，资金最初由海军提供。20 世纪 40 年代后期，海军研究办公室不堪预算压力，该项目被移交给空军。空军希望通过该项目开发一个系统来管理海量数据，这些数据主要来自于搜寻敌方轰炸机的雷达。旋风项目促成了磁芯存储器的产生，实现了存储和访问数据方面的重大突破。

私人企业在计算机领域的研究也得到了政府的大力扶持，如 IBM 公司的发展与晶体管技术的发展是两个具有代表性的案例。IBM 公司最初进入晶体管数字计算机业务的第一个主要机型为扩展机，政府作为 IBM 的最主要客户，采购了这些在民用市场上几乎没人能负担得起的昂贵机器。除采购支持外，政府还资助 IBM 进行大量研发项目，1963 年政府负担了 IBM 公司计算机研发费用中的 35%。IBM 曾参与半自动地面防空系统研发工作，项目结束后，IBM 利用其积累的宝贵经验研发出廉价可靠的核心内存和印刷电路板，并将这些成果应用于半自动商业研究环境，公司得以迅速崛起。

晶体管于 1947 年首先在贝尔实验室发明。1956 年，8 名被威廉·肖克利惹恼的员工集体辞职，进入仙童半导体公司，从事硅集成电路研究工作。同样，在硅集成电路项目中，政府继续充当了主要支持者的角色，美国 1959 年超八成的电子研究由联邦政府资助，20 世纪 50 年代末至 70 年代初，国防部资助了半导体近 1/2 的研发经费；从需求看，NASA 和军方是晶体管业务早期最重要的客户，1965 年空军采购约占硅集成电路销售额的 1/5。1981—1995 年，联邦政府还为计算机科学院系购买了 65% 的研究设备。总之，在计算机技术的发展初期，政府主要通过资助研究、购买设备以及为计算机科学院系研究生提供奖学金等途径来支持其发展，这些计算机科学院系的研究生毕业后往往去创建新公司，成为美国高科技的新一批骨干。

由于美国对军事力量的迫切需求，一些如原子能委员会、NASA 等机构虽然形式上是民用部门，但同样在其技术开发中获取了政府大量资金支持和采购合同，这些举措共同推动了相关产业的飞速发展。随着研究成果商业化和民用化，私营部门的研究逐渐取代公费资助，20 世纪 70 年代以来，政府部门在这些领域的公共研发支出占 GDP 比例逐渐降低（见图 9-2）。

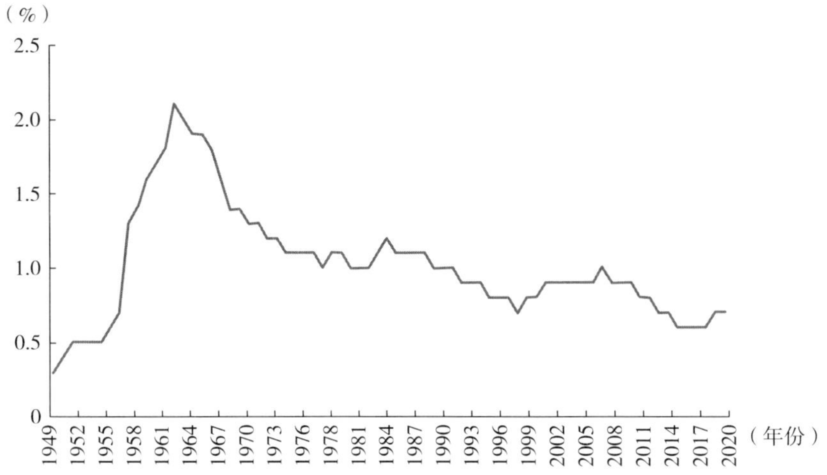

图9-2　美国公共研发支出占GDP百分比

资料来源：The White House

风投公司等私人投资成为除政府外为初创企业提供资助的重要力量（见图9-3）。1973年，美国风险投资协会（NVCA）成立。微软、谷歌、苹果、亚马逊、英特尔等多家美国科技巨头都曾在早期获得过风险投资的资助。1999—2009年首次公开募股的所有公司中，有60%的公司受到了风险投资的支持。不过，风

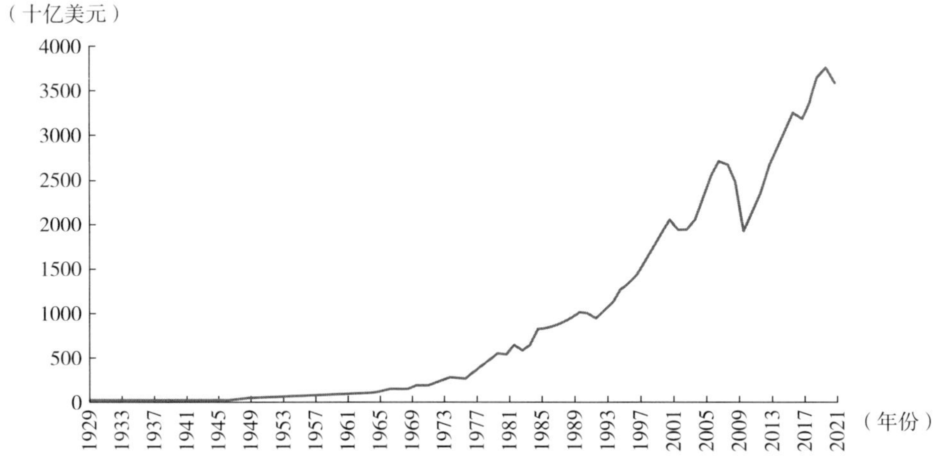

图9-3　美国国内私人投资总额

资料来源：Federal Reserve Economic Data

投资金也暴露出自身问题。具体来说，风投资金倾向于将投资重点放在低资本密度和高技术风险领域（如信息技术部门），对于资本密集型项目则持谨慎态度（如清洁能源、细胞和基因疗法），而这些项目恰恰是新一轮技术变革所急需的。这使得私人企业的研发从基础研究开始。数据显示，1987 年私人研发中仍有近 1/3 致力于基础研究，今天这一比例已经降至 1/5。

除了军事领域，1944 年范内瓦·布什在《科学：无尽的前沿》中还提出，政府应在“二战”后支持卫生和健康事业的发展。国会通过的“1944 年公共健康法案”，确立了“二战”后美国医学领域的雏形。美国国立卫生研究院（NIH）是美国支持研发的第二大公共机构，仅次于国防部，也是支持无指导或基础研究的最大机构。美国对 NIH 的拨款从 1947 年的 800 万美元迅速增加到 1966 年的 10 亿美元，这是 NIH 崛起的“黄金时代”。在 2004 年，拨款达到 271 亿美元的顶峰。

4.4 人类基因组项目

随着冷战结束，政府不断将更多的资金支持从物理学和工程领域转移到生命科学领域。这样做的结果是国防部的预算大大减少，NIH 的预算大大增加。1980—2016 年，物理学与工程领域的资金支持从 111.1 亿美元增加到 172.9 亿美元，增长不到一倍，而生命科学领域的公共研发支出从 96.3 亿美元增加到 285.8 亿美元，增加了几乎 2 倍[①]。人类基因组项目（the Human Genome Project）就是 NIH 最重要的公共研究之一。

1988 年，国会同意资助 NIH 进行人类基因组研究。经过 NIH、国家人类基因组研究中心、能源部机器国际合作伙伴的通力合作，人类基因组项目成功立项。该项目于 1990 年正式启动，持续 15 年，总成本为 30 亿美元。人类基因组项目的部分研究是在公共研究机构进行的，还有一些研究项目如应用生物系统的自动测序来自私营公司。

总体来说，人类基因组项目成效显著，尽管联邦政府为人类基因组计划投入了至少 30 亿美元，但整个项目带来的经济效益与政府支出的比例为 65 : 1。其不仅在制药业产生积极影响，还促进了植物和牲畜改良、食品污染和相关致病事件原因的追踪。

① Stephen Merrill, Righting the Research Imbalance (Durham, NC: Duke University Center for Innovation Policy,2018).

人类基因组计划只是 NIH 的公共研究成果之一。NIH 是世界生物医学研究最大的单一公共资助者，每年提供 370 亿美元的研究资金，大约占美国所有医学研究支出的 1/4。NIH 在很大程度上是受到保护的，免于像许多其他机构一样屡遭资金流的急促变动。该机构 80% 以上的资金是通过大约 5 万项竞争性拨款颁发给 2500 个研究机构的 30 万研究人员。该机构还将预算的约 10% 用在自己实验室的研究上，为 6000 名研究人员提供资金。NIH 由 27 个中心和机构组成，从最早的国家癌症研究所到最新的国家转化科学进步中心，他们曾经资助过 153 位诺贝尔奖获得者和 195 名拉斯克奖获得者。NIH 的贡献不仅在科学界，还在医学领域、健康状况和拯救人类生命方面都作出了巨大贡献。

在支持生命科学项目的同时，美国对军事研究的支持也没有落后，与国防相关的研究和开发一直占据所有政府资助研发项目的一半以上，同时，美国政府也十分注重私人部门在相关领域的创新活动。例如，1990 年创立的 iRobot 公司曾收到 DARPA 的一份开发合同，负责开发用于太空探索和军事防御的机器人。2002 年，iRobot 公司发布了名为 roombas 的吸尘机器人，其设计灵感正是来自于 1997 年该公司为空军设计的探雷机器人。有相似经历的公司还有很多，它们在“二战”时通过军事合同获得研发资助，战争结束后，通过推动军用产品的民用化获取持续收益。

第二节　有效市场、有为政府：美国政府如何引领新产业的创新发展

自经济学诞生和发展以来，市场和政府的关系一直是经济学家关注的焦点之一。如何实现有效市场、有为政府，在市场力量和政府干预中找到权衡，对促进经济增长和技术创新尤为重要。在美国创新体系中，我们注意到美国自由竞争的

市场对企业、大学以及科研机构技术创新的推动作用，却往往忽视了美国政府在其中扮演的重要角色。事实上，政府发挥的作用远比想象中更为关键。美国政府通过在国家层面引领创新、推动产学研紧密结合、实施各项创新政策，着力于解决创新体系中市场失灵的各类问题，推动着美国科学技术的创新。

1. 重大的技术创新来自政府支持

2005 年 6 月 12 日，时任苹果公司首席执行官的史蒂夫·乔布斯在斯坦福大学的毕业典礼上发表了著名演讲，展示出了苹果公司员工不仅有丰富的经验和高超的技术水平，还有着虚心若愚的信念，这是根植于苹果公司内部的创新精神。然而，乔布斯与苹果公司的故事造成了一种认知误区，让人们不足以真正看清苹果公司的成功之道。如果没有政府在计算机以及互联网革命中的巨额投资，苹果公司很难创造出 iPad、iPhone 这样的创新产品。那些颠覆人们日常交流和生活方式的伟大成果，背后绕不开美国政府的大力支持。

据苹果公司财务报告显示，公司的研发投入占全球产品销售额的比重持续下降。研发投入低，但销售量远超竞争对手的特征告诉我们，苹果公司并非是一家致力于开发新技术和新部件的企业，它的优势在于整合新技术，形成创新产品。正如许多智能手机制造商一样，苹果公司新产品的设计大多数基于其他领域已有的成熟技术，而这些技术恰恰是政府资助的产物。

玛丽安娜·马祖卡托《创新型政府：构建公共与私人部门共生共赢关系》一书从 3 个方面对苹果公司的综合实力进行总结，即识别潜力巨大的新兴技术的能力、应用复杂的工程技术整合新兴技术的能力和以设计导向的产品开发能力。这些能力主要聚焦于从技术到产品的整个过程，而不是基础研究阶段。书中提到，美国政府在 3 个方面给予苹果公司重要支持，包括利用政府主导开展的技术成果；获得政府的直接股权投资；税收政策、贸易或科技政策倾斜。其中，政府支持体现在 iOS 系列产品中最为核心的 12 种技术。接下来，我们主要从这 12 项核心技术出发，讨论苹果公司与美国政府的关系。

1.1　巨磁阻效应、自旋电子学项目和硬盘驱动器技术

1988 年，法国科学家艾伯特·费特和德国科学家彼得·格林贝格尔受到法国

和德国政府的资助和扶持，分别发现了巨磁阻效应，并共同获得2007年诺贝尔物理学奖，这一技术突破将20世纪八九十年代传统硬盘驱动器的数据存储容量提升了几十倍甚至上百倍。他们在颁奖词中解释巨磁阻效应的社会意义时，将苹果公司产品iPod的出现归功于这个重大的科学突破。不过，虽然欧洲在巨磁阻效应方面取得了底层的技术突破，但在这项技术的基础研究和商业化应用方面，美国发挥了重要作用。

作为获奖者之一的彼得·格林贝格尔在发现巨磁阻效应之前，曾得到来自美国能源部的大力支持，他在美国能源部最大的研发实验室从事研究工作。同时，在研究巨磁阻效应的过程中，还迅速发展起自旋电子学这样一门新兴学科，美国国防部对于自旋电子技术的推动作用非常关键，因为在启动该项目时，来自日本半导体业的竞争迫使IBM和贝尔实验室等私人部门不得不大幅削减基础研究的投入，政府在此阶段作出了及时补充。

随着硬盘技术的发展，IBM和希捷（Seagate）等公司迅速着手将新技术转化为商业产品。无论在基础研究还是商业化应用阶段，美国政府的作用都不容忽视。

1.2 集成电路与半导体

集成电路能够快速走出贝尔实验室、仙童半导体公司和英特尔公司，离不开美国空军和国家航空航天局的采购。集成电路设计制造的第一批处理器价格高昂，普通消费者无力购买，而美国空军民兵II导弹工程需要大量的微处理器，同时美国国家航空航天局的阿波罗计划也需要存储能力更强、生产能力更先进的微处理器，因此，军方成为了第一批集成电路处理器的最主要客户。依靠政府部门的海量订单，集成电路的成本在短短几年内就显著降低了，用于阿波罗计划的微芯片价格从每块1000美元降到每块二三十美元[①]。与此同时，军方采购还促进了配套电子仪器设备产业的发展。这一发展模式极大地推动了美国在集成电路产业方面的领先，也是美国实现科技先导型技术模式的基石。

美国的半导体产业虽然起步较早，但其发展并非一帆风顺。随着日韩等国的追赶，美国的半导体产业逐渐丧失了先发优势，曾一度被日本超越。20世纪70年代，日本在全球芯片市场上的份额为0，美国的市场份额为100%，到了1986年，

① Breakthrough Institute, Where Good Technologies Come From: Case Studies in American Innovation. Oakland, CA: Breakthrough Institute, 2010.

日本的全球芯片市场份额飙升到 80%[①]。美国政府紧急调整战略目标，开始在国家层面积极引导产业转型，并相应制定了一系列重大战略规划，从而使集成电路产业的创新能力和产能获得极大的提升。美国国防部还推出了战略计算计划（SCI），拨款 10 多亿美元支持 1983—1993 年的先进计算机技术研发，避免出现关键技术设备要依赖日本进口的局面。1992 年，美国国家信息基础设施顾问委员会和信息基础设施特别工作小组成立，这两个小组是为了保证信息高速公路计划（NII）的顺利实施。NII 的投资结构由政府和民间投资组成，该计划的实施使美国建立了一个覆盖全国的宽带高速信息网，促进了信息化服务网络的改善。该项目的实施极大扩张了对信息设备的需求，推动美国集成电路产业的发展。

1.3 显示器、电池、通信技术和数字信号处理器

液晶显示器的发展源于美国军方想要加强自身科技实力和保障国家安全的需要。日本越来越强的平板显示器竞争力引起了美国国防部的担忧，为了摆脱对日本的依赖，美国国防部着手开展一系列旨在增强显示器产业竞争力的项目，旨在建立产业联盟、分配新资源、提升生产能力和改进商业产品。20 世纪 70 年代，彼得·布罗迪（Peter Brody）在西屋电气公司（Westinghouse Electric Corporation）带领团队研发薄膜晶体管（TFT），并取得重要突破。然而，西屋电气公司的管理层却正在计划关停薄膜晶体管研究项目。布罗迪曾极力争取其他可能的资助，希望独立实现该技术的商业化应用，却屡屡碰壁。苹果公司、施乐帕克、3M、IBM、美国数字设备公司及康柏电脑公司等企业都拒绝了布罗迪的提议，认为他无法制造出像日本一样具有高性价比的产品[②]。最终，布罗迪得到了来自 DARPA 价值 780 万美元的合同，创立了麦格纳显示屏公司（Magnascreen），并开发出薄膜晶体管液晶显示器（TFT-LCD）。随后，为了将薄膜晶体管液晶显示器留在美国，几大显示器生产商成立了美国先进显示器制造商研究联盟，其中首批资助也是来自美国国家标准与技术研究院。液晶显示器的发展历程从侧面说明，当产业的前景尚不明朗时，私人企业会选择退缩，因此政府的支持至关重要；在市场前景逐渐显现时，市场和政府可以起到协同作用，共同促进产业的发展。

① Roland A., and Shiman P., Strategic Computing: DARPA and the Quest for Machine Intelligence, 1983–1993, (Cambridge: MIT Press, 2002).

② Florida R. and Browdy D., "The Invention That Got Away," Technology Review 6(1991): 42–54.

20 世纪 80 年代末，约翰 · B. 古迪纳夫对锂离子电池进行了开拓性研究，该研究的主要资金来源为美国能源部和美国国家科学基金会。与薄膜晶体管液晶显示器的处境相似，由于企业及风险投资公司的功利主义，在基础研究领域取得技术突破后，成果迟迟未能转化为商业化产品。美国政府再次介入，投资电池产业，帮助多家小型电池企业提升制造能力①。2010 年 1 月，波士顿咨询公司估计电池成本在每千瓦时 1000~1200 美元，经过了 10 余年的不懈努力，如今电池价格约为每千瓦时 125 美元。

此外，应用于苹果大多数产品中的蜂窝通信技术也得益于政府的大力支持。20 世纪美国军方在推动无线电通话技术发展中具有重要作用。20 世纪 80 年代，美军开始寻求能够提升军事通信质量的新技术。1985 年，美军与通用动力公司展开合作，开发出了 MSE（Mobile Subscriber Equipment）系统，也就是今天手机终端的前身。

1.4 因特网、超文本传输协议和超文本标记语言

尽管苹果手机拥有尖端技术、先进的硬件配置，但真正让手机实现智能应用的是能时刻将用户和虚拟世界联系起来的因特网。美苏冷战时期，美国国防部为了保证美国本土防卫力量和海外防御武装在受到苏联核打击以后仍然可以正常运转，致力于设计出一种分散的指挥系统，它由一个个分散的指挥点组成，当部分指挥点被摧毁后，其他点能够绕过已被摧毁的指挥点继续正常工作②。美国国防部组织开发了 ARPAnet，这一网络雏形成为互联网的先驱。如今通过互联网，全球电脑用户和 iPhone 等智能设备使用者可以进行高效的商业往来，在许多领域，因特网已经改变了世界演变进程。

1.5 全球定位系统和智能语音助手

iPhone、iPod、iPad 的一个共同特点是整合了全球定位系统（Global Positioning System，GPS）。GPS 的开发源于美国国防部力图实现全球地理定位信息数字化、加强部署的军事设施之间的协调、提升打击目标的精确度。20 世纪 70 年代，它的用途受到严格限制，只能用于军事领域；20 世纪 90 年代中期，GPS 取消技术

① Brodd R. J., “Factors Affecting U.S. Production Decisions: Why are There No Volume Lithium-Ion Battery Manufacturers in the United States?”, ATP Working Paper Series (2005).

② Innovation in Science, Technology and Industry: Research and Development Statistics (RDS), 2011.

限制，走向大众。即使现在，美国空军仍是发展、维护全球定位系统的中坚力量，平均每年花费7.05亿美元。据美国国防部估计，按2000年美元值计算，1973—2000年全球定位系统的开发和安装共耗费了美国空军56亿美元[①]。可以说，这样的巨额投入如果没有政府的财政支持，这项技术以及配套设施可能无法实现。

GPS的民用化过程同样离不开政府与市场的协同。据美国官方数据统计，全美每天有十几万人拨打911求助，但约有30%无法确定来电地点。为此，美国联邦通信委员会颁布E-911法令来解决此问题，规定从2000年3月起移动电话生产商需要销售具备GPS功能的手机，2000年10月起可使用GPS功能的移动电话用户要达到50%。此项法令的制定，使得移动电话生产商开始设计生产带GPS功能的手机，极大推动了GPS在民用方面的突破，奠定了GPS进入消费型电子产品的基础。

近几年，苹果公司iPhone手机的一大特点是其虚拟私人助手——智能语音助手。和苹果公司的大多数iOS操作系统产品一样，智能语音助手技术源于美国政府的资助与科研支持。它是一个人工智能程序，由机器学习、自然语言处理、网络搜索算法组成[②]。2000年，DARPA邀请斯坦福研究院共同开发虚拟办公室助理，以协助军方人员。斯坦福研究院负责协调“帮助学习和组织的认知助手”（CALO）项目，该项目所需技术由全美20所大学合作研发。2007年第一代iPhone上市，斯坦福研究院意识到智能语音助手的应用时机已经到来，于是成立一家名为智能语音助手的风投公司，商业化推广该技术。2010年，苹果公司收购了智能语音助手公司。2011年10月，iPhone 4S发布，个人手机助理Siri诞生，人机交互进入新的篇章。这既得益于政府勇于突破和长期的技术扶持，也得益于苹果公司灵敏的市场嗅觉，是政府与市场合作的典范。

1.6　从点击式触摸屏到多点触控屏幕

能够识别多点触控手势的触摸屏显示器是融入苹果公司系列产品的最重要的技术之一，是将产品缩小至口袋大小的重要前提。20世纪90年代，包括苹果公司在内的众多计算机开发商都将触摸屏技术融入自身开发的许多产品中，但是当时大多数触摸屏技术只能处理单点触控操作。后来，在美国国家科学基金会和中央情报局/中央情报总监（CIA/DCI）的支持下，特拉华大学的韦恩·韦斯特曼

---

① DoD (United States Department of Defense), Selected Acquisition Report, 2011.

② Roush W., The Story of Siri, from Birth at SRI to Acquisition by Apple-Virtual Personal Assistants Go Mobile, 2010.

和他的导师约翰·伊莱亚斯在神经形态系统领域研究开发出了多点触控技术，在移动电子设备行业掀起一场革命。他们创办 FingerWorks 公司，推出了一款名为 iGesture Numpad 的触摸屏平板电脑，用户无需键盘和鼠标就能在电脑屏幕上轻松地输入信息，成功地将先前的触摸屏研究成果转化为商业产品。苹果公司发现了这个商机，希望开发出一种能够在液晶显示屏上实现多点触控、自由移动的技术。2005 年，苹果公司收购了 FingerWorks 公司，并将多点触控技术应用在 iPhone 和 iPad 系列产品中，这在苹果公司的发展中起到了不可或缺的作用（见图 9-4）。

美国政府除了着力培育科技基础来促进创新之外，还对初创企业进行直接股权投资。苹果公司在创立初期，除了从天使投资人那里获得资助外，还从政府获得了重要的现金支持。在首次公开募股前，苹果公司又从伊利诺伊大陆风投公司获得了 50 万美元的早期股权投资，而这家公司也是由美国小企业管理局授权专门设立的小企业投资公司，专注于小型企业投资①。

除直接投资外，美国政府还通过贸易保护、税收减免、采购支持等措施为苹果公司的发展提供支持。例如在 20 世纪 80 年代，苹果公司因难以进入日本市场而向美国政府寻求帮助，美国政府出面与日本政府交涉。联邦政府还向苹果公司提供了多项税收减免政策，据报道，自 1996 年以来，苹果公司获得的各类研发税收减免额达 4.12 亿美元②。此外，政府还积极帮助苹果公司创造国内市场需求。20 世纪 80 年代末，苹果公司的 Apple III 和 Apple Lisa 面临销路不畅的问题。在政府的政策引导下，公立学校每年都购买苹果公司的电脑和软件。1994 年美国中小学购买的教育用计算机中，苹果电脑的占比高达六成③。教育部门积极响应苹果公司的新教科书倡议，增加使用虚拟课本，由此大大增加了 iPad 的销量。美国国内收入署（IRS）还将计算机技术及设备支出界定为确保教育质量的一项必要支出，这一条款进一步推动了苹果公司的计算机、平板电脑及软件的销售。纵观苹果公司的发展历程，可以发现，苹果公司的成功既离不开自身优秀的市场化运作手段，更离不开政府的大力扶持。如果没有政府不惧高风险的大胆投资和持续的跟进，可能苹果公司难以取得今天的成就，正是政府与市场的协同，让苹果公司发展成

① Slater K., Banks Seek Profit in Venture Capital Arena; High-Risk, High-Reward Business Is Attracting More Adherents, 1983.
② Duhigg C. and Kocieniewski D., “How Apple Sidesteps Billions in Taxes,” New York Times (2012).
③ Flynn L., “Apple Holds School Market, Despite Decline,” New York Times (1995).

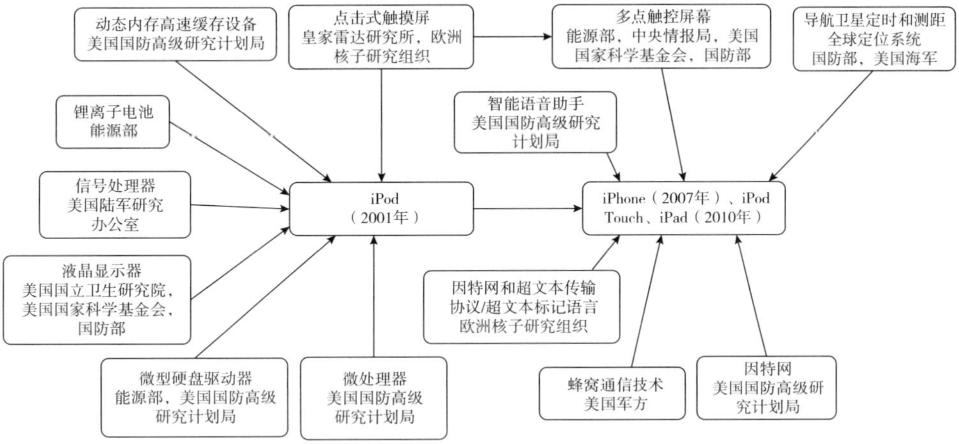

图9-4　苹果公司畅销产品技术之源

资料来源：《创新型政府》

为 21 世纪最具活力的高科技产业的行业巨头。

由此可见，苹果公司的成功是有效市场和有为政府协同作用的结果。苹果公司的成功离不开美国政府作为后盾。美国政府在 3 个方面给予了苹果公司重要支持。首先，苹果公司的 12 项核心技术源于其他领域的基础研究，这些基础研究是由政府主导或由政府资助完成的。政府通过资助研究项目、军方采购以及促进国防成果民用化等方式，间接为苹果公司贡献了最为关键的技术。苹果公司在此基础上开发出了广受欢迎的 iOS 系列产品。其次，苹果公司在成立之初，还得到了政府直接股权投资或其他形式的资金支持。最后，政府通过贸易保护、税收减免等方式保护本土产业，为苹果公司提供了广阔市场，保证其世界领先地位。苹果公司作为新赛道的领跑者，它的成功是美国创新体系的一个缩影，有效市场和有为政府协同作用是美国公司引领新赛道的关键所在。

2. 跨越“死亡之谷”：从基础科学到技术应用

“二战”结束后，美国通过对从事基础科学研究的大学和实验室的重点扶持和资助，很快确立了基础科学的世界领先地位。但这种管道创新模式的弊端逐渐显现，基础研究与创新其他阶段脱节致使美国大量基础研究的成果无法实现商业化。联邦政府重点资助的基础研究和商业化的中间阶段存在明显的技术和资金缺位，这一现象被时任美国众议院科学委员会副委员长的弗农·埃勒斯形象地描述为创新的"死亡之谷"。如何跨越"死亡之谷"，埃勒斯认为政府应当出面，在基础研究与商业化之间的沟壑中搭建桥梁。由此，美国政府越过了只资助基础研究的底线，直接介入创新的生产过程和制度设计，通过直接投资的方式大力支持企业的应用研究和技术开发，以促进基础研究跨越"死亡之谷"。

2.1 美国创新体系中的"死亡之谷"

仅靠渐进式的技术变革不足以确保持续增长和经济安全，只有不断引入能够颠覆市场、创造新产业的激进技术创新，才能实现经济的持续增长。

许多创新可以追溯到基础研究，但基础研究本身并不提供最终的产品和服务，而是产生一般的知识和对自然规律的理解。创意作为创新的种子，只有体现为商品和服务时才能推动经济增长和竞争力提升。正如马丁·韦茨曼指出，经济增长的上限不在于产生新想法的能力，而在于将大量潜在创意的种子加工成可用形式的能力[①]。这种想法和发现转化为商业生产的过程被描述为创新序列，这一过程往往涉及研究者、投资者和消费者等多个主体的互动。

1966 年，经济学家罗伯特·约翰逊首次把创新描述为在一定时期内发生的线性过程，并将创新序列划分为 4 个阶段。一是由原始的想法或创意，或对现有产品或工艺改进的需要，推动研究工作开始，这一阶段可能导致发明和专利申请的出现；二是确定技术和经济上可行性，并进行下一步的开发活动，具体包括原型机的试生产运行；三是最初的创新转向商业生产，同时伴随着对最初的创新的改进，并将其扩散到其他公司和行业；四是创新成果在国家层面进行扩散和改进，推广至国际应用[②]。

在约翰逊之后，许多学者针对创新序列以及各阶段的描述进行讨论和修正（见图 9-5）。从整体上看，创新过程大致遵循着"基础研究—技术/经济可行性论证—新产品和服务的商业化和扩散"的发展模式。约翰逊认为虽然基础研究和可行性论证阶段是创新的基础要素，但在达到第三阶段，即产品或技术的商业化之前，

① Weitzman Martin L, "Recombinant growth." The Quarterly Journal of Economics 113 (1998): 331-360.

② Johnston R. E., "Technical Progress and Innovation." Oxford Economic Papers 18 (1966):158-176.

整个经济体没有获得任何收益，只有当发明被转化为可消费的产品、服务或工艺时，创新才真正发生。因此，了解基础研究的进步如何有效地转化为经济增长，对于将国家的研究资产转化为经济资产、制定相关公共政策和私营企业战略，以及充分发挥增长的潜力至关重要。

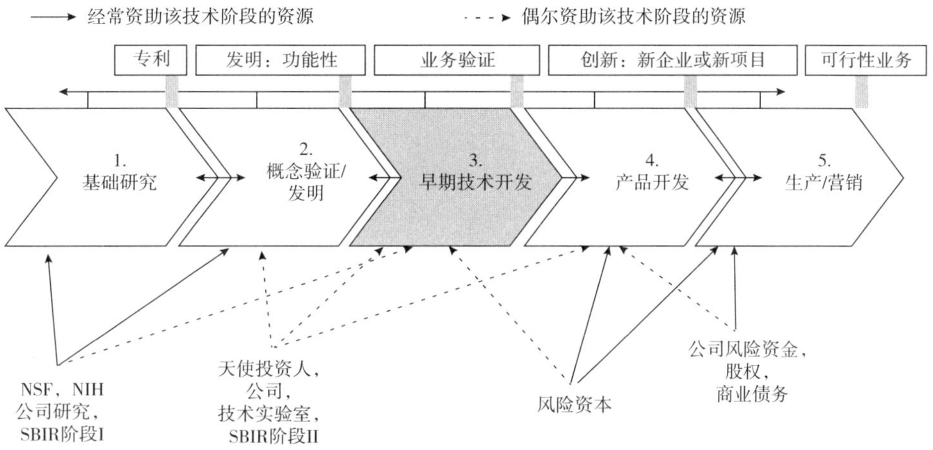

图9-5　创新序列的五阶段模型[①]

资料来源：Auerswald和Branscomb（2003）

“二战”后，在《无尽前沿法案》的建议下，美国政府开始强调基础研究，划拨给大学和科研机构充足的经费，并保证科学发展的自由性，学者和研究人员得以避免政治因素的左右，灵活选择知识和课题的发展方向。依照这一指导思想，各联邦科研机构纷纷资助自己的创新管道，形成了我们今天看到的国防部、能源部、商务部等科研机构的分散多头模式[②]。

1957 年，在苏联成功发射第一颗人造卫星的压力下，美国政府宣布成立 DARPA，旨在建立起任务导向型、自上而下的技术管理机构，但仍然没有动摇大学基础研究的“真空环境”。对于基础研究的集中支持迅速帮助美国研究型大学在基础科研领域取得了世界领先的地位。但是，政府对于创新的其他阶段选择忽视，

① Auerswald 和 Branscomb（2003）将创新序列分为 5 个阶段。第一阶段是基础研究，可能导致具有商业价值的技术概念。在某些情况下，在第二阶段获得专利。在第三阶段，新技术被还原为工业实践，也就是说，技术被发展到可以评估该技术的供应和需求方潜力的程度。Auerswald 和 Branscomb 将第三阶段定义为早期技术发展阶段。在第四阶段，从产品开发开始进入商业化的最早阶段。经过进一步的市场研究，该技术达到第五阶段，在这个阶段，创建一个企业，将该技术作为产品、服务或工艺提供给消费者。

② Bonvillian, William B., “The New Model Innovation Agencies: An Overview,” Science and Public Policy 41 (2014): 425–437.

对于企业所从事的应用性研发未施以援手，使得从研发到产品化和商业化的过程非常困难，不利于构建创新系统的整体性。这种脱节的科学发展模式为“死亡之谷”的出现埋下了伏笔。

进入20世纪80年代，日本凭借其在汽车、钢铁、半导体行业的崛起，对美国形成了技术追赶上的威胁。具体来看，日本通过实施一个高度创新的制造模式，围绕着技术进步和流程推动产品质量改进，并将增量技术进步转化为商业化的成功。为此，美国开始了对本国产业竞争力弱化的大量讨论和反思，最终的结论表明，美国的基础研究与商业化之间长期存在着一条由于资金和技术匮乏导致的巨大沟壑，这是大量基础研究无法转化为现实生产力或形成市场产品的失败根源。这一现象在1998年被美国众议院科学委员会副委员长 Vern Ehlers 形象地称为创新的“死亡之谷”。

具体地说，基础研究阶段到商业化阶段的技术缺口表现为大企业的研发外包及小企业的研发和商业化资源匮乏两个方面。从大企业来看，随着企业规模的不断扩大，为了降低研发风险，大企业开始寻求能够进行研发业务的商业合作伙伴（包括合资企业、供应商等），从而降低企业技术范围的限制。由此，企业内部的研发部门被剥离出去，其与商业化部门在空间上的分离阻碍了知识的连续开发，使得创新成果商业化的难度加大。从小企业来看，首先，研发激励的不足和技术专家与经理人的分歧都显著抑制了科技成果的商业化。在研发出一项新技术之后，还需要进行大量且昂贵的研究来证明该技术突破能够商业化，而大部分小企业都缺乏足够的动机继续进行这一阶段的研究。其次，小企业中的技术专家偏向于基础研究和技术开发，而经理人则更熟悉创新成果的商业化。由于基础研究的不确定性很高，经理人往往无法完全信任技术专家，这就导致了两者之间的沟通障碍，进一步抑制了创新成果的转化。

另外，基础研究阶段到商业化阶段的资金缺口具体表现为小企业与投资者之间的信息不对称，以及政府部门与私人部门在目的上存在的巨大分歧。第一，由于风险投资者缺乏小型科技企业的相关信息，小型科技企业也缺乏各类风险资本的信息，这种不充分的信息流使得大型企业更容易得到相应的融资信息[①]，而小企

① Branscomb, Lewis M., and Philip E., Auerswald. Taking Technical Risks: How Innovators, Managers, and Investors Manage Risk in High-tech Innovations (MIT Press, 2003).

业信息的匮乏则导致了创新“死亡之谷”中的资金缺口。第二，政府部门在推动科技创新时遵循国家战略导向，往往追求颠覆性的技术突破，因此会选择研发周期长、研发风险高的基础研究项目，而私人部门则以利益最大化为目标，倾向于投资那些低风险、周期短并有明确商业前景的产品开发项目。因此，私人部门的短视目标导致了初创企业在基础研究到科研成果早期市场化之间面临着严重的资金缺口，这些融资空白往往只能依靠政府提供的公共财政进行弥补①。

2.2 美国政府弥合“死亡之谷”的努力

20 世纪 80 年代开始，美国政府为了弥合创新体系中的“死亡之谷”做出了多种尝试。他们针对伴随创新“死亡之谷”形成的资金缺口和信息缺口，试图通过制度设计调整公共部门和私人部门的利益，使得风险资本在公共资本的担保下进入创新体系中的技术开发阶段；同时针对小企业在跨越“死亡之谷”的过程中遇到的知识产权和市场需求问题，进行有效的保护和引导。

（1）解决企业和部门间的信息不对称。

公共部门和私人部门在资本的投资回报方面存在天然分歧，风险资本对于市场的全面调研通常难以实现，较高的搜寻成本导致私人部门容易错过有潜力的投资机会，因此企业面临的资金缺口实际上来自信息的不对称，减少企业和公共及私人投资部门的信息不对称是进行多方合作和投资的前提。在这一点上，联邦政府通过鼓励公共部门、行业和投资界之间进行早期的互动来实现。除了减少信息不对称，这种介入能够促进与私营部门投资者的关系培养和发展，帮助企业利用投资者在市场识别和商业化方面的专业知识，减少进入市场的准备时间和现金流的缺口。

小企业创新研究计划（SBIR）和小企业技术转移计划（STTR）在解决企业和各部门间的信息不对称方面发挥了重要作用。这两个项目均由小企业管理局（SBA）管理，向小型和新成立的公司提供竞争性研发资助，旨在确保将小型高科技创新企业纳入国家创新体系。

另外，政府通过探索和发展与私营部门的新型共同投资伙伴关系帮助解决“死亡之谷”中的重大资金缺口。在风险资本难以进入风险未知的技术领域时，公

① Murphy, Lawrence Martin, and Peter L. Edwards., Bridging the Valley of Death: Transitioning from Public to Private Sector Financing, Golden, CO: National Renewable Energy Laboratory, 2003.

共资本的进入可以起到杠杆和担保的作用，既能够通过选择资助对象向市场传递信号，吸引风险投资，同时通过充当信息中介，进一步帮助私营投资者了解其潜在的投资对象。

（2）促进企业从技术导向到市场导向。

在线性的创新序列中，企业需要进行从基础研究、技术开发、可行性验证再到商业化的过程来实现创意或者想法的产品化和收益。但在现实中，线性的创新模型往往可操作性极低，因此对于企业来说专注于技术研发还是市场需要二者不可得兼。美国政府旨在出台政策帮助企业在技术和商业发展两个层面上更均衡地发展，利用投资者、孵化器和其他商业专家以及潜在技术用户和产品客户的见解和指导，培养企业家应对市场机会的能力①。

一方面，政府积极为企业提供市场前沿和需求的信息，以 1988 年授权的制造业拓展伙伴关系计划（MEP）为代表。MEP 旨在对最新的制造技术和工艺提出改进意见，帮助这些制造商提高生产力，跨越该领域的“死亡之谷”。MEP 在每个州都成立了推广中心，各州分担费用，由商务部总部的 1 个小型机构提供支持，他们负责项目评估，并将最佳实践传递给各中心。MEP 的全国网络拥有每年约 1 亿美元的联邦资金基础，加上来自州和地方的约 2 亿美元。在过去的 20 年里，这些中心与数千家制造商合作，MEP 研究维护这些中心，每年为小型制造商节省约 14.4 亿美元的成本，每年增加 105 亿美元的销售额，整个计划得到了积极的评价，并且得到国会的坚实政治支持和持续稳定的资金支持。

另一方面，政府通过采购和研发合同的形式为专注颠覆性和战略性方向技术开发的企业创造市场需求。美国是政府采购制度建立较早也较为完善的国家之一，拥有着最大的采购规模。为了避免违反国际规则，美国政府采购法律制度中很少出现专门针对促进自主创新的法律法规。但是，得益于美国所构建的一套比较完整和成熟的政府采购法律法规体系，在很多法律法规中都可以看到采购国货、扶持中小企业以激励创新的政策。

1988 年颁布的《商业机会发展法案》规定联邦政府直接采购的合同份额中，至少有 20% 的优先合同必须授予小企业。1997 年《小企业再授权法案》将这一数

① Jolly Vijay K., Commercializing New Technologies: Getting from Mind to Market (Harvard Business Press, 1997).

额提升至23%。《联邦采办条例》还规定了涉及采购规则的主要原则是公开性、非歧视性和成本最低化。

为了帮助小企业获得采购合同，美国政府尤为重视采购手段的创新，通过预留和分拆采购合同给中小企业创造更多机会。此外，商业化前采购（Pre-commercial Procurement）的方式也被广泛使用，以实验品和研发服务合同的形式购买潜在供应商尚未投放市场的技术、产品或服务。

（3）知识产权保护和成果转化。

知识产权是企业的生命线，在跨越“死亡之谷”的过程中发挥重要的作用。在创新序列中，创新的技术思想需要进一步的技术发展，以便使其在市场上取得成功。中小企业和其他以技术为基础的小型创新企业可能没有技术资源和设施进行如原型机的开发和测试，知识产权保护的意义在于确保了这些想法在利用创新中心、科技园区、大学、研究机构和其他大公司拥有的外部技术资源和设施时不会丢失和被窃取。此外，在发明或设计的未来开发和通过合作伙伴关系（如合资企业、战略联盟、许可协议、兼并或收购）推向市场的过程中，知识产权的所有权在建立这种合作关系的过程中提供了强有力的谈判，影响外部合作伙伴与其建立合作关系。这些合作方包括商业天使投资人、早期资本提供者（包括种子资本）、风险资本家、金融机构等，在帮助跨越“死亡之谷”方面往往发挥着关键作用。

知识产权能够为持有者提供多种机会，促进创新的成功完成。这种机会包括销售、许可和各种类型的战略业务合作伙伴关系或联盟。知识产权还可以促进合资企业的建立。面临严重财务困难但拥有丰富知识产权资产的中小企业可能会发现这种形式的伙伴关系在帮助其产品的商业化方面具有战略意义。专利和商业秘密的所有权在吸引潜在的合作伙伴方面能够起到关键作用。此外，企业可以通过使用其合作伙伴拥有的研发设施、分销渠道和销售网络从知识产权产品的进一步开发中受益。

另外，1980 年出台的《拜杜法案》对政府资助的科学成果的商业化过程进行了规范。《拜杜法案》也被称为《大学与小企业专利程序法案》，其适用对象仅限于与政府签订合约的大学、小企业和非营利性机构。该法案主要规定了科技成果的权利归属和利益分配等内容，旨在通过专利权下放的方式，激发各类创新主体的创新活力，推动各类创新主体的协同合作。在该法案颁布之前，由政府资助的科研成果的所有权都归属于国家，因此受政府资助最多的大学产出的大部分成果都归属于政府。但一方面，大学的发明者由于无法获得科研成果的所有权，在推动成果商业化上缺乏积极性；另一方面，政府拥有科研成果的所有权却没有专业的人才和足够的能力去推动科学成果转化。这就导致了大量的科研成果被束之高阁，无法真正转化为促进社会发展的生产力。

《拜杜法案》将联邦政府资助的研究成果的所有权转移给进行研究的创新主体，使创新主体在研究成果商业化过程中享有一定的股份，大学院系和实验室的研究者和发明者分享这些权利，从而激励他们实施自己的想法。该法案的实施获得了显著成功，加强了大学在连接科学中的作用。法案颁布后，大学逐步成立了技术转让办公室（OTL），并开始建立创新支持系统，以协助其研究人员并与区域公司建立联系。法案对于大学科技成果转化活动的激励可以从数据中体现，图 9-6 展现了授予大学专利占全国授权专利比例的变化情况，按照《拜杜法案》出台的时间划分，1980年之后大学专利授权份额的上升速度明显超过1980年之前①。总之,《拜杜法案》显著推动了大学及其研究人员进一步按照创新的方式进行技术开发和公司创建，大学在创新系统中的角色开始多元化，逐渐向执行者和研究者转变。

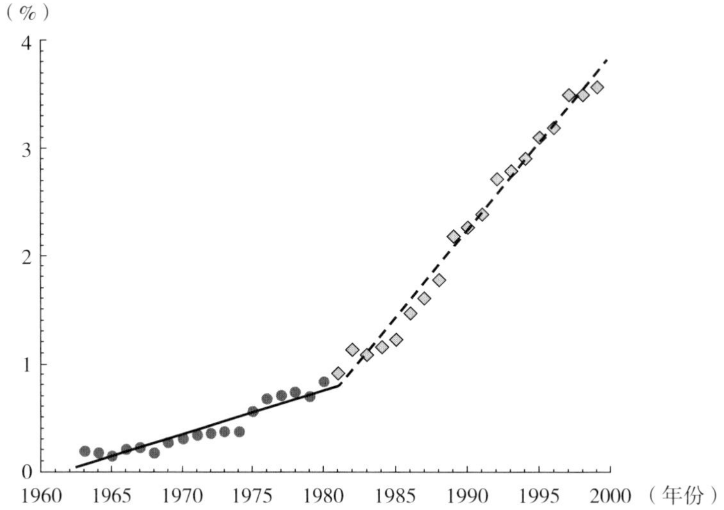

图9-6　1963—1999年美国专利授权大学所占份额

资料来源：Mowery等人（2004）

① Mowery, David C., and Bhaven N. Sampat. "The Bayh-Dole Act of 1980 and university-industry technology transfer: A model for other OECD governments?." The Journal of Technology Transfer 30(2004): 115-127.

在以上措施的实施下，美国得以维持对于竞争对手的优势，同时在20世纪90年代引领了IT产业和生物产业的新发展浪潮，从“二战”后集中资助基础研究的创新管道模式，向解决创新序列中的“死亡之谷”转变，促进生产技术的商业化。

2.3 发挥美国国家实验室的作用

国家实验室是国立科研机构的一种重要形式，主要是应对国家重大和紧迫的战略需求和科学技术自身发展的需要。

2.3.1 美国国家实验室的功能和定位

美国国家实验室系统不断适应美国创新体系的需要，构建了能够解决复杂和前沿问题的网络，是科学界重要的协作中心。实验室与来自学术界、工业界和其他联邦机构的研究人员和创新者广泛合作，研究开发科学和满足国家需求的科学技术和解决方案。

美国国家实验室几乎都是在特定的历史时期，应国家战略需求而建立的。这些实验室体现国家意志，围绕国家使命，主要从事基础性和战略性科研任务，其成果往往对国家的战略决策具有必要的支撑作用，其创建和发展往往伴随美国联邦政府各级机构的调整。

国家实验室涉及的研究领域主要是具有高风险、周期长、技术开发难度大等特点的战略性前沿研究。这些领域的特点决定了其技术研发不能依赖于市场机制，而是需要国家出面维持研发的稳定性和连续性。具体的研究领域包括关系到国家竞争力和国家安全的能源、国防、信息、航天等基础前沿研究，还包括一系列的共性技术、产业通用技术和未来技术研究，以及重大与关键科技创新平台等。

随着国家创新需求的转变，国家实验室适应并填补了关键空白（见图9–7）。由于美国的大学承担着大部分的基础研究工作，因此其一般处于技术的探索和发展阶段，技术相对不够成熟，研究团队的规模也较小；位于产业内的企业则专注于科研成果的商业化，主要处于商业化阶段。国家实验室则主要处于技术测试和技术展示这一阶段，进行一些大学和企业都不愿涉及的多学科和长周期研究。作为创新链条上的关键一环，国家实验室填补了创新的“死亡之谷”阶段，在推动科技创新上发挥出了承前启后的作用。此外，这些实验室还在一些学术界和工业界都没有涉足的领域进行研发，比如机密核安全工作。

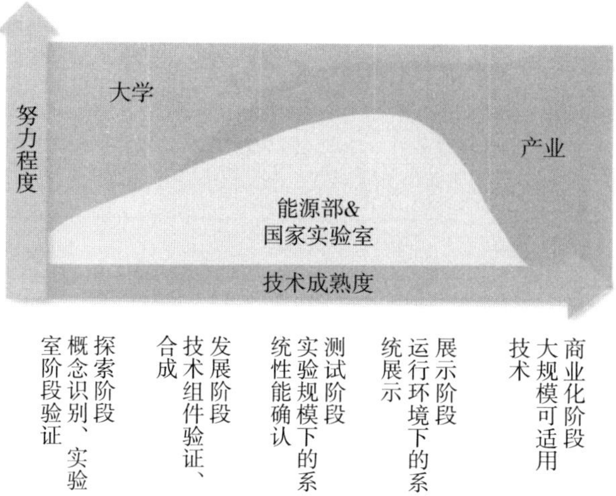

图9-7　国家实验室、大学、企业在能源创新系统中的定位与关系图

资料来源：The State of the DOE National Laboratories

可以说，美国国家实验室的功能与定位中，战略布局要高于解决具体问题。这从本质上确保了来自政治、军事、教育、商业方面的影响不会妨碍国家实验室的根本目标。

在具体作用上，美国国家实验室发挥了创新协作中心作用。实验室形成的伙伴关系类型多样，包括与其他联邦机构、学术界和私营部门的合作。科学家、工程师、技术人员和分析师在整个系统中协作，以及与学术界和工业界协作，帮助确保在不考虑组织边界的情况下寻求最佳解决方案。

另外，国家实验室还能够应对国家紧急与重大需求。虽然长期贡献是国家实验室的重点，但实验室也能够灵活地应对新出现的危机。随着国家创新需求的转变，国家实验室不断运用独特的科学专业知识、工具和设施，作为科研界的权威对国家紧急与重大需求迅速地做出反应。

2.3.2　美国国家实验室技术转移转化的主要做法

1980年颁布的《拜杜法案》改变了原有的政府资助的创新成果所有权归属国家的形式，通过下放专利权给各类创新主体，激励了大学和小企业的创新活动。同年，《史蒂文森·怀德勒技术创新法》的颁布又进一步推动了国家实验室及其相应研究机构的科技成果转化活动。该法案要求国家实验室以及联邦资助的研究机构将一定比例的资金用于技术转移，并建立相应的研究与技术应用办公室。

随着《拜杜法案》和《史蒂文森·怀德勒技术创新法》的颁布，美国在二者的基础上又制定和发布了一系列法规制度，助力国内的科技成果转化工作顺利进行（见表 9–2）。

表 9–2　美国促进国家实验室技术转移转化的主要法规制度

年份	法案名称	主要内容
1980 年	《史蒂文森·怀德勒技术创新法》	首次明确将推进技术转移转化列为联邦科研机构的法定功能和义务，要求国家实验室建立研究与技术应用办公室，实验室必须将其研究开发预算的至少 0.5% 用于技术转让工作；创设了国家实验室与私人企业、机构之间的合作研发协议（CRADA）机制，但并未明确 CRADA 产生的发明权利归属
1980 年	《拜杜法案》	允许小公司和非营利机构可以对由联邦政府资助的研究开发活动产生出的发明申请专利；鼓励小公司积极参加由联邦政府提供资金的研究开发项目
1983 年	《关于政府专利政策的总统备忘录》	要求政府各部门允许所有承包商对联邦政府资助下开发的技术获取权利，实际上将《拜杜法案》中所规定的小公司和非营利机构所拥有的优惠待遇扩大到了所有公司
1984 年	《拜杜法案》修订案	将“国有民营”（GOCO）的实验室纳入《拜杜法案》的覆盖范畴，允许实验室运营者享有发明所有权、转化权和收益权；允许企业无论大小都可以获取政府资助专利的独占许可权，同时为保障联邦政府权益，又规定政府保留发明的非专有使用权
1986 年	《联邦技术转让法》	在《史蒂文森·怀德勒技术创新法》基础上进一步完善了 CRADA 机制，根据 CRADA 协议，国家实验室可通过转移成果所有权或独占许可的方式授权私营合作方对成果进行商业开发
1987 年	里根总统第 12591 号行政命令	要求国家实验室的主管部门把转让联邦资助形成知识产权的权力下放给实验室；允许大公司对合作研究中产生的发明拥有权利
1989 年	《国家竞争力技术转让法》	将 CRADA 机制的覆盖面扩展到 GOCO 类实验室；为了保护技术的商业价值，允许 CRADA 产生的技术信息不向第三方公开
1995 年	《国家技术转让与促进法》	保障参与 CRADA 的私营企业有权对 CRADA 项目下政府实验室单独或合作开发的新发明，至少可以选择一个特定范围内的独占许可；保障私营企业有权获得 CRADA 项目下自身发明的所有权
2000 年	《技术转移商业化法》	允许国家实验室在签署 CRADA 协议之前的自身已有成果，只要与 CRADA 研究范畴相关，也可通过这一机制授权给私营企业；建立了国家实验室技术转移转化绩效定期考核的机制，要求国家实验室管理部门向商务部提交技术转移转化绩效报告；为了满足公共利益或反垄断需求，为联邦机构设置了中止技术许可的介入权
2011 年	《美国发明法案》	将取得专利权所依据的原则由先发明改变为先申请，扩大了专利受让人、第三方的权利范围

资料来源：崔霖、刘巍、王盛纬、孙洋：《基于＜拜杜法＞＜史蒂文森·怀德勒技术创新法＞对我国高效科技成果转化体系的研究》

作为美国国家实验室技术转移制度体系的核心，于1980年创立的合作研发协议（CRADA）机制在推动国家实验室科技成果转化上发挥了至关重要的作用。该协议的主要目的是推动国家实验室与企业之间的合作，但由于其并未明晰产权的归属问题，因此早期私企的参与度较低。

为此，1986年颁布的《联邦技术转让法》规定，在CRADA下产出的科研成果均可以转让或许可给私营企业。2000年的《技术转移商业化法》进一步扩大了范畴，规定只要与CRADA有关的专利，都可以转让或许可给私营企业。正是由于法律的不断完善，越来越多的私营企业开始参与到CRADA中来。国家实验室提供创新人才和仪器设备、企业供应资金和测试平台的合作研发模式带动了科技成果的转移转化，国家实验室与大学、企业间构成的创新网络支撑起了美国产业的创新发展，为美国未来的经济繁荣提供了强大、持续的保障。

第三节　新赛道的基石：完善的国家创新体系

美国国家创新体系的主体包括联邦政府、企业、大学和科研机构等，它是以政产学研为依托，由不同创新主体相互作用形成的成熟的网络，各个主体在网络中相互作用、相辅相成，形成了一个运行高效的有机整体。

1. 创新体系各主体介绍

1.1　联邦政府

美国联邦政府的科技管理机构是国家创新体系的重要组成主体。该机构可分成两个层次。白宫决策机构是第一层次，主要负责制定科技政策，具体包括白宫科技政策办公室、国家科技委员会和总统顾问委员会；负责执行白宫决策机构所制定政策的管理部门是第二层次，包括教育部、农业部、商务部、能源部、卫生和福利部、国防部、环保署、交通部、国土安全部、国家宇航局以及国家科学基金委员会等 11 个联邦部门[①]。

在美国，市场在科技创新中起主导作用，但仅依靠市场本身的力量，很难为科技创新创造最优的环境。这是因为创新市场存在失灵的情况，而且创新体系网络也存在企业和大学等主体在市场机制下进行创新时产生的空白区域。为了克服这类失灵与局限性，美国联邦政府通过制定有利于科技创新的政策和法律法规，为科技创新提供一个良好的创新环境，同时也会直接主导创新过程，跨越从技术开发、系统测试至演示验证中存在的“死亡之谷”。

具体地说，联邦政府需要在创新体系中发挥引导和促进体系运转作用的原因在于：一是创新的知识溢出效应。知识溢出是经济学家在为政府干预创新辩护时所强调的市场失灵的重要表现。如果一个公司创造了新的技术或成果，这种知识在市场当中可能会溢出给其他公司，使得其他公司以相对较低的研发成本去复制或学习原来的研究。学者使用了美国 30 年的企业层面数据并基于生产函数的方法，计量出企业研发支出的社会回报远高于其私人回报，前者可高达后者的 4 倍左右，这为政府应当大幅增加公共研究补贴提供了计量证据[②]。二是企业面临的融资约束。由于创新是无形的，当企业没有抵押品向银行抵押以换取债务融资时，他们可能很难筹集资金。这种限制更多地受到信息不对称的影响，在创新获得专利或在市场上展示之前，必要的技术保密使融资变得困难。这对政府提出了更高的要求，既要为受到融资限制的企业（往往是中小企业或初创企业）提供金融支持，同时还要针对这类资助形成准确识别和高质量投资的机制。三是创新体系存在空白领域。大学主要从事教学和基础研究工作，研究团队规模较小，多为单个研究人员或以小组形式从事研究；而企业则根据市场需求，聚焦短周期解决方案或技术集成。那些大学、企业不愿或不能从事的任务驱动型、跨学科的长周期研究必须由政府及其直属部门进行直接干预。四是应对国家重大战略与突发状况的需求。对于像计算机、半导体、清洁能源和先进制造业等在特定发展阶段内有着重大战略意义的技术或行业，或在应对如新冠肺炎疫情这类紧急突发事件时，仅靠市场的自发力量是无法获得有效且高质量的创新成果的，这就需要政府引导资

① 付柔:《美国国家创新体系研究》，南昌大学，2014。

② Lucking, Brian, Nicholas Bloom, and John Van Reenen, “Have R&D Spillovers Changed?” NBER Working Paper (2018).

源要素或构建特定机构来发挥关键作用。从政策类型来看，目前美国政府采取的创新政策主要有研发的税收优惠政策、政府的研发拨款、旨在增加创新人力资本供给的政策、中小企业扶持政策以及任务导向政策。

1.2　企业

在美国国家创新体系中，作为最主要组成部分的企业不仅是技术创新的关键推动者，也是技术成果的核心占有者。图 9-8 显示了美国 60 多年来不同主体研发经费占 GDP 比重的变化情况。21 世纪以来，联邦政府的研发资金投入占比逐步下降，企业的研发经费占比则迅速上升，目前已经超过全国研发经费的六成，成为了影响美国总体研发经费变化趋势的主导力量。正是由于具有对市场反应的高敏感性、能够直接介入产品生产的各类环节等优势，企业迅速成为了美国技术创新成果的重要来源。

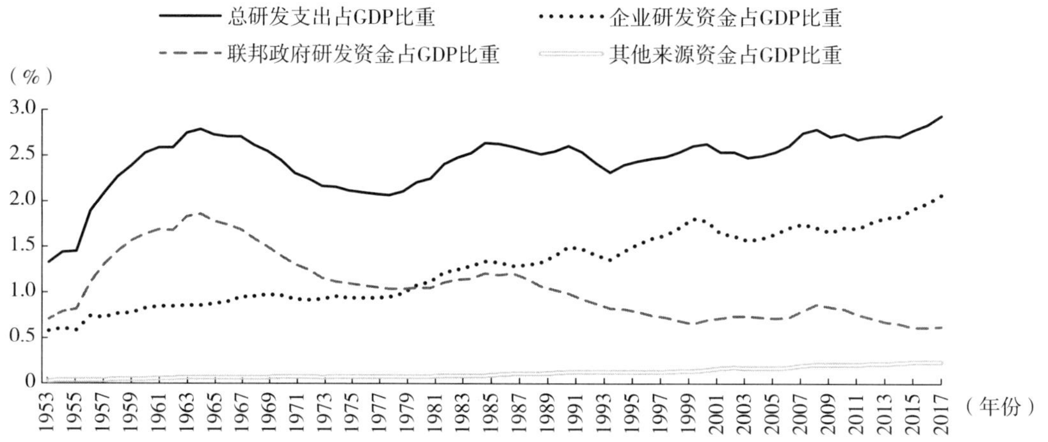

图9-8　1953—2017 年美国不同主体的研发经费占 GDP 比重

资料来源：NSF

无论是早期的通用化学公司、杜邦公司，还是当前的苹果公司、亚马逊公司，美国企业一贯秉持着以技术创新为核心的竞争理念，并据此建立相关的技术创新实验室，招募大量的创新人才，投入巨额的创新资金，以期强化自己的技术创新能力，生产出符合市场预期的产品。在 20 世纪上半叶，支撑美国技术创新的企业绝大多数都是就业规模在 500 人以上的大型企业，它们购买尖端设备，为科学家提供高额薪酬，以此维持科学技术实验室的高效运作。但 20 世纪 70 年代以后，美国的中小企业（雇用人数小于 500 人）也在科技创新方面越来越有活力。美国国家科学基金会最新的商业研发调查数据显示，2018 年中小企业进行的国内研发支出约占企业总支出的 15%，雇用的研发人员约占总体研发人员的 22%。由于中小企业雇用规模较小，因此中小企业内部的研发人员占比高达大企业平均水平的 2.5 倍。此外，中小企业在美国申请和颁布的专利数量占比约为 18%[①]。

在企业层面，美国已形成了初创中小企业与大型上市公司并存的二元创新体系。大企业和小企业在创新过程中面临的激励和研发的类型存在差异，也有各自的优势。一家硅谷初创企业的创新行为与通用电气公司的研发实验室的行为是截然不同的。关于企业规模与创新行为的最新研究是从外部创新和内部创新的角度出发的[②]。企业进行外部创新是通过创造新产品从他人那里占领市场，而内部创新则是改善企业现有的产品线。这种创新形式的异质性是解释大公司和小公司创新差异的关键。大公司可能会在内部改善方面投入更多，因为大公司有更好的运营基础，可以从这些投资中获得比小公司更好的回报。在 Lucas 的控制跨度模型下，世界上最好的管理者能够有效指导的业务数量是有限的，因此大公司可能会在改进现有产品上投入更多，而不是进一步扩张[③]。此外，管理学文献经常强调组织僵化抑制了大公司的外部创新努力。

外部环境也影响着不同规模公司的创新激励机制，金融市场就是一个很好的例子。Bernstein 发现，企业上市后其创新水平下降了 40%，并将其工作转向更传统的内部项目，同时可能为收购提供额外的资金[④]。小企业比大企业具有更紧迫的创新动力。在市场竞争中，小企业在规模优势、市场抗风险能力等方面无疑落后于大企业，所以小企业更需要通过创新来增加其产品和服务的附加值。

中小企业和大企业这些异质性特征导致了前者实现具有突破性质的重大创新的概率更高。美国中小企业在进行外部创新时的效率更高，成本相对也更小，逐渐和大企业之间形成了良性互动关系。

---

① National Center for Science and Engineering Statistics, Business Research and Development: 2018.

② Akcigit Ufuk, Kerr William R, “Growth through Heterogeneous Innovations,” Journal of Political Economy (2018).

③ Lucas R. E., “On the Size Distribution of Business Firms,” Bell Journal of Economics 9(1978): 508–523.

④ Bernstein S., “Does Going Public Affect Innovation?” Journal of Finance 70(2015): 1365–1403.

1.3 大学和科研机构

大学和科研机构也是美国创新体系的重要组成部分。作为政产学研中知识创新的主体，大学和科研机构通过大量的基础研究创造出新的知识并将其转移给企业，推动着美国科技创新的进一步发展。

美国的大学承担了美国大部分的基础研究工作，是美国知识创新和人才培养的主要阵地，为美国的经济、科技和教育发展提供了很大的帮助。在第一次世界大战期间，美国为了强化自身的科技力量，邀请大学加入政企科技创新的行列当中，并逐步确立了大学在整个国家创新体系中的基础研究定位。当前，虽然大学仍然以知识创新、传播知识为主要目的，并保持着基础研究的主体地位（基础研究占整体研发活动的比例超过 60%），但在中小企业快速发展的影响下，其也逐步把目光转向促进科技成果的商业化。总而言之，大学在促进技术创新和创新成果转化上的作用愈来愈重要。

美国的国家科研机构主要分为国家实验室、联邦资助的研发中心和直属联邦部门的科研机构。美国国家实验室一般指狭义的美国能源部国家实验室，即美国能源部所辖的 17 个大型综合实验室。这些实验室在命名上都直接包含了“国家实验室”的字眼，如劳伦斯伯克利国家实验室。根据《美国法典》，国家实验室是指由联邦政府各局所拥有、租赁或使用的任何实验室，任何联邦政府资助的研究与发展中心或任何中心，并且由联邦政府提供经费资助，且不论其运营者是联邦政府还是合同商。因此与美国联邦政府有科技方面合作的研究中心或享受国家科研经费支持的研究中心都可纳入广义的国家实验室范畴。这类研发机构被称为联邦资助研发中心（Federally Funded Research and Development Centers, FFRDCs）。美国国家实验室最早建于第二次世界大战期间，其主要目的是解决事关国家安全和社会经济发展全局的重大科技问题。“二战”期间，美国集中精力致力于解决战时问题，并因此催生了雷达、计算机、原子弹等一批新兴科技，以及新墨西哥州洛斯阿拉莫斯实验室和田纳西州的橡树岭实验室等从事炸弹研究和材料研发的机构。虽然这些实验室的创建初衷只是为了临时使用，但“二战”后被新成立的原子能委员会（现发展为国家能源部）接管，并且无限期地延长了使用寿命。随着核武器、反应器及其他国防科技的发展，国家实验室逐渐被用来解决计算机、气象学、空间科学、分子生物学、环境学和替代能源等国家关键性科研问题。

在经历不断的演变和发展后，美国国家实验室内部的管理制度和运行机制也越来越完善。从运营管理模式上来看，FFRDCs 都属于 GOCO（Government Owned，Contractor Operated）类型，即政府拥有、承包商运营的模式。这类实验室的场地和设施、仪器设备都归属于联邦政府，并接受联邦政府的监督和指示。而实验室的整体运作则依赖于各类签订合同的承包商（高校、企业等）。实验室产出的成果归属于私人，但是要遵循联邦政府及其下属各局所制定的相关法律法规，并且要完成联邦政府下达的特定任务。

美国联邦政府部门内部还自建了一定规模和数量的科研机构，发挥着与国家实验室相同的作用，这些联邦政府机构主要包括国防部、商务部、国家航空航天局、国立卫生院和国家科学基金会。

国防部在陆海空三军都设立了单独的研究实验室，除了承担军队内部的科研管理、型号研发、装备采购、国防战略规划等顶层科研管理工作外，还承担部分关键军事领域关键技术和产品的研究与开发任务。具有特色的是，这些实验室虽几经整合与更名，但都保持了长期从事国防科技领域研究的悠久历史，具有深厚科学积淀。成立 60 余年来，NASA 的十大研究中心在航天及外围基础领域取得巨大成就。1950 年成立的 NSF 是美国独立的联邦政府机构，其任务是通过对基础研究计划的资助，改进科学教育，发展科学信息和增进国际科学合作等办法促进美国科学的发展，此外还负责对 FFRDCs 的监管。NSF 还设有负责具体科研任务的研究机构。这些机构所在领域与美国国家的基础科研密切相关，其中有代表性的有国家超级计算机应用中心和国家高磁场实验室。

2. 创新体系中政府与市场的协同

美国创新体系中的各类行为主体虽然有各自的功能与定位，但更重要的是彼此之间紧密的合作关系。这种合作关系或者说在创新过程中的协同性使得创新体系真正成为一个流畅运转的系统，使创新从基础知识、演示验证、开发试验到技术成熟与市场化的每一个环节之间都能减少其受到的阻碍。图 9-9 给出了美国创新体系中的协同与合作网络，企业、大学和科研机构在合作网络中形成了层级互动的架构，联邦政府通过提供相应的法律环境并采取各种政策工具刺激和鼓励企业、大学和科研机构承担自身在国家创新体系中的职责，更好地发挥各主体的协同作用。

每个层级都维持和影响着另一个层级，在现实的系统运转当中，各个层级之间不是线性的关系，而是存在着相互的因果关系和扁平的等级关系，不意味着任何层或子系统比其他层或子系统更重要。国家创新体系的基础是社会经济、政治、文化和环境，然后是政府和国家机构，负责制定公共政策和提供资金。这是政府部门主导的公共部门子系统。另外两个子系统是生产与创新子系统，主要由企业及其研发实验室组成，以及研究与教育子系统，包括大学和科研机构。这两个子系统运行在一个广泛的创新知识库上，并且可以相互协作。生产与创新子系统的企业从事市场交换，向消费者或供应商出售或购买商品和服务。大学和科研机构从事知识和人力资源的市场交换。这两个子系统也可以利用金融市场提供资金和主动投资。

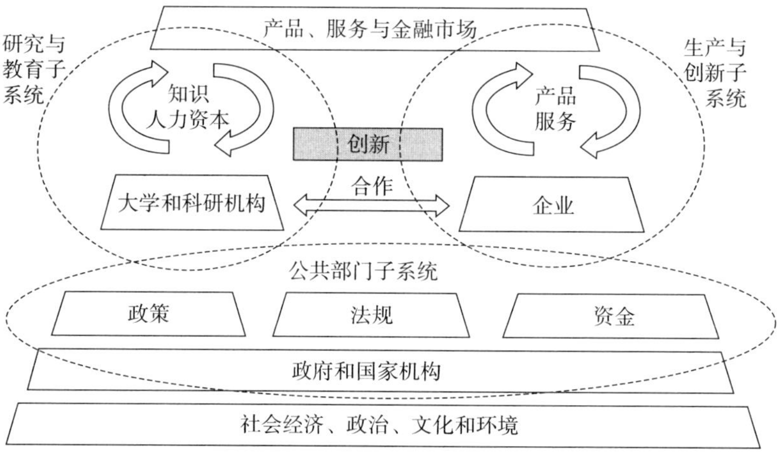

图9-9　创新体系的层级互动网络

资料来源：作者整理

创新的生态系统要求不同的行为者和机构之间存在动态联系，以及各组织和机构内部的横向联系。需要强调的是，美国政府在创新驱动增长的过程中所发挥的实质性作用。为了通过塑造和创造技术、部门和市场来刺激创新过程，政府部门促进各主体间形成了动态关系，在行动者之间建立信任。

3. 美国政府的创新政策

美国创新体系中政府发挥的作用远比想象中更为关键，这是因为政府制定了整个创新系统运转的制度，在国家层面始终把科技创新作为推动经济发展的主要驱动力，通过顶层设计解决创新体系中市场失灵的各类问题，在创新的每一个环节都有政府的创新政策作为支撑。美国政府的创新政策清单，在很大程度上回答了美国政府在构建创新体系的政策机制上做了什么以及做得怎么样的问题。

3.1 研发的税收抵免政策

美国的研发税收抵免政策为企业提供了创新的激励。这项从 1981 年里根总统时期开始实施的研发税收抵免制度，初始是作为一项临时制度，其有效时间为 5 年。1986 年后每次到期前美国政府都通过相关法案对该项制度给予延长。2015 年 12 月 18 日，美国颁布的《保护美国人免于高税法》中将美国联邦研发税收抵免制度永久化。这项制度经过了多次修改，在不断修订的过程中越来越完善、简化、易于应用且效果显著。一方面表现为增加了小企业申报研发税收抵免的具体规定，为小企业的创新提供了巨大的空间。另一方面，对新企业更为友好的替代简化抵免是企业进行研发税收抵免申报的主要适用方法。

3.2 政府的研究资助

以税收为基础的研发支持的一个缺点是，税收政策很难实现最多知识溢出和避免商业窃取的研发。相比之下，政府进行的资助可以更自然地实现这类目标。各种各样的政府计划通过提供资助来鼓励创新，这些资助的去向有学术研究人员也有私人公司。

对美国的研究发现，公共研发资助也有可能增加私人研发支出，并吸引额外的私人研发支出。公共研发拨款可能会在几个方面影响私人公司。第一，对学术界的公共研发拨款可以对私营企业产生溢出效应。第二，私营企业本身有时也进行公共资助的研发。第三，私营企业可以直接获得公共补贴。

公共拨款支持研究和发展的另外两个重要方面值得一提。首先，公共研发补贴的很大一部分流向了大学，这从政策角度来看是有道理的。另外，政府也可以资助他们自己的研发实验室。这类国家实验室可以在专门从事的技术和地理领域产生更多的研究活动和就业机会。

3.3 重视人力资本供给的政策

上述两类政策通过税收系统或直接拨款来降低研发成本，从而增加研发需求。但仅从需求端设计政策可能会造成创新劳动力市场的扭曲，如高科技人才不足等现象，因此从人力供给层面提升创新人才的数量和质量与需求侧的政策是同等重要的。正如 Romer 曾强调增加创新活动的数量需要增加进行研究所需的人力资本的工人供给。供给的增加直接增加了创新量，并通过降低研发人员的均衡价格间接促进了研发①。

有许多政策工具可以增加科学人才的供给。就前沿创新而言，最直接的政策可能是增加发明者的数量和质量。

移民这种人才引进政策为研究人力资本对创新的影响提供了另一种视角。美国历史上有一个相对开放的移民政策，有助于国家吸引人才。在美国 25 岁及以上的劳动力中，移民占 18%，在科学、技术、工程和数学领域，移民占比约为 26%。移民还拥有 28% 的高质量专利（高质量根据至少有两个国家的专利申请数量衡量）和31%的博士学位②。大量研究支持这样一种观点，即美国移民，尤其是高技能移民，推动了创新。

增加研发数量的最后一种方法是减少有才能的人成为发明家的障碍。在美国，出生在低收入家庭和少数族裔的孩子成为发明家的可能性要小得多。这种差异与先天能力的关系相对较小。弱势群体发明率较低的一个更重要原因是儿童时期对发明家的接触率小。这意味着，社区环境的改善、学校质量的提升以及更多地接受发明家的指导，可以潜在增加他们成为发明家的概率，进而推动长期的创新。

3.4 对中小企业的政策扶持

中小企业受到的财务限制往往是将创新政策重点放在这类公司上的理由。此外，小企业比大企业更积极地响应创新和其他商业支持政策③。

在美国，受欢迎的政策是把具有创新力的中小型高科技企业集中到一个区域，

---

① Romer Paul M., "Should the Government Subsidize Supply or Demand in the Market for Scientists and Engineers?" Innovation Policy and the Economy (2001).

② Shambaugh Jay, Ryan Nunn, and Becca Portman, "Eleven Facts about Innovation and Patents," Hamilton Project Report.

③ Criscuolo Chiara, Ralf Martin, Henry goverman, and John Van Reenen, "Some Causal Effects of an Industrial Policy." American Economic Review 109(2019): 48-85.

通过聚集效应带动整体创新活力的提升。以小企业“温床”著称的硅谷科学园就是一个典型的创新集群案例。其位于美国加利福尼亚北部的旧金山湾区南面，是享誉世界的电子工业基地。园区内有发展前景的中小企业在接受风险投资人的严格评估后，会获得相应的风险基金，并与风险投资人约定未来的利润分配。风险投资人会介入企业的生产经营管理，与企业家共同决策企业的未来发展方向。

3.5 任务导向的政策

创新不仅要有速度，还要有正确的方向。在应对重大挑战、解决紧急危机以及实现关键突破的维度中，由政府主导创新方向，设定具体的研发目标并调动资源加以实现是美国政府的重要政策工具。类似于登月计划、气候问题这些涉及国家发展战略的创新目标，蕴含着企业和私人部门不愿也无法承担的风险，而以使命为导向的创新政策通过识别和阐明具体问题来应对这些重大挑战。这种方法不同于狭隘的以特定部门为基础的产业政策。相反，它侧重于需要跨不同类型部门进行全系统转型的具体问题，并涉及不同行为主体（政府、企业、大学和科研机构）之间的伙伴关系。任务导向的政策可以定义为利用前沿知识来实现特定目标的系统性公共政策，或部署大科学来应对大问题①。这是美国政府隐藏式干预创新市场的强硬手段。

任务导向政策与前述几种创新政策有着显著的区别。通过制定任务与方向，政府发挥的作用不仅仅是弥补市场失灵，更重要的在于它创造了新的市场。以3个美国任务导向政策机构为例，NASA的使命是推动科学、技术、航空和空间探索的进步，以提高知识、教育、创新、经济活力和地球管理能力。DARPA的使命是为国家安全创造突破性技术，它因在计算机和互联网方面的持续性成功已经成为了任务导向机构的典范。NIH的使命是寻求有关生命系统的本质和行为的基本知识，并将这些知识应用于增进健康、延长寿命、减少疾病和残疾。

在任务导向政策中，政府或特定机构并不是自上而下发号施令，而是在整个创新链上与其他行为主体进行分散式的互动。这一体系构成了美国竞争力的核心。从美国任务导向政策的成功经验中，我们总结了几个重要特征：一是任务导向会沿着整个创新链进行投资；二是以任务为导向的机构组成了去中心化的网络；三

① Freeman C., “The Greening of Technology and Models of Innovation,” Technological Forecasting & Social Change, 53(1996): 27-39.

是任务导向使创新系统中各主体分担风险。

由此可见，基于以任务为导向的政策最重要的特征是系统性，采用但不限于科学推动工具、一系列金融工具和非金融工具，并部署必要的公共和私人合作网络，促进不同部门共同完成使命。为了完成一项使命，一个国家需要一个创新型政府（或者企业型政府）。从基础研究到企业早期种子融资的整个创新过程中，通过以使命为导向的政策举措和投资，国家能够对经济发展产生更大的影响。

人们之所以经常认为美国是私营部门主导财富创造的缩影，而没有关注到美国政府大规模地进行创业冒险以刺激创新的事实，是因为美国政府隐藏了其在任务导向政策中发挥的选择方向的重要作用。

4. 政府机构如何引领创新：以国防部高级研究局为例

在美国引领新赛道的过程中，政府发挥了至关重要的作用。美国政府通过建立包括 NASA、原子能委员会、NIH 等在内的多个研究机构，以保证其在科技创新领域上的优势地位。然而，论科技创新的成就，没有任何一个机构比 DARPA 耀眼。在这里，包括计算机、互联网、微电子、卫星技术等颠覆性创新诞生，不仅使美国在新赛道竞争中拔得头筹，也改变了全球技术的发展方向，DARPA 也被誉为科技创新工场。那么 DARPA 是如何自我演进的？ DARPA 内部管理机制是如何运作的？ DARPA 又是如何促成如此多颠覆式创新的？探索 DARPA 引领新赛道的模式，将有助于为中国在设立类似机构推动新赛道发展时提供一定帮助。

4.1 政府机构的组织协调：以国防部高级研究局为例

4.1.1 演进历程：在曲折中向前

DARPA 是美国政府对苏联发射人造卫星的直接回应，成立于 1958 年初。在支持创新方面，DARPA 已收获大量当之无愧的赞誉，它的成果表现在互联网、个人计算机、激光器、全球定位系统、隐形飞机等方方面面，甚至假肢的发展也得益于它的早期资助。以任务导向为特征的 DARPA 模式成为各部门竞相模仿的对象，陆续衍生出国土安全部的 HSARPA（2002 年）、情报部门的 IARPA（2006 年）、能源部的 ARPA-E（2009 年）等变体。然而，摆在我们面前的问题是，DARPA 的成功究竟能否被复制？如果可以，哪些因素在背后发挥作用？这是一个关乎技术进步、经济发展与人民福祉的问题。

DARPA 耀眼的成就容易让人误以为它从始至终都是一帆风顺的。实际上，从 1958 年成立至今，DARPA 已几经改革，在某些时刻甚至濒临解散。与成立之初相比，它的组织结构和运作机制也已发生变化。DARPA 始终在进行自我调整，以更好地适应瞬息万变的世界。

1957 年 10 月 4 日，苏联宣布首颗绕地球飞行的人造卫星成功发射。无独有偶，同年 12 月，美国海军满怀信心地发射了携带小型卫星的“先锋号”火箭，但火箭升空不久后就爆炸了。这一消息令美国上下都受到沉重打击。自从美国夺取全球领先地位以来，这是首次在军事关键技术方面落后[①]。

（1）陷入低谷。

出于对苏联技术领先的恐惧，美国政府迅速做出反应。在国会的强烈支持下，科技资助纷至。《时代》周刊将美国科学家评为年度人物，艾森豪威尔总统任命麻省理工学院校长詹姆斯·基里安为总统科学顾问，科学家群体的地位被提高到了前所未有的高度。在此背景下，1958 年 2 月，DARPA 正式成立。成立之初，DARPA 的技术重点集中在太空竞赛、导弹防御、核试验探测 3 部分，以及由 DARPA 副局长威廉·戈德尔为越南战争量身定制的 AGILE 项目。同时也开展了一系列小型技术项目，涉及计算机技术、材料科学、行为科学等方面。但没过多久，太空计划项目就被分拆到了 NASA，这导致当时近半数的研究人员随着项目转移也从 DARPA 离开。随后的十几年，导弹防御、核试验探测相继取得初步成果，后续开发工作被移交给陆军研究办公室等国防部其他下属机构。一时间，DARPA 没有找到新的研究方向，预算经费因项目不足而明显缩减。20 世纪 60 年代后期，DARPA 身陷囹圄，虽然 DARPA 最终以国防部长御用机构的身份幸存下来，但那时的它已被移出五角大楼，被迫迁至数十公里之外的一家租借来的办公楼。DARPA 到了不得不做出改变的时候。

（2）在变革中复苏。

面对生存危机，DARPA 开始了内部改革。1972 年美苏签署《反导条约》，这是 DARPA 一次难得的历史机遇。借此机会，DARPA 重新定位研究方向，将工作

① 乔纳森·格鲁伯、西蒙·约翰逊：《美国创新简史：科技如何助推经济增长》，穆凤量译，中信出版社，2021。

重点放在寻找能够代替核武器的新式作战工具上，以抵消苏联常规战争能力。原本居于非核心地位的计算机技术因此得到更多关注，成为开发新式作战武器的中坚力量。从研究经费的调整情况看，资金支持逐渐从侧重基础研究朝着与新型武器直接相关的应用开发转变。基础研究类（6.1 类）预算经费在 1971 年占比达 60%，而到了 1975 年，这一比重已降至 43%；应用开发类（6.2 类）经费占比相应提高①。在此期间，隐形战机、防区外精准打击、无人机等诸多新式作战工具相继诞生，一举颠覆传统的作战方式。DARPA 更是因此被赞为开创了美国军事事务革命，声誉和地位均得到显著提升。这一时期的军事成果在 20 年后的海湾战争中，帮助美军以压倒性优势迅速结束战斗。

同一时间，DARPA 原本松散的、缺乏绩效考核的管理模式也有了明显改善。早先，申请人在争取项目资助时无需对资金用途做详细解释，仅凭与国防部的信任关系便可轻松拿到几百万美元的资助，还有一些偏重基础科学的项目甚至不用提供任何形式的交付物就可以顺利结项。乔治·海尔迈耶对此类现象十分不满，他认为在这种过于松散的、缺乏监管的管理模式下，难以形成真正有价值的研究成果。在出任 DARPA 局长后，海尔迈耶立即对现行管理体制做出整改，并逐渐发展出了自己特有的一套方法，即著名的“海尔迈耶问答法”。他要求申请人能够清晰回答一连串问题，并依此来评估项目的可行性和潜在价值②。海尔迈耶的管理风格不仅对 DARPA 内部产生了长期影响，也逐渐传播至风险投资公司、城市规划局等其他决策机构。

（3）后冷战时代。

20 世纪 90 年代初，美苏冷战结束。随着苏联的解体，加之美国前一阶段国防经费的过度支出，包括 DARPA 在内的整个国防部都将面临经费预算的急剧下降。新时期，克林顿政府提出重视国防技术的双重用途，试图通过引入民用资本来缓解国防项目的成本压力。21 世纪初的军事主题以反恐行动和局部战争为主。与战

---

① 从信息处理技术办公室（简称 IPTO）的预算经费构成看，20 世纪 60 年代，几乎所有项目资金都归属国防部 6.1 类项目资金，用于从事基础研究，1962 年 IPTO 成立伊始的 900 万美元预算全部归 6.1 类。为了更好地利用开发这些早期项目成果，进入 20 世纪 70 年代初，IPTO 在基础研究经费基础上增加了开发活动经费 (6.2 类)，获得了来自国会 2300 万美元的拨款。整个 20 世纪 70 年代，IPTO 预算经费增长基本都来自 6.2 类。截至 20 世纪 70 年代末，6.2 类预算占比已远超 6.1 类。

② 海尔迈耶问答法的问题包括：（1）你想做什么？用通俗的语言清楚地阐明你的目标。（2）已有的相关研究是怎样的？研究的局限是什么？（3）你的方法有什么新意吗？为什么你认为你的方法会成功？（4）谁会关心你的研究？（5）如果你成功了，你的工作会带来什么改变吗？（6）你的这项工作风险和报酬是什么？（7）它会花费多少成本？（8）它会花费多少时间？（9）有没有中期检查和结题检查能检验它是否成功？

争紧迫性一同下降的是美国军方采购的积极性，这一转变直接增加了 DARPA 以军事采购进行新技术市场投放的难度。

另一端，产业界的创新活动也在悄然发生改变。“一战”结束时，包括贝尔公司、IBM、西屋公司在内的几乎所有大公司都拥有下属研究实验室。而现在，越来越多的大企业开始选择将研发工作外包给市场完成，分布式制造已成为 21 世纪企业创新的新特征。在这样的市场结构中，创新活动尤其是激进创新将需要更多的协调，需要以前所未有的水平共享商业权利和生产信息，导致 DARPA 通过企业界实现技术落地的难度大大增加。为适应新环境，DARPA 在资助上开始更加倾向渐进的、短期的项目。值得肯定的是，DARPA 始终不断调整自我，以更好地适应环境和发挥自身价值①。

4.1.2　国防高级研究计划局的内部特征

与一般的官僚体制和等级制度不同，DARPA 为精简的 3 层结构，由众多拥有超强大脑的人依次担任局长、六大技术办公室主任以及约 100 名项目经理②。他们是传统公务员体系的圈外人，多数是从大学或企业界借调过来的一流专家学者，在机构内任职时间仅为 3~5 年，专注于突破性创新的研发。DARPA 的运作方式颠覆了政府官僚简单粗暴地选择研发问题并管理拨款的传统③。

（1）以任务为导向的项目选择。

从项目选择上看，DARPA 坚持以任务为导向，区别于 NSF 等传统的资助方式。DARPA 的支持项目更多是在项目经理的主动寻找中产生的。具体来说，首先，项目经理非常注重和军方保持联系。通过频繁走访军队基层，从军方内部发现有价值的潜在需求。然后，以特定的军事需求为中心，项目经理便开始召集相关领域杰出的科学家和工程师展开头脑风暴，探讨潜在的技术突破口。在确定技术方向后，接下来将要组建团队，围绕特定任务开展一系列互补的研发项目。以上这种从特定需求出发，倒推技术方向的资助方式可称为任务导向型，有效缓解

① Bonvillian W B, Van Atta R, Windham P, The DARPA Model for Transformative Technologies: Perspectives on the US Defense Advanced Research Projects Agency (Open Book Publishers, 2019).

② 技术办公室主任分别管辖 6 个技术办公室：国防科学办公室（DSO）、信息创新办公室（I2O）、微系统技术办公室（MTO）、战略技术办公室（STO）、战术技术办公室（TTO）、生物技术办公室（BTO）。

③ National Research Council, Funding a revolution: Government support for computing research (National Academies Press, 1999).

了孤立的单项技术无法落地的尴尬境地。

（2）嵌入式项目管理。

确定资助方向后，接着就进入到了资金具体使用阶段。对于 DARPA 的项目经理而言，签订资助合同、划拨款项远非政府支持工作的终点。在项目正式启动后，项目经理还会深度嵌入到项目组中，根据项目进度对资助额度和期限做出调整，及时削减停滞不前的项目资金，将其重新配置给更具潜力的团队。待项目初具成果后，项目经理还会积极运用自身社会资源，开展与其他市场主体的合作，帮助新技术顺利实现商业转化，加速从技术到产品的跨越。

（3）独特的人才选拔方式。

在 DARPA 这样的机构中，创新活动往往从选拔合适的项目经理时就已经开始了。一个出色的项目经理不仅要具备创新意识、管理才能，还应兼具多种学科的理论与试验特长。除传统公开招聘外，DARPA 在人才选拔上非常依赖自身的社区网络。DARPA 这种基于熟人网络的选拔方式与其内部快速的人员流动形成了良好互补，一方面，3~5 年的短任期给了项目经理更强的激励，期望能够在短期内初具成果；另一方面，基于社区网络来选择继任者又较好地维持了项目的长期稳定性，避免频繁更换研究方向的情况①。

（4）免除同行评议。

DARPA 主要专注于潜在回报率高且风险更大的激进创新。DARPA 内部的冒险精神与其突破同行评议制度的限制紧密相关，IPTO 为 DARPA 开创了免除同行评议制度的先例。在 IPTO 成立之时，计算机科学还处在幼年时期。由于在发展方向上和企业界分歧较大，IPTO 绕过了同行评议制度，抢先占据了计算机技术发展的主动权。从那时起，DARPA 免除同行评议的传统一直延续至今。也正因此，一个个如互联网、个人计算机那样在当时看似天马行空实则极富远见的颠覆创新不断从 DARPA 涌现。

（5）坚持精英主义。

就政府该如何分配科技资金的问题，范内瓦·布什与哈利·基尔戈二人曾产生过激烈交锋。基尔戈指出，应该在全国各地公平地分配科学资金，以促进经济发展；

① Bonvillian W B, Van Atta R, “ARPA-E and DARPA: Applying the DARPA Model to Energy Innovation,” The Journal of Technology Transfer 36(2011): 469.

而布什却坚持他的精英主义观点，认为应该让资金更多地用于支持顶尖大学里最优秀的科学家[①]。DARPA 的资金分配原则可以说是范内瓦·布什精英主义的生动呈现。在计算机技术发展初期，DARPA 将大部分资金集中持续地投向了麻省理工学院、卡内基梅隆大学、斯坦福大学等少数的一流高校；反之，NSF 则将其科研经费尽可能地在不同学科、不同地区维持相对平衡。两种资金分配方式没有绝对的优劣之分，各自都在不同的技术阶段显示出独特优势。后续我们将看到，在计算机产业发展中，DARPA 大额集中的资金投放对于攻克早期最具挑战的底层技术至关重要，而 NSF 的广泛资助，则帮助 DARPA 的技术成果在国防之外的领域进一步扩散。

（6）融入竞争机制。

纵使拥有诸多特殊性，DARPA 也同样非常注重引入竞争机制。在围绕任务组建团队时，项目经理通常不会将所有成员都集合成一个项目团队，而是将种子资金分散给多个小团队，允许这些团体从不同或相同的技术路线出发，通往同一个目的地。在项目推进一段时间后，经理一般会通过研讨会的形式将各支团队聚在一起。各团队需要在会上展示自己的初步成果以及下一步方案，从中脱颖而出的团队则可以获得下一阶段更大数额的支持，由此营造的竞争环境有助于提升资金使用效率和降低风险。

4.1.3 与外部创新主体的协作

从抽象概念到商业化产品，创新需要经过基础研究、应用研究、原理验证、型号演示、中试放大、批量生产等数道工序。在创新全过程中，DARPA 充当着机会创造者的角色，承担从基础研究到原理验证和型号演示阶段的工作。其他创新主体则以这些前期成果为基础，进行后续开发，最终将新产品送达消费者手中[②]。然而，作为激进创新的引领者，DARPA 的创新果实常常超出现有市场需求。例如，DARPA 在 20 世纪 60 年代对于互联网、个人计算机的设想，曾被 IBM 等领头计算机制造商视为脱离现实的幻想。DARPA 深知在商业转化中，颠覆性创新必将承受更多挑战。所以，凭借其出色的协调能力，DARPA 同创新社区、高层官员、初创企业以及大型制造商等创新主体建立广泛的合作关系，借他人之力完成从想法到产品的惊险跨越。

---

① 乔纳森·格鲁伯、西蒙·约翰逊：《美国创新简史：科技如何助推经济增长》，穆凤量译，中信出版社，2021。

② Bonvillian W B, Van Atta R, “ARPA-E and DARPA: Applying the DARPA Model to Energy Innovation,” The Journal of Technology Transfer 36(2011): 469.

（1）倡导者社区。

DARPA 乐于为各团队提供互动交流的平台，将分散孤立的研发团队整合为联系紧密的创新网络，即倡导者社区。这是一支由历任项目经理、项目成员以及受 DARPA 资助的国防承包商组成的广泛社区，它不仅肩负着开展研发活动、填补岗位空缺的职责，同时也是推广新技术的先导力量。随着任期结束，借调者返回到大学、企业，源自 DARPA 的研究成果也随之被带往世界各地。社区成员在合作中建立起的信任关系，有效地减缓了技术推广中普遍存在的信息与协作障碍。

（2）军方采购。

除内生于 DARPA 的倡导者社区之外，政府高层领导的大力支持也是帮助 DARPA 实现技术落地的重要力量。诸如隐形无人机、大型雷达系统等颠覆性创新诞生于和民用市场截然不同的场景。在借助商业机构进行技术推广的过程中，容易遭受来自配套技术缺位、市场需求不足等方面的阻碍。对于此类军事色彩浓重的新技术，军方充当了最重要的第一市场，帮助 DARPA 把研发的想法变成大宗产品——军火。不过，军方负责人常以有限危机感、经费短缺等理由拒绝采用新技术。面对军方的不配合，DARPA 同国防部高层领导的良好关系就发挥了极为关键的作用。

（3）初创企业 + 风投公司。

初创企业是创新市场中的活跃群体。在由初创企业、风险投资公司和 DARPA 组成的创新系统中，DARPA 负责提供技术，企业家则利用从政府获得的技术，从风投公司处获得启动资金来创办企业，信息技术领域的发展就是这种模式的生动体现。信息产业所需要的初始资本水平较低，销售周期短，能够迅速显示出一般的商业可行性，因此是风险投资的理想去处。20 世纪 70 年代，美国的 IT 创业潮和 DARPA 技术突破的步伐保持了高度一致，三者协同发展。美国的计算机产业也因此长期在全球范围内保持领先优势①。

（4）大型制造商。

通常来讲，大型制造商往往不是激进创新最理想的推动者。他们常因激烈的内部资源竞争、核心产品主导投资决策等原因在研发决策上举棋不定，企业因创新组织危机而错失良机的案例已不胜枚举。

---

① 乔纳森·格鲁伯、西蒙·约翰逊：《美国创新简史：科技如何助推经济增长》，穆凤量译，中信出版社，2021。

然而，这绝不意味着我们可以从创新系统中排除大型制造商，他们同样不可或缺。科学家往往对早期技术感到兴奋，然而，从新技术中产生最终产品需要的不仅仅是一群兴奋的科学家，还需要能够将其转化成向消费者销售的产品，这些工作超出了科学家接受的训练技能。大企业的独特优势在于他们更了解消费者需求，善于整合现有技术做增量，并在此基础上开展渐进创新，以达到提升用户体验的效果。这一特征也可以解释为何随着技术积累到一定阶段，成熟制造商在 DARPA 研发团队中的地位不断上升，吸引更大比重的资金，甚至开始代替大学成为团队领导者。

第十章

新赛道产业发展的政策框架和推进实施

自改革开放以来，中国经济飞速发展，创造了举世瞩目的增长奇迹，成为全球第二大经济体。然而，在40多年的高速增长背后，中国经济也存在隐忧，集中表现在经济增长主要依赖于要素驱动，全要素生产率的增长呈现下降趋势。我们必须清醒地认识到，中国仍处于转型阶段，并未真正跨越中等收入陷阱，进入高收入国家行列。当今世界正处于百年未有之大变局，伴随着科学技术在多个领域的快速突破，新一轮的科技革命和产业升级正如火如荼地展开，中国唯有转变要素驱动至创新驱动，加强自主创新能力，以新技术打造新产业，培育新赛道，建立新优势，创造新市场，推动产业持续升级，才能夯实经济增长的新动力，最终实现中华民族伟大复兴。这需要中国牢牢抓住有效市场、有为政府这条线，设计好相关政策框架，使市场在资源配置中起决定性作用并更好地发挥政府作用。

本章第一节构建了一个分析“政府—市场”关系的理论框架，并基于信息效率和组织效率的视角，探究了新赛道产业政策制定和实施中政府和市场的作用及边界。由于政府和市场在信息效率和组织效率中拥有不同的比较优势，一个产业政策的成功取决于两者的协同。在当前新一轮科技革命的背景下，新赛道的培育和发展需要市场和政府协同发力，市场充分发挥信息效率优势，在资源配置中起决定性作用；政府充分发挥组织效率优势，起到组织协调作用，调整协同失灵、多重均衡等问题。

本章第二节从思路、原则和措施3个方面搭建引领新赛道的政策框架。由于新赛道相关产业的发展具有高技术壁垒、高投入、高风险的特征，完全的市场机制难以起到作用，需要政府参与进来，给予相关政策支持和引导。思路方面，政府应根据技术掌握程度的不同，对不同产业有不同的政策侧重。原则方面，要充分发挥政府的组织优势，并与市场的信息优势有机结合，发挥企业的能动性。措施方面，政府要构建精准的产业政策体系，充分调动企业的积极性，发挥市场资源配置的高效率。

本章第三节阐释了中国在实施产业政策时需要关注的3个重点。一是政策制定和执行过程中的地方政府；二是政策制定和执行过程中的协调问题；三是企业在面对产业政策之后的激励问题。中国地方政府由于受到经济激励和政治激励的影响，会导致中央层面产业政策的实施出现偏差，此外，中国部门内部的权力架构和部门间行政权力条块化以及部门利益至上化的执行体系也会导致产业政策的失效。最后，产业政策会导致部分企业产生逆向选择和道德风险问题，最终影响产业政策的实施效果。

第一节　新赛道上的政府和市场：一个理论框架

政府和市场关系是经济学研究的永恒主题，以新赛道推动经济高质量发展必须处理好政府和市场的关系。经典西方教科书上描述的政府可以称为古典型政府。政府的作用主要是对公共产品、外部性、垄断、信息不对称进行干预，以克服市场失灵，恢复市场竞争有效性，实现社会福利最大化。例如，政府应该提供国防、治安和基础设施，并通过反垄断、征税、补贴、强制信息披露等手段促进市场公平竞争。然而，古典型政府理论缺乏对政府行为的深入研究和分析，将政府的作用简单定位为弥补市场失灵，既没有深入讨论可能存在的“政府失灵”，也没有考虑政府在创造市场等方面的关键性作用。

由于古典型政府理论存在一定缺陷，20 世纪 80 年代后发展中国家的经济学者提出了发展型政府理论，其主要关注发展中国家的政府和市场的关系。结构主义学派认为，后发国家在产业升级、经济转型过程中，主要面临协调失灵、信息外部性、学习能力缺失等一系列问题，需要政府直接介入经济活动，通过“大推进”实现经济起飞。日本、韩国等后发国家的成功被认为是发展型政府的成功案例，但拉丁美洲国家发展型政府存在普遍的失败。发展型政府理论的主要缺陷是忽视对市场机制的深入研究，过于强调政府的作用，忽视了市场在资源配置中的决定性作用。

林毅夫的新结构经济学强调有效市场、有为政府，认为结构主义学派忽略了要素禀赋对产业升级的决定性作用，单纯基于政府力量推动经济发展将造成市场扭曲，资源配置效率低下。新结构经济学认为，经济发展是一个产业结构沿着产业谱系渐次升级的动态转型过程，该过程受限于要素禀赋结构提供的基本约束，同时受制于软硬基础设施供给，后者的有效供给面临市场失灵，因而政府可在顺应比较优势的条件下，发挥因势利导的作用以克服外部性和协调问题，促进市场有效。Mazzucato 提出了企业型政府的概念，认为政府的作用不仅限于修复市场，还在于创造市场。市场本身就是公共和私人主体相互作用的结果，政府行为不是干预，而是市场深深嵌入社会和政治机构，市场本身是社会和政治进程的结果。以美国为首的发达经济体政府在创新中发挥出非常积极的作用，他们在创新方面的公共投资不局限于弥补现存市场的失灵（如提供基础研究公共品），还为原本不存在的市场提供初始资金，创造初始需求。

林毅夫和 Mazzucato 都强调政府和市场相辅相成的关系，但没有深入分析政府和市场相互作用机理。本部分尝试构建一个分析“政府—市场”关系的分析框架，从信息效率和组织效率的视角研究产业政策制定和实施中政府和市场的作用及边界。一个基本观点是，国家或地区的产业政策成功与否取决于信息效率和组织效率。把握行业和产业发展的方向需要大量信息的汇集和集中处理，接触到的信息越多，处理信息的效率越高，产业政策的制定就会越科学、越精准。同时，产业政策的实施需要协调各级政府、企业等多个行为主体，这种组织的效率深刻影响了产业政策的实施。由于政府和市场在提升信息效率和组织效率中各有所长，产业政策的成功运行需要发挥好政府和市场的协同作用。

在新古典经济学的框架下，经济增长是一系列生产要素决定的，用公式可以表示为 Y=F（K,L,H,T），其中 Y 代表产出，即通常意义上的经济增长，括号内包括资本、劳动力、技术、土地等生产要素，F 是生产要素的组合方式。一般而言，创新是一个技术概念，但是根据熊彼特的创新理论，创新就是把生产要素和生产条件的新组合引入生产体系，可以理解为公式中的 F。因此，创新不单纯是一个技术概念，还是一个经济概念。要将生产要素进行有效率的组合，进而投入生产，这需要创新者拥有足够高的信息效率和组织效率。本节接下来的分析表明，政府和市场在信息效率和组织效率中拥有不同的比较优势，有效地结合政府和市场，能够较好地实现生产要素和生产条件的新组合，推动产出的增加。

1. 信息效率

经济中的信息并非以一种集中且整合的形式存在，而是作为实践性知识分散在彼此独立的众多主体之间。市场在处理这类分散信息上有天然的优势，因为这些分散的信息可以通过价格体系很好地反映出来。价格之于企业家就像仪表指针之于工程师，只需少量的价格变动，就能够调节他们的活动以和其他人相适应，实现资源的优化配置，这就是市场“看不见的手”的基本原理。产业政策的本质是以政府的判断和选择替代市场机制，合理的产业政策需要对市场信息进行很好的掌握，例如生产成本、消费者偏好、开发新产品及实现技术创新的知识等。但是这些信息在现实中都是以主观性、私人性和分散性的形式展现出来，无法以统计形式传递给政府进行正确的经济计算和预测。在中国特色社会主义市场经济中，市场内的信息并不是均匀分布的，市场信息的传递成本会随着信息分布的杂乱和离散程度的增加而提高。因此，相对于政府而言，在市场内部进行频繁交易的企业对信息的敏感程度会更高，它们能够即刻了解信息的变化并做出灵活反应，从而获得信息中的潜在经济价值。于是，市场就更加具备信息优势。

相较于市场，政府的信息处理模式则更加集中化，信息首先被汇集到政府手中，政府再根据这些信息引导生产活动。这一过程会从两个方面损失信息效率。第一，由于政府存在内部层级，信息在逐级传递过程中就不可避免地会出现信息偏差问题，降低信息的准确性。第二，由于信息的一个重要用途是迅速适应特定时空的变化，长距离的信息传递过程必然影响信息的时效性。随着传递层次的增多，传递过程中的信息损耗会以几何级数增大，造成信息效率下降。因此，从信息效率的角度来看，市场明显具有比较优势，需要充分发挥市场在产业政策实施中的重要作用。

事实上，针对市场和政府处理信息的能力，在理论上有一场著名的论战。这场论战的一方是以兰格、泰勒等学者为首的计划派，他们认为借助于“更好的计算机”，政府中的计划者是可以同时确定现代工业化社会中数百万种产品的需求状况和生产制造能力的，对这类信息的掌握可以精确地计算出所需要的商品和劳务的价格，并及时向相关部门投入必要的资源以组织生产。兰格等人认为，社会主义条件下政府可以通过“试错法”找到在市场经济条件下一系列信息所形成的均衡价格，从而实现总供给和总需求的均衡，具体的做法是先根据预先设定的要素价值进行生产，然后根据生产的结果不断调整价格，多次重复这一过程直至实现总供给和总需求的均衡。

以米塞斯、哈耶克为代表的奥地利学派则持完全相反的意见，他们认为有效配置资源所需的价格及成本的信息只有通过市场过程本身才可以获得，社会主义管理部门不可能掌握所有商品和生产要素的基本信息，也不可能及时了解到最新的技术信息，更不可能对消费者的即时需求迅速做出反应。市场之所以能做到这些，是因为私有产权的激励决定了市场过程的有效性，只有私有产权才能确保人们对市场信息保持足够的敏感。同时，竞争既是接受信息处理信息的过程，同时又是生成新信息的过程，企业家根据市场信息来解决需求问题，同步创造新信息，这只有通过市场本身才可以获得。正如哈耶克所说，价格体系最重要的特点是，其运转所需的知识很经济，就是说，参与这个体系的个人只需要掌握很少信息便能采取正确的行动。最关键的信息只是以最简短的形式，通过某种符号来传递的，而且只传递给有关的人①。

① 哈耶克：《个人主义与经济秩序》，邓正来译，三联书店，1948。

2. 组织效率

产业政策的实质是政府利用行政手段进行资源配置，从而替代市场机制组织生产，这里就涉及组织效率的问题。我们可以把市场视为一种松散的组织形式，人们在价格机制的指导下分配资源、组织生产。只要是在合法领域，参与者就可以完全按照自己的意愿进行交易，无须听从其他市场参与者的安排。然而，正如科斯（1937）在其著名的《企业的性质》一文中提到，通过市场来组织活动是需要付出交易成本的，最直接的就是发现相对价格及交易对手的成本①。如果再将实际投资中常见的资产专用性考虑在内，交易成本问题会变得更加棘手②。对于具有高度专用性的投资项目，交易双方的关系会出现威廉姆森所说的“根本性转变”，陷入交易锁定③。想要回收专用性投资的成本往往需要签订长期合同，但考虑到人的有限理性与投机行为④，长期合同的签订及监督执行将面临更复杂的讨价还价。一旦这其中的损耗超过了达成交易后所能取得的预期收益，那么这笔交易就不会达成，一种更优的资源配置方式也因此而被迫中断。所以说，在处理信息上，虽然市场更具比较优势，但是这种原子化的特征却也限制了市场的组织效率。

企业的出现在一定程度上替代了市场处理信息、组织生产的功能。企业的出现使生产活动的安排无须再经历不同要素所有者之间的讨价还价，企业家可以直接组织生产活动，从而大大节约了交易成本。此外，和外部的要素所有者相比，企业也更加了解自身内部情况，这也在一定程度上缓解了因信息不对称而把市场评价复杂化的问题⑤。虽然让企业组织生产需要承担一定的运作成本，但只要因组织效率提升带来的收益超过了运作成本，那么企业就是有效的。但是，企业作为一种科层组织结构，注定其在治理交易频率比较高的专用性资产交易中具有比较优势，然而企业规模终究是有边界的，这种约束来自两个方面。

第一，资产专用性约束了企业的边界。由于企业有且仅在专用性资产交易中

---

① Coase R.H., “The Nature of the Firm,” Economica, 4(1937):386–405.

② 资产专用性是指用于特定用途后被锁定，很难再用作其他的资产，若改作他用价值会降低，甚至可能变成毫无价值的资产。

③ 奥利弗·威廉姆森:《资本主义经济制度：论企业签约与市场签约》，段毅才、王伟译，商务印书馆，2002。

④ 在交易成本经济学中，威廉姆森把投机定义为“不充分解释有关信息或歪曲信息，特别是指那些精心策划的误导、颠倒或其他种种混淆视听的行为”。正是这些原因，让组合中的问题复杂化。如果不存在投机，那么一切行为都能符合规则，也没必要事先全盘计划一番。

⑤ 奥利弗·威廉姆森:《资本主义经济制度：论企业签约与市场签约》，段毅才、王伟译，商务印书馆，2002。

具有比较优势，当组织生产需要的专用性资产增加时，企业的规模就会扩张，而企业家却逐渐无法充分利用生产要素，即出现管理报酬递减现象。企业家有权组织其边界以内的生产，一旦某项经济活动超过了单个企业的经营范围，企业家就无权勒令其他企业按照自己的计划行事，企业之间面临市场失灵的威胁。

第二，企业中存在的运作成本约束了企业的边界。威廉姆森指出，当资产专用性为零时，意味着采用市场治理能得到好处又不存在机会主义风险的困扰，而采用企业治理则只会徒增运作成本。在高强度的行政控制下，企业家牢牢掌握着企业资源的配置权，这就导致了由企业家目标（政治诉求）与企业目标的冲突或不一致带来的企业资源的错误配置，从而产生运作成本。此外，其他成员为了争取对自己有利的资源配置方式，频繁地对企业家进行“游说”，导致了企业内“寻租”现象的出现。到了一定程度之后，通过市场方式组织交易的成本低于企业内部的治理成本，企业这时应选择外购。当企业的治理成本和市场的交易成本一致时，无论企业是决定自己生产还是在市场购买都一样有效率，这就是企业的边界①。

威廉姆森对于企业边界的讨论，实际上是对企业和市场作为资源配置方式在组织效率上的比较，而无论是市场还是作为市场中原子化个体的企业，都会不可避免地面临市场失灵的问题，即市场和企业都无法有效地降低组织效率，其原因就在于当组织生产需要的要素较多时，企业失去了资产专用性的优势，并且在企业规模扩大时运作成本也增大。一个典型的例子就是公共产品的提供。从这一层面上说，政府在组织效率上拥有不可比拟的优势，这一优势在于其出色的外部协调能力，它可以利用自身权威性和资源配置权，在不同的企业之间进行协调。政府强大组织效率最集中的体现就是战时经济模式，政府在战争期间采取了集中程度极高的计划管理，按照优先次序分配资源，以更好地集中资源用于生产战争物资。如果把这样的任务交给市场或私人企业去做，很难想象可以如此顺畅和迅速地完成。事实上，在当前产业政策的框架中，虽然仍是市场以及市场机制占据主导地位，但是政府也扮演着越来越重要的角色，主要集中在具有高度外部性的领域内，例如制度供给和公共服务体系。制度供给包括推进经济制度改革，建立和强化市场运行的各项制度，构建开放统一、公平竞争的市场体系，为产业发展提供良好的制度环境；公共服务

① Oliver E., Williamson, “Strategizing, Economizing and Economic Organization,” Strategic Management Journal,12(1991):75-94.

体系包括基础的科学研究和创新支持、公共平台的建设等。

3. 简要评述

根据前两部分的描述，我们可以得出的结论是，对于信息效率而言，市场是更具比较优势的；对于组织效率而言，政府更具比较优势，而企业则平衡了信息效率和组织效率。图 10-1 中较好地描述了这一结论。代表市场和政府的两线交点，我们称之为兰格—哈耶克交点，即市场和政府的边界。从各国经济实践的发展来看，东欧剧变、苏联解体以及中国经济体制改革的成功，实际上标志着兰格模式在实践中的失败，在信息的处理效率上，市场相较政府有无可比拟的优势。我们能够看到的是，在绝大多数情况下，市场都更具有效率，因此市场在任何时候都应该作为主要的资源配置方式。市场和企业的交点，我们称之为科斯交点，这一交点反映了企业和市场的边界。企业和政府的交点，我们称之为威廉姆森交点，这一交点反映了企业和政府的边界。从科斯交点和威廉姆森交点可以很清楚地看到，政府拥有更高的组织效率。综上，从信息效率的角度来看，市场＞企业＞政府；而从组织效率的角度看，政府＞企业＞市场。

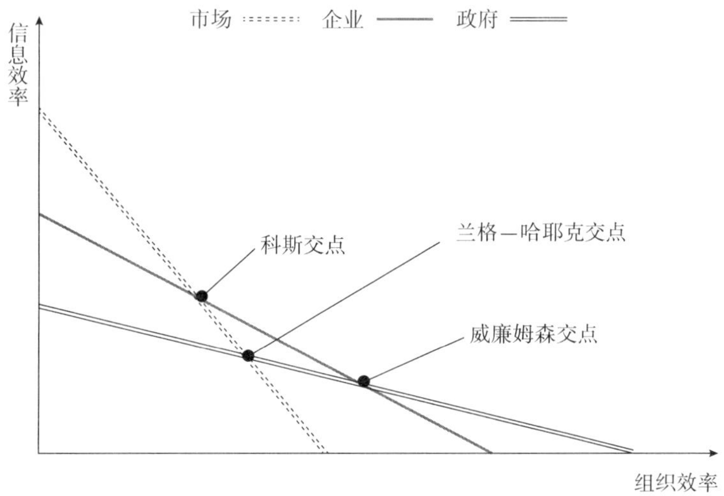

图 10-1　企业、政府和市场的信息效率和组织效率

资料来源：作者绘制

值得一提的是，在中国政府和企业之间还存在两个特殊的实体，分别是地方政府和国有企业，它们在中国经济发展过程中也扮演了重要角色。相比中央政府而言，地方政府信息效率更高，组织效率更低。同样，相对于民营企业，国有企业具有更高的组织效率。

总而言之，对于绝大部分经济活动，信息效率是至关重要的，市场应该在资源配置中起决定性作用。当经济活动要求更多组织和协同时，政府可以提高组织效率，更好地发挥政府的作用。需要强调的是，政府和市场不是一个非此即彼的割裂关系，而是一个协同分工的关系。所以，在新赛道中，政府和市场需要协同发力，充分发挥政府的组织效率优势和市场的信息效率优势。具体地说，中国新赛道的发展当然要承认市场在资源配置中的决定性作用，但是在面临基础设施提供、协同失灵、多重均衡等问题时，市场机制出现失灵，这时需要发挥政府组织协调的作用，这对于新赛道的长远发展至关重要。

第二节　引领新赛道的政策框架

政府政策在新时代中国经济发展的过程中无疑还将扮演重要的角色，要想提高新时代政府政策的成功率，充分发挥推动中国经济高质量发展的重要作用，就需要设定切实可行的目标，精准地明确范围，并采用合理的策略加以推进。目前，新赛道相关产业的发展具有高技术壁垒、高投入、高风险的特征。高技术壁垒是指这些产业基本上是新兴产业，其中绝大多数技术尚不成熟，或者中国还未完全掌握；高投入是指这些产业的发展很大程度上要利用创新驱动，而创新需要大量人力物力财力的投入才可以完成；高风险是指这些产业的发展具有高度不确定性，一方面是创新成果的不确定性，另一方面产业的发展也面临极大的不确定性。新赛道产业的“三高”特征，使得完全的市场机制难以起作用，对此应采取针对性的政策方针予以支持和引导，利用产业政策发挥政府的组织优势和市场机制的信息优势。下面将从思路、原则和措施 3 个方面搭建引领新赛道的政策框架。

1. 思路

可以看到，新赛道产业的“三高”特征，其实都来源于这些产业的高技术特性，因此引领新赛道的政策框架应该围绕技术攻关和创新驱动展开。根据中国技术掌握程度的不同，对不同产业有不同的政策侧重。

对于存在技术短板的领域，要充分发挥政府的组织优势，通过政策引导、重大科技攻关实现技术突破。要优化组织方式，采取“揭榜挂帅”“赛马制”提高科技资源的配置效率，特别是要让龙头企业在攻克科技短板上发挥更重要的作用。另外，对于存在技术短板的领域，还要引导企业加强供应链管理，避免依赖单一的供应商和供应国而被“卡脖子”。

对于已经具备基本技术能力的“卡脖子”产品，要充分结合市场的信息优势，畅通国内大循环，利用市场优势，给予国内技术产品迭代升级的机会。同时辅以政策支持，要通过规划和政策引领，推动核心领域的供应链安全管理以及优化产业组织等来加强上下游的协同，把大市场的优势和产业链相对完整的优势发挥出来。

新的赛道上，需提前布局，要将政府、企业和市场有效地结合起来，建立良好的创新生态。补短板的同时必须锻长板，否则，未来会出现新的短板。锻长板，无论是研发下一代的关键技术，还是培养新的战略性产业，关键在于建立良好的创新生态。锻长板有利于提升中国在新赛道产业链上的影响力和博弈能力，对中国产业链供应链安全能够起到双重保障的作用。争取在新赛道上实现“并跑”和“领跑”，锻造更多的长板。

2. 原则

一是要充分发挥政府的组织优势，将增加政府财政投入与推动体制机制改革结合起来，提高投入产出效率。该政府投入的领域，如在基础研究、应用基础研究和人才培养上，政府要加大力度投入，并且要集中稳定地投入，以产生积累性效果，避免科技投入“撒胡椒面”。与此同时，要通过体制机制改革将国有企业、民营企业的创新积极性调动起来，通过规划引领、政策引导、财税支持等方式将产业链上下游的企业协同起来，从而释放全社会的创新效率，提高财政投入产出比。换句话说，对于大部分新赛道产业，政府的组织优势就是通过基础研发、人才培养的投入和政策引导将中国巨大的市场规模、人力资源的优势发挥出来，尽快培育自生能力，从而交由市场机制长远发展。

二是要实现有为政府和有效市场的结合，激发各方面创新创造活力和积极性。当前，很多领域，特别是很多关键核心技术还掌握在西方主要发达国家手里，要坚持自主创新，突破关键核心技术“卡脖子”问题，但也要继续坚持开放创新，积极从世界前沿吸取养分，学习先进技术和管理经验，提高创新和经济体系效率。当中国能够生产相关产品时，仍要开放竞争，将过去的垂直分工调整为水平分工，在各自都掌握技术体系的情况下，通过差异化的产品和服务来开展贸易。与此同时，要在现有全球体系内加强合作，利用中国不断提升的市场、人才和科技优势来促进中国新赛道产业的快速发展，早日走出国门，参与全球市场竞争。

三是要充分发挥企业的能动性，发挥其结合信息效率和组织效率的内在优势。一方面，在一些有市场需求、技术攻关能力较低的领域，企业对于信息的敏感使其能够捕捉到相应的市场机会，通过调动市场的积极性，鼓励企业攻克难关。对此，政府要在基础研究、应用基础研究和人才培养上加大支持力度，为企业在科技攻关方面提供支撑。另一方面，对于技术壁垒较高的领域，例如尖端机械、芯片制造领域和涉及生态系统建设的操作系统领域，政府除了上述支持外，要充分发挥多部门协调的优势，例如以市场化的方式通过资本金安排、融资安排和政府采购加以支持。

3. 措施

要实现上述目标和思路，既要构建精准的产业政策体系，发挥政府对产业发展的直接引导调节作用，也要在创新体系、金融体系、人才政策、企业发展机制上加快建设，完善体制机制，培养良好自主可控的产业生态和创新生态，逐步培育企业的自生能力，逐步使市场成为配置资源的主要方式。同时不仅要发挥国内市场的信息优势，还要用好用活国际市场和海外资源，促进相关产业的快速发展。

3.1 政府要构建精准的产业政策体系

产业政策在促进产业发展中发挥了巨大的作用，尤其是对于后发国家而言，因此不能跟随一些国家对产业政策持否定态度，不能简单否定政府作用，包括产业管理部门在产业发展中的作用。要针对问题，实事求是、更加精准地发挥产业政策作用，通过畅通国内大循环来促进新赛道产业的发展。

第一，充分发挥政府的组织优势，尽快实现创新突破。加快战略性、架构性科技力量的建设。在战略性领域加快建设国家实验室和国家科研机构。在战略性、关键性、前瞻性领域，建立开放协同的国家实验室和国家科研机构，以政府持续稳定投入为主，解决相关领域的原始创新和人才培养问题。组织实施重大科技攻关，通过重大工程、重大科技攻关项目来牵引科技能力的提升。在重大科技专项的管理和实施上，应建立产业管理部门组织实施，行业龙头企业牵头，科教部门、金融财税部门协同的科技攻关格局，通过工程化、产业化、商业化成绩来检验重大科技专项的成效。要健全和完善以企业为主体的科研项目组织实施机制，对少数行业集中度高的重要战略性产业链，通过牵头建设国家重点实验室、承担国家重大研究任务、制定行业标准等多种方式进一步强化对行业龙头企业的支持，鼓励其深化与产业链上下游企业的创新合作。

推动公共科研机构开放共享和组织创新。公共科研机构开放共享能够有效降低创新的成本，要推动重大基础科研设施、基础科学数据、先进科学仪器对大学、一般科研机构、国有企业和新兴市场主体开放共享。要探索公共科研机构的组织创新，推动以科学家工作室等方式进行科研组织，实现相关研究方向的长期积累。为推动基础科研设施和科技数据开放、公共机构和民营企业合作以及公共科研机构组织创新和技术转化，建议开展试点并研究相关立法问题。

进一步完善知识产权保护制度体系。细化并推动实施侵权行为的认定规则，加大处罚力度，提高各类侵权行为的违法成本，保护创新主体的权益。通过专项行动，主动出击，严厉打击各类侵权行为。建立维权机制，通过设立举报平台和知识产权保护中心等方式，为创新主体提供服务，简化维权流程，降低维权成本。

第二，充分发挥政府调动资源的能力。对于生态性和战略性产业，政府部门要直接推动国产技术和产品的应用。对生态性的产业如操作性系统、战略性的产业如大飞机以及通用性基础性的产品如芯片、高端数控机床的数控系统等的国产化应用，产业部门或相关强力部门可以直接推动相关产品的应用，充分发挥地方政府和国有企业的作用，倡导地方政府提供相应的财政补贴，鼓励地方政府购买和国有企业率先使用相关产品，为产业的发展培育早期市场。

加快海外人才引进和国内人才培养。对于具有引领产业能力的人才，要一人一议，给予充分的待遇支持。对于成熟的技术团队，要整体引入，让产业跟随优秀团队，在实践中学习，在实践中进步。尤其是中美贸易摩擦不断升级的情况下，更要加大对优秀人才和团队的引进，夯实技术与产业竞争能力。鼓励通过双向挂职、短期工作、项目合作等方式加强人才共享，形成有效、完善的合作培养机制。可以考虑在新兴研发机构、新型创新市场主体内建立技术研发人才的培养体系和评价体系，从而建立起与国有企业和政府科研机构相互贯通的人才培养和评价体系，让人才的流动能够更加顺畅。

第三，充分发挥政府的跨部门协调能力。目前，相关部门虽然成立了各类项目来推动相关产业发展，但还缺乏统一的规划，有关部门之间也需要加强协同。建议明确产业部门责任，坚持目标导向和问题导向相结合，统筹制定产业建设规划和实施路线图，建立有利于持续的政策实施机制。

对创新体系进行合理布局。在研发方向上，基础研究、应用研究、试验开发 3 个环节同步发力，任何一个环节都不能偏废，在当前消化引进吸收集成阶段向原始创新升级阶段转变的节点上，要重视增加基础研究的投入。在机构定位上，要调动方方面面的积极性，遵循创新的规律，发挥各自优势，形成科学合理的创新体系。具体而言，国家实验室和大学重点是放在基础研究上，行业机构提供共性技术研发，企业既要做产业开发，也要有一定的工程开发能力，能够和基础研究、应用基础研究对接起来。对于实力强大的企业，鼓励企业向应用研究和基础研究领域延伸[①]。

3.2 调动企业的积极性

促进新赛道产业发展，市场是主体；科技攻关的突破，企业是核心和主体。对此，要打破市场主体的束缚，并建立促进企业长期投入和大胆创新的体制机制，

①② 王小霞：《王金照：“新赛道”为中国经济突围提供历史性机遇》，《中国经济时报》2022 年 7 月 1 日。

调动市场主体的积极性。

第一，增强国有企业科技创新投入。在考核机制上将科技投入和产出作为创新型国企的重要考核内容，如把科技投入作为利润进行考核，将央企在重大科技攻关和产业发展上取得的成绩作为央企重要的考核指标。在人员任免上，对以技术创新为主的国企，在负责人任用上要强调专业化，主要负责人要保持相对稳定，并建立促进其长期投入和大胆创新的干部政策。在容错机制上，对创新难度较高的领域，不能急于求成，要对失败有一定的宽容度。要加快建立健全试错保障机制，特别是完善有利于国有企业发挥战略性产业创新骨干作用的国资管理制度和审计纪检制度，释放国有企业的创新活力。

第二，充分激发并保护民营企业家的创新精神。鼓励民营企业在科技创新包括战略性产业创新上进行长期持续投入。进一步放宽市场准入，吸引有创新能力、核心技术和优秀领军人才的新兴市场主体进入，形成国有企业和新兴市场主体发挥各自优势、高效协同的产业生态。政府在市场准入、研发支持、政府采购、人才培养等方面，要对国有企业和新兴市场主体真正做到一视同仁[②]。要进一步完善政府采购政策，发挥好政府、军队先行用户的角色，带动企业创新和发展。建立和完善对研发采购的风险补偿机制，减轻企业研发失败的后顾之忧。

第三，壮大市场主体，为企业开展创新活动夯实基础。降低制造的成本，增强制造业后劲。应该研究降低制造业的增值税税率，进一步降低制造业税负。进一步推动电力的市场化改革，促进用户和发电企业双边交易，解决工业用户和民用用户电力交叉补贴问题，进一步降低用电成本。支持制造业企业率先实施主要面向技能型人才和技术人才的企业年金制度，研究降低制造业就业人员个人收入所得税的税率，促进人才队伍稳定发展。要优化产业组织，培育支持创新型中小企业聚焦细分领域，培育制造业隐形冠军。在零部件领域，着力培育具有规模经济、范围经济和研发能力的跨国龙头企业，打造中国版博世、霍尼韦尔、派克和贺德克，打造强有力的市场主体。

3.3 发挥市场配置资源的高效率

第一，完善高效协同的现代金融体系。加大银行信贷支持力度。继续坚持并做好制造业贷款中长期贷款和银行贷款同步增长的政策，将各银行落实情况纳入宏观审慎管理的框架并逐步提高权重，既解决了制造业的融资问题，也降低金融资源脱实向虚、自我循环、自我膨胀的宏观风险。继续在地方层面推动政银保企合作，降低信息不对称，为制造业贷款提供更好的担保，降低实体经济的融资成本，解决融资难、融资贵的问题。

加大资本市场支持力度。发挥科创板、创业板等多层次资本市场作用，支持优质企业上市融资。继续优化科创板、创业板制度，建立证券部门与产业部门的协同机制，适应科技创新企业发展需要，加快企业成长速度。

为创新链的前端注入长期资本。考虑到战略性产业创新周期长，亟须为创新链前端注入长期资金。有两个渠道可供考虑，一个渠道是将现有的 5~10 年的产业投资基金改造为 30~50 年的政府引导基金，引导早期天使、风险投资和私募股权等机构长期投资。另一个渠道是允许社保基金以适度的比例投资风险投资基金和私募股权基金，并拉长考核期，为风险投资机构提供长期资金支持，也可以使社保基金分享创新这一最具成长性的发展红利。

第二，充分利用国际国内两个市场，加强国际产业链、供应链和科技合作。要鼓励双向投资，既吸引国外先进技术和产品来华投资，也要鼓励中国企业到国际上投资，并购先进技术。对于国内有优势、有长板的领域，比如高铁、5G、新能源装备、动力电池等领域，鼓励企业"走出去"，帮助企业降低"走出去"的政治风险，抢占全球在向绿色低碳和数字化转型过程中带来的市场机会。这既有利于企业的发展，也有利于提升中国在全球产业链上的影响力、威慑力。

加强国际科技合作。开放国内的基础研究，吸引国际研究人员加入，加强与其他国家的科技双边合作，在芯片、大飞机研发领域组建类似于美国半导体联盟的产业联盟。积极参与国际标准的制定，发挥中国市场大、产业化进展快的优势，提升中国在国际标准制定上的话语权。

加强内外部政策的协调。除了极个别关键核心领域外，还是要按照 WTO 和国际通行规则来进行科技投入和产业培养。应对当前的补贴进行系统梳理，把更多资金投入到基础研究、应用研究和购买者补贴上，而不是对生产企业进行直接补贴。这不仅有利于和国际规则接轨，促进国际合作，也有利于提高中国资金补贴的效率。

第三节 产业政策的实施

我们不仅要关注产业政策的制定，更要关注产业政策的实施，关注产业政策的实际效果。这其中，要抓住 3 个重点。一是政策制定和执行过程中的地方政府。二是政策制定和执行过程中的协调问题。三是企业在面对产业政策之后的激励问题。

1. 产业政策中的地方政府

1.1 地方政府的激励来源

地方政府是产业政策推行和实施的主体，其与中央政府最大的区别在于地方政府面临横向的竞争，这种竞争的激励来自经济和政治两个方面。经济激励是指在财政分权的体制下，地方的经济发展会带来地方政府财政收入的增长，同时产业政策中大量来自中央政府的优惠政策和补贴也是地方政府经济激励的重要来源；政治激励是指地方官员借助产业政策实现地区经济增长，从而得到晋升，这也被称为晋升激励。事实上，政治激励和经济激励的有效性决定了地方政府在执行中央产业政策时的具体行为，进而影响了政策的最终效果。

自改革开放以来，中国为了鼓励地方参与现代化建设，积极探索区域发展的可能路径，中央政府实行了广泛的财政分权、行政分权和人事分权。这一系列以“财政包干”为核心的分权化改革使地方政府可以自留一部分财政收入，由此产生的财政收入激励构成了地方政府积极发展经济，推动地区经济增长的主要动力。

财政分权意味着地方有能力和有激励推行中央层面的产业政策。一方面，分税制改革后中央政府与地方政府在税收管理制度上的差异形成了中央政府在财力分配上的主导地位，这有助于中央政府对那些财政收入较低（经济发展较为落后）的地方政府进行转移支付，弥补当地政府财政资源匮乏等问题。另一方面，分税制改革下的财政分权也增加了地方政府利用财政资源的自主性。由此，地方政府可以因地制宜地设计政策制度，从而更好地分配资源和发展地方经济。中央政府给予地方官员以经济发展为标准的政治激励，是地方政府推动地方经济发展的另一激励机制。

1.2 地方政府激励下的行为方式

在经济激励和政治激励下，地方政府很多自发行为，有时也会产生异化的后果。例如，中央出台的一系列产业政策，绝大多数并不适用所有地区。然而，面对这些中央产业政策背后的巨额补贴以及上层意志，地方政府也往往会不顾本地比较优势，去发展那些中央大力推行的产业政策，从而造成潮涌现象。这类重点发展的行业与许多地区的比较优势并不相容。

2. 产业政策中的协调问题

对于新赛道的产业政策而言，从制定到实施，往往需要很长时间，中国的产业政策大多是由中央牵头制定，具体实施由各地方政府负责。因此，中央各部委根据其各自职能对产业政策的实施具有监督、审批和管理的责任。这就使产业政策在实施过程中不可避免地出现部门间的协调问题，这往往也是决定产业政策成功与否的重要因素。

具体而言，一方面，政府部门的各行政机构之间，存在行政权力按照部门边界条块化分割的典型现象，而政府部门作为利益主体出现，且具备追求和维护自身利益的权力、动机和资源。这必然会导致政府的相关行政机构，只对上级或地方一把手官员的命令负责，以维护本部门的行政权力边界。由此，部门边界的条块化造成了那些依赖于多部门配合的高端产业政策的失效。

另一方面，高端产业政策的实施依赖于具备专业素养、专业知识和专业能力的高端人才。然而政府部门的相关人员往往缺乏相应的专业知识和技能，这就导致了人员与岗位的不匹配，产业政策的制定和实施也趋于简单化。此外，产业政策的实施还需要进行事前的选择、事中的监管和事后的评估。然而行政部门的条块化导致各部门在工作任务上的相互推脱，以至于没有足够的人手来完成产业政策实施中的大量工作，这在很大程度上弱化了产业政策的实施效果。

3. 产业政策中的激励问题

企业是市场的主体，产业政策具体是通过影响产业内的企业产生效果的。在完全竞争的市场条件下，市场会自动配置资源，只有在市场上有竞争优势的企业能够生存，价格机制也会自动调节产业内企业的进入退出，利用市场竞争推动整个产业的发展。而产业政策的核心实际上是通过调整价格将资源引导至特定的产业或企业，从而实现某一产业的快速发展。

对于地方政府而言，虽然对辖区产业整体发展具有更强的信息优势，但是对于产业内部企业的情况不可能完全掌握。与此同时，中国的宏观政治体制和微观产业特征决定了地方政府在不同类型产业中的信息完备程度具有显著差异，这就导致政府的产业政策很有可能出现一系列不良后果。第一是“瞄准偏差”。例如产业政策中的补贴政策，往往会设置一定的门槛，例如产值、销售额等，抑或是高新技术产业扶持政策中对于研发投入的要求。地方政府了解每个企业的信息成本很高，为了降低交易费用，政府往往只能选择那些已经比较成功的企业（大企业）进行补贴，从而加大了初创企业（小企业）在市场中与大企业进行竞争的成本，更糟糕的情况是，产业政策资助了那些本应该被市场淘汰的企业，直接恶化了市场环境。第二会给企业带来路径依赖。补贴成为企业的软预算约束，企业即使已经成长起来，也希望扶持政策得到延续，企业对政府资助形成依赖，不利于企业自身积极性的发挥，更不利于在市场竞争中自身能力的提升。第三不利于企业形成稳定的预期。中国的产业政策普遍缺乏连续性，往往会因为官员的更替而改变，这就使得企业无法形成稳定的预期，从而影响正常的生产经营。

在制定产业发展规划上，地方政府的产业发展规划虽然以中央政府颁布的产业发展规划为主，但都会因地制宜地对中央产业发展规划进行细化和修改。而在产业政策的实施上，由于各地方政府财政实力、地区人文环境等的差异，其基于产业发展规划实施的相关人才、资金、技术等产业政策的支持力度也会有所不同。这就导致了地方政府在实施产业政策时将其作为一个区域产业竞争的手段，造成了不同地方政府之间的横向竞争。企业作为地方政府产业政策的最终落实对象，在某一地方政府管辖地内的企业就与颁布产业政策的政府形成了一种“委托—代理”关系。基于信息不对称性，拥有信息优势的企业往往会引发一系列的道德风险和逆向选择问题。

第一，产业政策作为一种资源配置的手段，往往会将资源引导至符合产业政策条件的特定产业或特定企业，这导致了道德风险问题的产生。由于企业的发展依赖资金、人才、技术等资源，而产业政策恰好能够为那些符合条件的特定企业提供此类资源。虽然政府在产业政策的制定上会限制企业对产业政策提供资源的使用条件，但因为政府进行监管、检查的成本过高，一旦企业通过信息优势获得了相应的资源，很有可能会将资金等资源转换。由此，政府产业政策的实施效果可能发生变化。此外，产业政策的资源配置功能还会造成特定企业对产业政策的依赖，一旦产业政策退出，企业将无法生存，这将损害产业的整体竞争力。

第二，为了获得产业政策倾斜性的资源，企业还会因为相对于地方政府的信息优势，产生“寻租”“骗补”等道德风险行为。2016 年，财政部曝光了新能源汽车产业的企业“骗补”行为。由于早期中央政府和地方政府在助力新能源汽车产业发展时设立了高额的补贴金额，企业为获得巨额资金补贴，不惜使用编造虚假销售记录、提前办理机动车行驶证、提供虚假技术参数等手段。

第三，由于政府无法准确掌握企业的产品、技术、成本等信息，那些政府更为了解的国有企业相对于私营企业和外资企业，就更易成为产业政策的实施对象，这导致了逆向选择行为的产生。由于产业政策的制定和实施都由地方政府来执行，产业政策具有非公平的差别化特征，因此与地方政府紧密联系的国有企业更能借助信息优势，获得产业政策的更多好处和资源。而一些与政府关系不够亲近的创新型小企业则无法享受到产业政策的扶持。

4. 可能的政策措施

4.1 正确处理好产业政策实施中中央与地方的关系

在产业政策的实施中，要充分重视地方政府的重要作用，但是，地方政府行为始终是在中央政府的引导和监督下进行的，因此其中的关键在于中央政府和地方政府要充分发挥各自的比较优势。

第一，中央政府需要继续增强产业政策制定过程中的顶层设计能力优势与资源优势。例如，对于涉及跨地区协调和分工的产业政策，中央政府需要居中协调调度，降低外部性；而对于绝大多数在区域内部推动的产业政策，中央政府则应该放权给地方政府进行属地管理。

第二，中央政府应该发挥信息优势，科学评估各区域本地能力，充分发挥各地区的比较优势。一方面，要求中央政府的政策实施不能一刀切，应该因地施策，避免造成投资浪费和市场扭曲。另一方面，中央政府需要重新思考对不同地区采取不同的考核标准，不同地方发展阶段、地方资源禀赋、居民利益诉求等方面各不相同，这就需要中央政府建立更加多样、更加合理的考核体系，例如增加经济发展质量、产业结构优化、居民满意度等多重指标在考核中的比重。

4.2　妥善解决好跨部门之间的协调与合作

第一，推进重大产业政策需要构建新型举国体制。新型举国体制是指面向国家重大需求，瞄准关键核心技术和“卡脖子”领域，发挥市场在资源配置中的决定性作用，更好地发挥政府作用，强化责任落实机制，用好庞大的国内市场需求，建立国家战略科技力量、社会资源共同攻克重大科技难题的组织模式和运行机制。新型举国体制之“新”，在于推动有为政府和有效市场更好结合，这正是产业政策成功的基本内核。面对我国高端芯片等“高精尖”产业亟须继续突破的现状，要利用好新型举国体制带来的制度便利，有效降低资本配置成本、全面提升资本配置的有效性，实现资源的合理配置。

第二，必要时利用领导小组的形式，解决产业政策实施过程中跨部门的协调和沟通。由于重大产业政策的实施往往都是跨地区、跨部门的，使得中央和地方政府在政策执行过程中遇到大量的技术性困难，这些技术性困难是在常规治理制度和规则框架内难以克服的。小组机制作为一种依靠小组领导方式开展的治理行为，能够迅速有效地对常规治理制度和规则进行优化，使相关问题很快得到解决。

需要指出的是，无论是新型举国体制，还是成立领导小组机制，都应该有所为、有所不为，即只有在面对重大攻关项目时才适合使用。这是因为，新型举国体制和领导小组机制依赖于高层权威，其资源动员能力很强，但有限的资源必须用在最重要的地方。

4.3　合理控制好市场中企业个体的激励响应方式

第一，产业政策的实施应该以间接引导为主，直接引导为辅。在中央政府的大思路下，对于实施过程中的问题，应该按照市场—地方政府—中央政府的优先级进行解决。中央政府要继续鼓励地方政府采取差异化的间接引导工具，根据当地产业现实基础，更多采用税收优惠、风险投资基金等市场化政策工具，减少对产业发展的直接干预。在市场能发挥作用的领域，尽可能以间接引导为主，让市场发挥更大作用。

第二，产业政策要注重普惠性和竞争性。在大的方向上，当我们对未来产业发展仅有大方向上的判断时，要优先实施普惠性的产业政策，让产业政策有更为广泛的潜在受益对象。这样才能更好地规避政府在产业发展定位上的信息劣势，把对产业发展的具体判断交给企业家。这样，普惠性的产业政策也能更好地体现所有制中性的原则。另外，产业政策要充分发挥竞争机制的优势。继续放宽行业准入门槛，在此基础上，注重运用法律手段完善产业政策的工具框架，为企业发展提供一个良好的竞争环境，政府的“资源补贴”手段也应尽可能做到普惠，以此提升企业的竞争动力。

第三，定向性产业政策需要确定合理的政策覆盖面。为了突出对特定产业的推动作用，有时某些产业政策必须是定向性或选择性的。那么，这类产业政策就应该确定合理的政策覆盖面，具体应当体现如下原则。一是在产业领域的覆盖上宜宽不宜窄。例如，针对新能源的产业政策就不应该仅仅局限于太阳能、风能，也需要给生物能源、地热能源等相关的产业发展以同样的政策空间。因为，即使政府清楚地知道新能源产业是可供选择的战略性产业，但对于该往哪个具体的细分行业进行发展，就应当借助企业家精神来选择，而非政府指定。二是在具体活动的覆盖上宜窄不宜宽。政策覆盖面越窄，就越需要引入竞争性的机制设计。覆盖面窄的产业政策，应当保证低门槛、高竞争，能进入、有退出①。这样能够最大程度地纠正企业的激励方式，避免资源错配。

① 陈钊、陈希：《中国大都市圈的战略性产业政策》，《学习与探索》2010 年第 3 期。

后记

AFTERWORD

从 2021 年下半年开始，我们关注到新技术革命带来的新技术、新产业和新模式对中国经济增长、价值链升级和大国实力提升的巨大推动作用，便有意识地寻找一些对未来发展有战略意义的新赛道，并就如何在美国战略打压下加快发展我国新赛道产业进行研究。2022 年以来，我们欣喜地看到，习近平总书记在武汉考察时提出，开辟经济发展的新领域新赛道，形成国际竞争新优势①。党的二十大报告明确提出，开辟经济发展新领域新赛道，塑造发展新动能新优势。开辟新赛道成为党中央提出的一项重大战略举措。

什么是新赛道，新赛道在哪里，怎样才能开辟和制胜新赛道？这是广大经济工作者普遍关心的重要问题。为尝试回答这些问题，我们在初步的研究基础上撰写了《制胜新赛道：战略、路径和政策》一书。其中，王金照和陈斌开撰写了总论和政策篇（第九章、第十章），并对全书进行了统稿，王明辉和索昊参与通稿。尹志锋、赵扶扬完成第一章和第二章的撰写，索昊、亢延锟、马燕来、郭家宝、雷娟、刘奕廷、张可迎、张梓润、胡磊硕、朱紫祺完成了第三章至第八章的撰写。李燕、宋紫峰、吕斌、周毅、路倩、贾卢魁、胡豫陇参与相关问题的讨论，国务院发展研究中心副主任、党组成员隆国强一直很支持关于新赛道的研究，给予了很好的指导意见并专门为本书撰写序言。在此一并表示衷心感谢。

① 习近平：《把科技的命脉牢牢掌握在自己手中　不断提升我国发展独立性自主性安全性》，《人民日报》2022 年 6 月 30 日。

开辟新赛道的意义极其重大，内容特别庞大，涉及方面也非常宽广，我们只是做了一些初步的研究，认识还比较粗浅，书中的不当之处，请大家不吝赐教。也衷心地希望有更多同仁能够参与到新赛道的研究中，为加快我国新赛道产业发展，抢抓新一轮技术革命，为中华民族伟大复兴带来的历史机遇鼓与呼。